Lágrimas andinas:
Sentimentalismo, género y virtud republicana en Clorinda Matto de Turner

ANA PELUFFO

ISBN: 1-930744-23-4
© Serie *Nuevo Siglo*, 2005
Instituto Internacional de Literatura Iberoamericana
Universidad de Pittsburgh
1312 Cathedral of Learning
Pittsburgh, PA 15260
(412 624-5246 • (412) 624-0829 FAX
iili@pitt.edu
www.pitt.edu/~hispan/~iili

Colaboraron en la preparación de este libro:

Composición: Erika Braga
Correctores: Antonio Gómez y Adrian Tavoularis
Diseño de portada: David Wallace

Índice

Agradecimientos 7

Introducción 9

Capítulo I
Genealogías estrábicas: Clorinda Matto de Turner y Manuel González Prada 37
¿Una novela mala? 40
La feminización del campo intelectual 47
Lecturas fuera de lugar 48
Maestros de la pluma y costureras literarias 52
Bilingüismo y nación 55

Capítulo II
El poder de las lágrimas en *Aves sin nido* 67
La retórica de las lágrimas 68
El sentimentalismo como estrategia de autorización 72
Subjetividades femeninas republicanas 76
Una nación sentimental 78
Corazones indígenas 82
Alianzas asimétricas: Indios y ángeles del hogar 89
Incesto, mestizaje, y otras evaporaciones sospechosas 96

Capítulo III
"La Mariscala soy yo": Biografía y autobiografía en el perfil de Francisca Zubiaga de Gamarra 103
Vidas y naciones 107
¿Una Mariscala doméstica? 111
Otras Mariscalas 117
La Mariscala de Flora Tristán 120
Biografías truncas o panegíricos 127

Capítulo IV
Bajo las alas del ángel de caridad: Expósitos y damas de beneficencia 135
La caridad y el *ennui* 139

La dama de caridad como amazona 143
Caridad y normalismo 147
La caridad en los Andes 149
La señora de Pucuto 153
La infantilización del indio 154
Escritura y filantropía 157

Capítulo V
El cura y el ángel del hogar: Anticlericalismo y género en *Índole* 169
Curas y mujeres en el imaginario republicano 169
Clerofobia y secularización 174
El culto a la domesticidad 176
Literatas, herejes y beatas 183
La sentimentalización de Cristo 189

Capítulo VI
De Killac a Lima: Modelos y anti-modelos de virtud republicana en *Herencia* 203
Naturalismo y género 206
Imágenes urbanas 212
La costurera como ícono cultural 216
Sexualidades peligrosas 219
Crucifijos, madonas y el delito del incesto 226
Ángeles, "viragos" y los malos usos de la caridad 230
La bestialización del inmigrante 235

Capítulo VII
Límites y alcances de la "sororidad" republicana 247
La peruanización del ángel del hogar 252
"Sororidad", igualdad, libertad 255
Salonières peruanas 257
Hermanas de letras 269
La intelectual y la obrera 271
Linajes transatlánticos 273

Bibliografía 281

para Isabel y Camila

Agradecimientos

Este libro pasó por varias etapas de re-escritura y tuvo sus orígenes en una tesis de doctorado que realicé en New York University. Durante todas las facetas del proyecto conté con el apoyo de Sylvia Molloy que tuvo paciencia y fe en mi, aun cuando la mía propia flaqueaba, y que guió el proceso de investigación, a veces desde lejos, a través de provocativos y lúcidos comentarios. Las sugerencias de los miembros de mi comité de tesis: Sylvia Molloy, Martha Peixoto, Erna Von der-Walde, Gerard L. Aching y Silvia Rosman me sirvieron para refinar y reconceptualizar ciertas problemáticas que habían quedado pendientes y que pude desarrollar más tarde en la redacción de este libro. También quisiera dejar constancia de mi temprana deuda con Antonio Cornejo Polar, que desgraciadamente no pudo ver realizado este proyecto, y con Mabel Moraña por su ayuda invalorable a lo largo de todo el proceso.

Para el trabajo de archivo conté con dos becas de investigación de la universidad de California, Davis, que me permitieron viajar al Perú y con una beca de verano del *National Endowment for the Humanities (Summer Stipend)* que aunque fue para un proyecto más amplio sobre sentimentalismo me sirvió para incorporar material bibliográfico a este libro. A estas instituciones, mi más sincero agradecimiento. Asimismo, agradezco a Patricia Turner, Dean of Humanities, Arts and Cultural Studies de la Universidad de California, Davis y a Barry M. Klein, Vice Chancellor for Research de la misma universidad por el aporte parcial (*Publication Assistance Fund*) que permitió la publicación de este trabajo. También, quisiera mencionar aquí la ayuda que recibí en el Perú de los bibliotecarios de la Universidad Nacional (sala Alberto Tauro), del instituto Riva Agüero, de la colección privada de Felix Denegri Luna, del centro regional del Cuzco Bartolomé de las Casas, y de la biblioteca del Centro Flora Tristán. En Lima, mi más sincero reconocimiento a Zoila Mendoza, Chuck Walker, David Sobrevilla, María Emma Mannarelli, y Luis Miguel Glave por sus valiosos consejos y recomendaciones. También en esta ciudad, Carolina Fernández Ortiz tuvo la gentileza de hacerme llegar a último momento su tesis no publicada sobre Clorinda Matto de Turner. En Buenos Aires, conté con la asistencia incondicional de Marcos Peluffo, Olga Salguero y Vicente Ortiz que me enviaron material bibliográfico a Davis. Más tarde, la señorita Natalia Segovia del Colegio Nacional de Buenos Aires me facilitó el acceso a la colección completa de *Búcaro Americano* que está archivada en esa institución. En Davis, Mary Berg, tuvo la cortesía de enviarme un texto de Matto de Turner difícil de conseguir en bibliotecas y Willie Hiatt me proporcionó copias de artículos que Clorinda Matto de Turner publicó en *El comercio*. Por último, quisiera dejar constancia aquí de mi reconocimiento a mis colegas del departamento de español de la universidad de California, Davis; a los estudiantes graduados de la misma Universidad, y a Claudia Darrigrandi en particular por su ayuda bibliográfica en las últimas etapas de este proyecto.

Múltiples conversaciones con amigos y colegas sirvieron para dar forma y cuerpo a algunas de mis reflexiones. De entre ellos merecen una mención especial Silvia López, Graciela Montaldo, Friedhelm Schmidt-Welle, Misha Kokotovic, Liliana Ramos Collado, Nina Gerassi Navarro, Erna Von der Walde, Lee Skinner, Beba Eguía, Agnes-Lugo Ortiz, Ricardo Piglia, y Montserrat Ordoñez, entre otros. A Alicia Creus y Carl Goldstein les agradezco el apoyo de siempre. Por último, no puedo dejar de mencionar a los dos lectores anónimos del *Instituto Internacional de Literatura Iberoamericana* que leyeron con un profesionalismo poco común las páginas de este libro, a Adrián Tavoularis por sus sugerencias editoriales y a Erika Braga por su invalorable ayuda. Otras sugerencias valiosas, a veces en forma de interrogantes o preguntas, me las proporcionaron los miembros de mi grupo de lectura en Davis formado por Ruth Caston, Claire Waters, Seeta Shaganti, Margarita Hayer-Caput, Liz Constable, y Sophie Volpp.

Les dedico este libro a mis hijas, Isabel y Camila, que alargaron (y alegraron) considerablemente el período que me tomó escribirlo y que fueron siempre una fuente de inspiración. Por último, nunca podré agradecer suficientemente a mi marido, Pablo Ortiz, que convivió con mis inquietudes intelectuales y con Clorinda Matto de Turner a lo largo de todos estos años (a veces a su pesar), que me proporcionó aliento y apoyo en momentos de crisis, conservando siempre el optimismo y el buen humor, y con quien discutí muchos de los problemas que surgieron sobre la marcha de este proyecto.

Partes de versiones anteriores de algunos de los capítulos aparecieron en las siguientes publicaciones: *Políticas familiares: género y espacio doméstico en América Latina*, Lelia Area, ed. *Revista Iberoamericana* LXX/206 (2004): 103-115, (partes del capítulo 4); *Nómada* 5 (septiembre 2000): 38-45 (parte del capítulo 3); *Indigenismo hacia el fin del milenio*, Mabel Moraña, ed. IILI-Biblioteca de América (1998): 119-138 (partes del capítulo 1); *Antonio Cornejo Polar y los estudios latinoamericanos*, Friedhelm Schmidt-Welle, ed., 213-233 (partes de la introducción); *Entre mujeres: Colaboraciones, influencias y amistades en la literatura y arte hispanoamericanos*, Patricia Rubio y Carla André, eds., Santiago: Red Internacional del libro: 2004, (partes del capítulo 6); y *Revista de estudios hispánicos* 38 (2004): 3-21 (partes del capítulo 1).

Introducción

En 1889 Clorinda Matto de Turner publicó *Aves sin nido*, novela que tuvo una gran repercusión nacional e internacional y que se convirtió rápidamente en uno de los primeros *best-sellers* de la literatura peruana. Las dos ediciones que se publicaron en Lima y Buenos Aires se agotaron rápidamente y una pronta traducción al inglés, inusitada para una novela latinoamericana del siglo XIX, apareció en Londres en 1904 con el título de *Birds without a Nest. A Story of Indian Life and Priestly Oppression in Peru*.[1] Preocupada por ampliar el número de sus lectores por medio de la incorporación de un público femenino, Clorinda Matto de Turner transmitió, desde las páginas de la revista que dirigía, *El Perú ilustrado*, cualquier noticia, por nimia que pareciera, que sirviera para promocionar su obra de ficción. En uno de los números de este semanario se anunciaba que una costurera limeña de nombre francés, Madame Gaye, había bautizado un modelo de sombrero que tenía pájaros disecados en el ala con el título de la novela (ver figura de la tapa), y que dos compositores peruanos habían elegido titular sus piezas musicales haciendo referencia a la obra.[2] En otro volumen de la revista se reproducían las palabras alentadoras de Emilia Pardo Bazán que elogiaba por correspondencia a Clorinda Matto de Turner por la forma en que metaforizaba una traumática realidad social.[3]

Es sabido, sin embargo, que a contrapelo de su éxito con el público, *Aves sin nido* tuvo una recepción polémica, mayormente hostil, tanto en los medios

---

[1] Las primeras dos ediciones de *Aves sin nido* fueron hechas en Lima por la Imprenta del Universo de Carlos Prince, y en Buenos Aires por la editorial de Félix Lajouane. Poco tiempo después apareció una edición española de *Aves sin nido* en la colección que dirigía Blasco Ibáñez para la editorial Sampere de Valencia. En *Cuatro conferencias sobre América del Sur*, se incluyen los juicios de la prensa madrileña sobre la visita de Matto de Turner a España y sobre las conferencias que dio en la "Unión Iberoamericana". En uno de los artículos se habla de "la ilustre escritora sudamericana", autora de *Aves sin nido*, novela que "no sólo por su exotismo, sino también por sus bellezas literarias es desde hace muchos años muy conocida y estimada en Europa" (4).

[2] La mención a los sombreros "Aves sin nido" que son negros y "llevan algunas aves disecadas en el ala" aparece en *El Perú ilustrado* iii/140 (11 de enero de 1890):1268. La referencia a las piezas musicales compuestas en homenaje de la autora con el título de la novela figuran en *El Perú ilustrado* iv/198 (21 de febrero de 1891): 1677.

[3] La carta de Emilia Pardo Bazán se reproduce en una sección de *El Perú ilustrado* titulada "Sueltos". Véase *El Perú ilustrado* iv/198 (23 de agosto de 1890): 635. En *El Perú ilustrado* iii/154 (19 de abril de 1890) hay una litografía de Emilia Pardo Bazán en la tapa.

eclesiásticos como en la república de las letras. A los ataques anónimos publicados en periódicos de la época se sumaron las diatribas de Juan de Arona (seudónimo de Pedro Paz Soldán y Unanue) que increpó a Matto de Turner desde las páginas de *El chispazo*: "Déjate de nidos y aves pues ni ortografía sabes".[4] En 1890, la iglesia prohibió la lectura de *Aves sin nido*, excomulgó a su autora y se quemaron ejemplares de *El Perú ilustrado* en las calles de Arequipa. Unos años más tarde, las tropas del gobierno de Piérola destruyeron la imprenta feminista de Matto de Turner, "La equitativa", en la que se publicaba el diario cacerista *Los Andes* y en la que sólo se contrataban mujeres. En algún sentido, los debates que acompañaron la divulgación de la obra de Matto de Turner en España y América Latina prefiguraron el carácter controvertido e inestable que pasaría a ocupar en los estudios latinoamericanos del siglo XX. En el período de formación de las literaturas nacionales, Ventura García Calderón afirmó que en la biblioteca de Lima había novelas escritas por "una costurera literaria", que afortunadamente estaban siendo destruidas por "una polilla generosa" (*Del romanticismo al modernismo* 283).[5] Gracias en parte a estos comentarios, *Aves sin nido* desapareció del mapa de los estudios literarios, y no fue hasta 1948 que se hizo la primera reedición moderna de la novela con motivo del Segundo Congreso Indigenista Interamericano en la Universidad del Cuzco que nunca llegó a realizarse (Schultz de Mantovani 7).[6] Ya en pleno auge del indigenismo, Aída Cometta Manzoni comenzó a desmentir desde el extranjero los juicios venenosos de Ventura García-Calderón. Sostenía que *Aves sin nido* merecía ser salvada del olvido, y de las polillas, no por su calidad estética o por su contenido ético, sino porque era la primer novela que textualizaba el sufrimiento indígena "con toda crudeza" y porque hacía ingresar al campo literario una realidad marginal que hasta entonces "no se había presentado digna de llevar a la literatura o se había presentado deformada y estilizada" (*El indio en la novela de América* 17). Este rol fundacional que Cometta Manzoni le asignaba a la novela en la genealogía del indigenismo fue a su vez intensamente debatido por Concha Meléndez quien afirmaba que *Aves si nido* era una novela indianista y no

---

[4] Francesca Denegri reproduce la carta de Juan de Arona en su totalidad en *El abanico y la cigarrera* 176.

[5] Otro crítico del siglo XX, José de la Riva Agüero hacía eco de las palabras de su colega cuando afirmaba sarcásticamente en 1905 que "[t]al vez si nuestra compatriota hubiera continuado ensayándose en el difícil arte del novelista, si se hubiera dedicado a él asiduamente, habría llegado a adueñarse de sus secretos y habría [...]podido ser algo así como un Pereda en pequeño" (*Obras completas I. Estudios de literatura peruana* 256).

[6] La edición de 1948 de *Aves sin nido* tiene una noticia preliminar de E. Tapia Olarte y un estudio crítico de Alfredo Yépez Miranda.

indigenista, en la que la idealización romántica del referente indígena eclipsaba su carácter denunciatorio. Cabe acotar, sin embargo, que la separación tajante entre estos dos paradigmas de lectura (indigenismo-indianismo) con los que a partir de este momento se lee de forma casi mecánica la novela es más arbitraria y conflictiva de lo que se pueda pensar a primera vista. El mismo Cornejo Polar pone en duda este sistema de diferenciación cuando dice que el término indianismo es en muchos sentidos un concepto "equívoco" y cuando plantea la posibilidad de leer las crónicas como formas embrionarias de la literatura indigenista (*Literatura y sociedad* 33). Por otro lado, cuando se dice que en el indianismo hay piedad y conmiseración, mientras que en el indigenismo se insinúa una protesta socio-económica, la diferencia entre estas dos categorías críticas aparece ligada a la noción de que el sentimentalismo y la política son ámbitos irreconciliables e incompatibles (Cornejo Polar, *Literatura y sociedad* 36-38). Creo que estas categorías no son necesariamente excluyentes entre sí, y que el sentimentalismo, entendido como un deseo de hacerle derramar lágrimas al lector por la suerte de un Otro-étnico en peligro, es un ingrediente fundamental de la visión política que tiene Matto de Turner de la novela como órgano de reforma socio-cultural.

Al hacer un estudio arqueológico sobre la recepción de *Aves sin nido*, fue en un principio el carácter oscilante y contradictorio de las lecturas lo que atrajo mi atención. ¿Qué es lo que hace que la novela de Matto de Turner polarice ideológicamente a la comunidad de lectores en el momento de su aparición? ¿Por qué Mariátegui la excluye de sus reflexiones críticas sobre el indigenismo cuando esta novela tiene hoy un estatus privilegiado dentro de esa corriente? ¿Por qué los lectores del siglo XX critican el sentimentalismo de la novela cuando es justamente ese aspecto estético-ideológico lo que le garantiza una circulación masiva en el siglo XIX? Me interesó corregir también el desequilibrio que se establece en la crítica indigenista entre *Aves sin nido*, única novela de Matto de Turner que tiene hoy un estatus casi canónico dentro del indigenismo y otros textos suyos considerados secundarios o menores. El proceso por el cual *Aves sin nido* pasa a representar por sinécdoque todo el corpus mattiano no deja de ser un tanto injusto porque resultó en lecturas parciales y "macrocéfalas" de su obra. Entre los textos de Matto de Turner poco leídos hasta ahora que es necesario incorporar a la discusión de su quehacer literario figuran las novelas *Índole* (1891) y *Herencia* (1895); una obra en género dramático con el nombre de *Hima-Sumac* (1892); dos colecciones de perfiles y ensayos tituladas *Bocetos al lápiz de americanos célebres* (1889) y *Boreales, miniaturas y porcelanas* (1902); un libro de viajes publicado póstumamente con el título de *Viaje de recreo* (1909); dos volúmenes de tradiciones tituladas *Tradiciones cuzqueñas* (1884) y *Leyendas y recortes* (1893); traducciones de la Biblia al quechua;

dos libros de texto para usar en escuelas de mujeres[7] y una considerable y vasta producción periodística que apareció en las revistas del siglo XIX.[8]

Es cierto, sin embargo, que si Clorinda Matto no hubiera escrito *Aves sin nido* su nombre hubiera pasado a formar parte de la larga lista de "obreras del pensamiento" a las que ella misma trata infructuosamente de rescatar del olvido en un conocido ensayo.[9] La visibilidad que comienza a adquirir la obra de Matto de Turner a partir de la década del treinta se debe en parte a la cómoda inserción de *Aves sin nido* en los debates metropolitanos sobre lo que Mariátegui llama "el problema del indio" en el Perú. En *Siete ensayos de interpretación de la realidad peruana* (1928), el director de *Amauta* llama la atención por primera vez sobre la distancia cultural y económica que separa al productor de la obra indigenista con respecto al referente indígena. Más tarde, Ángel Rama, en su lectura de Arguedas, retoma y expande esta estrategia de lectura cuando encuentra en el código comunicativo indigenista la condensación de un movimiento de reivindicación social de las capas provincianas de clase media baja, que se apropian de la voz indígena para legitimar su propio discurso de protesta social.[10] La fórmula de Rama, que coincide con la propuesta de Mariátegui, es pensar el indigenismo como un "mesticismo disfrazado

---

[7] Los libros de texto que Matto de Turner publica al principio y al final de su carrera son: *Elementos de literatura según el Reglamento de la Instrucción Pública, para uso del bello sexo* y *Analogía. Segundo Año de Gramática Castellana en las escuelas normales*.

[8] Entre los periódicos que contienen contribuciones intelectuales de Matto de Turner a veces encubiertas bajo los seudónimos de Mary, Lucrecia, Rosario, Adelfa o el anagramático de Carlotta Dimont figuran los siguientes: *El Heraldo*, *El Correo del Perú*, *El Mercurio*, *El Ferrocarril*, *El Eco de los Andes*, *El Semanario del Pacífico*, *El Porvenir*, *La Cartilla Popular*, *El Obrero*, *El Álbum*, *La Bolsa*, *La Alborada del Plata*, *La Ondina del Plata*, *El Rodadero*. En su ciudad natal, Clorinda Matto de Turner publica *El Recreo del Cusco*, una revista de literatura, ciencias, artes y educación, el 8 de febrero de 1876. En Arequipa desempeña la jefatura de redacción del diario *La Bolsa* en 1883, y en Lima la de *El Perú ilustrado* a partir del 5 de octubre de 1889. También, dirige el periódico *Los Andes* y, en Argentina, la publicación titulada *Búcaro Americano*.

[9] Ver "Las obreras del pensamiento en América del Sur" en *Boreales, miniaturas y porcelanas* (1902) 245-266.

[10] Dice Ángel Rama sobre el indigenismo peruano de los años treinta: "Lo que estamos presenciando es un grupo social nuevo, promovido por los imperativos del desarrollo económico modernizado, cuyo margen educativo oscila según las áreas y el grado de adelanto alcanzado por la evolución económica, el cual plantea nítidas reivindicaciones a la sociedad que integra [...]. Como todo grupo que ha adquirido movilidad según lo apuntara Marx, extiende la reclamación que formula a todos los demás sectores oprimidos y se hace intérprete de sus reclamaciones que entiende como propias, engrosando así el caudal de sus magras fuerzas con aportes multitudinarios (*Transculturación narrativa* 142-143).

de indigenismo" (*Transculturación narrativa* 140-141); es decir, como un movimiento complejo y bifronte en el que la reivindicación social de una categoría étnica enmascara las preocupaciones de otra. Dado que la literatura indigenista es producida por mestizos y no por indios, el primer grupo ejerce siempre una forma de violencia sobre el referente indígena, imponiendo sobre su diferencia una forma cultural y unos valores que no son los suyos. En *La novela indigenista* (1980), Antonio Cornejo-Polar refina y amplía este esquema de lectura cuando explica que en el indigenismo, "la ajenidad" del sujeto enunciante no es un déficit ideológico, que pone en peligro la transparencia de una hipotética referencialidad, sino una condición *sine qua non* del género. Al igual que la gauchesca en el Río de la Plata (producida por letrados y no por gauchos) la literatura indigenista no es un corpus escrito por indios sino por un sujeto metropolitano que traduce las peculiaridades del universo andino a la norma criolla de los lectores, ficcionalizándola en el proceso y desdibujando sus características culturales.

En el caso del indigenismo de Matto de Turner busqué plantearme las siguientes preguntas. ¿Qué pasa con este esquema de producción y consumo cuando el sujeto enunciativo indigenista ocupa por su identidad de género un lugar fronterizo y semi-marginal en la pirámide social? En otras palabras, ¿qué ocurre cuando el emisor del discurso, que está por su posición de clase en las altas esferas de la comunidad nacional, comparte con el indígena, por su posición de género y por su extracción serrana, un lugar periférico en la cultura republicana? En este sentido, en una época en la que tanto indígenas como mujeres son excluidos o relegados a las fronteras de las comunidades nacionales por su identidad étnica o de género, Matto de Turner establece una alianza problemática y desigual entre estos dos grupos que le sirve de varias formas. Por un lado, extendiendo la propuesta de Rama, se podría pensar que el sujeto femenino se apropia de la voz del indio para subrayar los puntos de encuentro entre racismo y patriarcado, para engrosar sus débiles fuerzas contra un enemigo común; pero por otro, y tal vez de forma más significativa y relevante a este trabajo, trato de demostrar que a través de esta alianza, que culmina como todo indigenismo en un proceso de apropiación o silenciamiento de la voz indígena, el sujeto femenino decimonónico consigue ensanchar los estrechos límites de la esfera doméstica que la cultura le asigna para insertarse oblicuamente en el vedado e inaccesible campo de la política. Más que pensar en el indigenismo y el indianismo como categorías puras e irreconciliables quisiera establecer un cruce entre estos dos paradigmas en el que el carácter político del indigenismo se domestica y sentimentaliza por medio de la incorporación de la retórica de las lágrimas. En lo que me gustaría llamar el indigenismo sentimental de Matto de Turner no desaparece por completo la distancia entre el productor cultural occidental y el referente indígena, aunque la problemática común de la exclusión produce un acercamiento mayor entre los dos polos que resulta en la contaminación de problemáticas de género y etnicidad.[11] Si uno de los íconos recurrentes en la obra de Matto de Turner es el de un indígena suplicante y lloroso que tiene en el Perú una larga genealogía, Matto de Turner resemantiza esta figura, fundamentalmente para atacar a la iglesia y a las autoridades andinas, pero también para reflexionar de forma oblicua y desplazada sobre la marginalidad del sujeto femenino en la época de la república.[12] Lo que distingue el discurso indigenista de Matto de Turner del de sus contemporáneos masculinos, llámense estos Narciso Aréstegui o Manuel González Prada, son justamente esas zonas de frecuentes cruces y desvíos entre categorías de género y etnicidad que son a su vez internamente contradictorias. En este sentido, y volviendo a reflexionar sobre el indigenismo y sus enmascaramientos en el marco de las reflexiones de Mariátegui y Rama, creo

---

[11] Diferencio aquí el concepto de etnicidad del de raza porque alude a la construcción cultural (y no biológica) de las identidades sociales. Marisol de la Cadena dice en *Indigenous Mestizos* que en el campo de la antropología se empezó a reemplazar el término raza por el de etnicidad en la década del treinta pero que esto no significó una superación del racismo de las élites. Dice: "[...]the independence of the notion of culture from race was never total, either conceptually or politically. This implicit intertwinement was highly consequential for the present hegemony of racism: shielded by culture, former essentialisms were acquitted from racism, as they joined the international chorus to condemn biological determinisms" (29). La distinción entre lo anatómico y lo social que se da en el debate sobre la construcción de identidades étnicas es transferible a la diferenciación etimológica entre los conceptos de género y sexualidad. Tal y como lo indica Nelly Richard "[l]a eficacia del concepto de género radica en que visibiliza teóricamente el corte entre naturaleza (cuerpo sexuado) y cultura (construcción social de la diferencia sexual) para convertir esta separación en un sitio de intervención conceptual y de transformación política de lo "femenino" que se opone al determinismo biológico"(Altamirano, *Términos críticos de sociología de la cultura* 95).

[12] Hacer una genealogía de la figura del indio que llora es un tema que rebasa los límites de este trabajo. Sin embargo, vale la pena notar que la iconografía del indio sufriente no es nueva en el siglo XIX y que aparece ya en la *Nueva Crónica y Buen Gobierno* de Guamán Poma de Ayala, fechado hacia 1615. Por otro lado, la figura sentimental del indígena lloroso es recurrente en la obra de los Cronistas de Convento del siglo XVII, específicamente en el *Memorial de las Historias del Nuevo Mundo Pirú* del franciscano Fray Buenaventura de Salinas y Córdova. En este texto, los indígenas son "los que lloran, desde que nacen hasta que mueren" arrastrando las cadenas de su martirio, mientras los españoles comercian con este sufrimiento y se enriquecen "a costa del sudor suyo, de sus lágrimas, de gemidos, sollozos, suspiros, y desconsuelos perpetuos" (288). Para Buenaventura de Salinas las lágrimas de los indígenas son prueba de una humanidad que les es negada por los españoles, una idea que cristaliza en el siguiente pasaje: "Son estos miserables Indios Hombres, que no son lobos, osos, tigres, ni leones; no son camellos, dromedarios, elefantes ni leones" (289).

que Matto propone desde la ficción una variación de esta fórmula. Es decir, el "mesticismo disfrazado de indigenismo" que Rama detecta en la obra de Arguedas se transforma en la obra de Matto de Turner en un "feminismo disfrazado de indigenismo". Este planteamiento en el que se entretejen las agendas de dos grupos sociales en diferentes estados de marginalidad ofrece la posibilidad de explicar, no solamente la elaboración sentimental o "feminizada" de la diferencia indígena en el corpus textual de esta autora, sino también la casi total desaparición de la denuncia indigenista en sus obras más tardías.

En términos de clase, la inserción de Clorinda Matto de Turner dentro de la pirámide social es compleja y difícil de precisar. Según gran parte de la crítica, Matto de Turner pertenecía a la clase terrateniente andina que se empobreció en la época de auge del guano y que competía con un incipiente sector agro-exportador (Antonio Cornejo Polar; José Tamayo Herrera). Nelson Manrique, por otro lado, pone en cuestionamiento esta lectura cuando dice en *La piel y la pluma* (1999) que es incorrecto pensar en Matto de Turner como perteneciente a esta clase social, ya que si bien su padre tenía una hacienda en Paullo-Chico donde aprendió el quechua en compañía de otros niños mistis e indígenas, Matto de Turner pierde progresivamente contacto con esta propiedad a partir de la muerte de su madre en 1862, cuando ingresa como interna al Colegio Nacional de Educandas del Cuzco, y cuando el padre le deja la hacienda a la segunda familia (48-49). Manrique demuestra también que Joseph Turner, el ciudadano inglés con el que Matto de Turner se casa a los diecinueve años y del que va a enviudar diez años más tarde, era un comerciante precapitalista que actuaba como representante en Tinta de la casa inglesa Stafford encargada de acopiar lanas de fibras de alpaca. Por otro lado, la muerte de Joseph Turner en 1881 deja a Clorinda Matto en la total indigencia, con la responsabilidad de pagar las deudas que había contraído el matrimonio, para lo que se le llega a embargar su propia casa. En este sentido, tal y como lo han demostrado Francesca Denegri y Maritza Villavicencio, la experiencia de la viudez en la época republicana lleva a Matto de Turner y a otras escritoras de su generación a salir de la esfera privada y a cuestionar la rígida compartimentalización de espacios que rige como metáfora la cultura liberal. De acuerdo a esta ideología de los géneros, importada de Europa, y confirmada por el rol angelical que les asigna Auguste Comte a las mujeres en la "religión de la humanidad", la virtud femenina dependía de su mayor o menor grado de alejamiento con respecto a la esfera pública. Al referirse al incipiente profesionalismo de las mujeres republicanas en los campos del periodismo y la enseñanza, Francine Masiello dice, a propósito de la obra de Gorriti, que aunque pensamos que son los modernistas los primeros escritores profesionales que escriben desde los márgenes de la nación-estado en la época de la profesionalización de la política, en realidad esta situación de autonomía ya había sido experimentada por las escritoras latinoamericanas de esta generación.[13]

Dentro de este orden de cosas, si bien Matto de Turner proviene del mundo privilegiado de una élite misti, el hecho de que fuera mujer y serrana en un momento en el que los costeños discriminan contra los cuzqueños, y en el que el género le impide acceder a la categoría de la ciudadanía, matiza y neutraliza estos privilegios.[14] Se construye entonces en los textos indigenistas de Matto de Turner, al menos a nivel de la instancia del emisor, una forma de subjetividad inestable que tiene una relación ambigua con las ideologías hegemónicas. El conflicto entre lo que ella es (un sujeto político o intelectual) y lo que el momento histórico le permite que sea (un sujeto doméstico) se pone de relieve cuando Matto de Turner irrumpe en la esfera pública, en un principio más por necesidad económica que por ambición personal. Por otro lado, los desplazamientos de Matto de Turner desde el corazón de la cultura andina hacia los centros urbanos más abiertos a las propuestas modernizadoras cosmopolitas (Lima-Buenos Aires) van delineando un nomadismo cultural en el que Matto de Turner se construye a sí misma como una figura-puente entre universos socioculturales en tensión. Así como desde las páginas de *El Perú ilustrado* Matto se piensa a sí misma como una embajadora cultural de la sierra en la costa, una vez en Buenos Aires, la necesidad de modernizar al sujeto femenino se convierte en el foco de su activismo intelectual.

La notoriedad que adquiere Clorinda Matto de Turner en la Lima finisecular coincide con el ascenso de Avelino Cáceres a la presidencia del Perú, el 12 de junio de 1886, tres años después de haber terminado la guerra del Pacífico. Este período de relativa estabilidad que termina en 1894 ha sido calificado por Carmen Mc Evoy en *La utopía republicana* como la época de la "Reconstrucción Nacional" dominada por un deseo de repensar la nación luego de la desastrosa derrota de la guerra. Se impone entonces el "autoritarismo constitucional" del régimen cacerista

---

[13] Francine Masiello cuestiona en este sentido la lectura que hace Ángel Rama sobre los modernistas y dice: "Emphasis on earning a living through writing is not, as some have proposed, a sign originating in modernismo [...]. In effect, the professionalization of the writer, which Rama ascribes to the generation of modernistas, is in evidence from the time of Gorriti's first publication, when she expressed a desire for salaried compensation for her literary art; similarly, the fin de siglo, which promised autonomy for the writer, failed to relieve the financial distress that plagued Gorriti" ("Introduction" xxxvi).

[14] Uso aquí el término misti en el sentido que le da Flores Galindo en su lectura de Arguedas. Dice al hablar del enfrentamiento entre mistis e indios en *Agua* (1935): "Por mistis vamos a considerar, como lo entiende Arguedas, a los señores del pueblo, los comerciantes, las autoridades políticas, los terratenientes" (18).

formado por una coalición de civilistas y demócratas liberales, militares costeños y serranos, en una economía que favorece el desarrollo de la agricultura y la minería en el marco mayor de la dependencia con Inglaterra (Mc Evoy, *La Utopía republicana* 260-261). En términos culturales, el ideario cacerista se apoyaba en la filosofía positivista y seguía los pasos, al menos en sus propuestas culturales educativas, del gobierno civilista de Manuel Pardo (1872-1876).[15] Al igual que Matto de Turner, Cáceres pertenecía a una élite andina que se diferenciaba de la oligarquía criolla y que incorporaba por su carácter fronterizo elementos quechuas y europeos a su visión de la identidad nacional (Manuel Burga y Flores Galindo, *Apogeo y crisis* 112). Cuando Clorinda Matto fue atacada por la iglesia con motivo de la publicación de *Aves sin nido*, Cáceres envió una carta de apoyo a *El Perú ilustrado* en la que se proclamaba lector de la novela y en la que le prometía fundar escuelas-taller en las zonas andinas de la república.[16] Esta relación de solidaridad mutua le sirvió a Matto de Turner para contrarrestar la discriminación que sufrió como intelectual serrana y mujer en una capital dominada culturalmente por la oligarquía costeña. Al mismo tiempo, la lealtad de Matto a Cáceres se volvió más tarde en su contra cuando en la guerra civil de 1894 las tropas pierolistas, secundadas por los civilistas, allanaron su casa, y sitiaron la imprenta "La equitativa". En "Narraciones históricas", un texto que Matto escribe en el exilio "bajo el hospitalario techo de la República Argentina" (*Boreales, miniaturas y porcelanas* 560), reconstruye esta escena de violencia

---

[15] En *Aves sin nido*, se elogian en un momento las propuestas de Manuel Pardo, el fundador del partido civil. Fernando Marín dice que tiene fe en su administración y que es "un hombre de talla superior" (202).

[16] La carta de Avelino Cáceres, fechada el 18 de febrero de 1890, se reproduce en la primera página de *El Perú ilustrado* 156 (3 de mayo de 1890). Dice: "Mi distinguida amiga: Con el interés que me es muy natural he leído su novela *Aves sin nido* que refleja con una exactitud digna de encomio lo que ocurre en la sierra y que yo en mi larga peregrinación, he podido observar y alguna vez hasta reprimir. No hay duda que se siente profunda indignación cuando se pasa la vista por aquellas líneas en que pinta usted con todo su colorido, el sacrificio del indio a manos del gobernador, del juez o del párroco [….]. Convencido de que el único medio de cortar los vicios sociales inveterados y que vienen de la época del coloniaje, es atacar el mal de frente cortándolo en su origen, esto es, fomentando la instrucción, que es la única independencia del indio, como será la base de la futura grandeza del Perú. He preparado el terreno fundando las escuelas-taller en los departamentos [...]. Por lo que a usted respecta ha cumplido su deber como escritora denunciando graves delitos, muy especialmente de los servidores de la Iglesia, sobre los que yo llamaré la atención de su jefe el Arzobispo. Dirigiendo a usted una palabra de felicitación y aliento en su noble tarea de escritora, soy su atento amigo y S.S." (156).

como una lucha de poder desigual entre caceristas y pierolistas. Establece una relación maniquea entre Cáceres y Piérola en la que este último es una figura titánica por lo negativo (una versión peruana del Rosas contra el que escriben los románticos argentinos) y en la que la oposición fundamental remite a la cuestión religiosa. Dice que Piérola "practicaba el culto católico con fervor mientras que Cáceres se inclinaba al partido liberal, se decía que era masón y expulsó a los jesuitas en su primer gobierno" (*Boreales* 42). Añade también que éste "se aprovechó en beneficio personal del litigio Dreyffus" (*Boreales* 190), que endeudó al país para enriquecerse personalmente, y que "en su vida de correrías y hazañas femeniles" inspiró la novela *El conspirador*, de su colega Mercedes Cabello de Carbonera (*Boreales* 28).[17]

Una vez en Buenos Aires, ciudad en la que Matto de Turner se radica en 1895, la problemática de la etnicidad, que en sus dos segundas novelas había ya pasado a un segundo plano, se evapora completamente para cederle primacía a la de género. En la capital argentina que por esta época se halla en un período de expansión cosmopolita Matto de Turner trabaja como maestra en dos escuelas de mujeres y funda una revista que tiene la función didáctica de educar al "bello sexo". Desde las páginas de *Búcaro Americano*, Matto de Turner ya no lucha por incorporar al indígena a los proyectos nacionales sino por darles a las mujeres los derechos de la ciudadanía.[18] Por otro lado, hace desde el mismo periódico afirmaciones extremadamente racistas sobre la inmigración china en el Perú aplaudiendo la decisión del gobierno peruano de "cerrar sus puertas a los hijos del celeste imperio" o a "la enclenque progenie del chino" para abrirla a la inmigración

---

[17] Uno de los reproches que se le ha hecho a *Aves sin nido* desde el indigenismo es que escatima los mecanismos de explotación gamonal en parte para defender a la clase de la que la misma Matto provenía. Manrique afirma que éste es un reproche injusto y anacrónico que resulta de la proyección de mecanismos de explotación terrateniente que eran válidos para la época de máximo esplendor del indigenismo del siglo XX pero no para la zona andina de fines del siglo XIX. Dice en este sentido que *Aves sin nido* es un documento histórico invalorable que pone al descubierto la principal zona de explotación de la población campesina del sur andino: el acopio de lanas. Con respecto a la omisión de la figura del gamonal en la novela, dice que: "no es tanto la hacienda sino más bien la expansión del capital comercial precapitalista la verdadera base sobre la cual se erigió la estructura de dominación gamonalista, aún cuando la propiedad de la tierra pudiera facilitar su desarrollo" (*La piel y la pluma* 49).

[18] Para un estudio de la configuración de esta revista que Matto de Turner funda y dirige en Buenos Aires el 1 de febrero de 1896 véase "Búcaro Americano: Clorinda Matto de Turner en la escena femenina porteña" de Susana E. Zanetti. La revista publicó sesenta y cinco números y dejó de aparecer el 15 de mayo de 1908.

europea.[19] Si bien Matto de Turner no abandona por completo sus preocupaciones indigenistas, su postura frente a la parte indígena de la nacionalidad se vuelve, lejos de la patria, más confusa y contradictoria.[20] ¿Cómo explicar, por ejemplo, que en *Boreales, miniaturas y porcelanas*, se incluya un perfil laudatorio de Julio Argentino Roca, general que orquesta la famosa "campaña contra el indio" en Argentina? Si bien es cierto que la cuestión indigenista remite en el Río de la Plata a un contexto histórico-social diferente del andino y que Matto de Turner alaba a Roca por el apoyo que éste le da al Perú en la guerra del Pacífico (1879-1883) los elogios que le prodiga no dejan de ser desconcertantes.

En el proemio a *Aves sin nido* (1889) el sujeto literario afirma que quiere establecer una relación "horizontal" con los indígenas a quienes ve como "hermanos que sufren, explotados en la noche de la ignorancia" (28).[21] Lo que une a indígenas y mujeres en el ideario mattiano es su exclusión de lo que Matto de Turner llama el "palacio encantado del saber, del trabajo y de la fortuna" (*Boreales* 250). Aunque a nivel explícito el sujeto de la enunciación invoca en este prólogo una retórica fraternal que busca "horizontalizar" las diferencias entre las razas, la propuesta se contradice con una ideología maternalista, de corte más vertical que horizontal.[22] Más que como "hermanos" de las élites criollas, los indígenas son incorporados a la familia-nación de forma infantilizada, como "hijos adoptivos" de un ángel de caridad que los educa, acultura y "civiliza" desde el ámbito del hogar.

El aspecto más polémico de la obra de Matto de Turner es sin duda la cuestión racial que, como trataré de demostrar en las páginas de este libro, es un arma de doble filo marcada por una serie de paradojas. Si bien Matto de Turner utiliza la metáfora de las lágrimas andinas para dar prueba de la humanidad de todo un

---

[19] Este artículo titulado "La inmigración peruana" aparece en *Búcaro Americano* VIII/59(25 de junio de 1907): 898-899.

[20] Durante su exilio en Buenos Aires, Clorinda Matto de Turner traduce al quechua el Evangelio de San Lucas y los Hechos de los Apóstoles para hacer llegar la palabra de Cristo a las comunidades andinas. Esta traducción fue financiada por una Sociedad Bíblica Protestante.

[21] A no ser que se especifique lo contrario, todas las citas de *Aves sin nido* que aparecen a lo largo de este libro pertenecen a la edición valenciana, sin fecha, hecha por la casa Sempere. Las citas de *Tradiciones cuzqueñas, leyendas, biografías y hojas sueltas* están tomadas de la edición hecha en Cuzco en 1954.

[22] Pienso aquí en el maternalismo como en una versión feminizada del paternalismo ilustrado. Sobre las contradicciones del paternalismo en las haciendas de la zona andina puede consultarse la obra de Manuel Burga y Alberto Flores Galindo para quienes el paternalismo es un sentimiento complejo pero jerárquico que remite a una "despótica ternura paternal" (*Apogeo y crisis de la república aristocrática* 107).

grupo social, al que busca incorporar a la nación en calidad de objeto de piedad, no consigue subvertir completamente el sustrato positivista y etnocéntrico que comparte con todos los escritores del siglo XIX, aun con aquellos que han pasado a la historia como defensores de la causa indígena. Para calmar las ansiedades y la paranoia de una élite criolla que se siente asediada por las multitudes indígenas de la zona andina, Matto de Turner reactiva desde el corpus de sus novelas, el estereotipo de un indígena indefenso, suplicante y aniñado, que humaniza por un lado la visión hegemónica del indígena como "bestia productora" pero que por otro lo sigue viendo como un personaje carente de subjetividad autónoma que necesita de un otro criollo o misti para ingresar al campo de la modernidad.[23] La construcción de una familia "feminocéntrica" regida por la figura de un ángel del hogar transculturado,[24] se conecta entonces con la necesidad de esablecer una alianza entre dos grupos marginales y de superponer sobre la diferencia cultural indígena atributos sentimentales que en las culturas de fin de siglo se colocaron del lado de la esfera femenina (ternura, honradez, sinceridad, superioridad moral). Aunque el lado problemático de esta propuesta es que el sujeto femenino no consigue darle al indio un estatus autónomo de sujeto, el escándalo político que produjo la novela en el siglo XIX plantea la necesidad de historizar esta representación y de leerla como respuesta a una visión "bestializada" del indio fuertemente arraigada en el imaginario nacional.

En algún sentido, se podría especular que la omisión que hace Mariátegui de la obra de Matto de Turner en sus discusiones sobre el indigenismo cultural, se

---

[23] Según Cecilia Méndez el temor a la ferocidad indígena fue lo que caracterizó al nacionalismo criollo del siglo XIX. Conecta este sentimiento genealógicamente hablando con la rebelión fallida de Tupac Amarú (1781) que marcó en las élites "un profundo recelo y temor frente a las poblaciones indígenas, ahondando abismos, alimentando fantasías de horror" ("Incas sí, indios no" 31). Francesca Denegri también menciona este miedo al indio en la ficción de las escritoras criollas contemporáneas a Matto de Turner en *El abanico y la cigarrera*, principalmente en las novelas de Mercedes Cabello de Carbonera y de Juana Manuela Gorriti.

[24] A lo largo de este estudio utilizo el término transculturación tal y como lo usa Fernando Ortiz en *Contrapunteo cubano del tabaco y el azúcar*. Aunque Ortiz no usa el concepto de transculturación para hablar de construcción de identidades o poses en la periferia creo que lo que dice sobre el amestizamiento de culturas en América Latina es válido para reflexionar también sobre la paulatina emergencia de nuevas formas de subjetividad en el siglo XIX que surgen del choque entre identidades discursivas locales y forasteras. Así la mujer indígena y el ángel del hogar representan dos polos ideológicos antagónicos que se entremezclan en la "zona de contacto" (Pratt) andina. En la novela de Matto de Turner la ideología del ángel del hogar se transforma en otra cosa por la acción del sustrato indígena: un ángel del hogar indigenista, que habla quechua y que toma partido por los indígenas en la guerra de Killac.

basa en el rechazo a la compasión y la retórica de las lágrimas. Mariátegui desconfiaba del sentimentalismo indigenista de Matto de Turner porque éste enfatizaba la educación sentimental del opresor más que la virilización "revolucionaria" del indígena.[25] De ahí su preferencia por la propuesta más viril y combativa de González Prada a quien califica como "el primer instante lúcido de la historia del Perú" (*Siete ensayos* 228), borrando en el proceso de su canonización las contradicciones de su pensamiento indigenista. Dentro del ideario marxista de Mariátegui en el que se buscaba una alternativa revolucionaria a las desigualdades de clase y raza que desgarraban al Perú, la propuesta sentimental de *Aves sin nido* eliminaba toda posibilidad de una salida radical al problema del indio que no fuera meramente reformista. Frente a estas críticas, que serán retomadas más tarde por la crítica indigenista, me interesa subrayar (junto con Eugenio Chang-Rodríguez) el anacronismo que significa pedirle a esta escritora del siglo XIX que tuviera una conciencia revolucionaria en una época en la que el marxismo todavía no había llegado a las costas del Perú.[26] La mera propuesta de "peruanizar"al indígena y de considerarlo como parte de una familia ofendió a los sectores más retrógradas de la comunidad nacional para los que los indígenas carecían de humanidad y eran incompatibles con cualquier idea de progreso.[27]

A principios del siglo XXI, estas líneas se inscriben en lo que podría llamarse un proceso de revalorización del legado de la obra de Clorinda Matto de Turner. A la ya existente traducción de *Aves sin nido* al inglés titulada *Birds without a Nest* (1904), y enmendada por Naomi Lindstrom en 1996, se añadió otra, titulada *Torn From the Nest* (1998) que formó parte de la prestigiosa colección latinoamericana

---

[25] Dice Mariátegui: "Cada día se impone, con más evidencia, la convicción de que este problema [el del indio] no puede encontrar su solución en una fórmula humanitaria. No puede ser la consecuencia de un movimiento filantrópico.[...]La solución del problema del indio tiene que ser una solución social. Sus realizadores deben ser los propios indios" (45).

[26] Lo que Eugenio Chang-Rodríguez afirma en "El indigenismo peruano y Mariátegui" es lo siguiente: "No exijamos a escritores peruanos del siglo XIX la visión dialéctica del conflicto entre feudalismo y capitalismo que hoy tenemos. La dialéctica hegeliana y marxista todavía no se había difundido en el Perú de las últimas décadas del siglo XIX" (371).

[27] Un ejemplo de esta visión fuertemente asentada en la mentalidad oligárquica lo constituye la tesis de Clemente Palma titulada "El porvenir de las razas en el Perú", donde dice en 1897 que "la raza india" es "degenerada" porque tiene "todos los caracteres de la decrepitud y la inepcia para la vida civilizada. Sin carácter, de una vida mental casi nula, apática, sin aspiraciones, es inadaptable a la educación" (Clemente Palma citado por Alberto Flores Galindo en *La tradición autoritaria* 41).

de Oxford University Press.[28] En 1997, la municipalidad del Cuzco reeditó las *Tradiciones Cuzqueñas* que no habían sido publicadas desde su aparición en 1884, y en 1990 y 1996 la editorial Flora Tristán publicó dos libros sobre literatura y género que le dedicaban a Clorinda Matto de Turner una buena parte de sus reflexiones.[29] En los Estados Unidos, ensayos poco conocidos de Clorinda Matto de Turner han sido recientemente traducidos y editados para ser incluidos en antologías y libros de texto.[30] Si en la década del treinta fue el indigenismo el movimiento responsable de que se rescatara la figura de Clorinda Matto del anonimato y del olvido, a fines de la década del noventa es el feminismo lo que la vuelve a colocar en el mapa de los estudios culturales. Dentro de este nuevo corpus crítico que incorpora a la discusión la categoría de género, merecen mencionarse las valiosas contribuciones de Francesca Denegri, Susana Reisz, Joan Torres Pou, Lola Aponte Ramos, Lucía Fox-Lockert, Sonia Mattalía, Carolina Ortiz Fernández y Mary Berg, entre otras. Si para la crítica indigenista es la construcción de la diferencia racial lo que constituye el aspecto más polémico de su narrativa, para la crítica feminista causará igual incomodidad y desconcierto la exaltación que hace esta escritora del discurso de la domesticidad.

En un estudio ya casi canónico de la crítica feminista latinoamericana, Josefina Ludmer planteaba en la década de los ochenta la necesidad de no leer en la literatura de mujeres lo que había sido culturalmente inscripto en su espacio para no caer en lecturas tautológicas (la domesticidad, el sentimentalismo, lo personal). Lo que se proponía en "Tretas del débil" (1984) era que en la producción cultural femenina anterior al siglo XX había que leer, no el discurso doméstico-sentimental que la sociedad colocaba del lado de la esfera privada sino un saber racional y abstracto asociado culturalmente con espacios masculinos (47-54). Al reflexionar sobre las observaciones de Ludmer en el contexto de este estudio me pregunto hasta qué punto se puede interpretar esta negativa a leer "lo femenino" en la literatura de mujeres como un síntoma del desprestigio que ocupan las categorías afectivas de

---

[28] Matto de Turner, Clorinda. *Torn From the Nest*. Translated by Joh H. R. Polt. (New York: Oxford University Press, 1998).

[29] Ver Francesca Denegri, *El abanico y la cigarrera: la primera generación de mujeres ilustradas en el Perú* (1996) y Maritza Villavicencio, *Del silencio a la palabra, breve historia de las vertientes del movimiento de mujeres en el Perú* (1990).

[30] La nueva edición de *Voces de Hispanoamérica* de Raquel Chang Rodríguez y Malva E. Filer, incluye "Para ellas" y "Malccoy" de Clorinda Matto de Turner (187-191). También Susana Rotker publica "Las obreras del pensamiento en América del Sud" en su antología sobre el ensayo latinoamericano. Doris Meyer en *Re-reading the Spanish American Essay* pone en circulación traducciones al inglés poco conocidas de Matto de Turner.

lo sentimental y lo doméstico en la posmodernidad. Al margen de que en la obra de Clorinda Matto no es fácil deslindar el campo de lo doméstico del de lo político, en este trabajo me interesa efectuar justamente ese ejercicio tautológico: leer en su obra, y por extensión en la literatura de mujeres del siglo XIX, aquellos atributos sentimentales que han sido expulsados de la cultura alta pero que configuraron entonces una parte integral de la cultura peruana tanto en su vertiente femenina como masculina.

La relación problemática que el feminismo mantiene con la domesticidad y el sentimentalismo no es sólo patrimonio de la crítica latinoamericana. Ya en *Women and Writing* (1904) Virginia Woolf establece una antinomia entre estas dos formas de identidad femenina (la doméstica y la intelectual) cuando afirma que para convertirse en escritora la mujer debe matar, metafóricamente hablando, al ángel del hogar.[31] En el caso de Clorinda Matto de Turner, ese ángel doméstico, sumiso y caritativo que tanto desprecia Woolf, no sólo no se ve como un obstáculo para la autonomía femenina y para el progreso, sino que se utiliza de forma estratégica para subvertir la ideología de las esferas y para ampliar las estrechas fronteras de la subjetividad femenina.[32] Esta valoración cultural de la ideología de la domesticidad se refleja, no solamente en el lugar privilegiado que ocupa la feminización de la virtud en los textos de Gertrudis Gómez de Avellaneda, Juana Manuela Gorriti o Clorinda Matto de Turner, sino también en la retórica doméstico-sentimental que

---

[31] Virginia Woolf narrativiza de la siguiente forma la tensión entre lo doméstico y lo intelectual que se trenza en la subjetividad de la mujer letrada: "[...] I discovered that if I were going to review books I should need to do battle with a certain phantom. And the phantom was a woman, and when I came to know her better I called her after the heroine of a famous poem, The Angel in the House. It was she who used to come between me and my paper when I was writing reviews. It was she who bothered me and wasted my time and so tormented me that at last I killed her. You who come of a younger and happier generation may not have heard of her –you may not know what I mean by the Angel in the House. I will describe her as shortly as I can. She was intensely sympathetic. She was immensely charming. She was utterly unselfish. She excelled in the difficult arts of family life. She sacrificed herself daily. If there was chicken, she took the leg; if there was a daught she sat in it-in short she was so constituted that she never had a mind or a wish of her own, but preferred to sympathize always with the minds and wishes of others" (*Women and Writing* 58-59).

[32] El término "ángel del hogar" viene del título de un poema de Coventry Patmore, "The Angel in the House", publicado en 1854. En 1859 apareció en España una colección con el mismo título de María del Pilar Sinués y Marco, una escritora a la que Matto de Turner menciona y elogia en *Cuatro conferencias sobre América del Sur* (1909). Para un estudio sobre la ideología del ángel del hogar en "Aves sin nido" véase "Clorinda Matto de Turner y el ángel del hogar" de Joan Torres Pou.

escritores como Jorge Isaacs, Narciso Aréstegui, Pablo de Olavide y Luis Benjamín Cisneros encuentran compatible con el discurso de la masculinidad. El auge de la cultura de los sentimientos que valorizó lo emocional por encima de lo racional y que para fines del siglo XIX tenía connotaciones feminizantes fue a contramano de corrientes estéticas antisentimentales que plantearon la necesidad de virilizar a la comunidad nacional en una época posbélica.

En un estudio sobre *Aves sin nido* titulado "When Women Speak of Indians and Other Minor Themes... Clorinda Matto's *Aves sin nido*. An Early Peruvian Voice", Susana Reisz se detiene en la compleja interacción entre categorías de etnicidad y género en *Aves sin nido*, donde Cornejo Polar detectaba ya "un vago feminismo romántico". Reisz muestra en su trabajo que el feminismo de Matto de Turner es menos difuso de lo que se había pensado hasta ese momento y que en *Aves sin nido* se entrecruzan no una, sino varias líneas de subalternidad con respecto al discurso de lo nacional. Al mismo tiempo, Reisz lee *Aves sin nido* desde el paradigma de la "sororidad"[33] surgido en el contexto de los estudios culturales norteamericanos, cuando dice que "sister Clorinda" proclama en esta novela una especie de "third-world feminism avant la lettre" en el que detecta una coalición de identidades. En esta lectura, los lazos de solidaridad de género que se establecen entre mujeres de diferentes regiones y razas incluyendo "women of the coast, the mountains and the jungle, between mistress and servant, between 'white', 'chola', 'Indian', 'black', 'zamba', 'china' or 'china-chola'", prevalecerían sobre las diferencias de clase y raza que fracturan la esfera femenina (83). Creo que Reisz tiene razón cuando afirma que en *Aves sin nido* la relación de cercanía entre una mujer "blanca" (Lucía) y una indígena (Marcela) actúa como motor narrativo de la novela porque les sirve a ambas para construir una pequeña base de poder desde la que enfrentar a "la

---

[33] Aunque el vocablo "sororidad" es un anglicismo, me permito la libertad de utilizarlo entre comillas en este trabajo porque creo que es un término que debería existir en español para denotar el equivalente femenino de la fraternidad en la época republicana. Ya a principios del siglo XX, Miguel de Unamuno en el prólogo a su novela *La tía Tula* (1921) desarrolla un convincente argumento a favor de la incorporación de este vocablo que desgraciadamente fue ignorado por los lingüistas y filólogos de la Real Academia Española. Dice: "[...]así como tenemos la palabra *paternal* y *paternidad* que derivan de *pater*, padre, y *maternal* y *maternidad*, de *mater*, madre, y no es lo mismo, ni mucho menos, lo paternal y lo maternal, ni la paternidad y la maternidad, es extraño que junto a *fraternal* y *fraternidad*, de *frater*, hermano, no tengamos *sororal* y *sororidad*, de *soror*, hermana. En latín hay *sororius, a, um*, lo de la hermana, y el verbo, *sororiare*, crecer por igual y juntamente. Se nos dirá que la *sororidad* equivaldría a la *fraternidad*, más no lo creemos así. Como si en latín tuviese la hija de un apelativo de raíz distinta que el de hijo, valdría la pena de distinguir entre las dos filialidades" (44).

trinidad explotadora del indio". Sin embargo, más que idealizar los lazos interétnicos entre mujeres me interesa problematizar esta relación homo-sentimental que se desarrolla en el ámbito privado de la cultura andina. La alianza entre Lucía y Marcela es una relación vertical, asimétrica y jerárquica en la que los lazos de género no consiguen eliminar las diferencias de clase y raza que las separan. La posibilidad de sentir piedad que tiene la mujer misti o criolla por las indias menesterosas depende justamente de su estatus privilegiado por clase y etnicidad que la coloca bien por encima de su contraparte indígena. Por otro lado, la solidaridad de clase que une a Lucía con un sujeto masculino sentimental y letrado (Fernando) es muchas veces más igualitaria y horizontal que la relación entre benefactora y *protegée* que se establece dentro de la esfera femenina.[34]

En *El abanico y la cigarrera: La primera generación de mujeres ilustradas en el Perú* (1996), Francesca Denegri lee la obra de Clorinda Matto de Turner en el contexto de la primera generación de mujeres letradas en el Perú. Uno de los méritos de este trabajo es que la autora construye un canon alternativo, formado por escritoras que irrumpen en el campo de las letras de forma casi repentina en los años setenta. El estudio de Denegri se articula con propuestas del feminismo angloamericano para el que las mujeres escritoras forman, en los márgenes del campo intelectual, genealogías culturales propias, paralelas a las masculinas, en las que es posible detectar *topoi*, íconos y preocupaciones en común. Denegri demuestra también que esta producción femenina no es un hecho cultural aislado que ocurre en los márgenes de la ciudad letrada sino que está en estrecho diálogo con la tradición hegemónica. Según la lectura de Denegri, Clorinda Matto de Turner se separa de las escritoras criollas de su generación por tener un pasado andino que la lleva a cuestionar por momentos una ideología del progreso liberal a la que también se adscribe en la novela. También, porque es la única escritora de su generación que se atrevió a hacer una literatura abiertamente política y que "respondió sin ambages al llamado que hiciese González Prada de 'producir literatura de propaganda y ataque'"(*El abanico y la cigarrera* 16). Si por "responder" se entiende dialogar, y sobre todo disentir, no puedo menos que estar de acuerdo con esta afirmación, aunque creo que hay una serie de zonas de desacuerdo y conflicto entre las

---

[34] En este sentido, la caridad de Lucía hacia Marcela tiene como recompensa no solamente un lugar en el paraíso dentro de la cosmovisión cristiana que encuadra la novela, sino también la gratitud eterna de los indios que terminan literalmente dando la vida por sus protectores y entregándoles las dos niñas huérfanas o "aves sin nido" para que se sometan a un proceso de aculturación en el ambiente "civilizado" de la capital peruana.

propuestas de nación de estos dos autores que no han sido suficientemente subrayadas en las lecturas de *Aves sin nido*.[35]

Se podría pensar en los textos de Matto de Turner como en artefactos culturales amalgamados o "totalidades contradictorias" para citar una frase de Cornejo Polar, en los que se entrecruzan ideologías opuestas: no solamente en términos etnográficos, entre indigenismo e indianismo; o en términos de género, entre un discurso que enfatiza la diferencia o la igualdad; sino también entre cristianismo y positivismo. La presencia en la obra de Matto de Turner de antinomias irresueltas, que se entrelazan *ad infinitum* pueden ser, y han sido leídas como deficiencias estéticas o ideológicas pero responden sobre todo a una voluntad ideologizante que se explica por el lugar fronterizo (privilegiado y marginal al mismo tiempo) que Matto ocupa con respecto a los discursos de poder. Para conseguir insertarse en debates eminentemente políticos y metropolitanos de los que estaba excluida por su género (el indigenismo, el anticlericalismo), Matto de Turner amplifica y sobredimensiona aquellos discursos sentimentales y domésticos que se inscriben en su espacio y que está implícitamente transgrediendo. El resultado es una literatura híbrida que mezcla *topoi* procedentes de varias corrientes y que desafía desde su propia inestabilidad semántica, las categorías antinómicas con las que trabajan tanto la crítica indigenista como la feminista (costa-sierra, tradición-modernidad, indigenismo-indianismo, domesticidad-política, igualdad-diferencia).[36]

Este trabajo está dividido en siete partes. En el primer capítulo titulado "Genealogías estrábicas: Clorinda Matto de Turner y Manuel González Prada" someto la práctica de la lectura en *Aves sin nido* a un proceso de historización doble. Demuestro por un lado que la forma de leer el sentimentalismo hiperbólico que permea la novela ha cambiado radicalmente y que lo que hacía llorar en el siglo XIX

---

[35] Una excepción importante al silencio sobre los desacuerdos entre González Prada y Matto de Turner es la de Reisz que detecta en los ensayos de González Prada un "etnocentrismo patriarcal" (81).

[36] Uso aquí el término híbrido en el sentido literal de mezcla o amestizamiento de corrientes culturales que le da Cornejo Polar en sus ensayos sobre *Índole* y *Herencia* publicados en la década del setenta. Dice por ejemplo que en *Índole* reaparecen "las indecisiones y ambigüedades del realismo peruano, el inestable *hibridismo* que lo constituye, y sus limitaciones más notables" ("Prólogo" a *Índole* 31, énfasis mío). Vale la pena especificar sin embargo, que años más tarde en el contexto de la aparición de *Culturas Híbridas* de Nestor García Canclini, Cornejo Polar toma una actitud más escéptica con respecto a este término porque según él viene del campo de las ciencias y porque borra más que subraya las contradicciones inherentes a los procesos de mezcla cultural. Véase "Mestizaje e hibridez: Los riesgos de las metáforas. Apuntes".

hace reír, como diría Oscar Wilde, a los lectores posmodernos. Wilde dice, refiriéndose a una famosa novela de Dickens que "habría que tener un corazón de piedra, *para no reírse*, de la muerte de Little Nell" (énfasis mío). La substitución del significante "llorar" por el de "reír" es lo que *hace* la frase, pero es también un síntoma del desprestigio en el que empieza a caer la retórica de las lágrimas en la época contemporánea. Parte de este capítulo está dedicado también a repensar desde la perspectiva del sentimentalismo una lectura-cliché de la crítica sobre *Aves sin nido* que lee la novela como una copia deslucida de los ensayos de Manuel González Prada. Para combatir esta lectura, recurro al concepto de la mirada estrábica de Esteban Echeverría que Ricardo Piglia retoma en su lectura de la literatura latinoamericana, en la que "un ojo está puesto en El Aleph, el universo; y el otro en [...] el destino sudamericano".[37] En el caso de Matto de Turner el cruce entre la mirada regional y la cosmopolita se entreteje con otras formas de estrabismo que remiten a la necesidad de hacer entrar en contacto preocupaciones procedentes de universos culturales disímiles (costa-sierra) dentro del marco de la emergencia de una cultura femenina en diálogo con la tradición hegemónica.

En el segundo capítulo titulado "El poder de las lágrimas en *Aves sin nido*" exploro las tensiones ideológicas que se establecen en esta novela indigenista entre un discurso sentimental que idealiza el primitivismo *naïf* de la cultura indígena y otro más positivista que busca neutralizar su diferencia a través del blanqueamiento, la muerte o la domesticación de los personajes indígenas.[38] Estos mismos cruces se pueden detectar en la construcción de una subjetividad femenina que se halla

---

[37] La traducción de este pasaje es mía. Dice Piglia en "Sarmiento the Writer": "Strabismic Vision represents the true national tradition: Argentine literature is constituted within a double vision, a relationship of difference and alliance with other practices and other languages and other traditions. One eye is on the Aleph, the very universe; the other eye sees the shadow of barbarians, the fate of South America. The strabismus is asynchronic: one eye sees the past, the other is on the future" (130).

[38] Friedrich Schiller en *Poesía ingenua y poesía sentimental* define el primitivismo como una actitud cultural que en el siglo XIX coincide con la idealización de formas de vida que parecen incompatibles con el civilismo urbano propiciado por la lógica moderna. Este tipo de primitivismo asociado con el pasado de la civilización occidental se manifiesta metafóricamente por medio del motivo del *ubi sunt* en la poesía sentimental, sobre todo en su vertiente idílica. Dice Schiller: "Bajo un cielo feliz, en la sencillez del estado primitivo, con un saber limitado, la naturaleza se satisface sin esfuerzo y el hombre no se pervierte de verse estrechado por la necesidad. Todos los pueblos que tienen historia tienen un paraíso, un estado de inocencia, una edad de oro; y hasta cada hombre tiene su paraíso, su edad de oro, que él recuerda con más o menos fervor según el grado en que entre en su carácter el elemento poético" (113).

fracturada por ideologías opuestas: una que exalta la diferencia (y superioridad moral) del sujeto femenino con respecto a la norma masculina, y otra que plantea la necesidad de hacerla acceder a la modernidad por medio de la educación. Las estrategias sentimentales de la novela que han sido leídas a contrapelo de su eficacia política son a mi modo de ver el elemento más significativo de este proyecto de reforma sociocultural. La táctica de Matto de Turner consiste en acatar los valores sentimentales que se inscriben en su espacio para proponer un proyecto nacional compensatorio en nombre de los grupos marginados de la comunidad nacional. Me detengo entonces en los *tableaux* más lacrimógenos de la novela para demostrar que lo que se lee como un defecto estético es en realidad una estrategia de autorización del sujeto femenino republicano que le sirve para expandir las fronteras de la subjetividad femenina en el siglo XIX.

En el tercer capítulo, utilizo una poco conocida biografía que Matto de Turner escribe sobre un personaje de las guerras de la Independencia, Francisca Zubiaga de Gamarra (alias la Mariscala), para reflexionar sobre los problemas de autorización del sujeto femenino letrado en un período regido por una estricta división de esferas (público-privado, mente-corazón, calle-hogar, activo-pasivo). Matto de Turner se siente atraída por este personaje combativo de la historia cuzqueña pero paradójicamente procede a borrar todo lo que tiene de transgresor y amenazante. Este gesto contradictorio y desconcertante por el que se rescata del anonimato a una mujer militar y se la somete a un intenso proceso de purificación puede ser leído de forma autobiográfica. Matto de Turner se identifica con un personaje que al igual que ella se sale del espacio asignado. Sin embargo, dado que su activismo guerrero puede ser leído como una proyección de su propio yo, trata de hacerla encajar dentro de los estereotipos de la época convirtiéndola en una madre abnegada y una esposa ejemplar que sigue al mariscal Gamarra por los campos de batalla. En este sentido, la feminización de la Mariscala, como la de los indígenas en *Aves sin nido*, remite a una utopía de nación sentimental y doméstica opuesta a la más viril y combativa de Manuel González Prada.

En el capítulo 4, otra semblanza biográfica, esta vez de una dama de caridad cuzqueña que convierte su hogar en un asilo de indígenas huérfanos, me sirve como ventana desde la cual aproximarme a un debate poco explorado en la cultura republicana. Me refiero a los intercambios ideológicos sobre el rol que podía cumplir la caridad cristiana en los proyectos modernizadores que ansiaban encontrar nuevas

---

Para un estudio del primitivismo en el contexto latinoamericano véase *Primitivism and Identity in Latin America: Essays on Art, Literature and Culture*, una colección de ensayos editada por Eric Camayd-Freixas y José Eduardo González.

formas de unir y cohesionar entre sí a las diferentes regiones, grupos étnicos y clases dentro del fracturado espacio nacional. El discurso de la caridad se conecta con el sentimentalismo porque es el espectáculo de la pobreza lo que promueve la intervención femenina de la benevolencia. El carácter fronterizo de la caridad, a caballo entre la moralidad y la política, le sirve al sujeto femenino para redefinir el lugar que ocupan las mujeres en los proyectos de la modernización. Detecto en este perfil el movimiento inverso al de la semblanza de la Mariscala ya que en vez de domesticar a un personaje marcial y guerrero, se politiza aquí a un sujeto aparentemente doméstico, sentimental y cristiano. A través de la práctica caritativa, la heroína de esta minisemblanza consigue corregir por medio del activismo humanitario las inoperancias de la esfera nacional-estatal.

La segunda novela de Matto de Turner titulada *Índole* (1891) es objeto de mis reflexiones en el quinto capítulo. Desplazo mi atención aquí a la conflictiva situación del sujeto femenino en un fin de siglo traumatizado por los avances de la secularización. Contraponiendo esta novela a otras obras anticlericales de la época demuestro que Matto de Turner asiente y disiente al mismo tiempo con los postulados normativos del anticlericalismo liberal. En una época en la que la idea de una mujer-anticlerical es un oxímoron Matto de Turner construye un discurso crítico con respecto a los abusos de la religión organizada que depende paradójicamente de la canibalización de la retórica cristiana. El argumento con el que Matto de Turner justifica el abandono de la esfera doméstica es que si los curas violan los preceptos de la religión cristiana es el deber moral de las mujeres salir en defensa de los grupos marginales para denunciar estos abusos. Para emprender esta crítica feroz contra los excesos de la iglesia en la zona andina Matto adopta una pose exageradamente sentimental y femenina que busca distraer la atención de la magnitud de su transgresión.

En el capítulo 6, titulado "De Killac a Lima: Modelos y anti-modelos de virtud republicana en *Herencia*" reflexiono sobre la continuación de *Aves sin nido*, poco leída hasta ahora en parte porque en ella se reemplaza el indigenismo de la primera novela con un discurso naturalista-xenófobo de corte cambaceriano. Debato en este capítulo las dificultades del sujeto femenino para construirse una identidad como sujeto urbano y para autorizarse en una corriente positivista-naturalista protagonizada por el sujeto masculino-*flâneur*. Matto de Turner recoge del naturalismo canónico ciertas figuras literarias del paisaje urbano de fin de siglo (la prostituta, el inmigrante) pero les imprime una serie de diferencias. En el caso de la prostituta mulata se la somete a un incompleto proceso de sentimentalización que trata de desenfatizar el determinismo genético; en el caso del inmigrante, se lo convierte en la figura eje de una ficción paranoica que busca alertar al lector sobre los peligros de la inmigración baja y no deseada en el período modernizador de la república oligárquica.

Por último, en el capítulo titulado "Límites y alcances de la 'sororidad' republicana" analizo los espacios homosociales desde los que Clorinda Matto de Turner y las escritoras de su generación hicieron frente al "espíritu fraternal de club" que reinaba en la cultura masculina de fines de siglo. Demuestro por un lado que la feminización del discurso de la fraternidad republicana fue una forma de contrarrestar la marginación intelectual que sufrieron en el siglo XIX; pero, por otro, señalo que nuestros deseos feministas de idealizar estas redes de producción y consumo de obras producidas por mujeres echan sombra sobre una serie de exclusiones, diferencias y conflictos internos dentro del campo cultural femenino. En términos historiográficos, la ideología de las esferas que fue importada al Perú a lo largo del siglo del siglo XIX como símbolo de una modernidad liberal, chocó con una sociedad feudal que no había superado el colonialismo y en la que las diferencias de clase y raza entre mujeres eran un obstáculo para la formación de lazos horizontales entre ellas.[39]

Criticada desde ciertas facciones del indigenismo por la forma sentimental en que representa al indígena o idealizada desde el feminismo por la manera en que politiza las alianzas entre mujeres, la obra de Matto de Turner rara vez es leída con indiferencia. A más de cien años de la publicación de *Aves sin nido*, los temas que su autora se atrevió a plantear con valentía a fines del siglo XIX (el acoso sexual en las iglesias, el racismo, la misoginia, la pobreza, los peligros de la modernidad) siguen vigentes como temas de debate en la cultura latinoamericana. Es a caballo, entonces, entre estos dos espacios discursivos, el indigenismo y el feminismo, que me interesa situar estas reflexiones sobre una obra plural y escurridiza en más de un sentido en la que la figura del indígena sufriente es utilizada por la mujer intelectual para cuestionar la ideología de las esferas y para ingresar al debate masculino sobre la construcción nacional. Al añadir la categoría de género al binomio clase-raza con el que trabaja la crítica indigenista surgen nuevos desafíos que enriquecen este

---

[39] Francesca Denegri estudia los desajustes de la ideología de la domesticidad burguesa en el contexto peruano del siglo XIX en un artículo titulado "La burguesa imperfecta". A través de un análisis de las modas femeninas en el siglo XIX traza los conflictos entre formas de vestir europeas asociadas con el ángel del hogar y las vestimentas coloniales (la saya y el manto) que todavía se usan en Lima a lo largo del siglo y concluye que "el deseo de las elites de adoptar las formas de la modernidad europea a través de la apropiación de modas, usos y estilos burgueses no resultó en la ruptura con usos y estilos tradicionales, ni con su discontinuidad, sino con su estratificación de acuerdo con una tipología compleja que sugiere un imaginario colectivo todavía en conflicto con un pasado colonial irresuelto" (436).

debate y que complejizan aún más los términos de su lectura. Implícito en este proyecto está la idea de que la crítica literaria no debe ser siempre laudatoria y que señalar limitaciones y conflictos ideológicos en la obra de una autora o autor no implica necesariamente que haya que devolverla al anonimato y al olvido. Todo lo contrario. Muchas veces esos nudos ideológicos nos pueden servir para aproximarnos a los complejos procesos de negociación que los grupos marginales establecen en un determinado momento histórico con la cultura dominante.

Capítulo I

Genealogías estrábicas:
Clorinda Matto de Turner y Manuel González Prada

> ¿Quién no ha oído hablar de Clorinda Matto de Turner? La América toda le rinde sus homenajes.[1]

> En esta semana ha aparecido una novela editada con esmero por la casa de don Carlos Prince, con 300 páginas, sobre buen papel y encuadernada con todo el gusto moderno.[2]

Los artículos, poemas y reseñas que aparecieron en *El Perú ilustrado* en 1889-1891 permiten reconstruir la forma en que fue leída *Aves sin nido* (1889) en su contexto de emergencia. A los pocos días de la publicación de la novela se anunciaba en la revista que el éxito en el mercado había sido rotundo, y que el público acudía "diariamente" a las oficinas del editor Carlos Prince en demanda del libro.[3] Dado que la autora de *Aves sin nido* era también la directora de *El Perú ilustrado*, los miembros del equipo editorial, sintiendo tal vez que carecían de la imparcialidad necesaria para juzgar la novela, optaban por no comentarla ellos mismos y por reproducir, en cambio, reseñas y críticas que les llegaban desde fuera. Los frecuentes anuncios publicitarios en los que se decía que la obra estaba en prensa y que se aceptaban subscripciones habían generado una gran expectativa en el público lector. Estas intervenciones de Matto de Turner en la difusión de su propia obra convirtieron a *Aves sin nido* en uno de los primeros fenómenos culturales de consumo masivo en la literatura latinoamericana, una especie de *Harry Potter* peruano que la autora desde su propia revista ayudó a publicitar.[4]

En todas las reseñas de *El Perú ilustrado* contemporáneas a la publicación de *Aves sin nido*, la fama y/o el escándalo preceden el acto de la lectura. Las noticias de

---

[1] Benita Campos en *Búcaro Americano* 3 (4 de octubre de 1898): 32-33.
[2] Aviso publicitario del editor Carlos Prince sobre la publicación de *Aves sin nido* por Clorinda Matto de Turner. *El Perú ilustrado* 132 (16 de noviembre de 1889): 962.
[3] Esta noticia aparece en *El Perú ilustrado* 132 (16 de noviembre de 1889): 962.
[4] Como bien lo señala Antonio Cornejo Polar, Clorinda Matto de Turner favorece en su actividad intelectual la narrativa y el periodismo, dos géneros con los que en el siglo XIX se construyen, según Benedict Anderson y Homi Bhabha, las naciones modernas (*Clorinda Matto de Turner novelista* 59).

que el Arzobispo "había lanzado excomunión transmitida por cable" circularon globalmente y contribuyeron paradójicamente a incrementar el número de lectores. En muchas de las cartas y textos de la época se elogió la valentía de Matto de Turner por haber emprendido una cruzada contra el *establishment* eclesiástico, incursionando en el terreno polémico del naturalismo. Un corresponsal europeo que firmaba con el seudónimo de Marisali contaba en "Cartas de París" que había seguido los acontecimientos desde la prensa y que las noticias sobre la "quemazón" de *El Perú ilustrado* lo/la habían llevado a estudiar la difícil situación de las mujeres literatas porque "[a]unque rodeada siempre de hombres, la mujer que se ha hecho célebre por sus libros, está condenada al aislamiento moral".[5] En este contexto, Artemio Montalvo escribía una reseña en la que decía haberse acercado a la novela "poseído de cierto grado de desconfianza, no obstante de abonar en su favor la fama de que venía precedido el nombre de su autora" ("Aves sin nido" 962). Afirmaba también haberla leído vorazmente, sin dejarla "un solo instante", y que una vez empezada le fue imposible abandonar su lectura. El escenario doméstico en el que se sitúa como lector actúa como refugio contra el caos urbano provocado por la incipiente modernización. Dice:

> Mis ocupaciones de empleo me llamaban con imperiosa exigencia a otra parte, y una vez cumplidas, volvía a tomar el libro para terminar su lectura. En efecto, así lo hice, y mis impresiones fueron igualmente vivas y variadas; y cuando leí el último pensamiento, *"cuyos sollozos acompañaban el dolor de aquellas tiernas aves sin nido"*; mi alma estaba profundamente conmovida, la atmósfera de aquella lectura habíame embriagado, con el sopor de la tristeza, acompañada de un grado de indignación y no pude menos que exclamar: la señora Matto ha hecho un libro que vivirá! ("Aves sin nido" 962)

Montalvo no se equivocaba, al menos a largo plazo, cuando hacía estas predicciones sobre el lugar privilegiado que eventualmente llegaría a ocupar la novela de Matto de Turner en la cultura nacional. Sin embargo, para la segunda década del siglo XX ya nadie la recordaba en el Perú. Tal y como lo explica José Gabriel Cosío en un artículo de homenaje a Matto de Turner, en el Cuzco de los años treinta "[l]as jóvenes generaciones apenas saben de su existencia y menos,

---

[5] Este texto epistolar fechado el 20 de noviembre de 1890 aparece en *El Perú ilustrado* 192 (sábado 10 de enero de 1891): 1407-1409. El autor de la carta (Marisali) dice que un diario humorístico dio la noticia en París con la siguiente frase. "nuevos países de plumajes, hombres desnudos y jaspeados! Quemazón de un periódico "El Perú Ilustrado" y busto de una escritora por un jesuita jefe de la tribu".

mucho menos de su notable y copiosa producción" (citado en George de Mello, *The Writings of Clorinda Matto* 11-12).[6]

Al comentar sus impresiones sobre la novela, Artemio Montalvo se refiere a uno de los *tableaux* más lacrimógenos de *Aves sin nido* en el que Lucía responde con sollozos a la tragedia incestuosa de las dos "aves sin nido". El hecho de que el exceso sentimental que recorre la novela tuviera un efecto catártico, de purificación moral, en los lectores del siglo XIX corrobora una idea que debería ser obvia para la crítica latinoamericana: en el encuentro con el libro, los paradigmas de lectura del siglo XIX son radicalmente diferentes a los de la época contemporánea. Al referirse a los destinatarios de *Aves sin nido*, este lector del siglo XIX los polariza en términos de género y coloca en primer lugar a un público femenino, más sensible en su opinión que el masculino. Dice:

> ¡Cuántas mujeres al leer "*Aves sin nido*" no mezclarán las perlas de sus ojos con el llanto de Marcela! Cuántos hombres no asimilarán su pensamiento al noble carácter de don Fernando, para condenar el abuso; y cuántos como yo dirán, a cada paso: este don Sebastián, este Benites, y su cura Pascual, todos los conozco, los he visto, los he tratado; pero ¿dónde? ("Aves sin nido" 962)

La metáfora de las lágrimas-perlas asociada en el pasaje citado con un sentimiento de hermandad interracial entre personaje indígena y lectora criolla, remite a un contexto sentimental que choca con el pretendido naturalismo de la novela.

La predicción de Montalvo sobre el éxito de *Aves sin nido* con las mujeres queda confirmada por la recepción exitosa que tuvo en la comunidad intelectual femenina y por los comentarios favorables que hicieron sobre *Aves sin nido*, Juana Manuela Gorriti, Emilia Pardo Bazán y la Baronesa de Wilson. También, cristaliza en los poemas que aparecieron en *Búcaro Americano* en homenaje a Matto de Turner y en la entusiasta recepción que las escritoras españolas le dieron a Matto de Turner cuando ésta visitó Madrid en 1904.[7] En *Cuatro conferencias sobre América del Sur* se reproducen las palabras de Concepción Gimeno de Flaquer sobre la visita de la autora cuzqueña a España y se dice que "[e]l entusiasmo que produjo la escritora

---

[6] George de Mello alude también a esta caída en picada de *Aves sin nido* en el imaginario nacional, cuando dice que a principios del siglo XX "la pátina, si no del olvido, de la indiferencia" había caído sobre la producción cultural de esta autora (*The Writings of Clorinda Matto* 12).

[7] Véase, por ejemplo, la poesía de Lastenia Larriva de Llona en *Búcaro Americano* (Mayo 15 de 1897): 218. En este poema, la autora alude a la "fama" de Clorinda Matto de Turner y la proclama "décima musa" de América Latina.

peruana fue delirante; la ovación que recibió, verdaderamente espontánea" (10). En el artículo se concluía también que la visita de Matto de Turner había sido muy productiva a la hora de desarrollar relaciones trasnacionales entre las mujeres intelectuales de ambos continentes y que "[l]a hija de la tierra de los conquistadores ha dominado a los conquistadores" (*Cuatro conferencias* 11).[8]

¿UNA NOVELA MALA?

En el Perú de fin de siglo se asocia el género de la novela con una forma de modernidad cultural más sospechosa y problemática que la poesía.[9] Desde la época colonial se creía que la ficción, con su dinámica especular de mimesis, podía ser utilizada por los letrados para fomentar conductas inapropiadas en las lectoras/lectores.[10] De ahí que hubiera que someter a estas obras, a veces leídas en voz alta en el seno de la familia o en tertulias literarias, a un alto nivel de escrutinio. De ahí también que los lectores profesionales se esforzaran por subrayar el carácter moral y edificante de aquellas novelas que les parecían "sanas". No me parece casual que en una de las primeras lecturas críticas sobre *Aves sin nido* se trate de apartar a Matto de Turner de cualquier posible asociación con el delito y el escándalo. En la lectura de Gutiérrez de Quintanilla se exalta la novela de Matto de Turner **por no ser** como las demás:

> La novela que acaba de darnos la señora Matto de Turner no es de aquéllas que humildemente ambicionan ser el Pierrot o Stenterello de los salones, ni de esas otras que, inspiradas en ruines móviles, se cubren con ropaje literario y viven del escándalo, para corromper aún más nuestra conciencia. Así, y creyendo que es noble acción estimular en todo orden de cosas los honrados propósitos, robustecer

---

[8] Curiosamente, cuando Matto de Turner va a España, la prensa madrileña no habla de ella como una escritora peruana sino como una "embajadora de la República Argentina" que presentó un "cuadro tan deslumbrador" de la capital porteña, "que [les] hizo sentir deseos de emigrar" (*Cuatro conferencias* 11).

[9] Según Alberto Tauro en *Elementos de literatura peruana* "la generación romántica es, ante, todo, una generación de poetas" (121). En este sentido la novela es a lo largo del siglo XIX un género relativamente nuevo y anticanónico que se recorta contra el más establecido género lírico.

[10] Estos miedos se acrecentaron en las culturas de fin de siglo, cuando se generó en América Latina un debate sobre la moralidad de la novela francesa y del naturalismo en particular. En el caso del Perú, la discusión transcurrió entre los grupos conservadores que se plegaron al romanticismo, y los liberales que estuvieron a favor de la poética anticlerical y secularizadora asociada con la novela experimental de Émile Zola.

los esfuerzos bien dirigidos, *venzo la repugnancia que las malas novelas me infundieron por el género* y resuelvo expresar claramente las impresiones que la lectura de ésta me deja ("Juicio crítico" 5, énfasis mío).[11]

Es posible, como lo sugiere Antonio Cornejo Polar, que Gutiérrez de Quintanilla se estuviera refiriendo en este pasaje a *Blanca Sol* de Mercedes Cabello de Carbonera, el otro gran *best-seller* de la cultura peruana que tuvo una recepción extremadamente polémica. La novela de Mercedes Cabello causó escándalo porque peruanizaba desde los márgenes de la ciudad letrada una serie de delitos sexuales asociados con el naturalismo, principalmente la cuestión de la prostitución.[12] *Aves sin nido*, en cambio, enfureció a los sectores más conservadores de la intelectualidad limeña por la forma en que tematizaba la corrupción de las autoridades eclesiásticas y civiles de los pueblos andinos en nombre de las mujeres y los indios.

En un texto enviado a *El Perú ilustrado* desde Guayaquil, el periodista ecuatoriano Manuel Nicolás Arízaga confesaba que sus deseos de leer la novela se habían acrecentado al enterarse de que su lectura había provocado numerosos escándalos eclesiásticos en Lima, Cuzco y Arequipa. Decía también que Matto de Turner había sido acusada de seguir demasiado fielmente a Emile Zola y que la efigie de la autora había sido quemada por la Unión Católica en numerosas ciudades del Perú.[13] Cuando finalmente recibió uno de los ejemplares que Matto tuvo la gentileza de enviarle por correo "se encerró a devorar la novela" dejando de lado "la ingrata labor profesional", menos por interés literario que por dejar constancia

---

[11] Todas las citas de Gutiérrez de Quintanilla pertenecen al "Juicio Crítico" que aparece como prólogo a la edición valenciana de *Aves sin nido* publicada por la casa Sampere.

[12] He desarrollado con más amplitud la compleja relación de las escritoras del siglo XIX con el naturalismo en un artículo titulado, "Las trampas del naturalismo en *Blanca Sol* de Mercedes Cabello de Carbonera". Otros artículos que tratan esta cuestión son los de Yolanda Martínez San-Miguel y Lucía Guerra-Cunningham.

[13] En el texto completo de esta reseña, el autor indica que es por voluntad latinoamericanista que escribe este comentario sobre *Aves sin nido* para corregir la "incomunicación literaria entre las naciones Latino-Americanas" y dice: "Apenas me anunció usted misma la próxima publicación de dicha obra, ardí en deseos de conocerla, porque aparte de la ficción literaria, sobre todo al tratarse de producciones hispanoamericanas, esperaba tener ocasión de admirar un nuevo triunfo de usted y de enviarle, entre los primeros, mi caluroso aplauso, insignificante en verdad pero sincero; y tales deseos subieron de punto cuando leí en *El Perú ilustrado* la opinión de "que usted había seguido en *Aves sin nido*, las huellas de Emilio Zola en *La tierra*, cosa que yo no me explicaba, y se convirtieron en impaciencia cuando me llegó la noticia de los escándalos eclesiásticos verificados en Lima, Arequipa y Cuzco" *El Perú ilustrado* 191 (24 de enero de 1891):1385.

de su "decencia" y "moralidad". En la textualización de la escena de lectura, el lector se representa a sí mismo como un investigador social que no lee por placer, o para distraerse de sus preocupaciones laborales, sino como un censor en busca de escenas moralmente cuestionables y/o pornográficas. Dice:

> [...]la concluí en un solo día, y luego volví a releerla, buscando en toda la obra dónde estaban los puntos de contacto de ella con *La tierra*, y dónde las doctrinas inmorales y disociadoras, que habían atraído sobre su virtuosa autora las iras del fanatismo y las más terribles penas eclesiásticas; hasta que terminé protestando *in pectore*, lo mismo contra tal elogio, que contra tales cargos. ("Carta literaria" 1385, énfasis del autor)

Disociar la figura de Matto de Turner de la de Émile Zola se vuelve entonces una consigna para los lectores de la época, así como también para Enrique Hurtado quien afirmaba en otra reseña que *Aves sin nido* no era una obra naturalista o "inmoral" porque leerla era "empaparse de bella poesía" (género moral y femenino por excelencia) y porque más que "bestializar" a los indios, como lo habría hecho Zola en el hipotético caso de que hubiera escrito una novela indigenista, los presentaba envueltos de un hálito de lirismo y belleza ("Aves sin nido" 133).[14]

La asociación de *Aves sin nido* con las novelas de Zola se centraba fundamentalmente en la cuestión del anticlericalismo. Los deseos reformistas de la novela de Matto de Turner aparecen explicitados en la enunciación de varias tesis que aluden a la necesidad de que se elijan mejor las autoridades andinas ("¿Quién sabe si después de doblar la última página de este libro se conocerá la importancia de observar atentamente el personal de las autoridades, así eclesiásticas como civiles, que vayan a regir los destinos de los que viven en las apartadas poblaciones del interior del Perú?" [27]); de que se elimine el celibato sacerdotal ("¿Quién sabe si se reconocerá la necesidad del matrimonio de los curas como una exigencia social?"[28]), y de que se extienda la educación a todos los sectores sociales, una idea que aparece en el prólogo cuando se establece una relación

---

[14] En el mismo artículo Hurtado afirma que "la sra. Matto no ha pasado la línea como Zola, y se ha mantenido en el terreno que, para nosotros, constituye el verdadero y buen naturalismo" (énfasis mío). A diferencia de otros lectores que desconfiaban de los usos del naturalismo en el Perú, Hurtado elogia "la valentía con que la señora Matto, apartándose de la rutina romántica, autora de tantos malos partos en el Perú, ha volteado la esquina y se ha lanzado por el buen camino, sin vacilar, confiada sólo en sus propias fuerzas, y apoyada en su magnífico talento, lo que hace de *Aves sin nido*, la mejor novela naturalista, si es que hay otras-que se ha escrito en el Perú" *El Perú ilustrado* 160 (31 de mayo de 1890): 133.

causal entre "la carencia de escuelas" y el salvajismo de Killac (28).[15] De todas ellas, la que fue más a contracorriente del horizonte de expectativas del lector de la época fue la referente al matrimonio de los curas. El argumento de Matto de Turner, que tal y como lo demuestra Carolina Ortiz representaba una apertura hacia el protestantismo (*La letra y los cuerpos subyugados* 26), era que si los curas se casaran dejarían de acosar a las mujeres en la privacidad del confesionario y tratarían más humanamente a los indios porque estarían sujetos a la influencia benéfica del ángel del hogar.

Gutiérrez de Quintanilla establecía una polarización estética cuando decía que *Aves sin nido* no era una novela mala y cuando asociaba la categoría de la excelencia con una función sociológico-didáctica. La alababa sobre todo por la forma en que servía para "formar el carácter nacional" y para corregir "el impolítico abandono de la raza indígena" (9). En este sentido le parecía de por sí meritorio que Matto de Turner novelizara el sufrimiento de las "cuatro quintas partes de nuestro pueblo", un grupo étnico del que sólo se acordaban las autoridades republicanas a la hora de formar ejércitos (9). Sin embargo, aunque Gutiérrez de Quintanillla defendía a Matto de Turner de los ataques de sus detractores, manifestaba serias dudas sobre los méritos literarios de *Aves sin nido*. El estudio de Gutiérrez de Quintanilla merece ser leído con detenimiento, no solamente porque nos permite adentrarnos en el inconsciente cultural de un lector del siglo XIX, sino también porque funciona como un "para-texto" (Gérard Genette) que enmarca para las futuras generaciones el consumo estético de la obra.

Gutiérrez de Quintanilla elogia en su lectura-prólogo el modo en que Matto de Turner nacionaliza y amplía el campo temático de la novela por medio de la inclusión del topos de la otredad étnica pero le critica una serie de defectos estéticos a los que objeta desde su prestigioso puesto como corresponsal de la Real Academia

---

[15] Al hacer una taxonomía de los defectos nacionales que impiden el progreso en la zona andina, Matto de Turner coloca la educación en primer lugar, algo que también hace Flora Tristán en el prólogo a *Peregrinaciones de una paria* (1838) titulado "A los peruanos". Aunque en este prólogo Tristán ataca fundamentalmente a la clase alta que según ella "está profundamente corrompida", también dice que "el embrutecimiento del pueblo es extremo en todas las razas que lo componen" (3). La solución de Tristán, es como la de Matto de Turner, promover la educación y dice: "Cuando la totalidad de los individuos sepa leer y escribir, cuando los periódicos penetren hasta la choza del indio, entonces, encontrando en el pueblo jueces cuya censura habréis de temer y cuyos sufragios deberéis buscar adquiriréis las virtudes que os faltan" (3-4). Tristán también critica la sexualidad de los curas en el capítulo sobre Lima de *Peregrinaciones de una paria*, cuando dice que los monjes de clausura dejaban pasar a las mujeres al convento cuando éstas se hacían pasar por damas encintas (387-388).

Española. Entre los problemas compositivos que éste enumera para el lector del siglo XIX figuran "la falta de unidad narrativa", la defectuosa ortografía, "la exageración del detalle", las no bien logradas descripciones de personajes (por "recargadas" o "incompletas"), y los episodios sobrantes como el del ferrocarril (23-24). Por último, Gutiérrez de Quintanilla alude a pasajes "impropiamente" incluidos en la novela como los que se refieren a "las numerosas definiciones de la mujer" que según él estarían completamente fuera de lugar en una obra indigenista.

Una vez en el siglo XX, la crítica indigenista retomará las objeciones de este crítico y convertirá en clichés algunas de sus observaciones. Así, Tamayo Vargas menciona "fundamentales errores de estructuración novelística" (*Literatura peruana* 548) y Francisco Carrillo dice que sobra toda la segunda parte y que debería haber terminado la novela con el arrepentimiento del cura.[16] Incluso Cornejo Polar, autor de los estudios más lúcidos y provocativos sobre *Aves sin nido*, sigue a Gutiérrez de Quintanilla en uno de sus ensayos cuando afirma que el episodio del tren que lleva a la familia a Arequipa es "de alguna manera sobrante".[17] Pese a los reparos estéticos, Gutiérrez de Quintanilla, a quien Clorinda Matto de Turner le dedica en 1891 su novela *Índole*, elige distanciarse de las facciones más retrógradas de la república de las letras a las que busca darles una lección sobre "la caballerosidad":[18]

---

[16] Según Francisco Carrillo, es el sentido melodramático de Clorinda Matto lo que la lleva a añadir la segunda parte de *Aves sin nido*, que rompe con la unidad de la primera. Dice: "*Aves sin nido* debió concluir en la primera parte; para entonces, el cura Pascual, [...]cae arrepentido; el gobernador, también arrepentido, abandona la posición desde la cual hacía tanto mal; las hijas de las víctimas han quedado amparadas bajo la protección de los esposos Marín; éstos han logrado desenmascarar una injusticia; nace un nuevo amor entre los jóvenes Manuel y Margarita; y, como conclusión, se menciona que las dos "aves sin nido" son los huérfanos cuyo porvenir está asegurado; nada más hay, pues, que desear; todo ha concluido bien, todo es lógico. Pero el sentido melodramático de Clorinda Matto de Turner no puede detenerse ante un fin simple y claro y...escribe la segunda parte" (*Clorinda Matto* 52).

[17] El episodio del tren como "sobrante" es mencionado por Cornejo Polar en "Aves sin nido: Indios, 'notables' y forasteros», incluido en *Clorinda Matto de Turner, novelista. Estudios sobre Aves sin nido, Índole y Herencia* (31). También, Milagros Caballero critica la inclusión de este episodio en su artículo sobre Clorinda Matto de Turner. Por otra parte, Francesca Denegri en *El abanico y la cigarrera* lee el accidente ferroviario en términos alegóricos como la cristalización de los miedos que Matto de Turner tiene con respecto a la ideología del progreso (183).

[18] Según Manuel Burga y Alberto Flores Galindo "la caballerosidad" es una de las ideologías de la masculinidad que definen "la mentalidad oligárquica" en el Perú de fin de siglo (*Apogeo y crisis* 96-97).

> Seamos tan desenvueltos y facundos para el merecido elogio, como sabemos serlo para tundir por algún flanco a los que amagan nuestra vanagloria. Tengamos la hidalguía, cuando menos, de acallar la maldiciente lengua, ya que el temor de que el ajeno mérito nos deprima y envilezca, no nos permite rendir homenaje a la justicia. Si este libro os molesta y hace sombra, si tan estrecha juzgáis la morada del arte, que en ella no cabéis sino sacrificando a los demás, si toda vuestra literatura consiste en devorarlos —poneos a la obra, dadnos otro libro que en lid decente arrebate a *Aves sin nido* sus laureles. Se dirá, al menos, que sois el triunfador Aquiles de vuestra patria, donde campeáis arrastrando los despojos inanimados de un Héctor con la veloz carrera de vuestros bridones. ("Juicio crítico" 26)

A través de este símil, se representa a la cultura peruana de fines de siglo como un ámbito bélico, plagado de tensiones, un "campo de batalla" para usar una frase de Susana Rotker en el que se baten las escritoras con el *establishment* intelectual (7). El adjetivo "estrecha" que Gutiérrez de Quintanilla usa para calificar la "morada del arte" apunta hacia la tensión que provocó la aparición de las escritoras en el mundo masculino de la república de las letras.

Un rasgo estético que Gutiérrez de Quintanilla no menciona en su lista de objeciones pero que va a causar gran incomodidad en la crítica indigenista de los años treinta es la retórica de las lágrimas que Matto de Turner invoca en *Aves sin nido* para tratar de redefinir el lugar de los grupos marginales en los proyectos modernizadores. En el contexto de emergencia de la novela se toma una actitud benigna ante la forma en que Matto hiperboliza el sufrimiento de los indios pero se asume una postura defensiva frente al tono combativo (léase político) con el que Matto emprende la denuncia. Cuando Gutiérrez de Quintanilla dice en el prólogo "[r]espetemos el *valor* de una *mujer patriota*, que, más *osada* que nosotros, estampa los ocultos dolores del pueblo reclamando su remedio (12, énfasis mío)", la afirmación permite reconstruir un horizonte de lectura en el que no es el sentimentalismo lo que convierte a la novela en un artefacto cultural "sospechoso" sino sus incursiones en el terreno "hiperviril" de la política. El uso de un nosotros colectivo por parte de Gutiérrez de Quintanilla ("respetemos") remite a una comunidad intelectual masculina que pese a su relativa homogeneidad de clase y raza se polariza ideológicamente ante un proceso democratizador de incipiente feminización del "campo intelectual".[19]

---

[19] Tanto Denegri como Batticuore mencionan un momento de apertura cultural para las escritoras luego de la guerra del Pacífico en el que éstas son "aceptadas" por sus pares masculinos. Creo que este clima de aceptación es parcial ya que las escritoras más combativas del grupo (Matto de Turner/Mercedes Cabello de Carbonera) fueron también las más atacadas.

Leída desde los parámetros estéticos de la cultura alta, la novela de Matto de Turner da la impresión de estar mal escrita y de no calificar como obra literaria. Sin embargo, tal y como lo demuestra Beatriz González Stephan el concepto de lo que es o no literatura va cambiando historiográficamente dentro de una operación ideológica regida por los pactos de las élites (*La historiografía literaria del liberalismo* 20). Por otro lado, creo que la obra de Matto de Turner no debe ser leída con las mismas herramientas críticas que usamos para leer las obras producidas por hombres en el siglo XIX en parte porque en ella cambia el lugar de enunciación del sujeto narrativo. Matto de Turner escribe en este sentido desde un lugar diferente al de Ricardo Palma o Manuel González Prada, que es marginal con respecto a la construcción política de la nación estado y que remite a su vez a un contexto de autocensura para el sujeto femenino intelectual. De ahí que en las obras de Matto de Turner predominen el doble discurso, las zonas de vacilación y conflicto, y las lagunas narrativas. Con respecto a la cuestión del sentimentalismo creo que el hecho de que se recupere la figura de Matto de Turner desde un indigenismo que coincide temporalmente con la llegada de las vanguardias a América Latina determina que se tome una actitud negativa ante este aspecto "antimoderno" de su propuesta cultural.[20]

Dentro del ámbito de la cultura peruana, el sentimentalismo narrativo hizo una temprana aparición en las novelas de Pablo de Olavide que tal y como lo demuestra Estuardo Nuñez siguieron, en su propuesta de novelizar una virtud rousseauniana en peligro, el sentimentalismo anglosajón de las novelas de la Ilustración.[21] Por otro lado, la elaboración de una subjetividad masculina sensible

---

[20] Aunque el análisis comparativo entre las categorías culturales de melodrama y sentimentalismo queda por hacerse, existen zonas de superposición y contacto entre estas dos modalidades culturales asociadas con la teatralización de las emociones. En "La imaginación melodramática. Rasgos intermediales y heterogéneos de una categoría precaria", Hermann Herlinghaus se refiere al melodrama como una forma cultural alternativa a las producidas desde la ciudad letrada que sirve para "repensar lo popular dentro de los conflictos de la modernidad" (42). Dice también que el melodrama es *"una matriz de la imaginación teatral y narrativa que ayuda a producir sentido en medio de las experiencias cotidianas* de individuos y grupos sociales diversos" (23, énfasis del autor). En la crítica indigenista de principios del siglo XX, generalmente las categorías de melodramatismo y sentimentalismo se confunden al hablar de la obra de Matto de Turner aunque se piensa en el sentimentalismo como en el lado más lacrimógeno de la imaginación melodramática. La mención al melodramatismo se hace casi siempre peyorativamente con la intención de colocar su obra fuera de la categoría del buen gusto.

[21] Las narraciones de Pablo de Olavide presuponen, como las de Matto de Turner, un lector no letrado, capaz de conmoverse por las desgracias ajenas. El sistema ético propiciado por Olavide es similar al de Matto de Turner en el sentido de que el narrador establece

que peruanizó desde la periferia las penurias del joven *Werther* de Goethe hizo una aparición fugaz en el siglo XIX en las novelas de Luis Benjamín Cisneros.[22] Aunque se podría decir que la estética sentimental tuvo su período de auge en la cultura peruana en la época previa a la guerra del Pacífico, siguió vigente en las novelas de Matto de Turner a nivel residual, aun cuando ya González Prada había empezado a abogar desde los ensayos por la necesidad de acabar con el sentimentalismo.[23]

La feminización del campo intelectual

Los intelectuales latinoamericanos de fin de siglo asumen posiciones aparentemente opuestas con respecto a los procesos incompletos de modernización cultural que estaban ocurriendo en América Latina. En casi todas las lecturas de la novela puede detectarse una creciente ansiedad ante lo que Graciela Montaldo llama la "democratización" de la república de las letras que se articuló con la elaboración de una subjetividad amenazada (*La sensibilidad amenazada* 18-19). Esta forma de expansión radial de la ciudad letrada hacia los márgenes, que privilegió la novela por encima de la poesía como emblema de la modernidad, coincidió en el Perú republicano, con el ingreso masivo de las literatas a un campo intelectual en vías de profesionalizarse. Ya Luis Alberto Sánchez menciona en el caso del siglo XIX peruano el hecho singular de que fueran en su mayor parte las mujeres las que se dedicaran a cultivar el género moderno por excelencia que era la novela (*La literatura peruana* 1110-1111).

En este proceso de feminización parcial de la cultura, fue la apropiación por parte de las mujeres intelectuales de valores republicanos culturalmente definidos como masculinos (el intelectualismo, la política, el anticlericalismo) lo que traumatizó

---

polarizaciones morales y apoya siempre a los pobres, a los aldeanos, "al noble recto contra el noble envilecido, a la mujer virtuosa cualquiera que sea su origen, contra la sociedad corrompida" (Estuardo Nuñez, "Prólogo" xxvii).

[22] Véase por ejemplo *Julia o escenas de la vida en Lima* (1860) de Luis Benjamín Cisneros, una novela sentimental, en la que Andrés llora en numerosas ocasiones por culpa de sus amores desafortunados con Julia. En la dedicatoria de la novela, el yo narrativo se configura como un sujeto masculino sensible que escribe la dedicatoria a la madre, empapando el papel con un torrente de lágrimas. Dice sobre la ofrenda del libro: "Acójalo y bendígalo Ud., madre del alma, idolatrada madre mía, cuyo nombre humedezco con mi llanto al escribirlo sobre esta página. Su tierno y amantísimo hijo" (i).

[23] En este sentido, es importante puntualizar que el mismo González Prada había cultivado una estética sentimental en el ámbito de la poesía, en las *Baladas peruanas* que fueron escritas con anterioridad a la Guerra del Pacífico y publicadas póstumamente.

a la élite intelectual. En la carta satírica que Juan de Arona publicó en "El chispazo" y que Francesca Denegri reproduce en su totalidad en *El abanico y la cigarrera* se alude a esta temida "masculinización" del sujeto femenino por medio de frases sarcásticas como la siguiente: "Te has metido a marimacho con los hombres en refriega, ya te darán un cocacho" (Arona en Denegri 176). A través de esta sentencia, Arona le vaticina a Matto de Turner un castigo social que no tardaría en llegar. En otro artículo publicado en *El chispazo* con el título de "La equitativa", Arona objetaba al "honorable" título de señoras que Matto de Turner les daba a las empleadas de la imprenta porque según él la palabra "señoras" aludía a una reputación doméstica de la que carecían estas mujeres activas en el mercado laboral.[24]

Dentro de este ambiente turbulento de campos estéticos en conflicto me interesa sugerir que fue en parte el gran éxito comercial de *Aves sin nido* lo que despertó los celos profesionales de muchos escritores que como bien lo sugiere Gutiérrez de Quintanilla en su "Juicio crítico" se sintieron tal vez empequeñecidos (él dice "envilecidos") por el "ajeno mérito" de la obra. En una época en la que Juan de Arona, González Prada o Ricardo Palma cultivaban géneros menos redituables económicamente hablando (me refiero al ensayo, la poesía y la tradición), las escritoras, entre las que se destacan Juana Manuela Gorriti, Clorinda Matto de Turner y Mercedes Cabello de Carbonera, incursionaron en un género relativamente nuevo, potencialmente más remunerativo que los otros. Paradójicamente, el éxito comercial de los primeros *best sellers* de la cultura peruana (*Aves sin nido/ Blanca Sol*) hizo que se los leyera con sospecha en una época en la que ya se empezaba a perfilar una separación entre cultura alta y baja.[25]

LECTURAS FUERA DE LUGAR

Al comparar entonces la recepción que tuvo *Aves sin nido* en ambos siglos (XIX-XX) se detecta un intercambio de tabúes que en el período de la construcción

---

[24] El artículo de Juan de Arona fue publicado en *El chispazo* el 12 de marzo de 1892. La entrada de la mujer al mercado de trabajo (en este caso una imprenta) ponía en peligro para Juan de Arona el concepto victoriano de la respetabilidad femenina. Dice: «Desde que oímos hablar del proyecto de establecer una imprenta servida por mujeres...Porque ésa es la palabra, lo de señoras está allí tan fuera de sitio como una lápida mortuoria. Desde que oímos tal enunciación, nos apresuramos a hacer todas las reservas que nuestro colega de «La prensa» no tardó en robustecer, con los argumentos contundentes que debían esperarse [...] *Y volviendo a lo de señoras, que se vayan a otra parte*. A hacer juego con lo de caballeros en las estaciones ferrocarrileras" ("La equitativa" 3, énfasis mío).

[25] Me refiero aquí a las historias de la literatura elaboradas por Riva Agüero y Ventura García Calderón.

de las naciones coincide con el sesgo político de la denuncia y en la época de las vanguardias con las estrategias sentimentales que Matto de Turner utiliza en la novela para conmover a un público masivo y para publicitar su proyecto de nación. Por otro lado, aunque en la época contemporánea se reconoce la importancia de *Aves sin nido* en el proceso de la formación de las literaturas nacionales, su lectura sigue generando polémicas y apasionados desacuerdos. Los puntos de debate son muchos y se refieren sobre todo a la calidad de su escritura (¿es satisfactoria o deficiente?), a su estatus dentro del indigenismo (¿es la última novela indianista o la primera indigenista?) y a su postura frente a la modernidad (¿la alaba o la critica?). Sin embargo, existe en la crítica indigenista un consenso unánimemente negativo sobre el melodramatismo sentimental que permea su narrativa.[26] Así, Francisco Carrillo que le dedica todo un libro a Matto de Turner, encuentra sumamente objetable el "sentimentalismo casi cursi" de *Aves sin nido* (*Clorinda Matto* 49) aunque dice que "pese a sus defectos la novela merece un puesto distinguido en la historia literaria del Perú" (*Clorinda Matto* 56). Tamayo Vargas cuestiona la retórica sentimental del texto cuando dice que Matto no logra evadir "el lastre" de un "sentimentalismo construido artificiosamente" (*Literatura peruana* 547). Y Concha Meléndez, que como dije anteriormente lucha por darle visibilidad a la novela en los estudios peruanos y latinoamericanos, afirma que la importancia de *Aves sin nido* consiste en ser una obra de transición que posibilita la emergencia del indigenismo antisentimental de *Raza de bronce*. Esta última novela sería, según la autora, superior o más "hermosa" porque en ella "la emoción social, el anhelo de reivindicación indígena se expresa sin sentimentalismo" (178).[27] Cuando en las dos primeras décadas del siglo XX *Aves sin nido* desaparece, junto con su autora, del mapa cultural peruano, no es su carácter combativo a nivel político lo que atenta contra su canonización sino la retórica lacrimógena que permea la novela.

La asociación del sentimentalismo con categorías de pensamiento feminizadas se hace explícita en *Del romanticismo al modernismo, prosistas y poetas peruanos* (1905) de Ventura García Calderón. Según este autor, Matto de Turner era una "costurera literaria" que "remendaba en prosa novelas domésticas y epistolares, como las de

---

[26] En las lecturas del siglo XX de *Aves sin nido* generalmente se recurre a la categoría del melodrama para dar cuenta del maniqueísmo emocional que estructura la novela. Para un estudio sobre el melodrama como categoría "anacrónica" de la modernidad en el contexto de la cultura latinoamericana véase Herlinghauss y Martín-Barbero.

[27] Más recientemente Petra-Iraides Cruz Leal alude con ironía al "indetenible río de lágrimas" que recorre *Aves sin nido*. Se refiere a esta estética despectivamente cuando la califica como "un profundo canal plañidero y lacrimógeno" que subvierte la fuerza del mensaje indigenista (178-179).

todas las institutrices inglesas, hasta que la muerte cortó el carrete de hilo y detuvo la máquina...." (*Del romanticismo al modernismo* 283). Pese a que el comentario es sumamente cáustico y hostil y que contribuye a descanonizar a Matto en la época de la formación de las literaturas nacionales, Ventura García Calderón da en el clavo en dos puntos: por un lado, en que la heterogeneidad de la novela reside en la forma en que el mensaje político sobre "el problema del indio" se entreteje con un sentimentalismo que exalta la domesticidad victoriana; y por otro, que pese a que en el siglo XX se lee *Aves sin nido* como una "novelización" de las ideas filosóficas de Manuel González Prada, la obra de Matto de Turner entra en diálogo con una tradición cultural femenina cuyas integrantes fueron, en parte gracias a los comentarios de García Calderón, expulsadas del canon por sus asociaciones con el sentimentalismo y la domesticidad.

Pero, ¿es posible leer el sentimentalismo de Matto de Turner en términos ideológicos, es decir, como una herramienta cultural que contribuye a la formación de la peruanidad en el siglo XIX? Aquí los elogios de Montalvo y la no mención por parte de Gutiérrez de Quintanilla del emocionalismo hiperbólico de *Aves sin nido*, permiten hacer pensar que la retórica de las lágrimas, presente en mayor o menor medida en casi todas las novelas fundacionales, era en el período de la construcción de las naciones una "estructura del sentir" (Raymond Williams) con la que el sujeto sentimental respondió a ciertos cambios traumáticos provocados por la incipiente modernidad.[28] Mary Louise Kete, en *Sentimental Collaborations*, define al sentimentalismo como una modalidad cultural que puede aparecer en cualquier género y que gira alrededor del topos del sufrimiento. Frente a las tragedias privadas o nacionales que hacen llorar a los lectores, los personajes forman alianzas afectivas que buscan aplacar por medio del consuelo el efecto devastador de la pérdida. La poética victoriana del sentimentalismo está casi siempre asociada con la celebración de lo cotidiano y lo doméstico (hogares amenazados, niños en peligro, huérfanos, ancianos) por oposición a lo sublime romántico (3).[29] Dentro de este orden de

---

[28] En *Marxismo y literatura*, Raymond Williams alude a la dificultad de definir el concepto casi oximorónico de «estructura del sentir» acuñado por él mismo, pero ensaya, no obstante una serie de definiciones. Dice que utiliza esta noción para diferenciarla de la de ideología porque remite a formas de la experiencia que están en estado de formación. La estructura del sentir es, según Williams, menos fija que la de ideología y permite hacer una lectura social de lo personal. Habla de ella también en términos de proto-ideología o formación social embrionaria que "todavía se halla en proceso, que a menudo no es reconocida verdaderamente como social, sino como privada, idiosincrática e incluso aislante" (155).

[29] Para un excelente estudio sobre la cultura sentimental en las narraciones periódicas argentinas de la época de las vanguardias véase *El imperio de los sentimientos* de Beatriz Sarlo. Pese a que

cosas, el hecho de que los escritores del siglo XIX recurrieran al sentimentalismo para inculcar en los lectores un cierto concepto de nación remite a una sociedad en la que la estetización del sufrimiento cumple una función restaurativa. Se trataba entonces de redefinir a la nación desde una perspectiva doméstica, como una familia amenazada desde dentro por la corrupción de algunos de sus miembros. Al mismo tiempo, en una época en la que era muy alto el nivel de mortalidad de la población en los pueblos andinos, ya fuera por la falta de adelantos médicos o por los desastres de la guerra, los lectores recurrieron a esta literatura que meditaba obsesivamente sobre tragedias, enfermedades, pérdidas y muertes para procesar en el plano cultural estos eventos traumáticos.

En la obra de Matto de Turner la figura semántica que está en el centro de esta "estructura del sentir" es la de un Otro-étnico en peligro sobre el que se proyectan una serie de valores espirituales (la honradez, la inocencia, la generosidad) que chocan con la ética materialista de la modernidad. Se podría decir incluso que en *Aves sin nido* se usan las virtudes indígenas para subrayar la maldad de curas y notables, dos grupos con los que compite la emergente burguesía a la que pertenece el ángel serrano del hogar.[30] En este sentido, tal y como lo señala Cornejo Polar en *Clorinda Matto de Turner, novelista* el indigenismo de *Aves sin nido* remite a una lucha de clases en la zona andina que se corresponde con dos modelos enfrentados de nación: un proyecto conservador feudal representado por las autoridades serranas

---

Sarlo afirma en la introducción que no quiere hacer una lectura "condescendiente" de estos textos, por momentos emerge en su estudio una cierta desconfianza ante esta manifestación estética de la cultura popular.

[30] La identidad etno-social de Lucía en *Aves sin nido* es confusa. La misma Clorinda Matto de Turner da pistas contradictorias sobre su origen. Dice por ejemplo que Lucía era una forastera que residía hacía "pocos meses" en el lugar (33), y también que se había establecido en Killac hacia "un año atrás" (38). Estos datos, junto a la sentencia del sujeto narrativo de que "los Marín eran peruanos por haber nacido en la capital" (57) llevan a una buena parte de la crítica a pensar en Lucía como una forastera criolla o limeña que se ha establecido en este pueblo serrano temporariamente (Cornejo Polar, Susana Reisz). Francesca Denegri, por otro lado, toma una actitud contraria y afirma que Lucía es una mujer serrana, posiblemente proveniente de otro pueblo andino y cita para probarlo el hecho de que entiende el quechua y de que en la continuación limeña de *Aves sin nido* los personajes criollos se refieren a Lucía y a Margarita como a "las serranas". Dado que el texto da pistas de lectura opuestas al respecto las dos lecturas son válidas. Es posible que Matto de Turner haya creado esta ambigüedad de forma deliberada para que la novela apelara a un público más amplio que incluyera tanto a las élites serranas como a los limeños. Al mismo tiempo, Lucía es también un personaje mestizo culturalmente hablando que actúa como figura-puente entre varios núcleos socio-étnicos en la novela (criollos, indígenas y mistis).

de Killac y otro modernizador emergente enarbolado por los valores proto-burgueses que abrazan los Marín. A lo que parecería estar apuntando Cornejo Polar es a que la conversión del indígena en fetiche sentimental de la novela tiene que ver con un deseo de atacar a la clase social que detenta el poder administrativo y eclesiástico de Killac (los notables). Dice: "[a]unque la novela no dice nada al respecto, la defensa de los indios bien podría interpretarse en relación a la necesidad de disponer de una fuerza de trabajo que la feudalidad andina, por su propia naturaleza, no está dispuesta a conceder" (*Clorinda Matto de Turner, novelista* 43).

MAESTROS DE LA PLUMA Y COSTURERAS LITERARIAS

> Guerra al menguado sentimiento,/ culto divino
> a la razón   González Prada, *Minúsculas*

Clorinda Matto de Turner ingresa finalmente a las literaturas nacionales en la década del treinta, a la sombra de autores canónicos (Palma-Prada). De acuerdo a este paradigma, las *Tradiciones cuzqueñas* serían una suerte de desafortunada copia de las *Tradiciones peruanas* de Ricardo Palma (sin el humor y carentes de ironía) y *Aves sin nido* una "ficcionalización" de las ideas filosóficas de Manuel González Prada.[31] El hecho de que *Aves sin nido* apareciera un año después del discurso del Politeama (1888) en el que aquél invocaba la necesidad de "peruanizar" al indígena, y de que la misma Matto le dedicara la primera edición de la novela contribuyó a la formación de un patrón de lectura en el que González Prada aparece siempre como el "Gran Maestro" y Matto como su fiel seguidora o discípula. Dentro de este binomio desigual en el que se subalterniza a Matto de Turner para elevar a González Prada se privilegian los acuerdos por encima de los desacuerdos. Las afirmaciones de Francisco Carrillo sobre la obra de Matto de Turner sirven para ejemplificar lo que con ligeras variaciones repetirá la crítica posterior: "[s]u voz concuerda con los discursos de González Prada; sus ataques llevan el mismo impulso de reforma. Clorinda pone en la novela lo que el maestro predica en la tribuna y el ensayo" (*Clorinda Matto* 40). El texto citado establece una jerarquía entre ambos autores por medio del uso del nombre de pila para Matto de Turner y del epíteto "maestro" para González Prada. Se postula también una relación armónica entre

---

[31] Milagros Caballero dice sobre las *Tradiciones Cuzqueñas* de Matto de Turner. "Son versos y tradiciones que imitan a Palma sin demasiado éxito. Apuntan tímidamente a sus preocupaciones futuras: el interés por lo indígena, desdibujado aún por el ropaje folklórico, y la reivindicación del papel social de la mujer, que debe ser potenciado por la educación. Adolecen de didactismo y presentan resabios enciclopedistas y románticos" (219).

ellos, que será retomada más tarde por Julio Rodríguez Luis, Fernando Alegría y Antonio Cornejo Polar.[32] Con la posible excepción de Efraín Kristal que en *The Andes Viewed from the City* plantea la posibilidad de que al menos en la cuestión anticlerical el discurso de Matto fuera más combativo que el de González Prada, la mayor parte de las lecturas de *Aves sin nido* hacen hincapié en la forma en que Matto de Turner sigue las propuestas ideológicas de Manuel González Prada.[33] Así por ejemplo al referirse a *Índole*, la novela más anticlerical de Matto de Turner, Cornejo Polar detecta "una consonancia de ideas" en la que "el magisterio de Prada se nota de inmediato".[34] Poca atención se ha prestado hasta ahora a las diferencias que existen entre las propuestas de nación de estos dos autores y a la forma en que Matto subvierte muchos de los *topoi* cientificistas y positivistas que recoge de González Prada por medio del sentimentalismo, la mezcla de corrientes estéticas y una sutil ironía.

El concepto de un escritor influenciado por otro es ya de por sí problemático porque pone a uno de ellos (en este caso a Matto) en el rol pasivo de voraz consumidor de las propuestas estéticas del otro. Uno de los objetivos de este trabajo es demostrar que Matto de Turner resemantiza desde una perspectiva cuzqueña y femenina muchas de las ideas de González Prada sobre etnicidad, nación y género. Dentro de este orden de cosas, más que colocar a *Aves sin nido* en una genealogía específica (andina/costeña, cientificista/ sentimental, doméstica/ política, indianista/indigenista) me interesa llamar la atención sobre la hibridez estético-ideológica de esta novela que se sitúa en un punto de cruce entre todas estas tradiciones. Se podría decir incluso que en las novelas de Matto de Turner la retórica gónzalez-pradiana de "propaganda y ataque" convive tensamente con un

---

[32] Ver también la tesis no publicada de Laura Saver en la que Matto de Turner y las escritoras de su generación aparecen como consumidoras del pensamiento filosófico de González Prada.

[33] Efraín Kristal se refiere aquí a que la novela más anticlerical de Matto de Turner titulada *Índole* (1891) se publica antes que los ensayos anticlericales de González Prada. De hecho, cuando González Prada publica *Presbiterianas*, uno de sus textos más anticlericales lo hace escudado en un seudónimo.

[34] Dice Antonio Cornejo Polar en *Clorinda Matto de Turner, novelista* que las novelas de Clorinda Matto de Turner son una versión ficcionalizada de las ideas de González Prada (37). Y añade también que "Sin duda las ideas de González Prada, notables por su precisión y combatividad, quedaron difuminadas tanto en la conceptualización de Mercedes Cabello, cuando en la creación novelesca de Clorinda Matto, ambas, precisamente, las más destacadas representantes de la narrativa que coincide, aunque en tono menor, con los proyectos del autor de *Páginas Libres*" (*Clorinda Matto* 22).

"lirismo lacrimógeno" que había tenido su época de mayor auge en la época anterior a la guerra del Pacífico pero que en el fin de siglo empieza a ser asociado con una estética premoderna o arcaica que sólo cultivan las mujeres.[35] Por otro lado, la visión lírica de las lágrimas como sinécdoques del sufrimiento colectivo de todo un grupo étnico remite también a una sensibilidad prehispánica que cristaliza en los harawis del *Ollantay*, en la *Nueva crónica y buen gobierno* de Guamán Poma de Ayala[36] y en los yaravíes de Melgar.[37] Estos frecuentes amestizamientos entre diversas formas de capital cultural se explican parcialmente por la posición conflictiva que Matto de Turner ocupa como mujer cuzqueña en un medio intelectual eurocentrista y costeño. Por otro lado, y éste es un tema sobre el que vuelvo en el capítulo 6, en una cultura que asocia el naturalismo y el cientificismo positivistas con categorías de pensamiento "masculinas" (la cuestión racial, el anticlericalismo, la ciencia), Matto de Turner amplifica en sus novelas un sustrato sentimental lacrimógeno que tenía valor estético en la cultura quechua y que parecía más compatible con los modelos republicanos de la feminidad normativa.

Disociar la ficción de Matto de Turner de las propuestas ideológicas de González Prada se vuelve en un primer momento una tarea compleja porque ambos parten de la base de que el Perú es una nación enferma a la que hay que regenerar a través de la escritura. Están de acuerdo también en la idea de que hay

---

[35] Kristal señala que Matto de Turner sigue muy de cerca en *Aves sin nido* a Juana Manuela Gorriti en *Si haces mal no esperes bien* (1861). También incluye en *The Andes Viewed From the City* un ensayo de María Ángela Enríquez De vega titulado "El indio" en el que una mujer denuncia en nombre de los indígenas una serie de abusos entre los que figuran el robo de niños, cobros exorbitantes por servicios que deberían ser gratuitos (entierros, bautismos), servicios de mita forzados y otros abusos cometidos por curas y autoridades gubernamentales (Véase M. Ángela Enríquez de Vega en Kristal 221-223). Por otro lado, Alberto Tauro en *Clorinda Matto de Turner y la novela indigenista* afirma que uno de los antecedentes literarios del sentimentalismo de Matto de Turner es *La trinidad del indio* de José T. Itolarrares (Lima: Bolognesi, 1885).

[36] Pienso aquí en las imágenes de indígenas desnudos y llorosos que proliferan en esta crónica, aunque este texto no era conocido en el Perú de fines del siglo XIX.

[37] El concepto melodramático del "ave sin nido" relacionado según Higgins con el topos del abandono sentimental aparece ya en los harawis precolombinos que fueron transculturados al mezclarse con la cultura hispánica (60). Por otro lado, en los poemas de Melgar aparece la metáfora del indio como "ave errante" para sugerir el concepto de la orfandad social: "Vuelve, que ya no puedo/Vivir sin tus cariños;/Vuelve mi palomita,/Vuelve a tu dulce nido/Mira que hay cazadores/Que con intento inicuo/Te pondrán en sus redes/Mortales atractivos;/ Y cuando te hayan presa/Te darán cruel martirio:/No sea que te cacen,/Huye tanto peligro./ Vuelve mi palomita, /Vuelve a tu dulce nido" (Mariano Melgar, *El poeta de los yaravíes* 127).

que apartar a indios y mujeres de una iglesia corrupta para hacerlos entrar en la corriente modernizadora. Sin embargo, a diferencia de González Prada que le asigna al sujeto masculino republicano un rol protagónico en el proyecto de incorporar al otro a la comunidad nacional, Matto feminiza la alianza indio-criollo que se plantea en el discurso del Politeama. En este sentido, es el sesgo "feminocéntrico" de la propuesta de Matto de Turner, junto con la revalorización del aporte mestizo (en su vertiente femenina) y el rescate del quechua como lengua nacional o "madre" lo que diferencia la propuesta de Matto de Turner de la de González Prada. Así por ejemplo, si en el ensayo del "Politeama" González Prada pone la tarea de educar a los indígenas en manos de una élite letrada, juvenil y masculina, en *Aves sin nido* esta función es encargada a las mujeres que, dentro de la clara antiutopía que es Killac, son asociadas con la luz del progreso.

La nación que Matto de Turner imagina en nombre de los grupos marginados es un nido multicultural en el que se hiperboliza la función sentimental del ángel del hogar. La figura-foro del proyecto nacional de Matto de Turner es Lucía que como bien lo demuestra Joan Torres-Pou es un ángel del hogar serrano que subvierte por medio del activismo político la versión más doméstica y sentimental de su contraparte anglosajona ("*Aves sin nido* y el ángel del hogar" 10).[38] Dentro del eje axiológico de la novela es Lucía la que decide adoptar a las niñas Yupanqui, y es ella, también, la que toma la decisión, en ausencia del marido, de iniciar "el plan salvador" con el que planea socorrer a los indios. El hecho de que Lucía acceda a intercambiar el vestido que le ha prometido el esposo (símbolo en la novela de la vanidad y la coquetería femeninas) por el dinero que necesita para cancelar las deudas de los indios, rompe con la construcción del sujeto femenino como objeto decorativo o joya que se hacía en muchas de las novelas fundacionales.[39]

BILINGÜISMO Y NACIÓN

A diferencia de otras heroínas románticas de la novela latinoamericana del siglo XIX que si manejan algún otro idioma, éste será inevitablemente el francés (El perfecto ejemplo sería Leonor en *Martín Rivas*), Lucía domina en *Aves sin nido* un idioma indígena carente de prestigio cultural en el fin de siglo (el quechua). Se dice que escucha el relato testimonial de Marcela "en su expresivo idioma" (*Aves sin*

---

[38] Aunque Torres Pou no lo dice directamente es posible que se refiera a *The Angel in the House* de Coventry Patmore (1823-1896) que fue publicado en 1854, como uno de los factibles orígenes de esta ideología.

[39] Pienso aquí en las protagonistas de las novelas canónicas del siglo XIX (María, Amalia, Leonor).

nido 33) y que estaba "vivamente interesada en conocer a fondo las costumbres de los indios" (*Aves sin nido* 33). La posibilidad etnográfica de traducir los códigos de la cultura indígena a la criolla de los lectores depende para Matto de Turner del bilingüismo de Lucía, único personaje en la novela que circula entre ambos universos socioculturales. La diglosia que por momentos fractura el texto, volviéndolo más heterogéneo es un índice de que Matto desconfía del concepto hegemónico de la nación criolla en el que se propone únicamente el castellano como vehículo de la peruanidad. Se apuesta entonces, al menos a nivel lingüístico, a un tipo de modernidad compensatoria que incorpore a la nacionalidad la oralidad quechua aunque procesándola a nivel escrito por medio de su traspaso al castellano. En *Aves sin nido*, se salpica la obra de vocablos quechuas, que aunque están estigmatizados por el uso de la bastardilla, se explican en un glosario que aparece en las páginas finales del libro. Vale la pena mencionar que el interés por el quechua constituye un *leit-motiv* en el corpus mattiano dentro del que figuran varias traducciones de los Evangelios, poemas en este idioma y dos estudios sociohistóricos que aparecen en *Leyendas y recortes*.[40] Esta propuesta bilingüe separa a Matto de una comunidad intelectual que rendía culto a la parte criolla o europea de la nacionalidad y que despreciaba "todo lo nativo" (Denegri, *El abanico y la cigarrera* 152). En este sentido, es su experiencia infantil de inmersión cultural en el mundo andino,[41] lo que la lleva a desarrollar una relación sentimental con el idioma y a atacar a aquellos colegas que ignoraban el quechua en sus reflexiones sobre la identidad nacional:

> Gamarra, Corpancho, Patrón, Chávez, Prada, Rey de Castro, Leguía, Martínez, los Amézaga, y todos los escritores en fin que hoy ornan el cielo literario del Perú ¿por qué han ignorado el idioma? ¿por qué no pueden cantar en la lengua de su madre patria? ("Estudios históricos" 330-331)

---

[40] Para un estudio sobre la pluralidad lingüística en el Perú, puede consultarse la colección de ensayos de Alberto Escobar, José Matos Mar y Giorgio Alberti titulada *Perú ¿país bilingüe?*. El desfasaje entre el castellano como lengua del poder y el quechua como lengua de las mayorías indígenas es abordado en la introducción de esta colección de ensayos desde una perspectiva sociológica.

[41] Tal y como lo apunté en la introducción, Clorinda Matto de Turner nació en el Cuzco en 1852 y pasó largas temporadas de su infancia con otros niños indígenas y mistis en la hacienda familiar que su familia poseía en Paullo Chico. Según sus biógrafos manejaba el quechua culto (capac simi) y rimaba con él tan bien como con el castellano. Por otro lado en su traducción de la biblia al quechua usa la vertiente más popular del idioma (runa simi) para hacer llegar las enseñanzas de Cristo a los lugares más apartados y pobres del Perú. Para más información biográfica sobre Matto de Turner véase Berg, Carrillo y Tauro.

A fines del siglo XIX González Prada se transforma en el principal vocero de un proyecto modernizador cosmopolita en el que "del pasado nada debe ser salvado –porque nada fue valioso–" (Cornejo Polar, *Clorinda Matto de Turner, novelista* 57).[42] Este proyecto se oponía fundamentalmente al de Ricardo Palma que privilegiaba en sus *Tradiciones peruanas* la época del Virreinato, pero también al de Matto de Turner, que valoraba lingüísticamente el quechua y las tradiciones orales andinas. El ejemplo más sintomático de estas opciones gonzález-pradianas a favor de la modernidad cosmopolita es "Notas acerca del idioma" (1889), un ensayo en el que se ordenan y jerarquizan las lenguas de acuerdo al grado de virilidad que posean. En esta taxonomía se colocan los idiomas europeos que él conoce como el alemán, el francés y el inglés, del lado del progreso, y los menos prestigiosos como el catalán y el provenzal, del lado del atraso. En el vértice de la pirámide lingüística está el castellano que según González Prada es la lengua más apropiada para un "pueblo guerrero y varonil". Dice refiriéndose a la virilidad del español: "Existe lengua más armoniosa, más rica, más científica, no más enérgica: sus frases aplastan como la maza d'Hércules, o parten en dos como la espada de Carlomagno" (*Páginas libres* 178). Al mismo tiempo, pese a que en el ensayo González Prada parafrasea a Lamartine sobre la necesidad de que el escritor hable la lengua de "las muchedumbres" no encuentra lugar para las lenguas indígenas en su teorización sobre los idiomas (*Páginas libres* 171). La exclusión gonzález-pradiana del quechua tiene que ver entonces con una concepción eurocéntrica y viril de la nación ya que por esta misma época González Prada piensa en la diferencia indígena en términos feminizados. Más que democratizar lingüísticamente el campo de las letras como afirma querer hacerlo en el artículo, González Prada castellaniza desde la periferia el trabajo de escritores franceses, alemanes e ingleses a los que traduce, estudia y lee. De hecho, aunque González Prada rescata el castellano como la lengua más apropiada para expresar el sentimiento de lo nacional, propone "modernizarla" a través de una serie de entrecruzamientos o contaminaciones lingüísticas con el francés y el italiano.[43]

---

[42] Para un estudio sobre el carácter polémico y contradictorio del pensamiento de González Prada véase Sobrevilla. La tensa yuxtaposición que se da en la obra de González Prada entre indigenismo y dandismo es sugerida por Luis Alberto Sánchez en *Mito y realidad de González Prada* cuando dice que "[l]a arrogancia de porte de Prada, su atildamiento en el vestir, denuncian al "fashionable," "dandy" o elegante de vieja cepa" (13). Dado que los dandies eran extremadamente individualistas, Sánchez trata de matizar esta crítica y dice: "Los "dandies" se distinguían de la mediocridad por su conducta singular, pero eso no les impedía echarse en brazos del pueblo, como Alcibíades, el gran demagogo ateniense" (14).

[43] González Prada sugiere reformar el castellano a través de pautas ortográficas importadas de las otras lenguas, como por ejemplo las contracciones del italiano ("della" o "delle") y los

Con respecto a la representación del indígena (y éste es un tema sobre el que volveré en el próximo capítulo) la visión que tiene González Prada en el discurso del "Politeama" del que *Aves sin nido* sería supuestamente un eco, es más positivista y menos sentimental que la de Matto de Turner. Tanto González Prada como Matto de Turner se muestran partidarios de cohesionar naciones que se perciben como desgarradas por su propia heterogeneidad. Sin embargo, para el González Prada de 1888 el indígena es un ser degradado que "rastrea en las capas inferiores de la civilización" y que es también un "híbrido con los vicios del bárbaro y sin las virtudes del europeo" (*Páginas libres* 46). Dentro de este orden de cosas, el topos del indio sentimental que Matto pone en circulación desde sus textos, debe ser leído, no como una canibalización del ideario gonzález-pradiano, sino como una respuesta a un ensayo en el que se culpabiliza al indio por no haber sabido defender a la nación en la guerra del Pacífico. En este sentido, es también injusto cotejar las ideas sobre el indio que Matto de Turner tiene en 1889 con las más radicales que González Prada desarrolla recién en 1904.[44] En el discurso en el Politeama, es el revanchismo, motivado por el dolor de la derrota, lo que lo lleva a comparar desfavorablemente a los ejércitos indígenas locales con las tropas de la revolución francesa. Dice:

> Con las muchedumbres libres aunque indisciplinadas de la Revolución, Francia marchó a la victoria; con los ejércitos de indios disciplinados y sin libertad, el Perú irá siempre a la derrota. Si del indio hicimos un siervo, ¿qué patria defenderá? Como el siervo de la Edad Media, sólo combatirá por el señor feudal. (*Páginas libres* 44)

González Prada creía por esta época que la falta de patriotismo en el indio era atribuible, no a una herencia genética defectuosa, como creían los sectores antiindígenas, sino a una situación de servilismo e ignorancia que le era impuesta por el orden feudal que reinaba en la sierra. Dado que el colonialismo y la sumisión "feminizaban" a los indígenas, proponía inculcar en el indio una ferocidad

---

apóstrofes del francés (l'español) para evitar la repetición innecesaria de vocales. Es sabido en este sentido que la relación de González Prada con la Real Academia de la lengua en su sección peruana fue conflictiva.

[44] Pero incluso en "Nuestros indios" González Prada sigue pensando en el indígena como un sujeto pasivo al que hay que despertar de una suerte de letargo. El estereotipo de un indígena embrutecido por el alcohol aparece en una frase que supuestamente quería combatir el racismo anti-indígena: "El indio recibió lo que le dieron: fanatismo y aguardiente" (*Páginas libres* 340). Matto de Turner en *Aves sin nido* se esfuerza por colocar el vicio del alcoholismo del lado de las autoridades eclesiásticas y civiles de los pueblos andinos.

"araucana" o francesa que sirviera para virilizar a la nación en crisis y para recuperar de manos del enemigo chileno las provincias de Arica y Tacna. El tono nacionalista y belicoso del ensayo en el que se demoniza a un enemigo externo (Chile) para solidificar los lazos fraternales entre ciudadanos aparece explicitado en el siguiente pasaje:

> Cuando tengamos pueblo sin espíritu de servidumbre, y políticos a la altura del siglo, recuperaremos Arica y Tacna, y entonces y sólo entonces marcharemos sobre Iquique y Tarapacá, daremos el golpe decisivo, primero y último. (*Páginas libres* 46)

La visión que da González Prada del indio en este ensayo es la de un Otro-étnico al que se acusa desde la superioridad de clase y raza de carecer de conciencia nacional. De ahí la necesidad de "peruanizar" al indígena y de incorporarlo a una nación en la que no se lo piensa como ciudadano. Entre las emociones "masculinas" que González Prada quería fomentar en sus lectores figuraban el revanchismo y el odio contra Chile. Este repertorio afectivo se materializa al final del ensayo cuando dice:

> Verdad, hoy nada podemos, somos impotentes; pero aticemos el rencor, revolvámonos en nuestro despecho como la fiera se revuelca en las espinas; y si no tenemos garras para desgarrar ni dientes para morder, ¡que siquiera los mal apagados rugidos de nuestra cólera viril vayan de cuando en cuando a turbar el sueño del orgulloso vencedor! (*Páginas libres* 48)

González Prada rechaza el sentimentalismo en sus ensayos en aras de una racionalidad política asociada con una forma heroica de masculinidad. En parte para desacreditar a toda una literatura que le hacía la competencia, González Prada descarga su retórica viril de "propaganda y ataque" contra las estrategias sentimentales con las que Matto de Turner trataba de hacer frente a a la crisis nacional. El vigor y la fuerza eran fundamentales para González Prada en una época de abatimiento y crisis, sobre todo si se querían revertir los triunfos del enemigo chileno que se había aprovechado del carácter sumiso y benigno del pueblo peruano. En numerosos ensayos, y en el del "Politeama" en particular, González Prada rechaza el lenguaje de las lágrimas por sus asociaciones con "la ingénita mansedumbre del carácter nacional" (*Páginas libres* 49).[45] Dice sobre los

---

[45] Dos cosas llaman la atención en esta frase, por un lado el término "mansedumbre" con una clara connotación animal y por otro el significante "ingénito" que parece reforzar el mismo determinismo biológico que González Prada quiere combatir.

sentimientos de duelo que experimentaban los peruanos en el contexto post-bélico: "Dejemos a Boabdil llorar como mujer, nosotros esperemos como hombres" (*Páginas libres* 46). La figura del rey moro de Granada que según el romance español "lloró con lágrimas de mujer lo que no supo defender como un hombre" se utiliza en el ensayo para atacar a los antihéroes de la nación, desvirilizados a través de la práctica del llanto. Esta retórica viril y marcial de González Prada está por lo tanto en las antípodas de la modalidad sentimental propuesta por Matto de Turner.

Si González Prada clamaba en *Páginas libres* que el sujeto nacional debía acabar con "el abatimiento del ánimo cobarde" y "las quejas del pecho sin virilidad" (46) Matto promueve en *Aves sin nido* un modelo de masculinidad sentimental que depende de la vampirización de una serie de valores que aquél despreciaba (caridad, pacifismo, compasión). Lo que para González Prada es un obstáculo que impide la conversión del indio en mejor soldado (su carácter "feminizado") es para Matto de Turner una virtud que posibilita la formación de una hermandad asimétrica de subalternos en los márgenes de la comunidad nacional. Aunque ni González Prada ni Matto de Turner escapan completamente al contexto cientificista (y positivista) en el que se inscriben sus obras, la forma en que Matto de Turner textualiza la nación en peligro contradice por medio de estrategias lacrimógenas el ideario antisentimental y combativo del autor de *Páginas libres*.

El discurso de los afectos contra el que González Prada arremete en los ensayos es entonces para Matto de Turner un método válido de incorporar a los grupos marginales a una nación representada metafóricamente como hogar o nido. Más que convertir a los indios en agresivos soldados que inspiren miedo en el enemigo, Matto busca ablandarle el corazón al lector republicano para que les tenga compasión y sienta la necesidad de protegerlos. Si en el ensayo del Politeama, González Prada define a los indios a través de una serie de carencias (patriotismo, virilidad, civilismo), Matto los "eleva", metafóricamente hablando, a la categoría de "aves" o "palomas" en busca de un nido donde cobijarse.[46] Las "aves", como los "ángeles del hogar", viven en un terreno celestial cristiano incontaminado por los excesos de la modernidad. A nivel genealógico, esta imagen sentimental del

---

[46] La metáfora de la mujer-paloma aparece en el *Ollantay* para representar a la princesa incaica Cusi-Coyllur. El topos de la virtud asociado con dos niñas huérfanas en busca de alas protectoras aparece también en una novela de Pablo de Olavide (1725-1803) titulada *Lucía o la aldeana virtuosa* en la que dos niñas huérfanas y pobres, que al final se descubre eran nobles, quedan desprotegidas y sin madre en una situación de desesperante indigencia. Matto de Turner comparte algunas de las escenas lacrimógenas referentes a la orfandad femenina con estas novelas publicadas en 1828 pero las andiniza con el objetivo de demostrar la necesidad de incorporar lo indígena al concepto de la virtud nacional.

indio huérfano se mezcla con la del esclavo oprimido sin "cabaña" que llega a Latinoamérica con la novela de Harriet Beecher Stowe. En el prólogo a la primera traducción al inglés de *Aves sin nido* se establece una relación intertextual entre *Aves sin nido* (1889) y *Uncle Tom's Cabin* (1854), relación que será confirmada por Carlos Baires cuando dice en *Búcaro Americano* que Matto de Turner se había propuesto explícitamente "copiar" a la escritora norteamericana.[47] De la misma manera que Harriet Beecher-Stowe pensaba en África y el Paraíso como dos posibles utopías en las que los esclavos recibirían finalmente un tratamiento humanitario, en la narrativización de la comunidad andina por Matto de Turner se dan una serie de opciones contradictorias para mejorar el futuro de los indios: una sería una utopía celestial cristiana que coincide con la liberación *post-mortem* de Juan y Marcela Yupanqui; y otra la infantilización de la diferencia racial (Margarita, Rosalía) que humaniza a los indios convirtiéndolos en hijos adoptivos de una mujer de la élite serrana. La propuesta de que sólo en el paraíso los indígenas conseguirán adquirir un estatus de sujeto se articula con una cosmovisión cristiana en la que se rinde culto a la muerte. Esta misma "estructura del sentir" (Williams) aparece en otras novelas sentimentales del siglo XIX sobre la cuestión étnica como *Sab* en la que los personajes más virtuosos son los que mueren, o en *La hija del mashorquero* de Juana Manuela Gorriti en la que Clemencia (un personaje virginal y asexuado) muere trágicamente tratando de salvar a las víctimas de Roque Alma-Negra. A pesar de que a lo largo de su vida este personaje virtuoso, había tratado de persuadir a su padre mazorquero que dejara de acosar a sus víctimas unitarias, es sólo muriendo que Clemencia adquiere poder sentimental (y también político) en la novela, reformando al padre en un acto operático de supremo masoquismo. Cuando Clemencia se disfraza de una de las víctimas de la mazorca para que su padre la mate por equivocación, a ella, queda claro que en las obras sentimentales de Gorriti, la salvación del alma femenina se hace siempre a expensas del cuerpo.

La obra de Matto de Turner se puede leer también desde la perspectiva de un debate sobre la cuestión de las masculinidades en la época de la reconstrucción nacional. Dentro de la familia que Matto de Turner construye en *Aves sin nido* se rescata el perfil de un sujeto masculino sentimental y doméstico que es receptivo a las enseñanzas del ángel del hogar. Por oposición a la exaltación de una esfera femenina homogénea que raya en el esencialismo, porque según Matto todas las

---

[47] Dice Carlos Baires en un artículo publicado en *Búcaro Americano* bajo la jefatura editorial de Matto de Turner: "Como dijimos antes, aunque sus novelas no son de tesis se propone siempre con ellas la obtención de un fin moral. Imitando a Enriqueta Becher Stowe, ha combatido con firmeza por la redención del indio sujeto a la rapacidad de los mandones de la sierra que lo mantienen en la más dura servidumbre" ("Clorinda Matto de Turner" 423).

mujeres de Killac son "buenas"; la esfera masculina está dividida en hombres bárbaros y civilizados. Si los hombres "malos" (cura, gobernador, juez) maltratan a las mujeres y a los indios, los buenos (Manuel-Fernando) las ponen en el pedestal por sus virtudes domésticas, cuestionando en el proceso el modelo marcial y guerrero de la masculinidad propuesto por González Prada. Más que a una mujer sumisa que se deja moldear por un Pigmalión, en *Aves sin nido* se rinde culto a un ángel letrado y elocuente cuya cruzada es "domesticar" a los indígenas y a los hombres. En este sentido, pueden leerse en clave irónica las afirmaciones del sujeto literario sobre el carácter dócil y subalterno del sujeto femenino republicano:

> Si la mujer por regla general, es un diamante en bruto, y al hombre y a la educación les toca convertirlo en brillante, dándole los quilates a satisfacción, también a la naturaleza le está confiada mucha parte de la explotación de los mejores sentimientos de la mujer cuando llega a ser madre. (*Aves sin nido* 67)

A la inversa de lo que se afirma en la cita, es Lucía la que aparece en la novela feminizando a su contraparte varonil. Desde la perspectiva del sujeto narrativo, la virtud de Fernando consiste en ser un sujeto pasivo que se deja educar por Lucía y que no interfiere en ningún momento con las ambiciones reformistas de la heroína. La relación pedagógica entre maestro y discípula queda completamente invertida en la pareja cuando es Lucía la que inculca en Fernando una concepción sentimental de la virtud nacional. En uno de los diálogos de la novela, Fernando Marín se explaya sobre cómo la raza indígena ha degenerado por culpa de la mala alimentación mientras que Lucía descarta su razonamiento positivista con una lección moral sobre la arrogancia. Dice:

> –[...]te felicito por tu buena disertación, aunque yo no la entiendo, pero que, a ponerla en inglés te valdría el dictado de Doctor y aun de sabio en cualquiera Universidad del mundo –contestó Lucía riendo.
> –¡Picarona! Pero aquí sólo me ha valido tu risa –dijo don Fernando coloreándose ligeramente, pues las palabras de su esposa le hicieron notar que había echado un párrafo científico, acaso pedantesco o fuera de lugar. (*Aves sin nido* 107)

Por oposición a los héroes anti-sentimentales a los que rendía homenaje González Prada, Fernando es un sujeto "sensible" que valora moral e intelectualmente al ángel serrano del hogar. Así como el gobernador se ríe de las lágrimas femeninas porque "[l]lévese usted de lloros de mujeres, y veremos cómo anda la patria" (146), Fernando se deja convencer por las lágrimas de su esposa, contradiciendo en el proceso el modelo estoico de la masculinidad republicana.

Cuando las autoridades andinas atacan la casa de los Marín por haberse puesto del lado de los indios, Fernando sigue a Lucía en la decisión de abandonar las armas, una actitud pacifista que cuestiona la lógica de la guerra y que les salva literalmente la vida para que puedan formar la nación. A diferencia del gobernador, Fernando entiende el lenguaje de los sentimientos y dice: "Estuve resuelto, Manuel, a ofrecerme al sacrificio y a morir matando. Pero las lágrimas de mi buena y santa esposa me hicieron pensar en salvarme para salvarla también" (101). En este pasaje, Fernando Marín se convierte en un modelo utópico de virtud nacional por ser un personaje doméstico que carece de cualidades guerreras. En este sentido, la división tajante que hace Matto de la esfera masculina entre personajes sensibles (Fernando, Manuel) y violentos (curas, gobernadores, jueces) es el equivalente de la bipolaridad ángel-demonio que caracteriza la construcción de los personajes femeninos en muchas novelas de fin de siglo. El ciudadano ideal imaginado por Matto de Turner es el equivalente masculino de los ángeles de bondad que proliferan en las novelas decimonónicas escritas por hombres.[48]

En los ensayos de González Prada, el lema de "¡guerra al menguado sentimiento!/¡culto divino a la razón!" (citado por Mariátegui 233) organiza un sistema de valores que rechaza el sentimentalismo en aras de un concepto épico de la identidad nacional. La novela de Matto de Turner es en este sentido más contradictoria que los ensayos de González Prada porque tiene un ojo puesto en una cultura sentimental que rinde culto al "imperio de los sentimientos" (Beatriz Sarlo) y otro en una cultura positivista que desprecia el sentimentalismo y que lucha por constituirse en hegemónica. La sensibilidad hiperbólica del indio que González Prada construye como un defecto que hay que corregir es para Matto de Turner la fuente de un poder sentimental que le sirve para feminizar el concepto canónico de la virtud nacional y para hacer que el lector *sienta* la necesidad de incorporar a los grupos marginales al proyecto de la modernización. Esta estrategia fue en muchos sentidos fallida a nivel de la política nacional dado que los indígenas nunca fueron incorporados al proyecto criollo ni siquiera como objetos de piedad. Sin embargo la novela fue, con todas sus limitaciones, una valiente representación de la crueldad del mundo andino, omitida en otras representaciones de la cultura nacional.

---

[48] Matto de Turner parece seguir en este sentido los postulados de la Religión de la humanidad de Auguste Comte en la que se planteaba la necesidad de que el hombre estuviera siempre rodeado de varios ángeles de la guarda femeninos (madre, esposa, hermana). Sobre la Religión de la humanidad véase Lagarrigue.

En este sentido, creo que es un error leer la obra de Matto de Turner como un eco de la de escritores canónicos (en este caso González Prada) porque aunque Matto de Turner comparte una serie de problemáticas con el autor de *Páginas libres*, las trabaja desde una perspectiva andina/femenina que les imprime una serie de diferencias. A nivel genealógico, el amestizamiento de culturas genera una literatura plural y escurridiza que se resiste a las etiquetas fáciles y que hace de la superposición de ideologías, temporalidades y corrientes uno de los principales focos de su fuerza. Las lágrimas andinas "humanizan" al indígena imaginado por Matto porque son una prueba de que tiene un alma en una época en la que las élites de la costa le niegan ese atributo humanitario. Aunque la limitación de esta propuesta sentimental reside en que se reduce la complejidad heterogénea de la subjetividad indígena a su lado emocional y aniñado, Matto de Turner se distancia de González Prada en lo que atañe a la necesidad de recuperar el quechua como lengua nacional o madre, en la propuesta de "feminizar" el concepto de la virtud republicana, y en los paralelismos que establece, ya sea a nivel étnico o de género, entre distintas formas de marginalidad dentro de la comunidad nacional.

Capítulo II

El poder de las lágrimas en *Aves sin nido*

> Repito que al someter mi obra al fallo del lector, hágolo con la esperanza de que ese fallo sea la idea de mejorar la condición de los pueblos chicos del Perú; y *aún cuando no fuese otra cosa que la simple conmiseración*, la autora de estas páginas habrá conseguido su propósito, recordando que en el país existen hermanos que sufren, explotados en la noche de la ignorancia, martirizados en esas tinieblas que piden luz; señalando puntos de no escasa importancia para los progresos nacionales; y haciendo a la vez literatura peruana.
> Clorinda Matto de Turner, *Aves sin nido* 28, énfasis mío

En *Hard Facts* (1985), Philip Fisher afirma que el texto sentimental se construye siempre alrededor del sufrimiento de grupos subalternos a los que se les da por primera vez el privilegio de tener sentimientos y de merecer la compasión del lector imaginado. Para explicar el carácter reformista de este corpus textual, Fisher analiza una escena emblemática de los diálogos de Rousseau en la que un prisionero observa por entre los barrotes de su celda:

> cómo una bestia salvaje arranca un niño de los brazos de la madre, destrozando entre sus dientes asesinos sus frágiles miembros y desgarrando sus entrañas. ¡Qué horrible agitación se apodera del prisionero mientras contempla una escena que no le incumbe personalmente! ¡Qué angustia experimenta al sentirse impotente para salvar a la desfalleciente madre y al niño moribundo! (Fisher 105, traducción mía)

Las reflexiones de Fisher sobre este *exemplum* lacrimógeno pueden resultar útiles para teorizar el sentimentalismo periférico de Matto de Turner. Dice que esta modalidad cultural es una puesta en escena de la virtud en peligro, que en el *tableau* sentimental generalmente no hay una víctima sino varias, y que la tragedia se describe siempre desde el punto de vista de los que quedan, es decir los huérfanos, o en el caso de la escena de Rousseau, el duelo de la madre por la muerte del hijo (106). Otra conclusión importante a la que llega Fisher es que la figura del preso rousseauniano es análoga a la de un lector sentimental que ante la impotencia de su rol externo de *voyeur* no puede hacer más que llorar (106).

En el corpus anglosajón de fines del siglo XVIII con el que trabaja Fisher son los prisioneros, los niños, los ancianos y los esclavos, los que acceden a la representación literaria. En América Latina y en *Aves sin nido* en particular, se amplía el concepto de humanidad atribuyendo virtudes sentimentales a indios, esclavos y mujeres.[1] Pese a que Matto de Turner deriva su autoridad del culto a la domesticidad criolla en el que se rendía pleitesía a la pureza femenina, en la novela elige hiperbolizar el sufrimiento sexual de mujeres indígenas (Marcela), "notables" (Petronila) y campesinas (Teodora) con las que el sujeto literario busca establecer alianzas. Al revelar el sufrimiento que padecen los grupos marginados dentro de la comunidad nacional, Matto de Turner pone en evidencia los pecados colectivos de un modelo de nación deficiente o distópico que necesita ser corregido por el lector imaginado.[2]

En este marco de reflexión me interesa plantear las siguientes preguntas, ¿emerge en *Aves sin nido* una idea de nación alternativa, distinta de la que se estaba produciendo textualmente desde la cúspide de la ciudad letrada? ¿Qué rol se les asigna dentro de esta comunidad ficticia a los grupos marginales? ¿Le sirven a Matto de Turner las lágrimas para subvertir ideologías dominantes de género, clase y etnicidad? Lo que sí está claro es que si bien gran parte de las críticas a éste y a otros textos mattianos hacen hincapié en sus múltiples deficiencias retórico-formales, *Aves sin nido* se construye desde las primeras páginas como un texto preocupado por cuestiones éticas más que estéticas. Matto de Turner apela en esta novela no a un lector del futuro, o a una posteridad en abstracto, sino a un lector decimonónico que estaba siguiendo muy de cerca el debate sobre la construcción y modernización de las naciones.

La retórica de las lágrimas

En el Perú del siglo XIX, la retórica de las lágrimas compite por la hegemonía con otros bienes culturales provenientes de las metrópolis (realismo, naturalismo,

---

[1] Una propuesta político-sentimental compatible con la de *Aves sin nido* en la que también se establecen alianzas entre mujeres y grupos racialmente otros es la de Gertrudis Gómez de Avellaneda en *Sab* (1841). En esta novela, se utiliza la retórica de las lágrimas para crear un triángulo de grupos marginales asociados con una virtud proto-nacional (Carlota, Teresa, Sab).

[2] Para una lectura del sentimentalismo alternativa a la de Fisher que toma en cuenta cuestiones de género, véase Shirley Samuels. Para la autora de *The Culture of Sentiment* el sentimentalismo fue en el siglo XIX una forma de imaginar el cuerpo de la nación y de sus otros.

costumbrismo). Ya Cornejo Polar en sus múltiples lecturas de esta novela señaló el carácter contradictorio de *Aves sin nido*, por la forma en que se entrecruzan en ella corrientes estéticas antagónicas. No me parece casual, en este sentido, que sea a partir de novelas como *Aves sin nido* que Cornejo Polar desarrolle su teoría de la heterogeneidad narrativa para dar cuenta del carácter desmembrado y pluricultural de la sociedad peruana. Dentro de esta mezcla de corrientes, Cornejo Polar menciona la tensión entre romanticismo y naturalismo, aunque opta por minimizar el sesgo pre-romántico y lacrimógeno de la obra, tal vez para distanciarse de críticos como Carrillo y Tauro que hablaban del sentimentalismo mattiano en términos extremadamente peyorativos.[3]

Dado que *Aves sin nido* se escribe en un período histórico de crisis, motivado en parte por la derrota del Perú en la guerra del Pacífico (1879-1883), se podría pensar que Matto de Turner usa el discurso de las lágrimas para tratar de unir afectivamente a los sectores en conflicto de la comunidad nacional. Al igual que en otras obras de esta misma autora como *Hima-Sumac* o las *Tradiciones Cuzqueñas*, en *Aves sin nido* se perfilan los contornos de una nación anti-utópica o defectuosa que Matto quiere modificar y los de una nación "soñada" en estado embrionario, que visualiza para el futuro. En esta comunidad sentimental "imaginada", que en condiciones ideales estaría regida más de acuerdo a una ética de la protección y del cuidado que a las leyes del mercado, los cuerpos de los indígenas dejarían de ser considerados mercancías o bestias de carga para adquirir un valor afectivo como discípulos de una mujer criolla o *misti*.

En este capítulo, sin embargo, me interesa auscultar (e historizar) el lenguaje de las lágrimas, para leerlo en el marco de una tradición sentimental en la que las novelas que hacen llorar tienen gran prestigio. Si para fines de siglo se empieza a feminizar el culto a los sentimientos, a lo largo del siglo había sido cultivado también por escritores hombres (Isaacs, Cisneros, Aréstegui) que lo usaron para apelar a un público masivo. Pero, ¿cuál es el trabajo ideológico que efectúa esta modalidad cultural que según Fisher les sirvió a Sterne, Richardson y Stowe para ampliar el

---

[3] Aunque Cornejo Polar no se detiene en el lado sentimental de *Aves sin nido* menciona una lejana filiación de la novelística de Matto de Turner con las novelas de Pablo de Olavide. Dice: "Sin duda, aunque con resonancia muy remota, la novela moralizante evoca el signo más visible de las novelas de la Ilustración, género que parecía no tener manifestación en la literatura nacional hasta el descubrimiento de las narraciones de don Pablo de Olavide. Pese a que el legado de la Ilustración tiene alguna vigencia en ciertos aspectos de la narrativa de Clorinda Matto, el empleo de este término para definir su adscripción a un modelo narrativo resulta, a todas luces, insuficiente" ("Clorinda Matto de Turner: Para una imagen de la novela peruana del siglo XIX" 96).

concepto hegemónico de la subjetividad liberal? ¿Cómo hace Matto de Turner para politizar en nombre de una fraternidad de marginales este discurso que las culturas de fin de siglo asocian con lo privado y lo doméstico? Para empezar a responder a estas preguntas analizaré aquellas escenas de *Aves sin nido* que por su carácter lacrimógeno han generado más desconfianza en la crítica indigenista.

El discurso de la sensibilidad hiperbólica hace su aparición en las primeras páginas de la novela cuando Marcela Yupanqui, una madre indígena que ha sido violada por un cura y sometida a una larga cadena de abusos por parte de las autoridades del pueblo (embargos de cosechas, reparto antelado, cobros por entierros, robo de niños), acude a Lucía en busca de amparo y protección. En el relato de Marcela, las palabras tienen menos fuerza comunicativa que las lágrimas. Dice:

> –En nombre de la Virgen, *señoracha*, ampara el día de hoy a toda una familia desgraciada [...] mi corazón me ha dicho que tú eres buena, y sin que sepa Juan vengo a implorar tu socorro, por la Virgen, señoracha, ¡ay! ¡ay!
> Las lágrimas fueron el final de aquella demanda, que dejó entre misterios a Lucía, pues residiendo pocos meses en el lugar, ignoraba las costumbres y no apreciaba en su verdadero punto la fuerza de las citas de la pobre mujer, que desde luego despertaba su curiosidad. (*Aves sin nido* 32-33)

La figura de un Otro-étnico en peligro ocupa un lugar central en esta viñeta que apela tanto a la curiosidad etnográfica de Lucía (doble del lector urbano) como a su capacidad de *sentir en carne propia* el dolor de los demás. La ajenidad de Lucía con respecto a este *tableau* es paralela a la del lector imaginado que ignora junto con ella la deplorable realidad de los habitantes de la sierra. La cárcel rousseauniana, que le quita movilidad al impotente prisionero de Fisher, se convierte en el caso de *Aves sin nido* en una prisión doméstica, una "jaula de oro" dentro de la cual el ángel del hogar no puede desplegar sus alas. La irrupción de Marcela en la casa de Lucía corta de raíz el estado semi-letárgico de *ennui* que ésta padece en común con otras heroínas de la novela latinoamericana del siglo XIX.[4]

A diferencia del preso de Rousseau que en la imagen de Fisher funciona como alegoría del lector sentimental en el siglo XIX, Lucía trata de hacer por los indios lo que el lector no puede. Usando el discurso de la caridad como máscara, amplía el restringido círculo que la ideología doméstico-republicana traza alrededor

---

[4] Algunos ejemplos de heroínas desfallecientes del corpus latinoamericano decimonónico son: María (Jorge Isaacs), Amalia (José Mármol), Angélica (Narciso Aréstegui) e incluso Eleodora y Ofelia (Mercedes Cabello de Carbonera).

de su subjetividad para salvar a Marcela. En el intercambio verbal de Lucía con la cabeza de "la trinidad explotadora del indio" (que es el monstruo de Killac) queda claro para el lector que es Lucía, y no el cura, la que imita las virtudes de Cristo, por la forma solidaria en que se relaciona con la marginalidad y la pobreza:

> —En nombre de la Religión cristiana, que es puro amor, ternura y esperanza ; en nombre de vuestro Maestro que nos mandó dar todo a los pobres, os pido, señor cura , que déis por perdonada esa deuda que pesa sobre la familia de Juan Yupanqui. ¡Ah ! tendréis en cambio doblados tesoros en el cielo… (42)[5]

A partir de este pasaje, Matto organiza la novela en términos de una relación oximorónica entre caridad y materialismo, dándole a la primera un puesto de privilegio en "el imperio de los sentimientos".[6] Sin embargo, esta polarización entre lo sentimental y lo material queda subvertida cuando Lucía demuestra que la filantropía es compatible con la lógica racionalizadora de la modernidad. Hacer el bien por un otro que sufre puede ser redituable en términos económicos, aún cuando las recompensas a las buenas acciones se encuentren en el paraíso. Las autoridades eclesiásticas y civiles de Killac tienen, según Matto, mucho que aprender de la forma en que Lucía maneja los conflictos raciales y de clase dentro de la comunidad nacional. Si los curas imitaran las virtudes del ángel del hogar, lograrían que los indios fueran más sumisos y que eventualmente estuvieran dispuestos, como Marcela y Juan, a dar la vida por ellos. La propuesta humanitaria de Lucía tiene entonces un lado problemático que si por una parte propone liberar a los indígenas de un estado feudal de esclavitud que les niega cualquier forma de humanidad, por otra sugiere un nuevo pacto social en el que las clases ilustradas "protegen" al indígena de los abusos a cambio de su eterna gratitud y lealtad. Demás está decir que en esta nueva forma de relación entre indígenas y élites andinas se sigue viendo al indígena como un personaje anacrónico que está en una

---

[5] El sentimentalismo de la novela de Matto de Turner tiene importantes zonas de cruce con lo que Carlos Monsiváis llama el "melodrama piadoso" que él define de la siguiente forma: "En estos melodramas piadosos, la mayoría de los protagonistas centrales y algunos de los secundarios son producto de una tesis: lo que le confiere sentido a la existencia es ser como Cristo, olvidarse de los intereses propios (mejor aún, afirmar que los únicos intereses propios son los comunitarios), y de suplicio en suplicio ganarse el cielo" ("El melodrama: No te vayas, mi amor, que es inmoral llorar a solas", 107).

[6] Beatriz Sarlo usa este término para referirse a las narraciones periódicas producidas en el Río de la Plata de los años veinte. Dado que estas narraciones se resisten a absorber los cambios estéticos que presuponen las vanguardias están afiliadas, genealógicamente hablando, con las propuestas estéticas de la narrativa del siglo XIX (*El imperio de los sentimientos*).

condición de inferioridad, y que es un hijo adoptivo dependiente al que se puede "amar", vigilar y/o "castigar".[7]

El sentimentalismo como estrategia de autorización

En el sentimentalismo de Matto de Turner los buenos sentimientos tienen un valor moral correctivo porque se piensa en las lágrimas como una forma valiosa de comunicación entre las personas. En el proemio de la novela Matto de Turner se asigna a sí misma un lugar marginal con respecto a la cultura letrada pese a su posición en la época como directora de periódicos, organizadora de tertulias literarias y directora de *El Perú ilustrado*. Se puede decir que todo el prólogo gira alrededor de una metáfora clave, la que asocia su herramienta de trabajo, no con el símbolo de autoridad del escritor romántico (la pluma) sino con "el descolorido lápiz de una hermana" (*Aves sin nido* 28). A partir de esta diferencia, Matto de Turner se construye a sí misma como un sujeto sentimental que no escribe, como sus colegas masculinos, avalada por la razón y el saber, sino por la experiencia personal y los sentimientos:

> *Amo con amor de ternura* a la raza indígena por lo mismo que he observado de cerca sus costumbres [...] *Llevada por este cariño*, he observado durante quince años, multitud de episodios que, a realizarse en Suiza, la Provenza o la Saboya, tendrían su cantor, su novelista o su historiador que los inmortalizase con la lira o la pluma, pero que, en lo apartado de mi patria, apenas alcanzan el descolorido lápiz de una hermana. (28, énfasis mío)

Si los escritores fundadores de la patria emprendían sus tareas civilizadoras por medio de la pluma que en ciertos lemas del liberalismo se asocia con la virilidad de la espada, al auto-representarse a sí misma como poseedora de un lápiz Matto rechaza o finge rechazar, a través del *topos* de la modestia afectada, el contexto heroico-masculino de la pluma para situarse en el ámbito casero del hogar. Las palabras escritas con lápiz ocupan una posición intermedia entre la inmortalidad de la pluma y la oralidad de la palabra porque aunque están escritas se pueden borrar. Esto fue lo que realmente ocurrió con la escritura de Matto de Turner

---

[7] Manuel Burga y Alberto Flores Galindo dicen que aunque parezca paradójico el paternalismo combina el amor y la violencia en un todo complejo que incluye el racismo. Al comentar un pasaje del libro de viajes de Paul Marcoy en el que se narrativizan las interacciones de un gamonal con sus indios en una hacienda de Lauramarca los autores de este estudio hacen la siguiente observación: "Él y su gente conformaban una especie de gran familia donde podía ejercer, sin vacilación alguna, su autoridad y su despótica ternura paternal" (*Apogeo y crisis* 107).

cuando después de un período turbulento en el que se la usó para constatar la superioridad de la obra de Manuel González Prada o Ricardo Palma fue expulsada del canon, en parte por afirmar pautas y valores asociados con la domesticidad.[8]

Dentro de este orden de cosas, la metaforización de la escritora con el lápiz en la mano busca subrayar el carácter referencial-mimético de la narración. Más que hacer invisible el rol de la autora para que el lector suspenda la incredulidad ante el mundo representado, el sujeto de la enunciación se construye como testigo de un referente andino al que se le da un estatus documental. La autoridad del sujeto narrativo está arraigada en el hecho de que "h[a] presenciado" durante más de quince años una situación de abuso con los indios que quiere que el narratario (el lector imaginado al que se dirige el texto) condene y rechace. Se trata de hacerle creer al lector que lo que se narra no es fruto de la imaginación (con lo cual estaría asumiendo un rol prestigioso de autora) sino de la observación. Esta idea de la novela-fotografía que Matto de Turner se esfuerza por enfatizar en el prólogo no resiste un análisis teórico exhaustivo en la posmodernidad, en parte porque sabemos que la literatura no copia un referente extra-textual sino que se inserta en una cadena de textos por medio de un complejo sistema de alusiones, traducciones, préstamos y citas. En este sentido, el énfasis en la categoría de la verosimilitud se articula con un deseo didáctico de ficcionalizar un referente andino para que el lector criollo "juzgue o falle", es decir para que derive de éste una lección moral (Cornejo Polar). Sin embargo, cuando el sujeto literario se niega a narrar ciertos abusos diciendo que podrían horrorizar al lector, se pone en duda esa misma referencialidad a la que se alude en el prólogo de la novela. Se cuestiona, entonces, no solamente la supuesta fidelidad de la copia con respecto al referente sino también la sinécdoque del "descolorido lápiz" que es reemplazado por una autorizada pluma.[9]

---

[8] A lo largo del prólogo, Matto de Turner usa la figura del lápiz asociada con la marginalidad cultural para que no se la vea como un personaje amenazante, que se sale del lugar periférico que se le asigna por su sexo. En este sentido se auto-disminuye frente al cantor europeo (de Suiza o de Saboya) que escribe desde un espacio céntrico de la cultura. Sin embargo, la substitución del significante lápiz por el de pluma en ciertos pasajes de la novela hace pensar que Matto de Turner es consciente de que su novela, publicada en letras de molde, le dará eventualmente acceso a esa posteridad que la misma Matto de Turner parece desechar.

[9] La relación entre la mirada realista de Matto de Turner y la emergente ciencia fotográfica en el siglo XIX es explorada por Lola Aponte Ramos en un artículo que teoriza la relación entre fotografía y ficción en el proemio de *Aves sin nido*. Aponte Ramos subraya el cruce entre textos e imágenes en la novela, y alude acertadamente al deseo de Matto de Turner de asociar su estética narrativa con un arte al que la imaginación decimonónica dota de una falsa transparencia documental.

Cuando el sujeto enunciativo dice "Y si el indio esconde su única hacienda, si protesta y maldice, es sometido a torturas que *la pluma* se resiste a narrar [...]" (37, énfasis mío), es el impacto de lo que la pluma no dice lo que capta la imaginación del lector.

Las referencias a la veracidad de lo narrado y a la relación mimética entre discurso y referente aluden ya desde el proemio a una cierta ansiedad sobre el pretendido realismo de la novela. En realidad, Matto de Turner es consciente de que para que su discurso sea efectivo a nivel político-cultural debe transformar el sufrimiento de los indígenas en artefacto estético por medio de herramientas culturales ajenas al mundo andino. Dentro de esta pluralidad de estéticas se recurre principalmente a estrategias naturalistas para hiperbolizar los vicios nacionales en los que incurren curas, jueces y gobernadores (el acoso sexual, el alcoholismo, la violencia), y al sentimentalismo-cristiano para ficcionalizar, por medio de las lágrimas, los suplicios de los indígenas.

La tensión entre sentimentalismo y naturalismo se materializa en el prólogo por medio de referencias a dos zonas del cuerpo asociadas con estas estéticas en conflicto. Aunque en un principio el paradigma de la percepción es el ojo del sujeto narrativo que procesa en términos visuales un referente convertido en espectáculo, en otros momentos se magnifica el corazón como lente de percepción y órgano que produce la escritura. Así, se explica en el proemio que "[e]l corazón, tranquilo como el nido de una paloma, se entregaba a la contemplación del magnífico cuadro" (*Aves sin nido* 29). El gesto sentimental de pensar metonímicamente al yo de la enunciación como corazón y no como ojo subvierte las pretensiones mayormente estético-visuales de la novela. Sin embargo, la combinación de estos dos órganos de la percepción remite al lema "ojos que no ven corazón que no siente" y al deseo mattiano de convertir el sufrimiento en espectáculo para que el lector se compenetre, física y sentimentalmente hablando, con la tragedia de los oprimidos.

La relación de la novela con un cierto tipo de sentimentalismo no deja de ser confusa porque por momentos el sujeto literario explicita la necesidad de distanciarse del modelo sentimental-romántico para que *Aves sin nido* no sea una de esas obras "cuya trama es puramente amorosa o recreativa" (27). Las lágrimas que Matto de Turner quiere que el lector derrame por los indios no son privadas o románticas, como en el caso de *María* de Jorge Isaacs, sino políticas. Dentro de los muchos campos semánticos a los que podía aludir la palabra "sentir" en el siglo XIX se privilegia en *Aves sin nido* el sentido caritativo de amar al prójimo asociado con una ética cristiana que va a contrapelo de la modernidad secularizadora. El deseo de evitar cualquier temática erótica responde, por un lado, a un contexto de auto-censura para el sujeto femenino decimonónico, y por otro, a la necesidad de enfatizar una línea didáctica que le proponga al lector formas virtuosas de sentir y comportarse.[10] Sin embargo, la voluntad pedagógica-moralizante no es completamente respetada en la novela cuando el amor pasión entre Manuel y Margarita se filtra por entre los resquicios del aparato didáctico. El deseo de formar sentimentalmente hablando al lector aparece explicitado en el proemio cuando el sujeto de la enunciación dice "y aún cuando no fuese otra cosa que la simple conmiseración, la autora de estas páginas habrá conseguido su propósito" (*Aves sin nido* 28). Matto de Turner incluye en la novela palabras quechuas que explica en el glosario; elogia a autores nacionales (Palma, Salaverry); y hace referencia a publicaciones periódicas en el viaje a Arequipa.[11] En el plano afectivo, el deseo de moldear los afectos de un lector pensado como discípulo aparece reflejado en los numerosos sermones que Matto incluye en la novela y en los varios *tableaux* que congelan para el lector-*voyeur* formas virtuosas y no tan virtuosas de comportamiento social.[12] Se piensa así que la novela debe construir un mundo

---

[10] La voluntad pedagógica del "Proemio" a *Aves sin nido* tiene importantes zonas de cruce con el prólogo a *Peregrinaciones de una paria* de Flora Tristán, un texto que fue como el de Clorinda Matto de Turner extremadamente polémico en el siglo XIX (Denegri). Lo que tienen en común estos dos textos es la idea de que la novela es una herramienta modernizante de corrección moral. Sin embargo, en *Peregrinaciones de una paria*, Flora Tristán no se muestra preocupada por la suerte de los indígenas en la zona andina de la misma manera que lo hace Matto de Turner. Las referencias a las rabonas, que eran en su mayor parte mujeres indígenas están teñidas de un racismo bestializante. Dice por ejemplo que cuando establecen los campamentos "Se arrojan sobre el pueblo como bestias hambrientas y piden a los habitantes víveres para el ejército. Cuando los dan con buena voluntad no hacen daño alguno; pero si se les resisten se baten como leonas y con valor salvaje triunfan siempre de la resistencia. Roban entonces, saquean la población, llevan el botín al campamento y lo dividen entre ellas" (*Peregrinaciones de una paria* 279). En los pocos momentos en los que Tristán fija su mirada en los habitantes indígenas de Cuzco y Arequipa se preocupa más por las llamas que los acompañan que por la pobreza en que viven sus dueños. Para un estudio de la ideología positivista y racista en el texto de una autora que se convertirá más tarde en una de las precursoras del marxismo europeo véase Lloyd Kramer.

[11] Es significativo que la escena de lectura ocurre en el tren que lleva a la familia hacia el espacio de la modernidad urbana. Durante este viaje, Lucía lee los poemas de Carlos Augusto Salaverry y Fernando, las tradiciones de Ricardo Palma. Las tapas de los libros están cuidadosamente forradas con las páginas del periódico *El Comercio* (*Aves sin nido* 249).

[12] En *The Melodramatic Imagination*, Peter Brooks habla de la estética de la mudez al referirse al funcionamiento teatral de los tableaux. Detecta esta estrategia en las novelas de Dickens, James y Balzac y dice que los gestos, las miradas y las poses de los personajes son indicadores silenciosos de la presencia de una "moral oculta" en la que se tratan de redefinir los parámetros entre vicio-virtud desde una nueva perspectiva social.

andino en miniatura que "estereotipe los vicios y las virtudes de un pueblo, con la consiguiente moraleja correctiva para aquéllos y el homenaje de admiración para éstas" (27).[13] En este sentido y siguiendo las pautas de lectura que desarrolla Beatriz González-Stephan para el caso de los manuales de conducta del siglo XIX, se podría leer *Aves sin nido* como un archivo de virtudes nacionales al que los lectores podían recurrir en caso de que quisieran saber cómo responder al sufrimiento ajeno y cómo comportarse en los nuevos escenarios de la modernidad.[14]

SUBJETIVIDADES FEMENINAS REPUBLICANAS

De acuerdo a la línea sentimental que choca con el sustrato naturalista de la novela (la ficción como experimento-copia), la escritora se convierte en una madre de la nación que usa las letras para iluminar moralmente a sus lectores. Ya en *Importancia de la educación del Bello Sexo* (1858) Francisco de Paula González Vigil había planteado la necesidad de implantar en el Perú el discurso de las esferas asociado con la modernidad europea para mantener a las mujeres ajenas a las turbulencias de la política.[15] Apropiándose desde la periferia de los preceptos domésticos de Aimé Martín y François Fénelon, Francisco de Paula González Vigil afirmaba que el poder sentimental de las mujeres era directamente proporcional a su grado de aislamiento de la esfera pública:

> Dios no ha querido que las mujeres participasen de lo que pone a los hombres en gravísimo, y a veces deshonroso peligro de discordias, de sediciones, de tumultos, de guerras, sino que se conservasen a cubierto de los males presentes, para salvar el porvenir. La mujer, en el campo de la política, quedaría degradada desde los primeros pasos; porque estaría expuesta a que los hombres le faltasen el respeto. Haría mucho mal a la mujer quien pretendiera darla lugar en los

---

[13] Como bien lo señala Aponte Ramos el hecho de que Matto de Turner diga en el proemio que quiere copiar estereotipos y no conductas revela una conciencia por parte de la autora sobre el carácter ideológico de su construcción narrativa.

[14] Sobre la importancia que adquirió la literatura didáctica de corte moralizante en la época de la modernización de las naciones y sobre cómo contribuyó a la creación de la identidad nacional véase el artículo de González-Stephan sobre los manuales de conducta que circularon en Latinoamérica a lo largo del siglo XIX («Modernización y disciplinamiento»).

[15] El deseo de Francisco de Paula González Vigil de apartar a las mujeres de la política se puede leer como una reacción al desorden sexual de la época post-independentista, una época en la que las mujeres participaban activamente en el ámbito político. De hecho Flora Tristán, en *Peregrinaciones de una paria* se sorprende de que las mujeres limeñas opinen de política, de que vayan al congreso y de que sean mayormente anti-domésticas.

destinos políticos y sacarla del hogar doméstico, que es su recinto propio; y donde ella es más exacta y positivamente lo que eran los mentidos lares y penates de la antigua gentilidad. (50-51)[16]

A juzgar por un opúsculo de Domingo F. Sarmiento titulado "De la educación de la mujer" en el que también se defendía el derecho a la educación femenina recurriendo a la ideología de la "maternidad republicana" (Kerber, "The Republican Mother"), el paradigma de las esferas (sentimiento-razón, corazón-mente, domesticidad-política) ya había sido importado por los letrados latinoamericanos a mediados del siglo XIX. Cuando en 1904 González Prada publicó "Las esclavas de la iglesia", esta ideología seguía vigente a nivel residual.[17] La necesidad de secularizar al sujeto femenino no se hacía en beneficio de las mujeres sino para que pudieran transmitir por propiedad transitiva, las virtudes de una modernidad laica a los futuros ciudadanos. La idea de la mujer como "fabricadora de hombres" aparece en el ensayo de González Prada cuando apela a un sujeto liberal masculino y cuando dice lo siguiente: "Concluyo, señores, diciendo algo que desearía grabar en el cerebro de todas las mujeres y también de muchos maridos: los pedagogos elaboran pedantes, los sacerdotes fabrican hipócritas, *sólo las verdaderas madres crean hombres*" (*Páginas libres* 246, énfasis mío).

Matto de Turner reproduce esta ideología en muchos de sus textos, en parte porque deriva de ella una cierta autoridad moral. En este sentido, su acercamiento a la escritura está determinado por un maternalismo de filiación liberal que si bien le negaba la ciudadanía al sujeto femenino le proponía una inserción política indirecta en la comunidad nacional a través de la reproducción de futuros ciudadanos.[18] En

---

[16] Es interesante mencionar aquí que las ideas de Francisco de Paula González Vigil tuvieron una difusión masiva en el Perú del siglo XIX y que aparecieron publicadas en forma de opúsculos en los periódicos de la época, primero en *El constitucional* (1858) y años más tarde en *El Correo del Perú* (1872).

[17] Utilizo aquí la diferenciación que hace Raymond Williams en *Marxismo y literatura* entre ideologías emergentes, residuales, y hegemónicas.

[18] Linda Kerber ha estudiado la ideología de la maternidad republicana en los Estados Unidos en el período post-revolucionario. El espacio limitado que se asignó a la mujer republicana burguesa en la construcción de la identidad nacional estuvo dominado por la idea de que la mujer ideal era una madre que servía a los intereses de la nación desde el espacio sagrado del hogar. Según Kerber no fue una ideología impuesta por los hombres para victimizar a las mujeres sino que éstas contribuyeron a su elaboración. Dice: "The Republican Mother integrated political values into her domestic life. Dedicated as she was to the nurture of public-spirited male citizens, she guaranteed the steady infusion of virtue into the Republic" (*Women of the Republic* 11).

Aves sin nido se dice que Lucía estaba llamada al magisterio de la maternidad doméstica, que Margarita iba a ser educada para esposa y madre y que "la mujer ha nacido para poetizar la casa". Al mismo tiempo, el sujeto de la enunciación no se limita simplemente a reproducir este discurso sentimental sobre la maternidad sino que lo amplía, lo modifica y lo cuestiona. Si por momentos la novela hace eco del ideario liberal; en otros se usa la figura de la madre republicana para ensanchar el ámbito doméstico asignado y para profesionalizar al sujeto femenino en una carrera asumida con sentido de misión religiosa.[19] Por medio de un órgano público como la novela, Matto consigue educar o moralizar, no ya a hijos-ciudadanos como lo hacían las madres biológicas, sino a lectores convertidos en discípulos sentimentales. Esta actitud maternalista se duplica en los personajes virtuosos de la novela que se preocupan por civilizar (o domesticar) a los indios. Sin embargo, así como la ideología de la maternidad republicana en Domingo F. Sarmiento, Francisco de Paula González Vigil y Manuel González Prada se ejercía sobre ciudadanos hombres, a los que las madres les transmitían las virtudes del civilismo, Lucía se ocupa de educar o aculturar a dos niñas huérfanas que carecen de representatividad, por su marginalidad de género y raza, en los proyectos hegemónicos. Se empieza a perfilar así, aunque de forma incipiente, la idea de una nación más humanitaria pero todavía jerárquica en la que la maternidad no sea sólo biológica sino también social y en la que las madres extiendan las funciones sentimentales hacia la órbita del estado.

UNA NACIÓN SENTIMENTAL

Al igual que el sujeto literario que en el proemio se construye como una *voyeuse* que ha observado "de cerca" la opresión a la que son sometidos los indígenas por parte de los "mandones de villorrio" (28), Lucía actúa dentro de la novela

---

[19] Las ideas de Sarmiento sobre la educación femenina circularon en el siglo XIX por todo el continente latinoamericano. En "De la educación de la mujer" publicado en el diario *Mercurio*, en 1841, Sarmiento asocia el progreso decimonónico con la educación femenina pero afirma lo siguiente: "Aún hay más todavía; siendo el fin de su existencia desempeñar los deberes de la maternidad, y éstos siendo tan graves, por cuanto desde el regazo materno sale el hombre completamente formado, con inclinaciones, carácter y hábitos que la primera educación forma ¿cuáles son las fuentes de instrucción en que las encargadas de tarea tan delicada, beben las doctrinas que la experiencia, la razón y la filosofía han creado para la educación física y moral de la infancia? ¿Dónde están los libros que las dirigen, los ejemplos que las guían?" (*Obras completas* IV, 230-231). Para un estudio sobre la ideología de la domesticidad en Sarmiento y sus ideas contradictorias sobre la feminidad véase Garrels.

como un alma piadosa que **siente** en carne propia el sufrimiento de los otros. La virtud de este personaje es equiparable a la de doña Petronila, mujer serrana que posee "un corazón de oro" (67) y que "derrama lágrimas por todo el que se muere, conózcalo o no" (67). El heroísmo sentimental de Lucía se construye dialécticamente contra la indiferencia de las autoridades eclesiásticas y civiles que tienen corazones de piedra. A nivel textual, cristaliza en múltiples viñetas en las que Lucía aparece llorando por la suerte de los indios, desmayándose, o sonrojándose por la fuerza de sus impresiones.[20] Cuando Fernando Marín rescata a Rosalía, que había sido raptada por las autoridades para ser vendida como esclava, "Lucía lloraba de placer. Su llanto era la lluvia bienhechora que da paz y dicha a los corazones nobles" (*Aves sin nido* 71). Y cuando la madre de esta niña sale herida del ataque que hacen las autoridades a la casa de los Marín, la escena en el lecho de muerte, típica de la novela sentimental, es explotada al máximo por el sujeto de la enunciación para hacerle derramar lágrimas al lector. Cabe citar el siguiente pasaje:

> La entrada de Marcela, conducida en una camilla de palos, herida, viuda y seguida de dos huérfanas, a la misma casa de donde el día anterior salió contenta y feliz, impresionó tan vivamente a Lucía, que se hallaba sola en aquellos momentos, que no pudo contener sus lágrimas y se fue llorando hacia Marcela. (*Aves sin nido* 103)

El sujeto literario espera que el lector se identifique con Lucía y que llore por la tragedia de una mujer indígena que ha perdido al marido y que está a punto de dejar huérfanas a sus hijas. La escena podría ser leída como una peruanización de la muerte de la pequeña Eva en *Uncle Tom's Cabin* con la diferencia de que "el poder sentimental" (Jane Tompkins) de la niña rubia moribunda es aquí transferido a una mujer indígena.[21] Paradójicamente, es la muerte de la *protegée* indígena de Lucía lo que le permite a ésta última engendrar una familia propia "sin pecado concebida"

---

[20] Al encontrarse Lucía con las autoridades andinas la intensidad desagradable del episodio deja huellas en su propio cuerpo. Y cito: "La esposa del señor Marín, con los carrillos encendidos por el calor de sus impresiones, atravesó varios pasadizos y llegó al comedor, donde tomó su asiento de costumbre" (44).

[21] En *The Feminization of American Culture* Ann Douglas, pese a que tiene una opinión negativa de las novelas sentimentales anglosajonas desde un punto de vista estético, hace una excelente lectura de la escena del lecho de muerte de la pequeña Eva en *Uncle Tom's Cabin* en la que la niña actúa como un doble del Cristo martirizado en la cruz que muere para redimir a la humanidad pecadora. Jane Tompkins en *Sensational Designs* contradice la idea negativa que tiene Douglas de las novelas sentimentales y proclama su valor ideológico-cultural.

a través del gesto de la adopción. Al abrir las puertas de su hogar, primero a Marcela y luego a sus hijas huérfanas o "palomas sin nido", Lucía asume una responsabilidad sentimental con los grupos marginales. El microcosmos doméstico se transforma entonces en un modelo para la reconstitución de la comunidad nacional que remite a la necesidad de "feminizar" el macrocosmos nacional. Si fuera del hogar los cuerpos de los indios tienen un valor de mercancía, ya que de ellos las autoridades obtienen ganancias económicas; en el hogar de Lucía adquieren un valor afectivo como posesiones sentimentales de una mujer de la élite andina que se identifica con los valores de una incipiente burguesía criolla.

Dentro de la matriz sentimental del texto, los símiles avícolas que asocian a las hijas de los Yupanqui con "palomas sin nido" y a Lucía con "una candorosa paloma" (35) ocupan un lugar privilegiado. A través de figuras retóricas aladas o sagradas, se metaforiza el yo de Lucía en términos de virgen, ángel y/o paloma. En esta cadena de asociaciones semánticas, se usa la metáfora del nido para significar tanto corazón como hogar, dos términos que establecen entre sí una relación tautológica. La preposición "sin" que une a los dos sustantivos del título resulta ser irónica, sentimentalmente hablando, porque al final de la novela las "aves sin nido" consiguen ocupar un lugar afectivo en el corazón-nido de Lucía y del lector. Desde una perspectiva económico-social, sin embargo, el título debe entenderse literalmente porque remite a la expulsión de todo un grupo étnico de los privilegios de la ciudadanía.[22]

El nombre de Lucía, en contigüidad semántica con luz, apunta entonces a la función que se le asigna en la novela de incorporar a los grupos indígenas al proyecto nacional-modernizador. Con un apellido de resonancias marianas (Marín), Lucía es la encargada de "iluminar" moral e intelectualmente a sus dos hijas adoptivas que tienen nombres de flores (Rosa/lía-Margarita).[23] Este triángulo "feminotópico"

---

[22] Sobre las implicancias semánticas del título de la novela véase mi reseña sobre la traducción al inglés de *Aves sin nido* que hace John H.R. Polt para la colección latinoamericana de Oxford University Press ("Review of *Torn from the Nest*"). También Efraín Kristal reflexiona sobre el nuevo título en su reseña sobre la traducción de la novela.

[23] El cliché de la mujer flor, recurrente en la iconografía finisecular, remite al estereotipo de la fragilidad femenina. En las novelas románticas se recurre a una simbología floral de corte victoriano para expresar diferentes aspectos de la subjetividad de las heroínas (cardo=hostilidad, violeta=modestia, rosa roja=pasión, azucena=pureza). En *Aves sin nido* tanto las huérfanas como Lucía son asociadas con flores. Cuando Margarita conoce a Manuel ésta está juntando violetas, una flor que metaforiza su carácter infantil y modesto. Más tarde en la novela se dice que Margarita, "silenciosa como un clavel [...], esparcía el aroma de sus encantos" (74) y que "[l]a huérfana permanecía muda y ruborosa como la amapola" (185).

(Lucía, Margarita, Rosalía) alrededor del cual se construye la nueva nación actúa como contra-cara luminosa de la trinidad explotadora del indio regida por la figura turbia y oscura del mal sacerdote. A lo largo de la novela, Lucía compite con los padres de la iglesia por ver quién será el grupo encargado de velar moralmente por los grupos marginales. Si el corazón de Lucía es el "nido de una paloma" que acoge en su seno a un otro racial en peligro, el del mal sacerdote (ejemplificado por el cura Pascual Vargas) es "un nido de sierpes lujuriosas, prontas a despertar al menor ruido causado por la voz de una mujer" (*Aves sin nido* 40). A través de estas metáforas se establece una bipolaridad dentro de la comunidad de Killac en la que la antinomia serpientes-palomas representa a los curas (vicio) y a las mujeres (virtud) respectivamente.

El protagonismo de Lucía en el proyecto moral pedagógico se explicita en el proemio de la novela cuando en parte para demostrar cuán urgente es la necesidad de su influencia se subraya la "oscuridad metafórica" en que se hallan sumidos los indígenas "explotados en la noche de la ignorancia y martirizados en esas tinieblas que piden luz" (*Aves sin nido* 28). Así como los curas imaginados por Matto de Turner violan mujeres y explotan a los indígenas, quitándoles más que dándoles dinero, Lucía aparece "llorosa y humilde" socorriendo a los desamparados. Dentro del tesoro de virtudes que posee el ángel del hogar figuran la piedad por los más débiles y el verdadero sentimiento de la caridad cristiana. Se dice que Lucía tiene "un alma de ángel" (44), "un corazón de oro", y que era una "candorosa paloma, que en los seres civilizados no encontraba más que monstruos de codicia y aun de lujuria" (*Aves sin nido* 35).[24]

Aunque Lucía no es letrada de profesión, se especifica en la novela que "había recibido bastante buena educación"(37) y que "la perspicacia de su inteligencia alcanzaba la luz de la verdad estableciendo comparaciones" (37). Lo que se propone a las lectoras a través de este personaje-modelo es un ángel del hogar atípico que aparece en la novela como escritora (de la nota para convocar a las autoridades),

---

La asociación mujer-flor en la iconografía del fin siglo europeo y norteamericano es discutida por Bram Dijstra en *Idols of Perversity*.

[24] La asociación mujer-luz que irradia su influencia en todas las direcciones es uno de los ejes temáticos de la novela. En un ensayo titulado "Luz entre sombras," que Matto lee ante una audiencia masculina en 1889 y que apareció en *El Perú ilustrado* el mismo año, se define a la mujer como una "sacerdotisa del hogar" cuya función es salvar a la nación en crisis. A lo largo del discurso, se habla del sentimentalismo como un atributo específicamente femenino porque "[l]a mujer ha nacido para madre y debe ser toda ternura y sentimiento, porque el código que la rige es el corazón". Véase *El Perú ilustrado* 88 (12 de enero de 1889): 814.

como educadora de sus hijas indígenas y como viajera-lectora en el tren (símbolo del progreso) que lleva a la familia-nación recién constituida al espacio urbano de Arequipa. La condición letrada de Lucía no parece interferir, sin embargo, con la práctica de virtudes domésticas. En las numerosas escenas de felicidad hogareña que protagonizan los Marín, Lucía aparece bordando pañuelos, pensando en recetas de cocina, supervisando a la servidumbre, y asesorando a sus hijas en cuestiones de modas. Este énfasis en la domesticidad del ángel del hogar andino puede resultar problemático para una lectora o lector feminista que ve la domesticidad como un obstáculo para la autonomía del sujeto. Sin embargo, Matto de Turner pone tanto énfasis en la identidad doméstica de sus personajes femeninos para demostrar que desde el espacio doméstico del hogar las mujeres podían expandir las fronteras de la subjetividad por medio del ejercicio de actividades aparentemente incompatibles entre sí. Así por ejemplo, cuando Lucía medita sobre la forma de enfrentar a las autoridades andinas, lo hace de la siguiente forma:

> Una vez que Lucía resolvió llamar a su casa a los personajes de cuyo favor necesitaba, púsose a meditar, intranquila, sobre la manera persuasiva como hablaría a aquellas notabilidades de provincia.
> —¿Y si no vienen? Iré en persona —se preguntó y respondió simultáneamente, con la rapidez del pensamiento que envuelve en sus giros la intención y la ejecución, y se puso a sacudir los muebles, arreglando esta y aquella silleta, hasta que, llegando junto a un sofá, tomó asiento y tornó a sus combinaciones de discurso en la forma más interesante, aunque sin los giros de retórica que habría necesitado para un caballero de ciudad. (*Aves sin nido* 39)

De la misma manera que para las escritoras de la generación de Matto de Turner el hogar era un lugar desde el que podían acceder a una educación que les era negada por las instituciones patriarcales, a través de tertulias y veladas literarias (Denegri; Batticuore), aquí el hogar se convierte en un recinto desde el que es posible desarrollar un plan salvador en favor de los indios. Lucía usa el hogar como una plataforma desde la que acceder a nuevas formas de identidad que tienen que ver en esta escena con la oratoria y el activismo político. Lejos de ser un refugio, aislado de la *polis*, el hogar de los Marín mantiene, por elección de Lucía, una relación de ósmosis con la otredad.

CORAZONES INDÍGENAS

En *Aves sin nido*, Clorinda Matto de Turner trata de distanciarse de un contexto positivista en el que se enfatizaba la diferencia de los indígenas colocándolos en el indómito y masculino espacio del afuera. Para corregir la asociación indio-barbarie, Matto de Turner se aproxima a ellos desde una óptica íntima, doméstica y hogareña que le permite verlos como miembros de la familia: una propuesta extremadamente radical que no estaba en los textos canónicos del siglo XIX. La representación que hace Matto de Turner de los indígenas como modelos de virtud republicana en las viñetas o *tableaux* de felicidad doméstica de *Aves sin nido*, pueden resultar inconvincentes o huecas para un lector contemporáneo familiarizado con debates recientes sobre la diversidad cultural. Sin embargo, es importante historizarlas y leerlas como respuesta a una visión más positivista del indio que por ir a contracorriente de la tan añorada homogeneidad nacional, parecía justificar su eliminación y su masacre. Con la intención de neutralizar el miedo que se tenía a los indígenas, y ésta es una de las paradojas centrales de la novela, Matto los somete a un agudo proceso de domesticación que acaba eliminando las mismas peculiaridades de la cultura indígena que en un principio se proponía celebrar. Al mismo tiempo, me parece importante recordar que Matto de Turner neutraliza las diferencias étnicas recurriendo al discurso de las lágrimas para publicitar su proyecto de nación. Para generar un acercamiento entre lector criollo y personajes indígenas se traducen las diferencias del mundo andino a la norma proto-burguesa de los lectores. Dentro de la novela, los lazos entre los diversos grupos étnicos se solidifican por medio de las lágrimas. Se dice en un momento que Rosalía, la niña indígena era "una inocente predestinada que, nacida entre los harapos de la choza, lloraba, no obstante, las mismas lágrimas saladas y cristalinas que vierten los hijos de los reyes" (*Aves sin nido* 50). Matto de Turner sabe que diferencia implica distancia y que para que el lector se conmueva por la suerte de los indios debe convertirlo en un doble sentimental del ángel del hogar. Cuando Marcela acude a Lucía, en busca de protección y amparo, sus súplicas parecen salidas, salvo por la presencia de vocablos quechuas aquí y allá, de labios del ángel del hogar. Dice:

> En nombre de la Virgen, *señoracha*, ampara el día de hoy a toda una familia desgraciada. Ése que ha ido al campo cargado con las *cacharpas* del trabajo y que pasó junto a ti es Juan Yupanqui, mi marido, padre de dos muchachitas. ¡Ay señoracha! él ha salido llevando el corazón medio muerto, porque sabe que hoy será la *visita del reparto*, y como el cacique hace la faena del sembrío de cebada, tampoco puede esconderse porque a más del encierro sufriría la multa de ocho reales por *la falla*, y nosotros no tenemos plata. Yo me quedé llorando cerca de Rosacha, que duerme junto al fogón de la choza, y de repente mi corazón me ha dicho que tú eres buena, y sin que sepa Juan vengo a implorar tu socorro, por la Virgen, señoracha, ¡ay, ay!" (*Aves sin nido* 32-33, énfasis de la autora)

En este pasaje, el sujeto narrativo recurre a pautas de la modalidad sentimental (signos de exclamación, gritos desesperados, lágrimas) para transmitirle al lector los suplicios por los que pasan los indios en la comunidad andina de Killac. El alarido, el llanto y el silencio son armas comunicativas de los grupos subalternos a los que se les niega el poder de la palabra (niños, mujeres, indios). Las diferencias de clase y raza entre el ángel del hogar serrano y la mujer indígena (que tiene una identidad pública como tejedora de lanas) quedan canceladas a través del despliegue de un discurso cristiano y doméstico. Por medio de este proceso domesticador de la diferencia Matto de Turner consigue amalgamar en la imaginación del lector la virtud sentimental del indio con la del ángel del hogar.[25]

El trabajo ideológico que planteaba la conversión del indígena en un objeto sentimental de piedad no pasó desapercibido para aquellos lectores del siglo XIX que atacaron a Matto de Turner luego de la publicación de la novela. En un artículo que se publicó en *El Perú ilustrado*, un año después de la publicación de *Aves sin nido*, un periodista peruano residente en Chile manifestaba serias objeciones sobre la forma en que Matto de Turner había ficcionalizado la identidad andina. Según Enrique G. Hurtado, la autora de *Aves sin nido* no había "copiado lo real" como sostenía en el proemio, sino que había "poetizado", desde una perspectiva sentimental, una realidad nacional "bárbara" y "avergonzante" que no era tan "rosa" como ella la pintaba. Dice:

> No dudamos nosotros de que algunos corazones indígenas posean los delicados sentimientos con que la señora Matto adorna a sus protegidos; ni dudamos tampoco de que sean tan cruelmente tratados por sus gobernantes, temporales o espirituales, y esto lo dudamos menos que lo otro; pero también creemos, como dijimos más arriba, que la mayoría de la raza india no es la misma que hemos visto en *Aves sin nido*, siempre noble, generosa y valiente pues estamos convencidos, como muchos otros, de que ella ha desgraciadamente degenerado, y que los indios que hoy habitan el interior del Perú no son los mismos que los que conquistaron, con las armas en la mano, el país comprendido entre la línea equinoccial y el Maule. ("Aves sin nido" 133)

En su lectura de la novela, Hurtado establecía un corte ideológico entre el glorioso pasado de los incas, congelado en una mítica lejanía, y un indígena

---

[25] Lo que hace que Lucía salga de su "cárcel doméstica" es el espectáculo de la virtud femenina en peligro. Se podría pensar incluso que dado que la identidad pública de Marcela como tejedora de lanas la coloca en una posición sospechosa vis-à-vis el ángel del hogar, se magnifican sus virtudes domésticas de madre y esposa republicana para que la lectora la perciba como una igual.

contemporáneo moralmente problemático que no se ajustaba a los parámetros de la civilización europea.[26] Los indígenas reales eran, según Hurtado, seres despreciables que no merecían la compasión de los lectores. Se los colocaba también en el ámbito de la irracionalidad animal cuando se decía que estaban siempre "alcoholizado[s], embrutecido[s], resistente[s] a todo lo que sea civilización, sin mas dios que el aguardiente y su odio, inconsciente a sus opresores" (133). La referencia al odio indígena me parece significativa porque parece apelar a las fantasías paranoicas de un lector republicano que se veía a sí mismo como una minoría acorralada por el avance de una peligrosa otredad. Al referirse al carácter antisentimental de lo que él llamaba "el indígena real", Hurtado lo hacía en nombre de toda una comunidad intelectual que buscaba desacreditar el indigenismo sentimental de Matto de Turner. De ahí el uso del "nosotros" a lo largo del artículo y la mención a los muchos letrados que según Hurtado pensaban como él. Clor-india (como la bautizó Juan de Arona en uno de sus chispazos) se había equivocado al presentar al indio por "su mejor costado", asignándole virtudes domésticas que parecían estar en el mundo andino fuera de lugar. Para probar sus argumentos, el autor del artículo se remontaba genealógicamente al debate colonial entre Las Casas y Sepúlveda sobre la falta de racionalidad de los indios. Pese a sus objeciones, reconocía a regañadientes que la novela le había hecho vencer la "repugnancia" que sentía hacia el pueblo andino, y que al concluir la lectura había experimentado "*verdadero* cariño de hermano hacia esos infelices" (133, énfasis mío).[27] Dice:

> Un tierno sentimiento de conmiseración y pena nace en *nuestros corazones* para con esa infeliz raza que –por una aberración inconcebible, *nosotros los costeños* nos hemos acostumbrado a mirar con más repugnancia que a los negros y a los chinos. De esperar es que, después de la lectura de las magníficas páginas de *Aves sin nido* mejore-quien puede hacerlo-la lastimosa situación de los descendientes de Manco-Capac y Sinchi-Roca. (133, énfasis mío)

---

[26] Ver a este respecto el trabajo de Cecilia Méndez titulado "Incas sí, indios no" en el que mantiene que la idea racista de separar a los incas de los indios venía de la concepción garcilaciana de la cultura indígena.

[27] El sentimiento de nostalgia imperial que Marisol de la Cadena detecta en los indigenistas peruanos de los años veinte aparece en este artículo del siglo XIX cuando Hurtado invoca el topos de la edad dorada y lo sitúa en el marco temporal del imperio de los Incas. Dice por ejemplo que los indios republicanos "han perdido la mayor parte de ellos todos los nobles sentimientos que ennoblecía a sus antecesores" y que si les quedaba alguno éste era "uno solo, tenaz y terrible, el odio inconsulto y feroz a la raza blanca" (Hurtado 133).

Las ideas de este lector son representativas de un inconsciente colectivo republicano que se forma en el siglo XIX en estrecho diálogo con las taxonomías raciales importadas de Europa. Las ideas de Le Bon, Spencer y Comte tuvieron una amplia circulación a fines de siglo y les sirvieron a los intelectuales latinoamericanos para dar cuenta de las diferencias de su cultura con respecto a la norma europea.

La visión almibarada que da Matto de Turner del indígena donde el positivismo se halla diluido por el sentimentalismo y la moralidad cristiana, debe ser leída entonces, no como un eco de las ideas de González Prada, sino como respuesta a un contexto positivista en el que se culpaba a los indios de no haber sabido defender a la nación en la guerra del Pacífico. La escena en que Juan Yupanqui muere heroicamente en defensa de sus protectores actúa como contrapunto de la visión anti-heroica del indio que predominaba en el contexto post-bélico. Al mismo tiempo, en el caso de los personajes indígenas masculinos de *Aves sin nido*, es sólo *post-mortem* que se exaltan las virtudes del patriotismo indígena.[28] Dice Fernando:

> —Y volviendo a recordar al pobre Juan, ¿sabes, hija, que ese indio me ha despertado aún mayor interés después de su muerte? Dicen que los indios son ingratos, y Juan Yupanqui ha muerto por gratitud.
> —Para mí no se ha extinguido en el Perú esa raza con principios de rectitud y nobleza, que caracterizó a los fundadores del imperio conquistado por Pizarro. Otra cosa es que todos los de la calaña de los notables de aquí hayan puesto al indio en la misma esfera de las bestias productoras –contestó Lucía. (*Aves sin nido* 106)

En este pasaje, el portavoz masculino de la autora le asigna a un indígena muerto (y por ende no amenazante) una serie de valores morales abstractos (la rectitud, la nobleza, la gratitud) acorralados por el *ethos* mercantil de la modernidad. La frase "pobre Juan" que Fernando utiliza para dirigirse al esposo de Marcela remite a la compasión como una de las formas en la que las clases ilustradas se relacionan verticalmente hacia abajo con los indígenas infantilizados.[29]

---

[28] Se podría decir que en la narrativa del siglo XIX, la figura masculina del indígena es más problemática y difícil de incorporar que la de las mujeres. En *El abanico y la cigarrera*, Francesca Denegri menciona el miedo a un otro racial masculino en la literatura de Mercedes Cabello de Carbonera y Juana Manuela Gorriti (133-147).

[29] Sobre el paternalismo en la literatura del siglo XIX me han resultado útiles las reflexiones de Juan Gelpi en *Literatura y paternalismo en Puerto Rico*. Dice que el canon paternalista gira siempre alrededor de un proceso de jerarquización entre superior e inferior. "Es paternalista

Por otro lado, si como dice Jane Tompkins en la novela sentimental del siglo XIX "la muerte es la suprema forma de heroísmo", afirmación un tanto controvertida que usa para explicar la muerte de la pequeña Eva en *Uncle Tom's Cabin*, se podría pensar que Matto de Turner mata a Juan y Marcela Yupanqui para convertirlos en héroes nacionales capaces de dar la vida por una idea de nación. En el contexto sentimental en el que se implanta esta "tanatofilia", la conversión del indígena muerto en musa puede leerse como un deseo por parte del sujeto narrativo de salvar el alma indígena a expensas del cuerpo. Al mismo tiempo, desde el punto de vista del lector contemporáneo las afirmaciones de que la muerte es la única salvación posible para los indios, hacen que la propuesta sentimental de Matto de Turner se convierta en una especie de etnocidio cultural.[30] Tanto el asesinato de Juan y Marcela Yupanqui como el blanqueamiento de Margarita, una de las dos "aves sin nido" que al final no es indígena sino mestiza, apuntan a una forma de acatamiento de ese mismo subtexto racista y etnocéntrico que Matto se propone combatir. Esta lectura hasta cierto punto anacrónica, que juzga la novela desde los paradigmas contemporáneos de la diversidad cultural, se apoyaría en los pasajes celebratorios de la muerte de los indios (que fueron censurados en la primera traducción de la novela) y en la completa desaparición de Rosalía (la única hija que es verdaderamente indígena) de la familia-nación en *Herencia*.[31] Por otra parte, la alegoría cristiana en la que las almas indígenas ascienden al paraíso desprovistas de sus cuerpos, se entrelaza con una propuesta maternalista en la tierra que acepta la posibilidad de adoptar a las hijas racialmente otras de los Yupanqui en la época maleable de la infancia.

Un *tableau* que el lector está obligado a presenciar en calidad de *voyeur* a lo largo de la novela es el de un indígena lloroso y suplicante que se arrodilla sumisamente ante sus protectores. Cuando los Marín salvan a Rosalía de que sea vendida como esclava en pago por las deudas de sus padres, un crimen que Abelardo Gamarra denuncia también en "Los cholitos", éstos la obligan a que se ponga de

---

quien se ve como padre y coloca a otros miembros de la sociedad en una posición inferior de niños figurados. La retórica del paternalismo a menudo remite a las relaciones familiares y su metáfora fundamental consiste en equiparar a la nación con una gran familia" (2).

[30] Carolina Ortiz en *La letra y los cuerpos subyugados* hace esta lectura de *Aves sin nido* cuando dice que "El etnocidio cultural sería la solución del 'problema indígena'" (25).

[31] Uno de los pasajes que fueron censurados en la primera traducción al inglés de la novela es el siguiente: "¡Ah! plegue a Dios que algún día, ejercitando su bondad, decrete la extinción de la raza indígena, que después de haber ostentado la grandeza imperial, bebe el lodo del oprobio. ¡Plegue a Dios la extinción, ya que no es posible que recupere su dignidad, ni ejercite sus derechos!" (*Aves sin nido* 37).

rodillas y a que les bese la mano a sus protectores.³² Cito: "Juan se arrodilló ante la señora Marín, y mandó a Rosalía besar las manos de sus salvadores" (71). De forma más lacrimógena, el cuadro se repite en la segunda parte de la novela, cuando las mujeres indígenas se arrodillan ante Estéfano Benites para que libere a Isidoro Champí. La importancia moral de la escena queda subrayada para el lector en una estampa que ilustra casi iconográficamente la relación desigual entre indios y autoridades andinas: "Las mujeres se arrodillaron a los pies de Estéfano, empalmando las manos en ademán suplicante, anegadas en llanto" (*Aves sin nido* 161).

En términos estéticos, estos *exposés* narrativos han sido leídos con sospecha, como un lastre o defecto que contradice la efectividad política de la novela. Sin embargo, las lágrimas indígenas actúan como sinécdoques de una virtud oculta que debe ser exteriorizada. A nivel simbólico, la postura inclinada del cuerpo del indio en estas viñetas sirve para reflexionar sobre la incapacidad del subalterno de construirse una subjetividad autónoma frente al que está en una posición (vertical) de autoridad. Lo que parecería estar diciendo Matto de Turner es que en una sociedad racialmente jerárquica como el Perú los indios no pueden ponerse de pie.

FIGURA 1. Paul Marcoy. *Travels in South America*. 1872. Tejedora de lanas de alpaca. La representación iconográfica que hace Marcoy de los indígenas en esta crónica de viajes esta influenciada por las tipologías cientificistas de la criminología de Cesare Lombroso. En el caso de esta imagen, el personaje femenino tiene facciones criminaloides y toscas (nariz chata, mirada torva, cejas gruesas). La androginia del personaje queda resaltada a nivel visual por medio de la yuxtaposición de la madeja de lana que representa la identidad pública de la mujer indígena y el bebé de gran tamaño que apunta a su rol doméstico como madre. En *Aves sin nido* Matto de Turner da su propia versión de la tejedora de lanas de alpaca. Es una mujer femenina "notable por su belleza peruana" que no está mal vestida como la de Paul Marcoy sino de forma graciosa y elegante. Aunque Matto de Turner se esfuerza por humanizar al personaje de su novela, el retrato tiene un dejo positivista cuando dice que su cabeza se asomó por la tapia "con la ligereza del zorro" (*Aves sin nido* 31).

---

[32] También Juana Manuela Gorriti, en *Si haces mal no esperes bien* denuncia la práctica de traficar con niños indígenas o cholitos en el siglo XIX.

Alianzas asimétricas: indios y ángeles del hogar

En el prólogo a *Aves sin nido* Matto de Turner había dicho que una de sus intenciones era despertar en el lector la conmiseración por el pueblo indígena. Algo que la autora no dice abiertamente pero que el lector debe concluir al terminar la novela es que hay similitudes entre la opresión que sufren los indígenas y la explotación sexual a la que son sometidas las mujeres.[33] Dentro de la nación anti-utópica que Matto de Turner construye para el lector, estos dos grupos comparten el rol de cuerpos a ser utilizados por las autoridades andinas. Así como los sacerdotes extraen de las indias un claro beneficio sexual, de los indios obtienen ganancias económicas.[34] Tanto indígenas como mujeres se diferencian por género o etnicidad de la norma masculina criolla alrededor de la cual se construye la identidad normativa del sujeto nacional. Ambos son percibidos como dependientes en una época en que se veneran la autonomía y el individualismo del sujeto y ambos son colocados del lado de la barbarie por su asociación con el ámbito irracional de las emociones.

En el proemio de *Aves sin nido*, el concepto de la fraternidad que el sujeto literario recoge del ideario liberal, es neutral en términos de género. En la novela, sin embargo, se hiperboliza el sufrimiento de mujeres indígenas (Marcela-Martina) con las que el sujeto femenino republicano se identifica homo-socialmente. La retórica feminista y la indigenista se fusionan en el texto a través de un sentimentalismo femenino que enfatiza el sufrimiento común de mujeres pertenecientes a diferentes razas y clases. La alianza afectiva entre Lucía y Marcela se perfila en un principio como una forma colectiva de hacer frente a una situación traumática de abuso: "–¡Pobre Juan! ¡Pobre Marcela! *Ahora que la desventura nos ha*

---

[33] La conversión del indio en esclavo es denunciada a través de la mención de prácticas feudales como servicios de pongo, reparto antelado, lavativas de agua fría, robo de niños, embargos de cosechas, y cobros exorbitantes por entierros. En el caso de las mujeres se mencionan violaciones por parte de curas (Petronila, Marcela), maltratos físicos (Petronila) y acoso sexual (Teodora).

[34] Pienso aquí principalmente en la práctica de la mita, un servicio forzoso al que eran sometidos los indígenas en la época republicana, pero que en el caso de las mujeres incluía el acoso sexual. Gutiérrez de Quintanilla hace referencias en su lectura de la novela a esta problemática cuando dice lo siguiente: "El gobernador, el tata cura y el lanero, son todavía tres tiranos rezagados de la Colonia. Aún hace el indio faena sin remuneración, y desempeñan la mita su mujer, hijas y parientas con daño inevitable de la honra" ("Juicio crítico" 11). En el glosario quechua de la novela, Matto de Turner incluye las palabras "mita y mitani" y dice lo siguiente: "Servicio gratuito y forzoso que hacen las mujeres indias en casa de los párrocos y las autoridades" (*Aves sin nido* 284).

hermanado, mis afanes serán para ella y sus hijas –dijo Lucía suspirando con profunda pena e interrumpiendo a su marido" (*Aves sin nido* 101, énfasis mío).[35]

Para sugerir que hay zonas de cruce entre las distintas formas de marginalidad se pone a funcionar a nivel narrativo un sistema de ecos visuales en el que indios y mujeres son colocados en la misma pose. En uno de los *tableaux* narrativos, es doña Petronila, la esposa del gobernador de Killac, la que aparece llorosa y suplicante como antes lo habían hecho los indios. Cuando el sujeto de la enunciación dice que "[d]oña Petronila cayó de rodillas sumergida en llanto, repitiendo entre sus sollozos un nombre y tapándose la cara con ambas manos" (253), el lector experimenta una sensación de *déjà vu* con respecto al patetismo de la escena. Al final de la novela el lector descubre que tanto la mujer notable (Petronila) como la indígena (Marcela) han sido violadas por el mismo cura (el obispo Pedro de Miranda y Claro), un crimen que desemboca en la generación subsiguiente en el incesto. Aunque Matto de Turner nunca declara abiertamente en *Aves sin nido*, como lo hace Gertrudis Gómez de Avellaneda en *Sab*, que la marginalidad de género es una forma de esclavitud, utiliza la técnica del *tableau* para aludir de forma oblicua a esta tesis.

El derramamiento de "lágrimas de sangre" por parte de la esposa del gobernador de Killac remite en un principio a un sufrimiento femenino individual, asociado con la violencia sexual y física por la que ha pasado este personaje. Sin embargo, en otras viñetas, Petronila llora en nombre de todas las mujeres. Lo que Matto de Turner demuestra aquí es que la violencia física contra las mujeres no es patrimonio de las clases bajas y que puede ocurrir tanto en la choza del indio como en la mansión de los notables. Ser esposa del gobernador de Killac no es para doña Petronila garantía del bienestar doméstico y el peligro que corre este personaje de la clase dirigente dentro de su propio hogar es similar al sentimiento de vulnerabilidad doméstica que experimentan los indios en sus humildes viviendas. En ambos casos, el hogar no es un refugio sino un espacio asediado por la maldad de los notables. Cuando doña Petronila llora, sus lágrimas hacen eco de las de los indios:

> –¡Hijo mío, es que soy muy desgraciada! –contestó entre sollozos doña Petronila. [...] –¡Pobre madre! –articuló Manuel lanzando un suspiro y contradiciendo su

---

[35] De hecho, en un poema sentimental que Matto de Turner publica en *Leyendas y recortes* se utiliza el mismo adjetivo canibalizado del título de la opereta "¡Pobre Indio!" para referirse no ya a los indígenas sino a las mujeres. Dice la primera estrofa de un poema titulado "¡Avante!": "¡Pobre, oh desolada mujer!/en tu afán de duda atea/ que lucha ¡ay! Tan gigantea/ te ha tocado sostener!" (*Leyendas y recortes* 197-198).

primer pensamiento –¡Pobres mujeres, debes decir, Manuelito! por felices que parezcamos, para nosotras no falta un gusano que roa nuestra alma –contestó doña Petronila, ya un tanto calmada, pasando los dedos por la flecadura de su pañolón. (*Aves sin nido* 175)

"La fraternidad del sufrimiento" cuyo poder exalta Martí en uno de sus textos más lacrimógenos, *El presidio político en Cuba* (1871), es para Matto de Turner una forma rápida y efectiva de unir a los grupos marginales contra los avances de la modernización precapitalista. Sin embargo, a diferencia de Martí, Matto propone un sentimentalismo feminizado en el que se privilegian las alianzas afectivas entre mujeres.

En uno de sus múltiples y valiosísimos estudios sobre esta novela, Cornejo Polar reflexiona sobre la representación conflictiva de la subjetividad indígena en *Aves sin nido*, fracturada según él, por dos visiones opuestas: una imagen idealizada y romántica del indio, anclada en el mito rousseauniano del buen salvaje; y otra más positivista que niega el primitivismo romántico al defender la necesidad de neutralizar las diferencias étnicas por medio de la educación ("*Aves sin nido*: Indios, 'notables' y forasteros" 29-54). Estas mismas contradicciones a la hora de construir subjetividades indígenas se detectan en la elaboración del sujeto femenino dentro de la novela. Si bien por un lado, el rol moral que se le asigna en la comunidad sentimental de Matto de Turner está basado en su "diferencia" con respecto al sexo opuesto, por otro, se plantea la necesidad de hacer ingresar a las mujeres a la esfera masculina por medio de la teoría de la igualdad de derechos. Así como se puede decir que la primera visión peca de un cierto esencialismo, porque se enfatiza lo que las mujeres tienen en común, en la segunda se cancela esa diferencia, al admitir que la identidad de género puede ser culturalmente modificada por medio de la educación. En este sentido, pese a que *Aves sin nido* es un texto sumamente decimonónico sobre todo en lo que respecta a la glorificación de la domesticidad, se proyecta también ideológicamente hacia el siglo XXI, por la forma en que se debaten en él cuestiones referentes a la igualdad o diferencia de los sexos.[36]

---

[36] Matto de Turner contribuye desde el siglo XIX a debates que han marcado la historia del feminismo desde sus orígenes. Dentro de este marco de discusión se perfilan, siguiendo líneas muy generales y corriendo el riesgo de caer en simplificaciones esquemáticas dos corrientes ideológicas principales: por un lado, un feminismo que subraya la necesidad de igualar al sujeto femenino con la norma masculina, una idea que será defendida tanto por Simone de Beauvoir como por Virginia Woolf; y por otro, una segunda corriente, que defiende la necesidad de celebrar el discurso de la diferencia con respecto al hombre, una corriente que encuentra representantes tanto en el feminismo francés (Helene Cixous, Monique Witting, Luce Irigaray) como en el anglosajón (Carol Gilligan, Caroll Smith Rosenberg, Nancy Cott).

En términos de la construcción de nuevas identidades o poses, la colaboración afectiva entre mujer india y misti le sirve al sujeto narrativo para subvertir las ideologías de género dominantes sin descartar completamente algunos de sus postulados. A diferencia del ángel del hogar, Marcela se inserta en el mercado laboral como tejedora de lanas de alpaca, una actividad que combina con el ejercicio de actividades domésticas.[37] Carolina Ortiz en *La letra y los cuerpos subyugados* demuestra cómo en las familias indígenas de *Aves sin nido*, hay una inversión de los roles genéricos tal y como se postulan en las familias de las élites. En la casa de los Yupanqui, Marcela trabaja a la par del marido y es la que asume el rol activo de "salvadora" de Juan en varias ocasiones. Mientras éste piensa en suicidarse para escaparse del abuso y la explotación, su esposa toma la iniciativa de ir a ver al ángel del hogar para que interceda a favor de su familia ante las autoridades andinas. En este sentido, es a partir de este encuentro inter-racial que Lucía se contagia del activismo político de la mujer indígena que la obliga literalmente a salir del hogar. Se podría decir incluso que este intercambio "sororal" pone en marcha un proceso de transmutación o transculturación de identidades en el que se le asignan al ángel del hogar valores asociados culturalmente con la feminidad indígena (la fortaleza física, el trabajo público, el activismo) y a la mujer indígena ciertos rasgos estereotipados del culto al ángel del hogar (religiosidad, domesticidad, auto-sacrificio, moralidad superior). De esta manera, así como en algunos estudios sobre la novela se enfatizan la agencia y el protagonismo de "los Marín" en la inmovilidad de las relaciones de clase andinas, me interesa destacar que en un principio es la mujer indígena (Marcela) la que inicia este proceso (domesticación de la mujer indígena y politización de la mujer misti), con un activismo que va a ser más tarde imitado por Lucía al tomar la resolución, también a espaldas del esposo, de enfrentar a las autoridades andinas para proteger o salvar a los indios.[38]

---

[37] Marcela tiene un telar portátil y aparece en una escena de la novela trabajando desde el hogar con la ayuda de una de sus hijas. "Marcela tomó con afán los *tacarpus* donde se coloca el telar portátil, que, ayudada por su hija mayor, armó en el centro de la habitación, dejando preparados los hilos del fondo y la trama, para continuar el tejido de un bonito poncho listado con todos los colores que usan los indios, mediante la combinación del *palo brasil*, la cochinilla, el ochiote y las flores del *quicó*" (46, énfasis de la autora).

[38] Fernando Ortiz piensa en la transculturación, siguiendo a Malinowski, en términos sexualizados como en un "abrazo de culturas" que funciona como "la cópula genética de los individuos" (96). A partir de este encuentro entre culturas disímiles que chocan entre sí surge una nueva cultura que tiene "algo de ambos progenitores, pero también siempre es distinta de cada uno de los dos" (96-97). Ángel Rama, por otro lado, recoge el concepto de Ortiz, pero hace una distinción entre literaturas cosmopolitas y transculturadas, asociando a

Los deseos multiculturales de Lucía de entrar en contacto con el mundo de los indios están regidos en un principio por una curiosidad etnográfica que se articula con las inquietudes intelectuales del personaje.[39] Sin embargo, el encuentro entre ella y su contraparte indígena se plantea de corazón a corazón, a través de suspiros y lágrimas. Se dice que Marcela acude a Lucía porque su corazón le está diciendo que lo haga (32) y que a partir de este encuentro inter-racial "el corazón" de Lucía "quedó interesado de hecho por la familia de Marcela" (43). Al igual que en *Uncle Tom's Cabin* (1851) de Harriet Beecher-Stowe, novela con la que frecuentemente se compara *Aves sin nido* y que Clorinda Matto sin duda había leído, se denuncia el régimen semi-feudal que reina en la sierra invocando los valores domésticos de la ideología liberal.[40] Tanto Beecher-Stowe como Matto de Turner utilizan el discurso de la domesticidad para justificar sus transgresiones y para crear utopías matriarcales regidas por la benevolencia del ángel del hogar. Así como en *Uncle Tom's Cabin*, la fuga de la esclava Eliza con la que se abre la novela se justifica por la necesidad de evitar que la separen de su hijo, a punto de ser vendido como esclavo a otros amos; cuando Marcela acude a Lucía a implorarle socorro, lo hace, no en defensa propia, sino para evitar una catástrofe familiar.[41] Según el relato testimonial de Marcela, su resistencia a entrar como mitaya en la casa

---

estas últimas con una narrativa de corte más regionalista. Para un estudio del concepto de transculturación en la obra de Rama puede consultarse *Ángel Rama y los estudios latinoamericanos*, editado por Mabel Moraña.

[39] Al principio de la novela se pone mucho énfasis en que Lucía sentía una gran "curiosidad" por conocer el mundo de los indios y sus costumbres. Cuando la conoce a Marcela se dice por ejemplo que "la pobre mujer despertaba su curiosidad" (33).

[40] Según Estuardo Nuñez en *Autores ingleses y norteamericanos en el Perú* " la mayor difusión de una obra literaria norteamericana en el Perú la alcanzó seguramente *La cabaña del tío Tom* de Enriqueta Beecher Stowe" (5). Un año después de su aparición en Estados Unidos la novela se tradujo al castellano y se publicó como folletín con el título de *La choza del Tío Tomás* entre febrero y mayo de 1853 en el periódico limeño *El Comercio* (Estuardo Nuñez 5). Desafortunadamente, no pude conseguir el ejemplar de *El comercio* correspondiente a estos meses para confirmar este dato. La primera traducción de *Uncle Tom's Cabin* se publicó en Argentina en 1853 con el título de *La cabaña del Tío Tom*. Fue traducida al castellano no del original inglés sino del francés por A. A. Orihuela.

[41] Para un estudio comparativo entre estas dos novelas véase el estudio de Schmidt-Welle en el que se señala que las dos novelas comparten un afán moralizador-didáctico pensado como una pedagogía del oprimido. Schmidt-Welle detecta sin embargo una serie de diferencias importantes entre las propuestas de Stowe y Matto de Turner con respecto a la profesionalización de la mujer letrada en ambos contextos postcoloniales (Perú-Estados Unidos).

del cura no se justifica tanto por los peligros que correrá su propio cuerpo sino por el efecto traumático que este hecho tendrá en la educación de sus hijos. Dice:

> Ahora tengo que entrar de *mita* a la casa parroquial, dejando mi choza y mis hijas, y mientras voy, ¿quién sabe si Juan delira y muere? ¡quién sabe también la suerte que a mí me espera porque las mujeres que entran de mita salen...mirando al suelo! (*Aves sin nido* 35)

Marcela le cuenta esto a Lucía, "de mujer a mujer", como una confidencia íntima porque sabe que las alusiones veladas al acoso sexual no pasarán desapercibidas por el ángel de bondad. Por otro lado, en un contexto de victorianismo periférico en el que es el recato lo que determina qué puede y qué no puede decir una mujer, la palabra "violación" es tabú. Es sólo a través del uso de los puntos suspensivos que se le da a entender al lector el tipo de peligro que corren las mujeres indígenas en la iglesia. Lo que el texto no dice en estas situaciones es más significativo que lo que dice dentro de una marca de estilo en la que proliferan las perífrasis y los eufemismos. Las lagunas narrativas deben ser completadas por la imaginación del lector para mantener intacta la virtud del sujeto narrativo. La respuesta horrorizada de Lucía, que después de todo era una "candorosa paloma", no se hace esperar. Recurriendo a signos de admiración que subrayan el patetismo de la escena, Lucía pone abruptamente fin a un diálogo que la compromete moralmente. Para erradicar del universo narrativo el mismo delito que paradójicamente quiere denunciar, el ángel del hogar serrano prorrumpe una serie de frases exclamativas cortantes: "¡Basta!" "¡No me cuentes más!" (35). Aunque el concepto de la subjetividad que rige la construcción de los personajes de la novela está anclado en una forma de sensibilidad pre-freudiana, la negativa a narrar el delito, actúa como un mecanismo activador de las fantasías sexuales del lector.

Los lazos "sororales" que se establecen entre Lucía (mujer misti) y Marcela (mujer indígena) reaparecen en *Herencia*, la continuación de *Aves sin nido*, entre Lucía y una mujer criolla en situación desesperada. En la secuela urbano-naturalista de *Aves sin nido* el rol que antes ocupaba la mujer india como objeto de piedad es reemplazado por un abanico de personajes femeninos que sufren en la gran metrópolis.[42] Al igual que la mujer indígena de *Aves sin nido*, la desconocida de

---

[42] La mujer anónima de *Herencia* ejerce sobre Lucía, como la Marcela de *Aves sin nido*, una especie de chantaje emocional que retoma en el Perú decimonónico el patetismo victoriano de las novelas sobre la miseria urbana de Charles Dickens. Dice la mujer sobre el suicidio inminente de su familia, haciendo eco también de la situación desesperada de los Yupanqui: "¬¡Señora , nosotros mismos les quitaremos, en la hora del dolor, la existencia que les dimos

Herencia acude a Lucía para que salve a su familia del suicidio colectivo "en nombre de la caridad cristiana" (*Herencia* 120). En una escena melodramática que teatraliza el sufrimiento de este nuevo personaje femenino se le asigna un estatus de objeto de piedad cercano al que ocupan en la novela Petronila y los indios: "Las lágrimas anudaban la garganta, pero las manos se cruzaron en ademán de ruego, y pronto fuéle preciso taparse la cara con la orla de su raída manta, para ahogar los sollozos que hervían a borbotones en el seno blanco y suave como un raso" (*Herencia* 120). De la misma manera que antes lo había hecho con Marcela, aquí Lucía ejerce su ayuda caritativa dentro de la esfera femenina, traduciendo en el proceso uno de los lemas del movimiento antiesclavista anglosajón: "¿somos hermanas verdad?" (*Herencia* 124).[43] En las dos novelas se plantea, entonces, la misma pregunta, ¿puede la solidaridad de género actuar como un puente que elimine las diferencias de raza y clase entre las mujeres? Pese a que Matto de Turner tiene claro que la subjetividad femenina no es una categoría compacta y homogénea sino que se haya fracturada por lealtades de etnicidad y clase, la identidad de género (basada en la "sororidad" y/o en la maternidad) es la que le parece más importante. En la nación que Matto quiere que los lectores imaginen como posible entre los resquicios de la clara antiutopía que es Killac, las lectoras criollas tratarían a las mujeres menos privilegiadas como hermanas tal y como lo hace Lucía con Marcela o con la mujer empobrecida de *Herencia*. Por medio de la retórica de la solidaridad de género, Matto de Turner trata de contrarrestar las representaciones hegemónicas de la esfera doméstica como un espacio marcado por la rivalidad femenina.[44] Sin embargo, esta idealización del sentimiento horizontal de la "sororidad" es conflictiva porque se puede decir

---

en la hora del placer! Y después que tengamos en nuestros brazos sus cuerpecitos fríos, inertes: entonces mi Pablo y yo, abrazados, beberemos también el tósigo, y...¡todo habrá acabado!...¡No, no, señora! ¡salvadnos del crimen, salvadnos la vida!...–dijo ella poniéndose también de pie, juntando las manos en ademán de súplica" (*Herencia* 123).

[43] Me refiero aquí a la famosa frase de las hermanas Grimké, unas de las primeras feministas que en los Estados Unidos consiguen dar discursos y conferencias sobre los horrores de la esclavitud ante audiencias mixtas. Al igual que Matto de Turner, Angelina Grimké utiliza la famosa frase "Am I not a Woman and a Sister?" para defender a las mujeres esclavas.

[44] Pienso aquí por ejemplo en la novela de Martí, *Lucía Jerez*, que además de utilizar recursos sentimentales presenta otras coincidencias con la de Matto de Turner. Al igual que Lucía Marín, la Lucía de Martí "adopta" a una huérfana, pero en vez de protegerla y educarla como lo hace Lucía con Margarita, Martí las hace competir por el amor de un hombre, subrayando la rivalidad y la competencia entre mujeres. La situación tensa entre ellas culmina trágicamente cuando la Lucía de Martí mata a la mujer más joven a la que ve como rival. Otro punto común entre estas dos novelas es el tema del incesto.

que al enfatizar lo que las mujeres tienen en común, se echa sombra sobre las diferencias de raza y clase que fracturan la homogeneidad deseada de la esfera femenina. La alegoría de la solidaridad inter-racial que se propone en la novela no es armónica, como se querría pensar desde un cierto feminismo, sino despareja y asimétrica. La posibilidad que tiene la mujer misti de sentir compasión por su contraparte indígena está basada por un lado en una retórica de la identificación con el sufrimiento ajeno; y por otro, en un contraste entre la situación protegida del ángel del hogar y los suplicios que experimentan las mujeres excluidas de este paradigma hegemónico.

La conciencia de una experiencia traumática compartida crea por lo tanto una "ilusión de cercanía" entre Lucía y los indios que encubre una serie de diferencias. No sólo porque Marcela muere, paradójicamente hablando, gracias a la intervención supuestamente benéfica de su protectora, sino también porque a raíz de este proceso Lucía, que no tiene hijos propios, se adueña de las hijas de los Yupanqui para educarlas y aculturarlas en Lima, algo que Cornejo Polar ya señaló en sus lecturas de la novela. A la larga, la alianza sentimental entre Lucía y los indios es más beneficiosa para la mujer misti que para sus protegidos. Al ingresar a la familia Marín como ahijadas primero e hijas adoptivas después, las dos "palomas sin nido" se convierten en ángeles republicanos confirmando las peores sospechas de Marcela Yupanqui sobre el futuro aburguesamiento de sus hijas.[45] El ingreso de estas dos niñas a una familia regida por los valores de una embrionaria burguesía remite a la clara preferencia que Matto de Turner tiene a nivel utópico por la instancia femenina y burguesa de la identidad nacional.

INCESTO, MESTIZAJE Y OTRAS EVAPORACIONES SOSPECHOSAS

Uno de los enigmas de la elaboración utópica del tema de la familia en *Aves sin nido* es la mención del embarazo de Lucía que se frustra con su posterior desaparición en *Herencia*. Las afirmaciones de que los Marín esperan la llegada de un "vástago" o "primogénito" al final de la novela generan una gran expectativa

---

[45] Ya en *Aves sin nido* la familia Yupanqui adivina, como en una bola de cristal, el futuro que el encuentro con Lucía les deparará a las hijas. La aculturación de Margarita, la hija de los Yupanqui, es uno de los temas que se discute en *Herencia* (1895). Dicen los Yupanqui en *Aves sin nido*: «—Qué linda estará nuestra Margarita, cuando sea la ahijada de la señoracha Lucía, ¿eh? –dijo la mujer variando el giro de la conversación. –Ni lo dudes; ¡ay!, ella la vestirá con las ropas que usan. –Pero me duele el corazón cuando me acuerdo que ya no nos mirará como ahora, cuando Margarita sea una niña –dijo suspirando Marcela acercándose a poner un palo de leña al fogón» (91).

en el lector que se frusta con su posterior desaparición. Cuando Fernando se entera de las buenas noticias propone que la familia se desplace a Lima, para que el futuro "hijo" nazca en el mundo "civilizado" que merece. Dice:

> –He de llevarte a una región de flores, donde respires la dicha, colocando la cuna de nuestro hijo en la bella capital peruana –contestó Don Fernando acercándose a Lucía y tomando mientras hablaba una guedeja de los cabellos sueltos de su esposa, enredando sus dedos en ella y volviéndolos a soltar.
> –¡A Lima! –gritó entusiasmada Lucía.
> –¡Sí, a Lima! Y después que el hijo que esperamos tenga vigor suficiente para resistir la larga travesía, haremos un viaje a Europa, quiero que conozcas Madrid.
> (*Aves sin nido* 165-166)

Francesca Denegri ha demostrado en *El abanico y la cigarrera* cómo esta propuesta a favor del centralismo limeño se cancela en *Herencia*, cuando la ciudad idealizada en *Aves sin nido* se convierte en un escenario distópico en el que se agudizan las distancias entre los diferentes grupos etno-sociales. Por otro lado, la categórica adscripción del futuro hijo de Lucía (metáfora del ciudadano moderno y urbano) al género masculino no deja de ser enigmática en una época en la que no existían los ultrasonidos y los exámenes pre-natales. Se podría pensar que Matto usa las palabras hijo/vástago/primogénito en términos genéricamente neutrales. Sin embargo, la insistencia con la que el sujeto narrativo alude al sexo del futuro heredero justifica una lectura menos inocente de este episodio. En la continuación de *Aves sin nido*, Matto de Turner no solamente elimina cualquier mención al embarazo fallido de Lucía sino que hace desaparecer de la constelación familiar-nacional a Rosalía, la única hija adoptiva de los Marín que es verdaderamente indígena. ¿Cómo dar cuenta, entonces, de esta serie de omisiones (la del vástago, la de Rosalía) que acaban reduciendo la familia alegórica de los Marín a solamente tres miembros (Lucía, Fernando y Margarita)? ¿Es acaso que Lucía ha tenido un aborto espontáneo que no se puede mencionar en el recatado siglo XIX? ¿Son errores de la trama, algo factible si se piensa que la continuación de la novela se escribe seis años después de la publicación de la primera? ¿O es como piensa Cornejo Polar que la infertilidad biológica justifica como dato el acto de la adopción? En el caso del aborto espontáneo, Cornejo Polar lo lee en términos etnográficos, como un vacío que remite a la infertilidad de los Marín, y que justifica de esta forma la formación de una familia multirracial porque "es natural que un matrimonio sin hijos opte por adoptar alguno" (Cornejo Polar, *Clorinda Matto de Turner, novelista* 69). Sin embargo, la desaparición de la niña indígena de la familia recién constituida pone en duda el discurso del multiculturalismo, en el sentido de que sólo la instancia mestiza (o sea Margarita) pero no la indígena es juzgada como asimilable al proyecto urbano de la modernización.[46] La visión de la familia como un nido feminocéntrico, desde el que se corrigen los excesos de un individualismo liberal masculinizante, es para mí el elemento más radical del proyecto nacional de Matto de Turner. Establecer puentes afectivos entre grupos de diferentes razas y clases es la función del sujeto femenino en la novela que usa el espacio de las orillas culturales para corregir su forzada invisibilidad.

Uno de los objetivos de la novela es hacerles derramar lágrimas a los lectores por una serie de tragedias que aquejan a los personajes (muertes, separaciones, raptos, encarcelamientos, abusos). Dentro de este archivo de *topoi* sentimentales ocupa un lugar privilegiado la metáfora del incesto. La desgracia de las dos "aves sin nido" de la segunda parte de la novela (Margarita-Manuel) es que aunque son hermanos, se han enamorado sin saberlo.[47] De ahí los términos lacrimógenos con los que se narra el desenlace trágico:

> –¡Mi hermana!
> –¡Mi hermano!
> Dijeron a una voz Manuel y Margarita, cayendo ésta en los brazos de su madrina, cuyos sollozos acompañaban el dolor de aquellas tiernas AVES SIN NIDO.
> (*Aves sin nido* 281, mayúsculas de la autora)

---

[46] La explicación del aborto espontáneo cobra fuerza al leer *Aves sin nido* desde una tradición de Matto de Turner titulada "Tempestad en el nido" en la que Guillermina, la reina de Holanda, tiene un "alumbramiento prematuro de príncipe en embrión" (*Tradiciones cuzqueñas, leyendas, biografías y hojas sueltas* 272. Cuzco: Rozas, 1954). Las expectativas que se generan en el pueblo holandés sobre el futuro heredero son aún más explícitas que en *Aves sin nido* y aparecen en pasajes como el siguiente: «El pueblo se halla preocupado con el futuro nacimiento de un heredero del trono de Holanda. [...]Nadie pone en duda que la reina dará a luz un varón y en esta seguridad, las prendas que confeccionan las buenas burguesas de Holanda, el país por excelencia de la ropa blanca, no llevan el color rosa destinado a las niñas, sino el azul, color que va en las cintas y los moños» (*Tradiciones cuzqueñas, leyendas, biografías y hojas sueltas* 271). En esta tradición se relacionan el topos de la violencia doméstica con el de la infertilidad, ya que cuando se revela que el marido de la reina resultó «hosco» y «pendenciero» y que turbaba la paz del nido con «palabrotas» y «sablazos» se lo castiga textualmente con la desaparición del heredero.

[47] La relación del incesto con el topos de la violencia ya había sido tratada por Juana Manuela Gorriti en *Si haces mal no esperes bien*, publicada en la *Revista de Lima* en 1861. Sin embargo Matto de Turner suplanta a la figura de un militar que es en la novela de Gorriti el culpable del delito de la violación con la de un cura que ha llegado a ser arzobispo. Otras novelas que tratan la cuestión del incesto en el siglo XIX son *Cumandá* de Juan León Mera, *María* de Jorge Isaacs y *Cecilia Valdés* de Cirilo Villaverde.

Aunque Margarita y Manuel se sienten físicamente atraídos por una cercanía biológica que tiene que ver con el llamado de la sangre, su unión es culturalmente imposible. Frente al poder de la naturaleza-pasión se interpone Lucía, que desde su rol civilizado de ángel del hogar, les revela a los huérfanos la verdad de su pasado y la imposibilidad social de institucionalizar esta unión. Se puede decir, entonces, que Lucía impide que los hermanos se junten produciendo una descendencia monstruosa para el futuro de la nación. De esta forma, el incesto sirve en la novela, no solamente para criticar a ciertos grupos sociales poderosos que violan a las mujeres indígenas y notables sin asumir las consecuencias de su paternidad (los curas), sino también, para educar sentimentalmente a las lectoras, alertándolas sobre los peligros del amor físico.[48] Al evaporarse la posibilidad de fundar un proyecto nacional por medio de la unión sexual de los miembros de esta pareja se establece entre ellos una relación fraternal fundada en la orfandad común y en la experiencia del sufrimiento. El deseo sexual como móvil de la atracción se desplaza entonces hacia una ligazón sentimental más que física, en un final melodramático que desconfía de la sexualidad como forma metonímica de formar la nación. Si como dice Doris Sommer en *Foundational Fictions* en los romances fundacionales se establece siempre una relación alegóricamente productiva entre erotismo y patriotismo (131-133), en esta novela se apunta a la necesidad de establecer relaciones metonímicas entre sentimentalismo y nación. El fracaso de la relación erótica entre Margarita y Manuel se opone entonces al éxito reproductivo, sentimentalmente hablando, de la pareja formada por Lucía y Fernando Marín. El "matrimonio de hermanos" que promueve la autora lleva al fracaso de la descendencia filiativa en un plano genético pero inaugura una serie de posibilidades sentimentales afiliativas.[49] A la incapacidad procreativa de esta pareja en términos biológicos se opone el gesto desexualizado de la adopción que plantea la posibilidad de formar una familia-nación que es multicultural en *Aves sin nido* pero que en Herencia favorece la instancia mestiza. Recoger a un "ave sin nido" otra (indígena o mestiza) es engendrar ciudadanos, sentimentalmente hablando, por medio del "corazón". Es formar una familia doméstica regida por la benevolencia cristiana a partir del exceso sentimental que las culturas de fin de siglo colocan del lado de los grupos marginales.

---

[48] La teoría de que en las novelas fundacionales la cuestión del incesto remite a la problemática de la paternidad fallida y a una forma irresponsable de procreación es planteada por Doris Sommer en *Foundational Fictions* 183.

[49] El carácter feminizado de Fernando lo coloca en una posición de horizontalidad fraternal con respecto a Lucía que no es muy diferente a la que establecen entre sí las "aves sin nido" de la novela.

Capítulo III

"La Mariscala" soy yo: Biografía y autobiografía en el perfil de Francisca Zubiaga de Gamarra

> When biographers come to write the life of a woman –and this phenomenon has of course occurred with much greater frequency since the advent of contemporary feminism, let us say since the late 1960s– they have had to struggle with the inevitable conflict between the destiny of being unambiguously a woman and the woman subject's palpable desire, or fate to be something else. Except when writing about queens, biographers of women have not, therefore, been at ease with their subjects, and even with queens, like Elizabeth I of England, there has been a tendency to see them as somewhat abnormal, monstrous.
>
> Carolyn Heilbrun, *Writing a Woman's Life*

A juzgar por las numerosas colecciones de relatos de vida o archivos histórico-biográficos que se publicaron en el siglo XIX, el género de la biografía, a caballo entre la literatura y la historia, parece haber gozado en el período nacional de gran prestigio e importancia cultural. En el Perú, debido en parte al carácter incipiente de la historia como disciplina, los compendios de semblanzas, que compusieron tanto escritores canónicos como no canónicos, fueron una de las formas privilegiadas que asumió el discurso historiográfico.[1] El hábito de admirar y reverenciar a las figuras eminentes del pasado, concebido autocráticamente como un catálogo de vidas ilustres, fue uno de los pilares ideológicos que motivaron la escritura biográfica en la ciudad letrada. Se trataba, como dice Ricardo Palma en una poco conocida colección de apuntes biográficos, de profanar a las cenizas de los héroes del pasado para que pudieran servir de ejemplo a las generaciones del porvenir (*Corona Patriótica* 6).

---

[1] Entre las colecciones biográficas que se publican en este período se pueden mencionar las siguientes: González Prada, Manuel. *Figuras y figurones* (Lima: Distribuidora Bendezú, 1899?); Mendiburu, Manuel de. *Diccionario histórico-biográfico del Perú* (Lima: Solis, 1874); Gorriti, Juana Manuela. *Perfiles* (1891); Pruvonena, Segundo. *Los hombres de bien* (Paris: E. Denne Schmitz, 1874); Agüero, Pedro de. *Biografías de peruanos distinguidos* (Londres: Imprenta de W & A. Webster, 1858); Cáceres, Aurora Zoila. *Mujeres de ayer y de hoy* (París: Garnier, 1910).

Es sabido que una de las preocupaciones de la cultura peruana de fin de siglo, atravesada por conflictos entre tradición y modernidad, fue formar ciudadanos de costumbres y hábitos modernos que reemplazaran modos de ser más tradicionales, percibidos como retardatarios.[2] Con muy pocas excepciones, la crítica latinoamericana ha estudiado estos procesos alegóricos de formación de identidades en el campo de la novela.[3] Menos atención, sin embargo, se ha prestado al género biográfico en relación a la cuestión nacional, en parte porque la biografía carecía en el siglo XIX de un estatus autónomo con respecto a otras formas discursivas. El culto a próceres en los que pudieran encarnarse las virtudes de un sujeto nacional soñado cumplió una función política específica en un período en el que las vidas ilustres se concebían como parte de un proceso de regeneración nacional. Al mismo tiempo, y como lo demuestra Anthony Smith, elegir un héroe dentro de los muchos posibles era una forma de cohesionar, a nivel del imaginario, la heterogeneidad y multiplicidad de la nación como colectividad. Si la elección de ciertos héroes conllevaba necesariamente la exclusión de otros, puede decirse que la elaboración de una memoria histórica y la construcción de un pasado, no fue un proceso armónico o libre de conflictos, sino que se llevó a cabo en medio de lo que Mónica Quijada llama una verdadera "guerra o batalla de próceres" en la que se debatió intensamente quiénes iban a tener acceso o no a la posteridad.

A lo largo de su carrera literaria, Clorinda Matto de Turner no se muestra ajena a la obsesión genealógica que recorre el siglo XIX tal y como se materializa en la preocupación biográfica. El interés que le despierta la biografía como género se hace evidente en dos colecciones de perfiles tituladas *Bocetos al lápiz de americanos célebres* (1889) y *Boreales, miniaturas y porcelanas* (1902), así como también en *Tradiciones cuzqueñas, leyendas, biografías y hojas sueltas* (1884). Si bien casi todos los sujetos biográficos que Matto de Turner propone para ejemplificar las virtudes del patriotismo republicano son masculinos, incluye en varias de estas colecciones semblanzas de mujeres ilustres que ella considera dignas de encomio por sus contribuciones a la peruanidad.[4] Particularmente cuando la mayoría de los

---

[2] Para un tratamiento exhaustivo sobre este tema puede consultarse la compilación de estudios de Enrique Urbano. Otra aproximación a la problemática de la modernidad en el contexto andino es la de Carlos Franco.

[3] Agnes Lugo-Ortiz ha teorizado la escritura biográfica para la zona cultural del Caribe en *Identidades imaginadas*. Otras intervenciones teóricas importantes en el campo de la escritura biográfica y del ensayo son las de Mary Luise Pratt ("Don't Interrupt Me"), Doris Meyer, y Hugo Achugar.

[4] En *Bocetos al lápiz de americanos célebres* Matto de Turner cuenta las vidas de Juan de Espinosa Medrano, Gregorio Pacheco, Manuel Suárez, Antonio de la Raya, Andrés Cáceres, María

compendios biográficos siguen el modelo homo-social masculino propuesto por Plutarco, este gesto de Matto de Turner puede interpretarse como un intento de dar una visión más heterogénea de la historiografía nacional que la postulada por los discursos dominantes.[5] Al mismo tiempo, es importante mencionar que en las colecciones de mini-perfiles compuestas por Matto de Turner se tiene en cuenta no solamente el aporte cultural de mujeres activas en el ámbito público y/o privado (Laura Méndez de Cuenca, Dorilla Castell de Orozco, Adela Castell, María Ana Centeno de Romainville, Teresa Atúnez Estrada, entre otras), sino también, las contribuciones de sujetos masculinos indígenas (Juan de Espinosa Medrano, José Domingo Choqquehuanca) o latinoamericanos (Leandro N. Alem, Juan B. Alsina, Santiago Argüello) en una época en que la identidad nacional no se elabora en términos regionales o continentales, sino siguiendo parámetros limeños y europeizantes.

La producción biográfica de Matto de Turner no ha recibido ninguna atención por parte de la crítica pese a que constituye una zona importante de su corpus narrativo.[6] Un factor que puede haber contribuido a este desinterés es la conflictividad ideológica que rige estas colecciones en las que se escribe con igual entusiasmo de militares, damas de caridad, amas de casa, editores, poetas y enfermos mentales. Cualquier vida, por insignificante que parezca, le parece a Matto de Turner digna de ser narrada. Al mismo tiempo, no deja de ser desconcertante, que junto a retratos de personajes defensores de la causa indígena (María Ana Teresa de Romainville, Don Juan de Espinosa Medrano y Don Antonio de la Raya) se incluyan panegíricos de figuras marcadamente anti-indigenistas del Cono Sur como Julio Argentino Roca,[7] Estanislao Zeballos[8] y Juan B. Alsina.[9] Aunque se podría argumentar que Matto de Turner abandona sus convicciones indigenistas durante su exilio en Buenos Aires (1895-1909), se podría pensar también que su actitud

---

Ana Centeno de Romainville, Ladislao Espinar, Ignacio de Castro, José A. Morales Alpaca, José Domingo Choqquehuanca y Francisca Zubiaga de Gamarra.

[5] En las *Vidas paralelas* de Plutarco se catalogan vidas ejemplares de soldados, legisladores, y hombres de estado griegos y romanos.

[6] Una excepción a esta falta de interés en el corpus biográfico de Matto de Turner la constituyen las dos traducciones al inglés hechas por Mary G. Berg y Elena C. Berg de dos ensayos de Matto de Turner ("Francisca Zubiaga de Gamarra" y "La mujer y la obrera"). Ambas traducciones aparecen en *Rereading the Spanish American Essay. Translations of 19th and 20th Century Women's Essays* editado por Doris Meyer.

[7] El perfil de Julio Roca, que aparece acompañado de una fotografía, forma parte de una sección de *Boreales, miniaturas y porcelanas* titulada "En Argentina". Los elogios que Matto le propicia tienen que ver sobre todo con su política exterior con respecto a Chile (*Boreales* 100).

hacia la cultura andina fue siempre conflictiva y que se superpuso, tanto en ésta como en todas sus obras, a un ideario liberal a favor de la modernización y el progreso.

Al hablar de *Aves sin nido* me he detenido en el carácter escurridizo, ideológicamente hablando, del indigenismo de la novela y en la "estética mezclada" a partir de la cual se solapan en ella el indigenismo y el feminismo. En este capítulo, sin embargo, me interesa desplazar la mirada hacia uno de los perfiles más difundidos de Clorinda Matto de Turner, el de Francisca Zubiaga de Gamarra, alias "la Mariscala", una amazona que tuvo una participación destacada en las guerras de la independencia.[10] Aunque el sujeto biográfico del perfil afirma estar "descubriendo" de la nada a este personaje femenino de la época post-independentista, la "extraña" vida de la Mariscala ya había sido contada varias veces. Las afirmaciones sobre la oralidad del perfil se contradicen entonces con el carácter inter-textual del relato que se inserta por medio de alusiones y citas veladas dentro de una larga cadena de textos.

En la dedicatoria a una de las ediciones que encabeza la semblanza de la Mariscala, Clorinda Matto de Turner se declara hija literaria de Juana Manuela Gorriti, y afirma dedicarle esta biografía porque "[l]as mujeres ilustres se acercan entre sí".[11] A través de este epígrafe, el sujeto literario se auto-representa como

---

[8] Para Estanislao Zeballos en *Viaje al país de los araucanos* los indios son "bárbaros" o "salvajes" que necesitan ser "amansados" por el estado. Se muestra partidario de la inmigración europea y de la expropiación de tierras a los indígenas para que puedan construirse ferrocarriles.

[9] Juan B. Alsina (Argentina) empieza su carrera pública de hombre de estado como tipógrafo pero acaba siendo Director General de Inmigración en 1890. Matto lo elogia por su política inmigratoria extremadamente selectiva, lo llama un hombre "útil y necesario para el progreso" por haber sabido atraer a la Argentina lo mejor de las corrientes inmigratorias europeas (Matto de Turner, *Boreales* 182).

[10] Según Jorge Basadre, Francisca Bernales Zubiaga de Gamarra conocida como "la Mariscala" (1803-1835) "amenaza la primacía que en el imaginario peruano femenino tuvieron la Perricholi y Santa Rosa de Lima. Después de pasar un corto período en un convento, la Mariscala se casa con el prefecto del Cuzco, el general Gamarra y se convierte en 1829 en la presidenta del Perú. La actuación política más controvertida de La Mariscala es haber encabezado la 'conspiración de las chimeneas' en ausencia de su esposo para derrocar al vicepresidente La Fuente. También participa en la invasión de Bolivia y en la confección del tratado de Piquiza" (*Peruanos del siglo XIX* 85).

[11] El epígrafe completo que aparece en la primera página del perfil justo debajo de la frase "A mi segunda madre, la señora Juana Manuela Gorriti" es el siguiente: "Las mujeres ilustres se acercan entre sí; por eso coloco el tuyo, glorioso, al frente de este trabajo aunque pobre, significativo para ti y para tu hija de adopción" (*Tradiciones cuzqueñas, leyendas, biografías* 181).

subordinado a su mentora y unida a ella por lazos de devoción filial. Dentro del perfil biográfico, sin embargo, el sujeto de la enunciación asume ante la Mariscala un rol maternal que la impulsa a rescatar a este personaje de un inmerecido olvido. Tal y como lo indica el sujeto narrativo, el perfil se escribe "para que no se pierda en la oscuridad de los tiempos el nombre e historia de tan ilustre cuzqueña" (*Tradiciones* 181).[12] El hecho de que Matto de Turner haya publicado y re-editado este perfil en varias ocasiones, hace pensar que la vida de la Mariscala tenía para ella un valor emblemático-didáctico.[13] Si todos los perfiles biográficos de Matto de Turner se pueden relacionar en mayor o menor medida con la cuestión de la ciudadanía y del heroísmo, el de Francisca Zubiaga de Gamarra es particularmente apropiado para establecer un diálogo o contrapunto con el modelo normativo de la domesticidad propuesto por los discursos hegemónicos republicanos. Como en muchos otros textos de Matto de Turner, en este perfil la preocupación por raza y clase cede lugar en importancia a la problemática de género. Pero, ¿en qué sentido puede decirse que el modelo de feminidad aquí propuesto reproduce, contradice o amplia el estereotipo imperante del sujeto femenino como madre republicana o ángel del hogar? Al mismo tiempo, me propongo utilizar este mini-perfil para reflexionar sobre la inestabilidad del género biográfico y sobre la dificultad de establecer una separación tajante entre biografía y autobiografía. Esta forma de mestizaje genérico cristaliza en el texto fundacional del género biográfico, el *Facundo. Civilización y barbarie* de Sarmiento, que será reclamado como objeto de estudio por varias disciplinas. No es sorprendente entonces que los perfiles de Matto de Turner hagan de esta indecisión genérica una de sus marcas estéticas. Aunque a veces Matto se refiere a sus perfiles como textos periodístico-informativos, otras alude a ellos como "collages" mnemotécnicos formados por un *pot-pourri* de recuerdos, documentos y testimonios.

Vidas y naciones

De acuerdo a la división genérica que se establece en el campo de la escritura de vidas, la biografía sería más objetiva por estar basada en documentos, mientras

---

[12] A no ser que se especifique lo contrario, todas las citas del perfil de Zubiaga de Gamarra pertenecen al perfil que aparece en *Tradiciones, cuzqueñas, leyendas, biografías y hojas sueltas* (Cuzco: Rozas, 1954).

[13] La primera versión de este mini-perfil es de 1876 y aparece en *El Recreo* I/1 (Cuzco: 8 de febrero de 1876): 2-4. También se publica en *El correo del Perú* VI/10 (Lima: 5 de marzo de 1876): 73-74, en *Tradiciones cuzqueñas, leyendas, biografías y hojas sueltas* (1884): 181-188, y en *Bocetos al lápiz de americanos célebres* (1889).

que la autobiografía sería más libre y subjetiva por trabajar a partir de la memoria. Más sugerente, sin embargo, resulta la proposición de Sylvia Molloy en *Acto de presencia* (1996) sobre la permeabilidad de ambos géneros y la imposibilidad de deslindarlos (189-196).[14] Tanto la escritura biográfica como la autobiográfica parten de la necesidad de elaborar vidas textuales a partir de las ruinas del pasado y en ambos casos el personaje es un sujeto imaginado que se construye recurriendo a las convenciones del género. Una forma de establecer un cruce entre estas dos formas de escritura es pensar que así como se puede leer una autobiografía como una forma especializada de la escritura biográfica (sobre un yo que es también un otro); es posible leer una biografía como ficción o solapado autorretrato. En esta última lectura, la supuesta distancia entre personaje y sujeto literario se cancela porque, al imaginar una vida, el biógrafo, que tiene una ubicación precisa dentro de la pirámide social, proyecta sobre la vida del otro las preocupaciones y ansiedades de su propio yo. Si bien la escritura biográfica está más circunscrita que la autobiográfica, porque el biógrafo debe remitirse a un archivo histórico al que tendrán acceso otros biógrafos (Kendall); a la hora de organizar, metaforizar y ordenar el material documental, el biógrafo tiene tanta libertad como el auto-biógrafo.[15] Por otro lado, vale la pena señalar que en el siglo XIX la auto-biografía era un género difícil para las mujeres porque se basaba en un culto al yo que contradecía las normas de la humildad y modestia a que aquéllas tenían que atenerse. Esto llevó a las autoras a desplazar el sentimiento narcisista de escribir sobre sí mismas a la ficcionalización de las vidas de los otros.

En *The Art of Biography* Paul Kendall, observa que, pese a que en las narraciones de vida el sujeto literario trata de invisibilizarse dentro del texto para darle la ilusión al lector de que está compartiendo la vida del personaje imaginado, la mera elección de ese sujeto es ya de por sí autobiográfica (xiv). Cabe preguntarse entonces por qué Matto de Turner elige escribir sobre esta figura combativa, que tiene una actuación política descollante en las guerras de la independencia, en una época en

---

[14] Véase también el trabajo de Blanche Wiesen Cook sobre la relación entre biografía y autobiografía.

[15] En *Identidades imaginadas*, Agnes Lugo-Ortiz menciona la inestabilidad de la escritura biográfica que traiciona muchas veces la voluntad de coherencia o "fijeza" a la que la someten su relación de dependencia con las fuentes referenciales. En palabras de Lugo-Ortiz la biografía es: "Género ruidosamente discontinuo, tal vez más que ninguno otro, género menor dentro de la institución literaria, aunque privilegiado hasta hace poco como la forma del discurso crítico por excelencia (en tesis de vida y obra), género escurridizo que se desplaza con soltura al interior de formaciones discursivas (la historia, la antropología, la criminología, la literatura), lo biográfico no se ha autonomizado en un territorio propio" (5).

la que el modelo dominante y normativo de la feminidad era marcadamente doméstico. Creo que si uno de los requisitos del retrato decimonónico era que las "vidas imaginadas" (Agnes Lugo-Ortiz) transmitieran un mensaje didáctico, el perfil de "la Mariscala" le sirve a Matto de Turner para recuperar desde el presente un modelo arcaico de feminidad combativa. Se trataba de mantener vivo, a nivel residual, el modelo de la mujer-soldado en un momento en el que las bajas masculinas en la guerra del Pacífico reactivaban el discurso de la maternidad republicana. Por otro lado, dado que la Mariscala es un personaje que subvierte las normas de la domesticidad criolla a partir de su activismo militar, Matto de Turner usa la figura de la mujer guerrera para reflexionar oblicuamente sobre las dificultades del sujeto femenino intelectual en la época de la república. Dentro de este orden de cosas, la Mariscala representa por substitución sinecdóquica un pasado menos limitante en términos de género en el que el sujeto femenino tenía acceso a una pluralidad de identidades o poses.[16] A lo que Matto de Turner parecería estar apuntando es a que en el "carnaval de máscaras" que fue según Ángel Rama la época de la modernización en América Latina (*Las máscaras democráticas* 83) las "poses" masculinas se han proliferado (dandies, *flâneurs*, bohemios, políticos, militares) en términos inversamente proporcionales a la disponibilidad de poses para las mujeres.

A primera vista, la Mariscala, prototipo de la amazona guerrera que interviene en la confección de tratados, tiene tropas a su cargo, y encabeza motines militares, poco tiene en común con Clorinda Matto de Turner. La singularidad del sujeto femenino letrado en la época de la república no residía en la valentía física o en el arrojo militar sino en el cultivo de las virtudes intelectuales. A diferencia de Francisca Zubiaga de Gamarra, que en varios pasajes de este relato recurre al uso de ropas masculinas para ejercer autoridad en el ejército, la voz literaria que narra la vida de este personaje se esfuerza por mostrarse sumisa y carente de autoridad. La incomodidad que Matto siente ante su rol de biógrafa o autora se hace evidente en varios pasajes del perfil en los que se auto-disminuye deliberadamente para no entrar en conflicto con las definiciones normativas de la feminidad. Cabe destacar el siguiente pasaje en el que las convenciones de autoría de la época se ven agudizadas por el condicionamiento genérico:

---

[16] En su lectura del perfil de Juana Azurduy de Padilla de Juana Manuela Gorriti, Cristina Iglesia llega a conclusiones similares a las mías. Dice que Gorriti siente la necesidad de recurrir al pasado para encontrar modelos alternativos de feminidad con los que contrarrestar el disciplinamiento doméstico del presente.

> El narrar la biografía de la señora que me ocupa, es pues, una tarea harto superior a mis fuerzas, por lo que, dejando este cometido a otra pluma más feliz, me honraré iniciando tan importante obra y daré solo ligeros apuntes históricos que puedan servir para la biografía de la señora Zubiaga, tantos años esperada y deseada por los hijos del Cuzco y desgraciadamente por ninguno emprendida.
> (*Tradiciones cuzqueñas* 181)

Clorinda Matto de Turner no se piensa a sí misma como un gran biógrafo que colecciona vidas de personajes ilustres (al estilo de Mendiburu), sino como una "hormiga" que opera con partículas y fragmentos. Para mostrarse humilde ante el lector, y subordinada frente a un biógrafo ante el que busca rebajarse ("la pluma más feliz") el sujeto narrativo recurre a la estrategia de la modestia afectada. Sus escritos carecen de trascendencia cultural porque son meramente "notas", "apuntes" o "bosquejos". Para aplacar los miedos del lector, se enfatiza que no es que ella esté invadiendo la esfera intelectual masculina, sino que escribe sin violar los códigos imperantes de género que ven por esta época al sujeto femenino como más sentimental que racional. Más que un rol de autora, o de gran biógrafa, Matto se asigna en el perfil un papel de escriba, secretaria o asistenta de un futuro biógrafo, que podrá utilizar estos apuntes para componer "la gran biografía de la Mariscala". Esto es lo que realmente ocurrió en el siglo xx, cuando Abraham Valdelomar, en un libro titulado *La Mariscala* (1914) y Juan B. Lastres en *Una neurosis célebre* (1945) usaron los "bocetos" o apuntes de Matto de Turner para componer versiones más ambiciosas de la vida de este personaje. En ambos casos el inter-texto biográfico del perfil de Matto de Turner no fue tratado como ficción sino como riguroso documento historiográfico.[17]

El tipo de personaje que Matto de Turner imagina en esta semblanza o micro-biografía es una figura jánica que tiene dos caras: por un lado, una faceta "viril" y combativa que alude al mundo de las armas; y por otro, un costado sentimental asociado con la domesticidad. Lo que se presenta ante los ojos del lector es un sujeto femenino internamente escindido que combina virtudes clásicas (la ambición, el afán de mando) con valores cristianos (la humildad, el auto-sacrificio).[18] Para

---

[17] Otras versiones de la vida de la Mariscala que entran en diálogo con este perfil son las de Neuhaus Rizzo Patrón, *Pancha Gamarra, la Mariscala* (Lima: Francisco Moncloa Editores, 1967); Francisco Vegas Seminario, *Bajo el signo de la Mariscala: novela histórica* (Lima: Ediciones Tawantisuyu, 1960); Jerome R. Adams, *Notable Latin American Women: Twenty-Nine Leaders, Rebels, Poets, Battlers and Spies, 1500-1900* (London: McFarland & Company, 1995).

[18] Agnes Lugo-Ortiz habla de dos modelos de heroísmo recurrentes y contradictorios en los perfiles biográficos del siglo xix, uno sería el "modelo épico" y el otro el del "apostolado

que no queden dudas de la "masculinidad" de esta amazona guerrera se dice que "montaba a caballo con elegancia y maestría", que "manejaba las pistolas", y que "poseía una voz gruesa y modales varoniles" (182). En una escena del perfil se la llega a describir al mando de un regimiento, "empuñando una pistola y abriéndose paso por entre el pueblo amotinado" (185).

¿Una Mariscala doméstica?

El principal desvío de la Mariscala con respecto a los modelos dominantes de feminidad que estaban en circulación en el contexto de producción del perfil es el travestismo: dos de las anécdotas de esta semblanza hacen alusión al uso de ropas masculinas por parte de esta mujer guerrera que se disfraza de militar o de clérigo para imponer su autoridad ante los soldados y para encubrir su identidad en un momento de fuga. La práctica del travestismo va a contracorriente de un esfuerzo paralelo por parte de la cultura hegemónica de codificar, polarizar y establecer jerarquías de género dentro de la comunidad nacional.[19] La amenaza que postula como modelo esta figura amazónica es que, al adoptar una pose considerada "masculina" altera el orden social y "des-masculiniza" al sexo opuesto. De ahí que para aplacar la desconfianza de los lectores sobre este proceso de vampirización de atributos masculinos se busque "domesticar" aunque sea parcialmente, a este personaje transgresor. La estrategia ideológica de Matto de Turner es en este sentido mencionar las cualidades "viriles" de la Mariscala en términos de la ropa que usa, sus costumbres y sus hábitos, señalando al mismo tiempo la existencia de un alma "femenina", doméstica y sentimental debajo de este disfraz.

El gesto de Matto de Turner de proponer a una mujer soldado como *moral exemplum* de virtud republicana va a ser más tarde imitado por Juana Manuela Gorriti en una colección de biografías titulada *Perfiles* (1892). Gorriti sigue el ejemplo de Matto de Turner cuando incorpora a su panteón biográfico a Juana Azurduy de Padilla, una mujer capitán de las guerras de la independencia que contradice con

---

paulino". Estos dos paradigmas están extraídos de la épica y de la tradición cristiana respectivamente (xxvi).

[19] Sobre el tema del travestismo y la ansiedad que provoca "el desorden de lo andrógino" véase Marjorie Garber. En particular, es relevante a este trabajo la discusión sobre el travestismo de Juana de Arco que se presta según la autora a lecturas contradictorias: ya sea como defensa del *status quo* y de una jerarquía que ve lo masculino como superior a lo femenino, o como una rebelión contra la objetivación del cuerpo y la sexualización de lo femenino que se hace en la cultura patriarcal (*Vested Interests* 216-217).

su activismo guerrero el modelo sentimental de la feminidad.[20] Paradójicamente, sin embargo, tanto Gorriti como Matto de Turner justifican las transgresiones de

FIGURA 2. "La Mariscala". Copia de un retrato a lápiz anónimo hecha por Lola Pease, reproducida por Juan B. Lastres en *Una neurosis célebre*. Esta imagen desafiante y "masculina" de La Mariscala que Lastres incluye en su estudio como prueba de la "neurosis célebre" de su anti-heroína, es una de las pocas representaciones iconográficas del personaje que circulan en la época contemporánea. En la mano derecha la Mariscala tiene el látigo con el que según Lastres castigaba a las tropas. La anomalía de esta mujer bélica queda metaforizada en el retrato por medio de las facciones andróginas, las ropas militares y el peinado. En un primer momento el observador del cuadro piensa que la Mariscala tiene el pelo corto como un hombre. Más tarde nos percatamos de la presencia de dos trenzas que salen de la nuca del personaje y que quedan casi camufladas con su chaqueta militar.

---

[20] Mary G. Berg traduce el ensayo de Juana Manuela Gorriti sobre Juana Azurduy en *Rereading the Spanish American Essay* 50-54.

sus heroínas (la inversión de la antinomia liberal hombre guerrero-mujer pacífica) invocando las mismas ideologías doméstico-republicanas que buscan combatir. La presencia de ambas mujeres en el ejército no se justifica aludiendo a la vocación militar o a las ambiciones nobles y patrióticas de los personajes, sino a una fidelidad conyugal que las hace velar por los intereses de los respectivos maridos en el campo de batalla. Dice por ejemplo Matto de Turner sobre Francisca Zubiaga de Gamarra:

> Como madre, la señora Zubiaga fue mujer, pues siempre mostró cariño y desvelo por sus hijos, aunque ninguno le vivió mucho tiempo. Esposa debió ser muy cumplida y amante puesto que asistió con asiduidad esmerada y acompañó a su esposo en varias correrías militares haciendo como cualquier otro soldado la vida de campaña, y compartiendo como el último todas las fatigas y penalidades de la vida militar. (*Tradiciones cuzqueñas* 184)

Al referirse a la famosa "conspiración de las chimeneas" que la Mariscala encabeza contra el vice-presidente la Fuente, y que Juan B. Lastres lee en términos de intromisión en los asuntos de estado (27), dice:

> Comprometido el Perú en 1833 en una cuestión con Bolivia el gran Mariscal Gamarra se vio obligado a dejar la capital de la República y ponerse a la frontera de aquella nación. Entre tanto fue informada doña Francisca de que el General La-Fuente trataba de mostrarse hostil a Gamarra negando el refuerzo de tropas que necesitaba. *La mujer vigilante por los intereses del marido* y la insigne patriota sacrificándose por el bien nacional, tomó el partido de amarrar a La Fuente y quitarle toda la autoridad que investía; así lo hizo y dio parte a su esposo cuya aprobación y agradecimiento recibió. (*Tradiciones cuzqueñas* 185, énfasis mío)

El perfil de Zubiaga de Gamarra se construye alrededor de la tensión entre dos impulsos contradictorios: por un lado, la celebración de la singularidad de esta mujer "varonil", anclada en su diferencia con respecto a la norma femenina; y por otro, la necesidad de cancelar esa diferencia que antes se consideraba valiosa para igualar a la Mariscala con el ángel del hogar. La escenografía elegida para contar la vida de este personaje se estructura alrededor de dos espacios antinómicos: la casa donde la Mariscala desempeña los papeles de madre, esposa e hija ejemplar, y el campo de batalla donde actúa como una mujer soldado o "rabona". La oposición entre estos dos campos semánticos remite metonímicamente a un sujeto fragmentado. La simpatía que Matto siente por el lado transgresor de la Mariscala, con el que por momentos se identifica, se explica por el hecho de que ella también está luchando en la esfera pública por construirse una identidad como escritora en un siglo en el que se piensa en el sujeto femenino en términos no intelectuales. Así como la Mariscala participa en guerras, revoluciones y atentados empuñando una pistola o un látigo, Matto se inserta en las contiendas intelectuales de la época armada de una "desautorizada pluma" o de "un descolorido lápiz".[21]

Traducir, entonces, las rarezas de un personaje histórico femenino al horizonte doméstico de los lectores de fines de siglo se vuelve una consigna de la semblanza que ayuda a explicar la densidad ideológica que la recorre. El modelo heroico que plantea la figura de Francisca Zubiaga de Gamarra para el imaginario republicano puede leerse como una visión utópica remitida al pasado que tiene no obstante una proyección hacia el futuro. La Mariscala evoca para Matto de Turner una época gloriosa, posibilitada en parte por el caos de las guerras de la independencia, en la que el sexo no era un impedimento para actuar en los asuntos de estado. La operación cultural de rescate se entreteje, por un lado, con un deseo de que se amplíen los roles para la mujer en la cultura republicana, y por otro, con miedos derivados de esos mismos deseos.

Una de las imágenes de Francisca Zubiaga de Gamarra que emerge en el perfil es la de un personaje guerrero que recurre a las armas y a la fuerza física para imponer orden en el campo de batalla. La frase que Sarmiento acuña para remitir a la barbarie de Facundo Quiroga: "Incapaz de hacerse amar o estimar, gustaba de ser temido" (51) puede ser trasladada casi sin ajustes al personaje de la Mariscala. Sin embargo, así como en el *Facundo* se detecta una cierta fascinación con el exceso de violencia desplegado por el personaje, en el perfil de la Mariscala se buscan borrar esos excesos desde una ideología que no ve como compatibles la feminidad y la agresividad. En una época en que el ideal femenino era una mujer débil y

---

[21] En un texto autobiográfico titulado "Plumas y lápices" Matto alude a la heterogeneidad de su quehacer literario por medio de plumas y lápices convertidos en sinécdoques de la escritura. Dice que la pluma de acero es la que escribe "los artículos rudos y obligados del periodismo en las horas de hastío de la existencia", que la pluma de oro es la de sus "glorias literarias" y que la blanca es la de la poesía sentimental y las cartas. Por otro lado, habla de tres colores de lápices: uno rojo, que es el de las correcciones, otro azul, con el que hace apuntaciones literarias en los libros; y uno negro, que es el que le sirve para hacer la lista de las compras que "marca el aseo de la casa y la vida de la familia" (*Leyendas y recortes* 204). A caballo entre el modernismo y la lírica sentimental esta mini-autobiografía es significativa porque remite a la imposibilidad de hablar del yo femenino si no es a través de complicados desplazamientos metonímicos. El tono cursi del perfil cristaliza en el último pasaje cuando el sujeto narrativo dice que quiere que en su vejez lo acompañe la pluma blanca: "Mi nevada pluma, la de paloma, escribe, ora con el jugo del corazón que asoma cristalino y tembloroso a la pestaña, ora con la miel encerrada en el cáliz de las amapolas, beleño del alma que al alma va!" (*Leyendas y recortes* 199-204).

desfalleciente de filiación prerrafaelita, no había nada más anti-modélico para los lectores finiseculares que el despotismo de la Mariscala.[22] En este sentido, lo que está en juego en el perfil no es solamente la definición de la virtud nacional, sino también, importantísimo en un contexto postbélico, la cuestión del heroísmo. ¿Tenía que ver la virtud del héroe, ya fuera éste femenino o masculino, con el patriotismo y la fuerza viril del sujeto? ¿O debía definirse la virtud nacional a través de cualidades sentimentales como el amor al prójimo, la caridad y el auto-sacrificio? Creo que aunque Matto de Turner celebra a la Mariscala porque su vida está regida por una acepción clásica del término "virtud," intenta desviar o redefinir el término para hacerlo coincidir con cualidades normativas de la feminidad republicana. Aunque los valores cristianos podían en el siglo XIX ser abrazados por ambos géneros, la virtud bélica o épica empieza a ser colocada, hacia fines de siglo, del lado de la esfera masculina. La definición dominante del héroe como un sujeto que transgrede las normas sociales y estéticas en nombre de un ideal comienza a partir de este momento a estar reñida con la idea decimonónica de la feminidad, basada a su vez en la sumisión y el sedentarismo.[23] Dentro de este orden de cosas, el hecho de que Matto de Turner haya escrito más biografías de hombres que de mujeres remite a la dificultad cultural de "feminizar" el ya de por sí inestable concepto del heroísmo para los proyectos modernizadores.

La conversión de la mujer guerrera en heroína responde también a una necesidad genealógica por parte de la autora. Su temor a que los lectores la asocien demasiado con las ambiciones heroicas de la Mariscala la llevan a distanciarse de ésta y a representarla como un sujeto contaminado que necesita ser purificado a través de la escritura. Se la admira por un lado "porque sus destinos eran superiores

---

[22] Tal y como lo demuestra Carolyn G. Heilbrun en *Writing a Woman's Life* el tabú de la agresividad femenina sigue vigente hasta bien entrado el siglo XX. En su lectura de la autobiografía de Mary Sarton comenta: "And above all other prohibitions, what has been forbidden to women is anger, together with the open admission of the desire for power and control over one's life" (3).

[23] Esta idea del heroísmo masculino aparece expresada claramente en las semblanzas que González Prada escribe sobre González Vigil, Ernest Renan o Victor Hugo que también pueden ser leídas de forma autobiográfica. En el perfil de González Vigil, por ejemplo, González Prada elogia la valentía con que este clérigo laico rompe con todos los dogmas del cristianismo, desde el pecado original hasta la divinidad de Jesucristo. Dice: "Como escritor figura en el número de osados y valientes. Atacar el fanatismo en sociedad de fanáticos, ¿no vale tanto como salir a la barricada o al campo de batalla?" (*Páginas libres* 69-70). Al hablar de Renan, también se menciona su carácter combativo y se apunta que "después de Lutero y Voltaire, pocos hombres encendieron polémicas más virulentas ni desencadenaron cóleras más furibundas" (*Páginas libres* 121).

a los de una simple madre de familia" y porque "sus aspiraciones eran elevadas, grandes, insaciables; y estaba llamada a que ellas se concretasen".[24] Sin embargo, se le atribuyen también cualidades sentimentales que borran el individualismo anteriormente mencionado y que convierten al personaje en una especie de Florence Nightingale latinoamericana que atiende a los soldados heridos y que vela sentimentalmente por ellos en el campo de batalla. El discurso de la caridad, que afirmaba la superioridad espiritual de las mujeres en todo lo que tuviera que ver con "el corazón" y el cuidado de los más débiles, le sirve a Matto de Turner para redefinir una actuación político-guerrera en términos de benevolencia cristiana. Cabe citar el siguiente pasaje:

> Lo que más enaltece a esta mujer extraordinaria es el interés vivo que tomaba por el ejército, cuidando de proporcionarle la mejor alimentación posible y los desvelos que se imponía en favor de los enfermos, asistiéndolos con verdadera caridad evangélica, aún sobre los mismos campos de batalla donde siempre se le vio dar la primera el ejemplo de valor y desempeñar los oficios de las Hijas de San Vicente de Paul. (*Tradiciones* 182)

Hiperbolizar el lado caritativo del personaje es en este pasaje una forma de borrar las cualidades guerreras de la Mariscala en un gesto que le sirve a Matto de Turner para subrayar la moralidad de su propio discurso. Implícita en esta estrategia está la posibilidad de que si su escritura no fuera doméstica sería inapropiada para una mujer.[25]

---

[24] Este pasaje aparece en el perfil de la Mariscala que está publicado en *Bocetos al lápiz de americanos célebres* (1889), pero no en el perfil que figura en *Tradiciones cuzqueñas, leyendas, biografías y hojas sueltas* (1884). El texto completo es el siguiente: "Sus destinos eran superiores a los de una simple madre de familia, por mucho que para mí ésa sea la misión más sublime de la mujer. Sus aspiraciones eran elevadas, grandes, insaciables; y estaba decretada a que ellas se concretasen"(*Bocetos al lápiz de americanos célebres* 144).

[25] Es interesante notar que el velo de la caridad también es utilizado como máscara retórica en perfiles compuestos por escritoras del siglo XX. En la semblanza que Gabriela Mistral escribe sobre Sor Juana Inés de la Cruz, la caridad evangélica con que atiende a sus hermanas es elogiada casi más que su pasión intelectual. Dice Gabriela Mistral al referirse a la última etapa de la vida de esta monja intelectual: "Tiene entonces, como San Francisco, un deseo febril de humillaciones y quiere hacer las labores humildes del convento, que tal vez haya rehusado muchos años: lavar los pisos de las celdas, y curar la sucia enfermedad con sus manos maravillosas, que tal vez Cristo le mira con desamor. Y quiere más aún, busca el cilicio, conoce el frescor de la sangre sobre su cintura martirizada. Ésta es para mí la hora más hermosa de su vida; sin ella yo no la amaría" («Silueta de Sor Juana Inés de la Cruz» 119).

Otras Mariscalas

En el perfil que Matto de Turner escribe sobre la Mariscala se afirma que la información historiográfica procede fundamentalmente de fuentes orales: "Si los datos que he tomado no están cronológicamente minuciosos, es porque la influencia del tiempo que todo lo destruye los ha ido borrando, y en la actualidad quedan muy contadas personas que puedan referir algo de la esposa del Generalísimo de Mar y Tierra don Augusto Gamarra" (*Tradiciones* 181). Pese a estas afirmaciones que colocan a Matto en el rol de descubridora de vidas, este personaje histórico había ocupado un lugar privilegiado, aunque controvertido, en el imaginario de la temprana república. Ya Ricardo Palma, en una tradición titulada "Seis por seis son treinta y seis" recurre a la sátira y a la ironía para ficcionalizar episodios de la vida de este personaje mítico de la cultura peruana. Dice que "la presidenta fue lo que se llama todo un hombre" y que así como "no sabía zurcir un calcetín, ni aderezar un guisado, ni dar paladeo al nene (que no tuvo), en cambio era hábil directora de política; y su marido, el presidente, seguía a cierra ojos las inspiraciones de ella"(*Tradiciones peruanas* 1057). Aunque el tono de la tradición es humorístico, la meta del sujeto narrativo es generar miedo en el lector que no puede menos que identificarse con un buhonero, doble de Palma, al que la Mariscala le asesta treinta y seis latigazos por haberla difamado en una copla. En este sentido, lejos está la Mariscala de Palma de ser como la de Matto: sentimental, doméstica y caritativa.

Por otro lado, en las crónicas de viajes francesas que tienen como referente el Perú de los albores de la independencia, la Mariscala se convierte en la gran atracción turística del siglo XIX. Me refiero aquí a las *Peregrinaciones de una paria* (1838) de Flora Tristán y al *Viaje a las Repúblicas de América del Sur* (1851) de E. de Sartiges firmadas con el seudónimo de Lavandais. Este último era un vizconde francés que visitó el Perú en 1834 y que publicó sus crónicas andinas en la *Revue de deux Mondes* en 1850-1851.[26] En el texto de Sartiges escrito para un lector europeo, las excentricidades y rarezas de la Mariscala representan por sinécdoque el caos y el desorden de las repúblicas latinoamericanas en el período post-independentista. La visita de Sartiges al Perú coincidió en términos histórico-referenciales con la de Flora Tristán quien convierte al vizconde viajero en un personaje de sus *Peregrinaciones de una paria*.[27] El Sartiges imaginado por Tristán es un sujeto afeminado que carece

---

[26] Todas las citas del texto de Sartiges provienen de la traducción de Emilia Romero que aparece en *Dos viajeros franceses del Perú republicano*, editada por Raúl Porras Barrenechea.

[27] He explorado la relación inter-textual entre estos dos textos de viaje en "El *ennui* y la invención de la barbarie en Flora Tristán y E. de Sartiges". Aunque en este trabajo no me detengo en la

de virilidad y que le roba la atención de sus admiradoras mujeres en los salones de Arequipa. En la crónica de viajes de Tristán se presenta al vizconde acompañado de un sirviente, un hombre culto que mantenía con éste una sospechosa relación homo-sentimental. Se dice que "[e]l vizconde tenía a su lado para servirle, no a un criado, sino a una especie de Miguel Morin a quien llamaba **su hombre**" (*Peregrinaciones* 212, énfasis de la autora). Para dar la idea de que Sartiges no se ajusta a los códigos de la masculinidad republicana, Tristán lo compara con una joven inglesa cuyos rubios cabellos rivalizaban con los de los ángeles de Rafael. Lo presenta también como "un pequeño silfo" y como una marquesita disfrazada. Dice más adelante que "si al verlo costaba trabajo distinguir a qué sexo pertenecía, al escucharlo se quedaba uno aún más perplejo. Su voz tenía un encanto inexplicable. Bajaba los ojos con un candor muy difícil de encontrar en un hombre" (*Peregrinaciones* 212).

Por su parte, De Sartiges, incluye en sus memorias, no solamente una versión ficcionalizada de Flora Tristán, de la que opina que es demasiado "cerebral" y materialista, sino también de "la Mariscala" a quien pinta como una mujer violenta e irascible, que había perdido su feminidad en el campo de batalla.[28] Cuando habla de la Mariscala, Sartiges la compara con una "feroz tigresa" por su carácter indomable y declara que su ambición de mando estaba en conflicto con su identidad doméstica.[29] Al referirse a su vigor y energía dice: "Había en esta mujer disposiciones para dos generales. Debía ser, empero, una terrible compañera para un esposo

---

figura de la Mariscala, contrapongo en él la forma en que estos dos viajeros franceses usan el espacio andino para construir nuevas formas de identidad.

[28] Dice Sartiges sobre Tristán en *Viaje a las repúblicas de América del Sur*: "Encontré en una de las buenas casas de la ciudad [Arequipa] a una joven señora medio francesa, medio española, que tenía que reclamar no sé qué de una familia de la ciudad de la que era pariente. Su vivacidad parisiense contrastaba singularmente con la tranquilidad aparente de las otras damas que la rodeaban, quienes parecían comprender mejor el espíritu del corazón que el del cerebro" (12). El "no sé qué" al que se refiere Sartiges es la herencia que según Tristán le correspondía por parte paterna.

[29] La Mariscala déspota hizo su debut literario en las memorias de un marinero norteamericano llamado Ruschenberger que la convirtió en un espécimen botánico de su expedición científica de viajero. Al igual que Palma, Ruschenberger se identifica con un sujeto masculino republicano al que la Mariscala le inflige una serie de castigos físicos por haberse rebelado contra su voluntad. La Mariscala de Ruschenberger es un "bicho raro" que llama la atención de los extranjeros por sus gestos masculinos. Dice en las memorias del viaje al Perú en 1832-33: "La Mariscala, como es llamada, es más bien una mujer alta y atrayente pero demasiado *embonpoint* para ser bella. Tiene una cabeza alta y desarrollada y un rostro inteligente. Sus maneras son masculinas y lejos de lo grácil. Sus actos son los de un hombre. Dispara la pistola con gran precisión en el tiro, maneja la espada con mucha agilidad y es un arriesgado

honorable" (*Viaje a las repúblicas* 72). En otra viñeta del perfil, Sartiges construye una ficción paranoica en la que se demoniza a este personaje desde una perspectiva masculina:

> Un día encontró en la antecámara de su marido a un ayudante de campo del General que había hablado ligeramente de su virtud. El joven oficial tenía una fusta en la mano. Doña Panchita se la arrancó y le aplicó fuertes golpes gritando: "¡Ah! Dices tú que me has…" fue toda la explicación que se dignó darle. Un peruano muy sencillo que me refería este rasgo conocido por todos, agregaba llevando la mano a su tabaquera: "yo hubiera dado muerte a doña Panchita en el mismo sitio." El azotado hizo algo mejor, besó la mano de la dama y se alejó.
> (*Viaje a las repúblicas* 72)

Matto de Turner se esfuerza por demostrar que lo que para Sartiges era aberrante en una mujer (la virilidad) podía ser una virtud para los verdaderos héroes de la patria. Al ficcionalizar el encuentro entre ella y el general Gamarra Matto de Turner dice que éste "quedó prendado de su hermosa figura y *más que todo de su carácter varonil y esclarecida inteligencia* y contrajo matrimonio con ella en la ciudad de Lima, poco antes de la batalla de Ayacucho" (*Tradiciones cuzqueñas* 180, énfasis mío).

La Mariscala de Palma y Sartiges es la que predomina a lo largo del siglo XIX en el imaginario nacional. Es una Mariscala agresiva e irascible cuya peligrosidad aparece representada emblemáticamente por un látigo. Es la Mariscala autoritaria que según Juan B. Lastres en *Una neurosis célebre* prohibió durante su mandato que se representara una obra de teatro sobre la vida de Catalina de Erauso, titulada *La monja alférez* porque ése era el apodo que le había dado el pueblo y porque vio en esta obra una parodia de sí misma.[30] Seducida por el carácter político y guerrero de este personaje histórico, Matto de Turner recoge la imagen de Sartiges y de Palma pero la sentimentaliza y la desarma. La Mariscala imaginada por Matto de Turner posee en vez de látigo un "corazón gigante", que más que a su agresividad alude alegóricamente a cualidades sentimentales. Para transformar a su personaje en

---

e intrépido jinete. Su diversión mayor en las tertulias consiste en jugar ajedrez. Nunca baila. Nació en el Cuzco, hija de un general patriota, y puede afirmarse que recibió su educación en el campamento. Tiene ahora alrededor de treinta años y dedica gran atención a la política; en verdad afirman que el general Gamarra debe a las aptitudes de ella haber retenido la Presidencia tanto como lo ha hecho (Ruschenberger citado por Jorge Basadre, *Peruanos del siglo XIX* 87).

[30] La comedia de Juan Pérez de Montalván se titula *La monja alférez*. Se representó en Lima en 1830 pero se prohibió su representación durante la presidencia de Gamarra (Lastres 112).

heroína, el sujeto literario debe superponer a la metáfora andrógina y guerrera, la de dama caritativa y ángel del hogar.

La Mariscala de Flora Tristán

> Doña Pancha [la Mariscala] rechazó a todos sus pretendientes, no con esa indulgencia de la mujer hacia el amor que no comparte, sino con la ira y el desprecio del orgullo ofendido. –¿Qué necesidad tengo de su amor? Les decía con tono brusco y cortante. Son sus brazos, sólo sus brazos lo que necesito. Lleven sus suspiros, sus palabras sentimentales y sus romanzas a las jóvenes. Yo no soy sensible sino a los suspiros del cañón, a las palabras del Congreso y a las aclamaciones del pueblo cuando paso por las calles. (Flora Tristán, *Peregrinaciones de una paria* 439)

La versión más conocida de la vida de "la Mariscala" con la que dialoga este perfil es, sin duda, la de Flora Tristán, que le dedica a la ex-presidenta del Perú el último capítulo de sus *Peregrinaciones de una paria* (1838).[31] La Mariscala que imagina Tristán es un personaje vencido pero todavía titánico, que después de un período de gran protagonismo político se halla en marcha hacia el exilio y el destierro (prisionera e incomunicada a bordo de la embarcación William Rusthon). Esta imagen le sirve a Tristán para reflexionar, autobiográficamente, sobre el fracaso de su viaje al Perú, en el que habían resultado infructuosos sus esfuerzos por cobrar la herencia paterna debido a su situación de hija ilegítima.[32] En un principio, Tristán se fascina con el modelo de activismo político que la Mariscala representa porque

---

[31] Para más información sobre la recepción en el Perú de *Peregrinaciones de una paria* se puede consultar Tamayo Vargas ("Veladas literarias" 212-219). Según este autor Carolina Freire dio una conferencia sobre Flora Tristán en el "Club literario de Lima" la noche del 14 de julio de 1875. También Luis Alberto Sánchez escribe una biografía de Flora Tristán titulada *Flora Tristán: Una mujer sola contra el mundo* (Buenos Aires: Club del libro, 1940).

[32] Flora Tristán (1803-1844) era hija de madre francesa y padre peruano. A la muerte de este último en Francia la madre de Tristán queda sumida por muchos años en la más absoluta pobreza. Flora Tristán creció en este ambiente, escuchando historias de su padre aristocrático peruano que era amigo de Simón Bolívar y de Simón Rodríguez. Aunque se casa con un litógrafo llamado Chazal, según ella obligada por la madre, el matrimonio es un fracaso y Tristán hace un viaje al Perú para tratar de cobrar la parte de la herencia que le correspondía por parte paterna. Su familia peruana le niega esta herencia alegando que el matrimonio de sus padres no había sido oficial, una información que ella misma les había proporcionado en sus cartas. Para más información sobre la vida de Flora Tristán y su viaje a Perú véase Grogan.

no tiene equivalentes femeninos en Francia. No es casual en este sentido que Tristán compare a la Mariscala con Napoleón primero por "el orgullo de la mirada" y con Bolívar después por sus nobles ambiciones políticas. De hecho, según Tristán, si no hubiera sido por su sexo la Mariscala se hubiera insertado fácilmente en el árbol genealógico de los héroes de la patria. Dice: "Doña Pancha parecía por su carácter, estar llamada a continuar por largo tiempo la obra de Bolívar. Lo habría hecho si su condición de mujer no hubiese sido un obstáculo" (*Peregrinaciones* 439). El discurso de la domesticidad europea que comienza a peruanizarse a mediados del siglo XIX está problematizado en el perfil de Tristán. Aunque en la construcción del personaje se alude a sus ropas extremadamente coquetas y femeninas se dice también que éstas le quedan incómodas porque no son un buen "estuche" para su identidad. Cabe citar las siguientes palabras de la Mariscala de Tristán:

> Esas buenas gentes se imaginan que mi fortuna podrá rehacerse si yo consiento en usar vestidos llegados de Europa. Cediendo a sus instancias me he puesto este traje en el cual me siento molesta, esas medias que son frías para mis piernas, ese gran chal que temo quemar o ensuciar con la ceniza de mi cigarro. Me gustan los vestidos cómodos para montar a caballo, soportar las fatigas de una campaña y visitar los campamentos, los cuarteles y las naves peruanas. Son los únicos que me convienen. (*Peregrinaciones de una paria* 430)

De hecho, una de las cosas que más admira Tristán de las peruanas en su crónica de viajes es "la saya y el manto", una vestimenta que cubría todo el cuerpo de las mujeres menos un ojo, y que parecía liberarlas de los mecanismos de control social. Las tapadas limeñas tenían, según Tristán, una libertad de la que carecían las francesas, y que remitía a la posibilidad de circular por las calles de la ciudad bajo la protección anónima que les daban estos atuendos.[33]

Tristán usa el encuentro con la Mariscala para construir una imagen titánica de sí misma. Nadie, excepto ella, se digna a acercarse a este personaje contaminado de la historia nacional, despreciado y temido por todos los peruanos. Según Madame Denuelle, la dueña de la pensión donde Tristán se aloja durante su estadía en Lima, la Mariscala era "[u]n marimacho más audaz que un dragón de guardia, que abofeteaba a los oficiales como podría [ella] hacerlo con [su] negrito" (443). Lo que se condena en este pasaje no es la violencia femenina en sí sino la elección

---

[33] Lo que Tristán rescata de las tapadas limeñas es que su vestimenta las invisibiliza en el paisaje urbano borrando su estatus de objeto de la mirada masculina. Este traje les permitía emprender una forma de callejeo (o "flânerie") en la periferia que no podían, según Tristán, emprender las mujeres en las ciudades de Europa.

equivocada de las víctimas. La informante local de Tristán acepta que el maltrato físico sea ejercido hacia abajo, con un sirviente "negrito", pero no que se trate de la misma forma a los oficiales del ejército. De cualquier manera, los comentarios sobre la ferocidad de la Mariscala sirven para subrayar la valentía y el coraje de Tristán que se atreve a visitar a este personaje contaminado de la vida nacional.[34]

Antes de emprender el viaje al Perú, el yo que enhebra estos cuadros piensa en la herencia como en una forma de obtener independencia económica de un marido que más tarde tratará de matarla y del que no puede divorciarse legalmente. Al final de su viaje, cuando Tristán conoce a la Mariscala, sabía que sus esfuerzos por cobrar la herencia paterna habían sido infructuosos. Ambas mujeres tienen en común el haber sido rechazadas por la comunidad nacional, y forman, en respuesta a esta exclusión, una alianza. Aunque se trata en ambos casos de mujeres excepcionales y extraordinarias comparten la experiencia de ser tratadas como "parias". Una vez de vuelta en Francia, Tristán publica esta crónica de viajes en la que todo lo peruano, excepto las mujeres, le parece deleznable (la comida, las costumbres, la música, las procesiones, los museos).[35] No por nada las primeras copias de *Peregrinaciones de una paria* fueron quemadas al llegar a Arequipa.

Las resonancias autobiográficas del perfil cristalizan en la forma en que Tristán proyecta sobre su personaje biográfico atributos anti-normativos de la feminidad que ella desea para su propio yo (poder, orgullo, ambición, elocuencia). Dice:

---

[34] Para una versión contemporánea de este encuentro entre Flora Tristán y Francisca Zubiaga de Gamarra véase *El paraíso en la otra esquina* de Mario Vargas Llosa. El texto de Vargas Llosa reproduce con pocas variaciones pasajes enteros de las *Peregrinaciones de una paria* de Flora Tristán. Dice por ejemplo de la visita de Tristán a la Mariscala al final de su viaje: "Florita rogó a Bernardo Escudero que la llevara a conocerla. Estuvo con doña Pancha a bordo del barco inglés *William Rusthon*, que le servía de prisión (moriría unos meses después), a Flora le bastó ver a esta mujer de talla mediana, robusta, de fiera cabellera y ojos azogados, y encontrar su mirada orgullosa, desafiante, para sentir la fuerza de su personalidad. —Yo soy la salvaje, la feroz, la terrible doña Pancha que se come crudos a los niños —le bromeó la Mariscala, con voz brusca y seca. Vestía con elegancia estridente, y tenía sortijas en todos los dedos, zarcillos de diamantes y un collar de perlas. Mi familia me ha pedido que me vista así, en Lima, y he tenido que darle gusto. Pero, la verdad, yo me siento más cómoda con botas, guerrera y pantalones, y sobre el lomo del caballo" (321-322).

[35] La visión que Tristán tiene del Perú en *Peregrinaciones de una paria* es negativa y está teñida de revanchismo. Dice lo siguiente sobre el carácter de los peruanos: "Tal es el carácter peruano, vanidoso, fanfarrón, crédulo, destroza todo con la palabra y es tan incapaz de firmeza en la acción como de perseverancia en una resolución valerosa" (*Peregrinaciones de una paria* 269).

Prisionera, doña Pancha era todavía presidenta. [...]Me examinaba con gran atención y yo la miraba con no menos interés. Todo en ella anunciaba a una mujer excepcional, tan extraordinaria por el poder de su voluntad como por el gran alcance de su inteligencia. Podía tener 34 o 36 años, era de talla mediana y de constitución robusta, aunque muy delgada. [...] Como Napoleón todo el imperio de su hermosura estaba en la mirada. ¡Cuánto orgullo! ¡Cuánto atrevimiento! ¡Cuánta penetración! ¡con qué ascendiente irresistible imponía el respeto, arrastraba las voluntades y cautivaba la admiración! El ser a quien Dios concede aquella mirada no necesita de la palabra para gobernar a sus semejantes. Posee un poder de persuasión que se soporta y no se discute. (*Peregrinaciones de una paria* 429)

La Mariscala y Tristán no se comunican en un principio verbalmente sino a través de miradas. El cliché sentimental de los ojos como espejos del alma aparece en este perfil en el que el poder de las dos mujeres se mide en términos de cuán penetrante es su forma de mirar. En un principio, es la Mariscala la que inicia el *voyeurismo* del texto y convierte a Tristán en objeto de su curiosidad. Más tarde es Tristán la que fulmina con la mirada a la heroína del perfil:

Mi alma tomó posesión sobre la suya. Me sentí más fuerte que ella, la dominé con la mirada...Se dio cuenta de ello, se puso pálida, sus labios perdieron el color. Con un movimiento brusco echó su cigarrillo al mar y apretó los dientes. Su expresión hubiese hecho estremecer al más atrevido. Pero estaba bajo mi dominio y yo leía todo cuanto pasaba en ella. (*Peregrinaciones* 431)

Pese a que Tristán idealiza a su personaje biográfico, por momentos compite con ella por el rol protagónico del perfil. Las leyes del pacto biográfico quedan invertidas en el texto cuando es la Mariscala la que siente curiosidad por conocer a Tristán y cuando ésta dice que su ayudante, Escudero, citaba a Tristán constantemente (*Peregrinaciones* 428). La frontera entre sujeto y objeto de la biografía se desdibuja y no queda claro quién lee a quién en este encuentro ficcionalizado de egos femeninos. En un momento La Mariscala le ruega a Tristán que la incluya en su crónica de viajes y que haga lugar en ella para "la salvaje, la feroz, la terrible doña Panchal" (429).

La incomprensión social es la base sobre la que estas mujeres establecen lazos de género. Sin embargo, en la semblanza de Tristán la admiración que el yo de la crónica siente por su personaje está empañada por referencias a una Mariscala enferma, que padecía un mal misterioso e incurable. Curiosamente, estos ataques nerviosos o epilépticos, a los que también van a hacer referencia futuros historiadores, como Jorge Basadre, para quien la Mariscala es un "personaje sin par para un film de aventuras y un estudio psiquiátrico",[36] y Juan B. Lastres, que escribe un libro sobre la Mariscala titulado *Una neurosis célebre*, no son mencionados por Clorinda Matto de Turner en su perfil. En un pasaje de *Peregrinaciones de una paria*, Tristán narra en términos hiperbólicos los síntomas narrativos de la enfermedad maléfica que padecía esta "mujer látigo". Dice:

> La señora Gamarra sufría de epilepsia. Los ataques que le daban la ponían en un estado espantoso. Sus facciones se descomponían, sus miembros se contraían, sus ojos se quedaban fijos y desmesuradamente abiertos. Sentía de antemano el momento en que iba a caer y si se hallaba en algún lugar público, se retiraba. Cuando le sobrevenía el acceso se le erizaban los cabellos. Ponía ambas manos en cruz sobre su cabeza y lanzaba tres gritos. Escudero me ha dicho haber presenciado hasta nueve ataques en un día. Si hubiese vivido en otros tiempos, habría podido, como Mahoma, servirse de su enfermedad para sus proyectos de ambición y dar a sus palabras la autoridad de la revelación. (*Peregrinaciones* 432)

En *Imperial Eyes: Travel Writing and Transculturation*, Mary Louise Pratt se detiene en la relación homo-social entre Tristán y la Mariscala y dice que ésta constituye la matriz de una utopía "feminotópica".[37] Según Pratt, Tristán se fascina con el

---

[36] Jorge Basadre se refiere a la "Mariscala" como "la encarnación más alta de la rabona" porque "vino a simbolizar la venganza de las rabonas contra las orgullosas tapadas limeñas" (*Peruanos del siglo XIX*). Las rabonas, como las cantineras francesas o las soldaderas mexicanas, eran mujeres que durante las campañas de la independencia seguían a los soldados del ejército peruano, lavando, cocinando y estableciendo los campamentos. Basadre las llama "bestias de carga" y dice "La rabona es desgreñada y sucia, lleva al equipaje y al hijo, soporta las penalidades y los golpes del soldado, a veces da a luz durante las marchas forzadas del ejército e, impertérrita, sigue caminando. La tapada es una flor; la rabona es un animal mezcla de cabra y de puma, de perro y de llama" (*Iniciación de la república* 100). Flora Tristán describe a las rabonas de la siguiente forma: "Las rabonas son las vivanderas de la América del Sur. En el Perú cada soldado lleva consigo tantas mujeres cuantas quiere. Hay algunos que tienen hasta cuatro. Estas forman una tropa considerable, preceden al ejército por el espacio de algunas horas para tener tiempo de conseguir víveres cocinarlos y preparar todo en el albergue que deben ocupar. La partida de la vanguardia femenina permite en seguida juzgar los sufrimientos de estas desgraciadas y la vida de peligros y fatigas que llevan. Las rabonas están armadas. Cargan sobre mulas las marmitas, las tiendas y, en fin todo el bagaje. Arrastran en su séquito a una multitud de niños de toda edad. Hacen partir sus mulas al trote, las siguen corriendo, trepan así las altas montañas y cruzan los ríos a nado llevando uno y a veces dos hijos sobre sus espaldas" (*Peregrinaciones de una paria* 279).

[37] Las "feminotopias" serían de acuerdo a Pratt, "mundos idealizados de autonomía femenina" (167, traducción mía).

activismo político de la Mariscala, y con el poder que ésta llegó a tener en la esfera pública a principios del siglo XIX. En una primera lectura, la Mariscala parece ser uno de los pocos personajes peruanos que se salvan de la visión negativa que tiene Tristán del Perú porque en términos de género está a la vanguardia de lo que pasa en Europa. El yo narrativo de las peregrinaciones de Tristán admira la grandeza de este personaje mítico y fantasea por momentos con quedarse en el Perú para convertirse en su sucesora política o su doble. En este sentido, lo que dice Pratt sobre la relación homo-social entre estos dos personajes femeninos es cierto porque el yo viajero de la crónica vampiriza las cualidades andróginas de su heroína latinoamericana. Al mismo tiempo, el encuentro transatlántico entre estas dos formas de subjetividad está atravesado por tensiones y conflictos que remiten a la competencia y rivalidad de egos femeninos. La visión ambivalente que Tristán tiene de este personaje amazónico se materializa en las múltiples referencias a la enfermedad misteriosa que acaba matando, literalmente hablando, al personaje. Si antes de conocer a la Mariscala, Tristán había abrazado secretamente el deseo de ser como ella y de convertirse en sujeto político, una vez que presencia estos ataques se reconcilia con su destino de "paria" porque prefiere su situación de marginalidad a la brillantez aparente de una vida regida por la ambición. "¡Ah! ¡cuánto más nobles y preferibles me parecían mi pobreza y mi vida oscura con libertad!" (*Peregrinaciones* 434). En este sentido, la figura de una Mariscala derrotada le sirve a Tristán para reconciliarse con el fracaso de su viaje al Perú (al menos en un plano económico) y con el abrupto fin que debe poner a las esperanzas de que su familia peruana la reconociera como miembro de la aristocracia arequipeña.

En la versión de Flora Tristán, la enfermedad de la Mariscala es un significante enigmático frente al que se barajan diferentes lecturas. Se da por un lado la versión de la Mariscala que dice que cuando estaba en el campo de batalla "la ira que sentía al ver la cobardía y la inercia de los hombres a quienes mandaba, me hacía arrojar espuma de rabia y entonces comenzaban mis ataques" (*Peregrinaciones* 436); y por otro, la de los soldados a los que la Mariscala acusa de usar su enfermedad para desacreditarla y calumniarla: "Decían por todas partes que era el miedo, el ruido del cañón, el olor de la pólvora lo que me atacaba los nervios y me desvanecía como una marquesita de salón" (*Peregrinaciones* 436).[38] Por otro lado, el sujeto literario

---

[38] El pasaje completo en el que la Mariscala describe su enfermedad es el siguiente: "Usted puede juzgar por allí cuántos obstáculos ha debido oponer a mi carrera. Nuestros soldados son tan poco expertos y nuestros oficiales tan cobardes que me resolví a dirigir yo misma todos los asuntos importantes. Desde hace diez años y mucho tiempo antes de tener la esperanza de hacer nombrar presidente a mi marido, asistía a todos los combates a fin de acostumbrarme al fuego. A menudo, en lo más fuerte de la acción, la ira que sentía al ver la

que construye la vida textual de la Mariscala lee la enfermedad como un castigo satánico que la mujer guerrera recibe por haber aspirado a un destino que no le correspondía por su género. Tristán, tal vez inconscientemente, bestializa al personaje (lo que remite al epígrafe de Carolyn Heilbrun que encabeza este capítulo) y extrae de su fracaso una enseñanza didáctica. Al dejar a la Mariscala, sola, enferma y abandonada en el barco que la lleva al destierro, Tristán dice que "[e]xperimentaba un sentimiento de rubor por haber creído un instante en la felicidad de la carrera de la ambición y en la existencia de una compensación, en el mundo, a la pérdida de la independencia" (*Peregrinaciones* 434). Demás está decir que estos comentarios no están desprovistos de ironía porque pese a que Tristán se esfuerza por luchar contra el modelo de la mujer guerrera se convierte, al volver a Francia, en una versión europea de su heroína política. Se podría argumentar incluso que Tristán mata simbólicamente a la Mariscala dentro del texto para apropiarse del lugar político que ella ocupa. A diferencia de la Mariscala de Matto de Turner, la Mariscala de las *Peregrinaciones de una paria* es mayormente anti-sentimental; de ahí su rechazo al intercambio lacrimógeno que le propone Tristán:

> ¡Ah! ¡Qué cambiada la encontraba desde la víspera! ¡Sus mejillas se habían adelgazado, su tez estaba lívida, sus labios exangües, sus ojos hundidos y brillantes como relámpagos! ¡Qué frías tenía las manos! La vida parecía abandonarla. No me atrevía a decirle una palabra pues temía hacerle daño nuevamente. Mi cabeza estaba inclinada sobre su brazo y una lágrima cayó sobre él. Esta lágrima causó el efecto de una chispa eléctrica sobre la infortunada. Salió de su visión, se volvió hacia mí de manera brusca, me miró con sus ojos resplandecientes y me dijo con una voz sepulcral: –¿Por qué llora? ¿Mi suerte le inspira lástima? ¿Me cree usted desterrada para siempre, perdida... muerta, en fin...? (*Peregrinaciones* 436)

Cuando Tristán se aleja de las costas peruanas instalada en el mismo camarote del William Rusthon donde había tenido lugar esta entrevista, se anuncia que la Mariscala había muerto unos meses atrás. Lo que Tristán se lleva del Perú no es la herencia monetaria que había venido a buscar y que su familia le escamotea amparándose en la ley, sino un modelo latinoamericano de subjetividad femenina que le servirá para combatir en Francia la ideología de las esferas que la coloca del lado de la domesticidad. Es ella la que pondrá en práctica en Francia los sueños de la Mariscala de ser la sucesora de Simón Bolívar. Una vez de vuelta en su país, Tristán publica esta crónica de viajes así como también un texto sobre la necesidad

---

inercia y la cobardía de los hombres a los que mandaba, me hacía arrojar espuma de rabia y entonces comenzaban mis ataques" (*Peregrinaciones de una paria* 436).

de mejorar la situación de las mujeres viajeras en el siglo XIX.[39] Más tarde en *Promenades dans Londres* (1842) y en *L'Union Ouvrière* (1843) Tristán se construye, inspirada en el activismo político de la Mariscala, una identidad política que se anticipa al marxismo en la necesidad de formar una fraternidad de obreros contra los abusos provocados por la revolución industrial.[40]

BIOGRAFÍAS TRUNCAS O PANEGÍRICOS

En *The Art of Biography*, Paul Kendall se refiere al "gran fracaso de la biografía en el período victoriano", una derrota que el autor explica por el hecho de que en el siglo XIX está muy codificado lo que se puede y no se puede decir (107). A lo que apunta Kendall es a que en la biografía victoriana, la persona textual que se elabora nunca está disociada de las estrictas normas de recato y respetabilidad de la emergente clase media. Aunque la biografía de Matto de Turner se publica a fines del siglo XIX, adolece de lo que me gustaría llamar un "victorianismo periférico" en el que se sentimentalizan los datos historiográficos que sirven para componer este perfil.[41] Lo primero que salta a la vista al comparar las versiones de la Mariscala que componen Clorinda Matto y Flora Tristán es que la primera somete a su personaje a un proceso de domesticación que incluye no solamente la exaltación de valores considerados femeninos sino también el escamoteo de ciertos datos. La primera omisión importante es la referente a la enfermedad de la Mariscala, ese "mal interior" sobre el que van a volver obsesivamente sucesivos historiadores y críticos. La no mención de este hecho se articula en el perfil con la necesidad de hacer una construcción hagiográfica de la Mariscala y de imaginarla como una santa que trasciende moralmente las restricciones sociales de su entorno. Si la

---

[39] Flora Tristán visitó el Perú en 1833-34. En 1835 publicó en París *Necessité de faire un bon accueil aux femmes étrangères*. Esta publicación fue seguida por *Pérégrinations d'une paria* en 1838.

[40] Según muchos sociólogos, Carl Marx y Friederich Engels se inspiraron en *Promenades dans Londres* (1842) y *L'Union ouvrière* (1843) para construir la teoría marxista de la lucha de clases en las sociedades capitalistas. Véase Carlos Rama XXI.

[41] Reconozco que el término "victorianismo periférico" puede ser conflictivo al ser trasladado al Perú del siglo XIX. No lo es tanto si pensamos que tal y como lo afirman Manuel Burga y Alberto Flores Galindo "[d]urante todo el siglo XIX la economía peruana estuvo hegemonizada por el capital inglés" (65). Según cuenta Tamayo Vargas, las veladas literarias de Gorriti a las que asiste Matto de Turner estaban presididas por un gran retrato de la reina Victoria. En las veladas literarias que Matto de Turner forma siguiendo el modelo de las de Gorriti, se mezcla esta sensibilidad victoriana con numerosas imágenes de temática indígena. Véase Tamayo Vargas, "Veladas literarias" 212-216.

concepción del heroísmo que rige la composición de la identidad textual en este perfil es la de un sujeto modélico que busca ser imitado por sus virtudes humanitarias y patrióticas, la referencia a esta enfermedad maligna podía evocar en las lectoras el temor al contagio. El sujeto literario se siente forzado entonces a "curar" metafóricamente a su personaje, y a someterlo también a un proceso de purificación moral que tiene algo de autobiográfico.

Una omisión biográfica importante en el perfil de Matto de Turner es la referente a las supuestas infidelidades de la Mariscala que en la versión de Tristán convive al final de su vida con un general español llamado Escudero.[42] Con respecto a este silencio biográfico, es obvio que en el recatado fin de siglo, hubiera sido escandaloso que una mujer como Matto, sospechosa ya por el hecho ser escritora, hiciera referencias a las infidelidades de su heroína. Sin embargo aunque Matto de Turner se da cuenta de que estos datos (la enfermedad, la infidelidad) son peligrosos porque la comprometen moralmente, en un momento se le escapa, así como de paso, un dato que empaña las virtudes de su heroína. Dice:

> El matrimonio de don Agustín Gamarra y doña Francisca Zubiaga que tan festejado había sido y algunos años feliz llegó en 1834 a un completo rompimiento por causas que no es de nuestro deber publicar, pues no nos creemos con suficiente derecho para penetrar en el sagrado recinto de la vida privada y porque al hablar de personas juzgadas ya por Dios, no debemos tocar la funeraria losa que las cubre. Tales investigaciones quizá correspondan a su biógrafo. (*Tradiciones* 186)

En este pasaje, la posición de inferioridad que el sujeto literario se asigna con respecto al gran biógrafo es utilizada estratégicamente para escamotear una opinión sobre un tema escabroso para la sensibilidad de la época. La sola mención de la palabra "separación" le costó a Clorinda Matto de Turner una refutación escrita por parte de Andrés Gamarra, el hijo adoptivo de la Mariscala, que apareció publicada en *El Perú ilustrado,* y que estuvo motivada aparentemente por el deseo

---

[42] El general español Escudero que en el retrato de Tristán es "un hombre sublime" por la manera en que cuida a la Mariscala y porque es la única persona que no la abandona cuando está derrotada, es ignorado por Matto. Juan B. Lastres en *Una neurosis célebre* menciona la aventura romántica de la Mariscala con Escudero aunque le reprocha a éste último haberse fugado a Francia con las joyas que la Mariscala le había dejado en su testamento. De forma altamente significativa para la imagen caritativa de la Mariscala que Matto quiere construir en su perfil hace que ésta le deje las joyas, no a Escudero, sino a sus fieles sirvientes.

de proteger la venerada memoria de su madre.[43] En esta carta el hijo de la Mariscala se refiere a Matto de Turner como "gala y adorno de nuestro Parnaso" pero le puntualiza algunas inexactitudes que atentan contra la reputación doméstica de su madre. Las afirmaciones del hijo en defensa de la Mariscala permiten reconstruir el contexto represivo en el que se publica este perfil. Dice: "La señora de Turner no sólo sufre una equivocación en esta parte, sino comete un error tan trascendental que afecta de lleno la reputación de la señora a quien acaba de enaltecer en sus apuntes" (citado en Juan B. Lastres 243).[44]

En la época post-independentista, la Mariscala de Flora Tristán es un personaje anti-sentimental "sólo sensible a los ruidos del cañón". Sin embargo, en el período de la modernización de la república este modelo de subjetividad entra en tensión con los modelos hegemónicos de la domesticidad.[45] La paradoja del perfil de Matto de Turner es que para neutralizar los miedos del lector al desorden de lo andrógino debe borrar esa misma "masculinidad" que es vivida como amenaza. Más que

---

[43] En una biografía que Matto de Turner escribe sobre Juana Manuela Gorriti, la autora cuzqueña defiende el derecho a la separación matrimonial de la escritora argentina. Dice Matto sobre el rompimiento del matrimonio de Gorriti con el general Belzú: "Demasiado jóvenes ambos esposos, no supieron comprender sus cualidades ni soportar sus defectos; y aquellas dos existencias se separaron para no volverse a unir sino en la hora suprema al borde del sepulcro. Es de advertir que esta separación tenía lugar cuando el General Belzú ascendía a la primera magistratura de su patria [...]. En la vida existen separaciones necesarias que el mundo y la sociedad están en el deber de respetarlas y las saben respetar. Cada uno siguió el camino de la vida por rumbo distinto, pero el sol de la gloria no dejó de alumbrar a entrambos" (*Leyendas y recortes* 194). Pese a que Matto defiende el derecho a la separación de los cónyugues, se contradice en el perfil cuando dice que marido y mujer, separados en la tierra se unieron *post mortem* en el paraíso.

[44] El tema del divorcio al que se alude en el perfil en términos de "separación," continúa siendo un tema controvertido a principios del siglo XX en el Perú. Mariátegui, por ejemplo, en una de las *Cartas de Italia*, fechada en Florencia, el 30 de junio de 1920, defiende el derecho masculino al divorcio porque en épocas de guerra es indispensable que los militares y soldados "que han sido traicionados mientras se batían por la patria" puedan reconstruir su vida. Dice más adelante: "Yo soy partidario del divorcio, más que por altas razones filosóficas, por una menuda razón accesoria. Porque noto que sus más encarnizados enemigos son las mujeres. Y, claro, deduzco que si a las mujeres no les conviene que exista el divorcio, es porque a los hombres tal vez nos conviene" (*Cartas de Italia* 189).

[45] En este sentido, la biografía de Tristán es mucho más escurridiza y heterogénea que la de Matto de Turner en parte porque está construida en una zona de cruce entre formas de subjetividad europeas y latinoamericanas (Francia-Perú). El texto de Flora Tristán está escrito en francés para un lector europeo pero tiene como referente una realidad andina a la que necesariamente se manipula y deforma en el proceso de ficcionalizarla.

entretener e incluso educar, el sujeto biográfico busca rescatar a la Mariscala, y a sí misma, de varios estigmas, no solamente del de loca, histérica, o ambiciosa, como se podía extrapolar del perfil de Tristán, sino también del de atea o irreverente, en una época en la que se establece una relación tautológica entre cristianismo y feminidad. Las afirmaciones sobre el carácter devoto de la Mariscala que por momentos parecen formar parte de la semblanza de una madona o una santa, pueden ser leídas como parte de un doble discurso en el que se trenzan lo biográfico y lo autobiográfico.

Matto cristianiza y purifica espiritualmente a su personaje para distanciarse de corrientes positivistas y anticlericales con las que ella misma podía ser asociada. Así, cuando el sujeto literario hace alusiones a la "ejemplar devoción" con que la Mariscala se confesó antes de morir (*Tradiciones* 186), o cuando cita las palabras de su lacónico testamento, en el que declaraba "que jamás en la elevación en que como pocas mujeres se viera, ni en los trabajos que como ninguna había pasado, renegó de la santa religión en que sus cristianos padres la habían criado"(188), Matto parece estar aludiendo, no solamente a la fe religiosa de su sujeto biográfico, sino también a la propia. Después de todo, ella también fue atacada por su anticlericalismo y por su postura crítica con respecto a los abusos de la religión organizada.

Más interesante aún es constatar que lo que el sujeto literario hace en este perfil con el personaje biográfico de la Mariscala lo hacen los críticos de la época con la figura de Clorinda Matto de Turner. Tanto Joaquín Lemoine como Manuel Cuadros amplifican el lado cristiano del corpus textual de Matto de Turner para silenciar sus conflictos con el *establishment* eclesiástico. Se podría pensar incluso que en el caso del texto biográfico de Manuel Cuadros enfatizar el sesgo religioso del indigenismo de Matto de Turner es un requisito indispensable para iniciar un proceso de canonización que depende de la neutralización del lado positivista de su obra.[46] Lo que se demuestra en estas lecturas es que ciertos paradigmas victorianos alrededor de los cuales se construyen las categorías de género en el siglo XIX no son una reliquia fosilizada que hemos superado sino que se mantienen vigentes como pautas de comportamiento en el siglo XX. El esfuerzo de Matto por disociar lo más posible a la Mariscala del espectro de la mujer combativa y política es consonante con su propio rol conflictivo como mujer en el ámbito público de la escritura. El término "mujer pública," que como lo demuestra Deborah Epstein

---

[46] Manuel E. Cuadros en *Clorinda Matto de Turner. Paisaje y obra...Mujer e historia* dice que "[l]a escritora cuzqueña, no fue atea, ni descreída, sino que persiguió y combatió a los malos servidores de la Religión católica" (157).

North en *Walking the Victorian Streets* tenía en el siglo XIX connotaciones sexualizantes colocaba al sujeto femenino en el ámbito opuesto al de la respetabilidad.

El conflicto entre formas de identidad femeninas en el período de la construcción de las naciones (la mujer guerrera y el ángel del hogar) queda tematizado en la escena del lecho de muerte que cierra este perfil. Este pasaje es estratégico, no solamente porque busca hacerle derramar lágrimas al lector por la cortedad de la vida de este épico personaje que muere a los 33 años, sino también porque le sirve al sujeto literario para enfatizar el lado sumiso de una Mariscala que se entrega voluntariamente a los designios de Dios. En la ética sentimental mattiana, la muerte no es tabú o tragedia, sino que marca el acceso de los débiles y los incomprendidos a una utopía celestial cristiana. Si el texto está organizado alrededor de un abanico de antinomias que incluyen lo sentimental-lo racional, la paz-la guerra, el valor-las lágrimas, el ateísmo-la fe, a éstas habría que sumarle una última, entre lo sucio y lo limpio, que remite a la necesidad de "purificar" a la Mariscala para el imaginario nacional. Esto sucede cuando "la Mariscala" se entrega a los brazos de la muerte como una Traviata arrepentida toda vestida de blanco.[47] En el *tableau* que escenifica su despedida final de la vida terrena se asocia metafóricamente a este personaje "caído" con lo santo, lo puro y lo angelical. Dice el sujeto de la enunciación:

> [...] la noche antes de su último día ordenó que nadie entrase en su dormitorio, porque necesitaba descansar sola hasta el siguiente día por la tarde, sin que nadie la perturbase. [....] los que la asistían cumplieron con inquietud esta caprichosa disposición, y mientras tanto se ocupó la señora Zubiaga en cambiarse completamente la ropa, púsose un vestido del todo blanco, peinó su hermosa cabellera, perfumó su habitación y dejó sobre su mesa un lacónico testamento.
> (*Tradiciones* 184)

A lo largo de la semblanza, Matto había subrayado el carácter andrógino de un personaje que oscilaba entre virtudes sentimentales y guerreras; al final de esta narración de vida la balanza se inclina definitivamente hacia el primer polo de la antinomia. En el último pasaje, la figura que define a la Mariscala por sinécdoque y metonimia al mismo tiempo es "un corazón de gran tamaño", que tal y como dejó la Mariscala estipulado en su testamento, fue extraído de su cuerpo, y llevado

---

...erístico que teatraliza el proceso de purificación al que se somete ...lecho de muerte. El personaje de "La Traviata", basado a su vez ...Alexandre Dumas es una mujer pública o cortesana que se redime ...o del auto-sacrificio y la muerte.

a la Catedral del Cuzco, como fetiche sentimental de esta heroína biográfica. Clorinda Matto hace un recuento necrológico del recorrido de este órgano, que fue conservado en alcohol y exhibido en el Cuzco en 1841. La metáfora del corazón gigante le sirve a Matto de Turner para culminar este perfil con una reflexión sentimental sobre la marginalidad de su heroína en la época de la temprana república. Cito textualmente las últimas palabras del perfil.

> Después de la muerte del señor Deán doctor Bernales [el corazón de la Mariscala] quedó depositado en el monasterio de Santa Teresa de esta ciudad, donde por desgracia no existe hoy tan valiosa prenda, pues no la supieron apreciar ni conservarla. (*Tradiciones* 188)

A través de esta cita la escritura de Matto de Turner se configura como un proyecto de corrección y ratificación de la escritura de los otros. A las Mariscalas rebeldes que circulan armadas de látigos y pistolas por el imaginario nacional se suma la Mariscala doméstica de Matto de Turner que sólo a través de la domesticación y la muerte consigue acceder al panteón nacional. La estrategia de minimizar el lado guerrero recurriendo a metáforas sentimentales reproduce desde una perspectiva de género, las dificultades de incorporar las diferencias raciales a una comunidad nacional que valora la homogeneidad por sobre todas las cosas. En el caso de las mujeres, es sólo invocando la ideología de la división de esferas, más que cuestionándola, que se consiguen redefinir en el plano biográfico los parámetros masculinizantes de la historiografía nacional.

Capítulo IV

Bajo las alas del ángel de caridad:
Expósitos y damas de beneficiencia

> Al verlas, he dicho siempre, no es posible profanarlas llamándolas mujeres, no: pues ellas son verdaderamente ángeles emisarios de Dios. Vedlas en los hospitales de ambos sexos, domando la ira de los insanos con su magnética dulzura; en los lazaretos, sobreponiéndose al natural instinto de su conservación, impasibles a las más asquerosas y repugnantes enfermedades; vedlas curando las heridas en el fragor de los combates, con la ternura de una madre, con el interés de una esposa; vedlas, contempladlas así, y diréis como digo yo, pobre admiradora de ellas, no son mujeres sino ángeles.
>
> Juana M. Laso de Eléspuru, 1874

Una de las obsesiones de la cultura latinoamericana del siglo XIX, fue la creación, a nivel de los imaginarios, de comunidades homogéneas que pudieran percibirse como orgánicamente nacionales. Doris Sommer, en *Foundational Fictions: The National Romances of Latin America* (1991) demuestra cómo en la novelas fundacionales decimonónicas se utilizó una retórica erótico-amorosa para representar, por medio de complejos desplazamientos metonímicos, la tan deseada cohesión nacional. Dado que la heterogeneidad étnico-cultural es percibida como debilitadora y problemática en el período modernizador positivista, me interesa explorar la posibilidad de que no sólo el erotismo o el amor-eros, del que habla Sommer, haya sido una herramienta alegórica para forjar la identidad nacional sino también el amor-ágape. Por amor-ágape entiendo un tipo de afecto sentimental, no erótico, relacionado con la caridad cristiana, que fue utilizado para regular la interacción entre las diversas etnias, regiones y clases.

En el caso particular del Perú, el discurso de la caridad republicana se articula con una cuestión sumamente debatida en el período post-bélico de la guerra del Pacífico. Me refiero al concepto de la virtud (derivado de *vir*, hombre) que como tantos otros términos clave de este período resultó ser sumamente elástico y ambiguo.[1] En una época de crisis, en la que González Prada definía a la nación en

---

[1] La genealogía del concepto de la virtud junto con el proceso de feminización al que se la somete en la cultura victoriana ha sido estudiada por Ruth Bloch en "The Gendered Meanings of Virtue" 37-58.

términos apocalípticos, a través de la metáfora positivista de la pus: "El Perú es un órgano enfermo, donde se aplica el dedo brota pus" (*Páginas libres* 46), cobra particular importancia la oposición entre el ser y el deber ser nacional. ¿Cuáles serían los valores alrededor de los cuales se forjaría la idea de la peruanidad? ¿Quiénes iban a ser los grupos encargados de protagonizar el proyecto modernizador? Si bien en toda la literatura producida en esta época se le asignó a la madre republicana el rol de inculcar la virtud nacional en los futuros ciudadanos, no estaba tan claro qué tipo de virtud debía irradiar esta figura. ¿Era una virtud marcial y clásica asociada con el valor y el coraje, o había que propiciar una ética más cristiana anclada en el ámbito de las emociones? Es interesante contrastar las diferentes respuestas ante esta crisis que, como lo apunta sagazmente Cornejo Polar, demostró no solamente "la obvia debilidad militar" del Perú frente a Chile sino también "la muy endeble constitución de la sociedad peruana, su desintegración sin atenuantes y el fracaso sustancial de los distintos, pero muy parecidos, proyectos nacionales que habían sido asumidos hasta entonces por las diversas (aunque también muy parecidas) facciones de la clase dirigente" (*Clorinda Matto de Turner, novelista* 55).

La Lección que González Prada extrae de la guerra contra Chile es que había que revivir un modelo heroico de masculinidad republicana ya que sólo la virtud guerrera (léase masculina) podía salvar a la república. Si el sujeto nacional soñado se construye en este discurso alrededor de la figura de un soldado capaz de morir heroicamente por una idea de nación, en los perfiles de Matto de Turner la balanza se inclina hacia un tipo de ciudadano más humanitario que patriótico que pueda ejercer las virtudes de la filantropía. La alternativa que Matto postula a la figura del héroe militar es la de una madre republicana o dama de caridad. Esta forma de virtud podía ser construida a su vez como una especie de maternalismo social ya que, desde su espacio doméstico asignado, el ángel del hogar protegería a los grupos excluidos de los proyectos nacionales. En el caso de *Aves sin nido*, se trataba de los indios, ante los cuales las clases más altas debían según Matto asumir un rol proteccionista y aculturador. Más que la revancha nacionalista contra Chile, Matto propone sentimentalizar el concepto hegemónico de nación a través de un proceso de feminización de la virtud republicana.[2]

El discurso de la caridad fue percibido como apropiado para armonizar o mediar las virtudes políticas y domésticas alrededor de las cuales se construía la

---

[2] En la ficcionalización del ataque a su casa por parte de las tropas Pierolistas que se incluye en *Boreales, miniaturas y porcelanas* el yo autobiográfico cuida y atiende a un soldado chileno del ejército enemigo (32). En este caso la caridad le sirve al sujeto narrativo para subvertir las ideologías nacionalistas que derivan su cohesión interna de la demonización del enemigo chileno.

subjetividad en el siglo XIX. La palabra caridad, que deriva del latín y significa amor, se asocia con un sentimiento altruista empleado para contrarrestar las desigualdades creadas por el avance del proyecto modernizador. Gordon Wood, dentro del campo historiográfico norteamericano, ha demostrado cómo en una rama del pensamiento de la ilustración, se exaltaron los valores sentimentales de la benevolencia que no parecían incompatibles con el énfasis que la época de las luces colocó en la razón.[3] Según los pensadores de la escuela del sentido moral (Hutcheson, Shaftesbury), la caridad era un sentimiento que se originaba en el ámbito privado del hogar pero que, un poco a la manera del famoso lema "la caridad bien entendida empieza por casa", se extendía radialmente hasta abarcar espacios cada vez más alejados del yo.[4] Según Wood, fue la desaparición de la relación colonial entre súbdito y monarca lo que provocó, a fines del siglo XVIII en los Estados Unidos, la resurrección del concepto cristiano de la caridad como una forma de cimentar y unir entre sí a los miembros de la comunidad nacional (213-225). El problema con este concepto sentimental de la nación era que no resultaba fácil articularlo con los postulados supuestamente fraternales e igualitarios del republicanismo liberal.[5] En el fondo, el modelo de nación cristiano basado en la benevolencia no dejaba de ser jerárquico, porque se configuraba como un intercambio afectivo entre clases en el que los grupos subalternos respondían con gratitud al paternalismo de las elites (Wood 267).[6]

---

[3] Ver a este respecto el capítulo titulado "Benevolence" en *The Radicalism of the American Revolution* (213-225).

[4] Francis Hutcheson y Anthony Shaftesbury son los principales representantes de la "escuela del sentido moral escocesa". Para Hutcheson, el sentido moral es un sentido que impulsa al individuo a actuar virtuosamente. La moralidad es un radar que forma parte de la conciencia del ciudadano y que le permite distinguir entre acciones "buenas" y "malas" (*An Essay* 209).

[5] Las conclusiones de Javier Lasarte en un artículo no publicado sobre la caridad como práctica esencialmente conservadora coinciden con las mías. En palabras de Lasarte: "La caridad no supone ningún tipo de violencia, preserva los lugares de la clase y la raza, y al mismo tiempo sofoca los peligros y las amenazas". Le agradezco a Javier Lasarte el haber compartido conmigo este artículo.

[6] Jorge Basadre utiliza la frase "República Aristocrática" para diferenciar el proyecto republicano peruano del norteamericano en el período que va de 1895 a 1919. Como lo demuestra Gonzalo Portocarrero esta frase es particularmente apropiada para resaltar la naturaleza contradictoria de este concepto de nación, moldeado según elementos aristocráticos tradicionales asociados con el proyecto civilista. Según Manuel Burga y Alberto Flores Galindo "el estado, durante esos años, fue sólo nominalmente liberal y burgués. Para pertenecer a la clase dominante al lado del poder económico se exigía la

En *Women and the Work of Benevolence: Morality, Politics and Social Class* (1990) Lori Ginzberg señala que el discurso de la benevolencia, en el que se asociaba a la mujer con el órgano afectivo del corazón, le sirvió al sujeto femenino victoriano de Nueva Inglaterra para crear diversos movimientos de reforma socio-cultural.[7] Destaca en este sentido el carácter jánico o bifronte de una ideología que se basaba a nivel discursivo en una separación imaginada entre las esferas de la moral y la política, categorías que en la vida cotidiana no estaban claramente diferenciadas. La creencia de que la caridad era un atributo "femenino", derivado de la mayor capacidad de sentir del "sexo débil" fue, según Ginzberg, una extensión de la ideología de la maternidad republicana, en la que las mujeres accedían a la categoría de la ciudadanía por medio de la influencia moral que ejercían sobre futuros ciudadanos. Paradójicamente, el discurso altruista que colocó al sujeto femenino en la órbita afectiva sirvió, no solamente para justificar su exclusión de los espacios públicos sino también para convertir el hogar en un espacio politizado desde el que emprender las primeras críticas a los proyectos modernizadores. Ginzberg señala también que la defensa por parte del ángel del hogar de valores cristianos que chocaban con el discurso de la modernidad (la virtud, el amor, la ternura, la compasión por los más débiles) contribuyó a la formación de la conciencia de una clase media virtuosa y ahorrativa que se recortó contra el telón de fondo de una aristocracia corrupta y derrochadora. Esto se debió a que el tipo de virtud feminizada que abrazaba el ángel del hogar estaba basado más en la posesión de buenos sentimientos que en la acumulación de riquezas.[8]

---

asunción de un cierto estilo de vida y formar parte de una determinada estructura de parentesco. La oligarquía se sustentaba en el respaldo que podía recibir del imperialismo y en la violencia que los gamonales imponían en el interior del país" (*Apogeo y crisis de la república aristocrática* 7-8).

[7] Entre las campañas emprendidas por el sujeto femenino victoriano, Lori Ginzberg menciona la temperancia, los programas en contra del juego, la prostitución y el alcoholismo, así como también, los más radicales de las campañas anti-esclavistas de las sufragistas (1). Se forma así por medio de las actividades de beneficencia una cultura periférica a la masculina cimentada por lazos de género en la que las mujeres adquieren un rol político como "purificadoras" del espacio nacional (67-97).

[8] Una contribución importante al debate sobre caridad-domesticidad en la cultura victoriana es la de Elizabeth Langland en *Nobody's Angels* (1995). Langland coincide con Ginzberg en que el ángel del hogar cumplió un rol importante en la consolidación de los valores de la clase media en una época en que la burguesía se imaginó a sí misma como la contraparte virtuosa de la aristocracia y el proletariado. Para Langland, la alianza sentimental entre dama de caridad-*protégée* que tiene lugar en el ámbito público es una transposición de la relación doméstica entre ángel del hogar y criada (24-61). En el caso

La caridad y el *ennui*

> La mujer es por naturaleza caritativa, como que por naturaleza es abnegada. Sólo en la mujer pudo encontrar San Vicente de Paul sus dignas colaboradoras. Curar a los enfermos en los hospitales, por asquerosos que sean los males de que adolecen, restañar las heridas de los que caen en los campos de batalla; ayudar a bien morir a los unos y a los otros, volver hacia Dios a los pecadores empedernidos que de Dios se olvidaron [...]; he aquí la misión de esos ángeles terrestres, contra los cuales no blasfeman ni aún los que de lo más santo blasfeman. (Lastenia Larriva de Llona, *Cartas a mi hijo* 220)[9]

El carácter fronterizo e híbrido que detecta la crítica feminista anglosajona en el campo de la filantropía queda ilustrado en varias novelas latinoamericanas del siglo XIX, en las que se celebra o se parodia al ángel de caridad. En una novela de Mercedes Cabello de Carbonera titulada *Las consecuencias* (1889) basada en la tradición "Amor de madre" de Ricardo Palma, la madre de la heroína es una mujer activa en la beneficencia que se salía de su camino para ayudar a los pobres y desamparados. La señora Alvarado era un "alma caritativa" que compensaba la falta de alcurnia y dinero con la posesión de "bellas prendas morales". Lo que se demuestra en este texto es que el ejercicio de la caridad podía servir no solamente para transgredir la tenue frontera entre lo doméstico y lo político, sino también para que el sujeto femenino obtuviera cierta visibilidad en la comunidad nacional. En uno de los *tableaux* de la novela, el hogar se convierte en un espacio público que el mismo sujeto de la enunciación equipara con un ministerio de gobierno:

> A las doce del día recibía en un pequeño saloncito (no en el de rocambor) a crecido número de mujeres pobres, que iban a su casa, las unas a recibir alguna pequeña mesada, otras a demandar un extraordinario socorro, y todas un consuelo a su mísera condición. *A esta hora la casa tenía tanto movimiento como el despacho de un Ministro de Hacienda.* (*Las consecuencias* 15, énfasis mío)

En este pasaje, el sujeto femenino consigue emprender, amparado en la práctica de la caridad, actividades extra-estatales sin transgredir los estrechos límites de su

---

de Matto de Turner, la relación de la dama de caridad con sus protegidos indígenas está moldeada de acuerdo al discurso afectivo de la maternidad republicana. El indígena, más que en calidad de criado, es incorporado a la familia-nación como hijo no biológico de la dama de caridad.

[9] *El Perú ilustrado* que se publica el sábado 16 de junio de 1888 está dedicado a Lastenia Larriva de Llona. Tiene una imagen de ella en la tapa seguida de un perfil biográfico que aparece dentro de la revista (82-83).

esfera.[10] La posibilidad que tenían las mujeres de utilizar el discurso de la caridad como velo dependía de que se subrayaran los aspectos sentimentales de esta práctica y de que se encubrieran los factores político-económicos con los que era asociada. Como bien lo apunta Ginzberg, aunque se suponía que la caridad era una actividad desinteresada, que se realizaba por amor al prójimo, encubría privilegios de clase que daban a estas mujeres acceso a grandes cantidades de dinero (42). En este sentido, no solamente era importante que se distrajera la atención de los aspectos pecuniarios de la beneficencia sino también que nunca se la practicara de forma "profesional" o militante.

En *Blanca Sol* (1889) la novela best-seller de Mercedes Cabello, se critica la forma frívola en que las mujeres criollas practicaban la caridad haciendo eco de la desconfianza que experimentaban los hombres liberales ante la feminización de la beneficencia que tuvo lugar en el siglo XIX. A pesar de que la caridad era una extensión de la ideología doméstica se temía que su versión más profesional alejara al sujeto femenino de su rol "natural" de madre y ama de casa. En su calidad de "heroína-monstruo" (para usar una frase de Yolanda Martínez-San Miguel), Blanca Sol es una versión caricaturesca de la dama de beneficencia, que practica la benevolencia para vencer el *ennui* de la domesticidad. Dice el sujeto literario que Blanca Sol era presidenta de numerosas hermandades y sociedades de beneficencia, y que lo hacía, no por verdadero amor al prójimo, sino por conveniencia personal, para escaparse del marido y para "disipar el hastío que embargaría su espíritu en las horas que no eran de visitas ni de recepciones" (*Blanca sol* 34). Cuando Blanca Sol monologa irónicamente sobre sus responsabilidades filantrópicas las coloca siempre a contramano de sus obligaciones domésticas. Dice: "¡Oh! es increíble el tiempo que nos quitan todos estos preparativos. Yo hace más de cinco días que no recibo visitas, ni veo a mis hijos, ni atiendo a mi casa, ocupada solo en lo que es preciso hacer para celebrar el Mes de María" (*Blanca Sol* 30).

Las alusiones de Cabello de Carbonera a la participación femenina en el ámbito de la beneficencia se articulan con un debate que tuvo lugar en la cultura de fin de siglo sobre la forma en que la caridad podía servir para neutralizar y matizar los choques entre las clases. Desde un punto de vista social, la caridad era una forma de mantener el status quo, evitando por medio de paliativos sentimentales un choque brutal entre las razas y clases. Sin embargo, desde un punto de vista de

---

[10] Esta estrategia, de utilizar con fines políticos el discurso de la caridad va a seguir siendo utilizada en el siglo XX por mujeres que buscan tener una participación en la esfera pública. Baste recordar el caso de Eva Perón que aunque tiene una actitud hostil con respecto a la sociedad de beneficencia fundada por Rivadavia, crea su propia fundación de beneficencia en la que se presenta a sí misma como "madre de los descamisados".

género la feminización del ámbito de la caridad a lo largo del siglo XIX fue una forma oblicua de violar el discurso liberal de las esferas. Al igual que el profesionalismo femenino en la época contemporánea, las obras de beneficencia en el siglo XIX sólo podían desarrollarse si no entraban en conflicto con el rol de la feminidad normativa del que derivaban. En realidad, Blanca Sol siente asco, más que compasión, por las víctimas de la modernidad desigual sobre las que ejerce la caridad. Se dice en un momento que esta mujer interrumpía sus labores caritativas en las vacaciones, porque "la emigración de la aristocracia convierte en el verano los templos en aglomeraciones de chusma, que despiden olor nauseabundo" y que "por esta razón la señora de Rubio [Blanca Sol] no iba en Verano sino a Misa"(31). En este sentido, no es que Cabello de Carbonera descrea completamente del poder de la caridad sino que le interesa resaltar los excesos a los que podía prestarse esta práctica. De hecho en *El conde Tolstoy* defiende la necesidad de humanizar el positivismo comteano entrecruzándolo con el espiritualismo altruista de Tolstoy. Lo que admiraba de Tolstoy no era su obra literaria sino la forma en que al final de su vida se entregaba a las obras caritativas-místicas desprendiéndose de sus posesiones materiales para entregárselas a los pobres. Dice: "Hay un lado de incuestionable grandeza en la vida de Tolstoy, es aquel en que el noble y aristocrático conde, se desprende de todas sus riquezas y las reparte entre los pobres. Llámesele a esto, vanidad o abnegación, santidad o locura, misticismo o nihilismo, hay allí una acción, bella, magnífica, sublime" (*El conde Tolstoy* 10).

Dado que Clorinda Matto de Turner carecía de autoridad intelectual en la república de las letras, utiliza la máscara de la caridad para negociar un rol político en la comunidad nacional. Por medio de este discurso altruista, aceptado y bendecido para las mujeres del siglo XIX, justifica la incursión del ángel del hogar en debates eminentemente políticos sobre la modernización de la nación a los que no podía tener acceso. Lo que quiere dejar traslucir es que no es que ella desee salirse de su esfera sino que lo hace por obligación moral, porque es su deber como mujer cristiana dar a conocer los suplicios por los que pasan los indios. Detrás del velo de la caridad emerge, sin embargo, un deseo utópico sumamente ambicioso por el que se busca persuadir a la comunidad de lectores de que hay que reformar a la iglesia y a la nación-estado.

En el caso de *Aves sin nido*, la intervención política de Lucía ante "la trinidad explotadora del indio" se justifica recurriendo a una retórica moral-religiosa porque la caridad es "ley del corazón" (42) y porque "Dios nos ordena la caridad antes que todo" (60). Por otro lado, la ejemplaridad del heroísmo de Lucía está anclada en su samaritanismo y en la forma en que sigue al pie de la letra el mandamiento cristiano de amar al prójimo como a uno mismo. Desde la perspectiva de las autoridades de Killac, sin embargo, el problema con Lucía es que, aunque practica la caridad desde el corazón, de forma espontánea, no lo hace de forma silenciosa. Para que las actividades caritativas no entraran en conflicto con los atributos de la sumisión y la modestia femeninas de los que derivaban, éstos debían ser ejercidos de forma anónima e invisible.

En el eje axiológico de *Aves sin nido* se coloca entonces la oposición entre caridad e individualismo representada por las figuras del ángel del hogar y el cura respectivamente. A través del enfrentamiento entre hogar e iglesia se establece una competencia entre mujeres y sacerdotes para decidir quién va a resguardar la virtud nacional del avance de la "modernidad periférica" (Sarlo). Por otro lado, si Lucía consigue convencerse a sí misma de que su intervención en defensa de los indios no viola los códigos imperantes de la domesticidad, las autoridades eclesiásticas y civiles tienen dudas al respecto. La "demanda amistosa y caritativa" de este "ángel de bondad" desata en el pueblo de Killac una guerra civil entre "notables", "forasteros" e indios. El desencuentro entre el rol doméstico que le asignan las autoridades andinas a la mujer misti y el rol público que ella se quiere dar a sí misma cristaliza en el diálogo entre el gobernador de Killac y Petronila. Cuando ésta última le suplica que deje en paz a los indios, su esposo la pone en su lugar descalificando su intervención sentimental de la siguiente manera: "Quítate mujer, tú siempre estás con estas cantaletas. Francamente, las mujeres no deben mezclarse nunca en cosas de hombres sino estar con la aguja, las calcetas y los tamalitos, ¿eh? —contestó enfadado Pancorbo; pero doña Petronila insistió en la réplica" (*Aves sin nido* 77). Dado que en la novela las mujeres sí se inmiscuyen en "asuntos de hombres" y dado también que estas palabras son pronunciadas por un personaje anti-modélico es obvio que Matto quiere que el lector lea irónicamente esta frase.

Los elogios al carácter piadoso y caritativo del sujeto femenino aparecen también en otros textos del siglo XIX, cuya lectura nos resulta problemática en el siglo XXI por la exaltación que hacen de un modelo de identidad cristiano marcado por una ética del auto-sacrificio que parece oponerse al concepto más individualista del yo que prevalece en el siglo XX. Sin embargo, en el discurso de la caridad decimonónica están presentes estas dos vertientes de la subjetividad nacional, ya que si por un lado el sujeto caritativo se auto-sacrifica en su devoción por los demás, también obtiene beneficios o placeres de la práctica de esta actividad. Así, por ejemplo, cuando Fernando salva a Rosalía, a punto de ser vendida como esclava, la vuelta al hogar de Fernando acompañado de la niña indígena recién rescatada es descrita en los siguientes términos:

> Volvía triunfante con Juan y Rosalía; iba a recibir todas las manifestaciones de gratitud de su esposa; iba a saborear la satisfacción del bien practicado, a aspirar

> el aroma edénico que perfuma las horas siguientes a ésas que se consuela una
> desgracia o se enjuga una lágrima. Lucía lloraba de placer. (*Aves sin nido* 71)

En esta escena, salir en socorro de desgracias ajenas genera una *jouissance* moral en el sujeto femenino que llora "de placer" y que recibe como pago por sus buenas acciones la gratitud de los indios. Por otro lado, Fernando también es remunerado por practicar la caridad y obtiene a cambio de su buena acción el agradecimiento de los oprimidos.

La dama de caridad como amazona

Así como en las obras de Clorinda Matto de Turner y Juana Manuela Gorriti se celebra la identidad caritativa del sujeto femenino, en otros textos de la misma época se registra un descontento con respecto al activismo filantrópico de las mujeres criollas. Tanto en los ensayos de González Prada, como en *Amalia* de Mármol, se caricaturiza a la dama de caridad que ejercía la beneficencia no de forma sentimental y espontánea, sino por frivolidad y snobismo. En el caso de *Amalia* se ridiculizan los esfuerzos caritativos de la cuñada de Rosas (Juana Manuela Ezcurra) que practica una forma de caridad afectada que no es genuinamente cristiana. La caricatura despiadada que se hace en la novela de este personaje farsesco puede ser leída, como se ha hecho, como parte del anti-federalismo virulento de Mármol; pero también, como un síntoma de la ansiedad que provocó la irrupción de las mujeres en el ámbito de la ayuda social.[11] El asco y el desagrado que siente Mármol ante la irrupción del ángel del hogar en un afuera contaminado del que había que mantenerlo aparte, se hace explícito en una escena de la novela que parece un antecedente genealógico de *Las consecuencias* de Cabello de Carbonera. Dice el sujeto narrativo de la sala de espera de la cuñada de Rosas:

> Estaban allí reunidos y mezclados el negro y el mulato, el indio y el blanco, la clase abyecta y la clase media, el pícaro y el bueno; revueltos también entre pasiones, hábitos, preocupaciones y esperanzas distintas. (*Amalia* 192)

Al igual que el personaje de Mercedes Cabello de Carbonera, la señora Ezcurra establece una relación con los grupos marginales que le permite tener una cierta

---

[11] La construcción del espacio en *Amalia* y la oposición entre la casa de Rosas y el dormitorio de Amalia es analizada por David Viñas en su excelente lectura de esta novela. Ver: "Mármol y los dos ojos del romanticismo" en *Literatura argentina y política: De los jacobinos porteños a la bohemia anarquista*.

autoridad en la esfera pública sin deshacerse de su máscara de virtud.[12] Sin embargo, Mármol tiene una visión negativa de las mujeres filántropas, menos ambigua que la de Cabello de Carbonera, que lo lleva a proponer a Amalia como verdadero modelo de feminidad criolla. A diferencia de Amalia, que vive recluida durante gran parte de la novela, sólo accesible a las visitas de Daniel Bello, la cuñada de Rosas, Doña María Josefa Ezcurra, convierte su alcoba en un centro de beneficencia desde donde puede entrar en contacto con el "vicio". Esto es lo mismo que hace Lucía en *Aves sin nido*, sólo que lo que Matto de Turner ve con buenos ojos es duramente parodiado en *Amalia*. La señora Ezcurra es una aliada de Rosas, una espía federal que extrae de los sujetos a los que ayuda información para usar en contra de los unitarios.

La visión crítica que tiene Mármol de la caridad femenina es retomada desde otra perspectiva por Manuel González Prada en sus ideas sobre la modernización y el progreso. A diferencia de Matto de Turner, González Prada hace una valoración abiertamente negativa de la caridad como factor cohesionador de naciones desgarradas por diferencias de raza y clase. En este sentido, y como lo señalé en el capítulo 1, es ya casi un lugar común de la crítica mattiana leer el anticlericalismo de Matto de Turner como una copia de las ideas positivistas de González Prada. Sin embargo, es entre otras cosas el rescate cultural de la beneficencia lo que separa a Matto de Turner de las propuestas anticlericales del autor de *Páginas libres*.

En un ensayo titulado "Nuestros conservadores" González Prada ataca a las asociaciones de beneficencia llamadas por él "cofradías" o "hermandades femeninas" porque las percibe como dominadas por el clero y porque bajo la batuta de los clérigos estarían:

---

[12] En una semblanza biográfica que Mármol compone sobre Manuela Rosas se la presenta como un personaje contaminado que se mezcla con "la chusma" que apoya a Rosas. La explicación que se da de este personaje icónico (a quien Mármol no conocía más que a través de anécdotas que Cané le contaba en el exilio) es, no solamente que Rosas le impedía cumplir con la función sagrada del matrimonio, sino también que por culpa de su padre, Manuelita salía del hogar y se veía forzada a "ensuciar" sus faldas en un afuera contaminado por el vicio. Dice Mármol: "Por su padre, ella ha sido profanada en un lodazal de crímenes y vicios, rozando sus vestidos de virgen, con el poncho ensangrentado de la Mashorca, y con las sedas infamemente adquiridas de las mujeres sin honra" («Manuela Rosas» 96). En un artículo necrológico, Clorinda Matto de Turner da una visión radicalmente opuesta a la de Mármol sobre Manuelita Rosas. La construye como una heroína que ha inspirado varias novelas y que suaviza por medio del sentimentalismo los despotismos paternos. Dice: «Aquel tigre había engendrado un ángel que fue el consuelo de su vejez, atormentada de remordimientos» *Búcaro americano* (15 de abril de 1899): 499.

> muchas jamonas de mírame y no me toques o jubiladas hermosuras que in illo tempore dieron a la carne lo que pedía la carne y hoy ofrecen al Señor los resplandores de una castidad que nadie osaría someter a prueba. No faltan mozas de buenas barbas que se afilian por desocupación, disfuerzo, novelería, o snobismo.[....]. Alrededor de viejas y muchachas, mariposean algunos mozuelos escuchimizados y sietemesinos, anémicos de sangre y bolsa, especie de corsarios en mar divino, que andan al acecho de ricas devotas para tener en ellas el cajero y la enfermera. (*Páginas libres* 263)

La preocupación de González Prada en este ensayo está focalizada en el desorden sexual que promueven estas asociaciones en las que se desvirilizan los hombres (son sietemesinos, y anémicos) y se masculinizan las mujeres. En otro momento del ensayo se asocia a las damas de caridad con "médicos sociales", un rol prestigioso en la época positivista que se colocaba siempre del lado del sujeto masculino liberal. Cabe destacar el siguiente pasaje:

> como los médicos llegan a no ver en el enfermo una persona sino un caso, así muchas mujeres no miran en el desvalido un prójimo sino un reclamo, una pared lacrada y ruinosa donde pegar un enorme cartelón que anuncie las excelencias de la caridad evangélica. Los católicos de profesión inventarían la pobreza y las enfermedades para tener el orgullo de gritar: "Admire el mundo la manera como auxiliamos al pobre y asistimos al enfermo". (*Páginas libres* 264)

La caricatura que hace González Prada de la dama de caridad, preocupada por mantener las apariencias y por darse ínfulas de gran dama demuestra que, las actividades caritativas de estos ángeles terrestres que salían (del hogar) para combatir el vicio, generaron altos niveles de descontento en la comunidad nacional. Las damas de caridad son para González Prada siempre frívolas, coquetas y superficiales. No distingue matices, como sí lo hacen las escritoras, entre formas virtuosas y anti-virtuosas de practicar la caridad y las presenta siempre agrupadas en cofradías o "sociedades" femeninas.[13] Más que generar un acercamiento entre mujeres de

---

[13] En un ensayo titulado "La cuestión indígena" González Prada critica la idea de que el filantropismo podía ser una solución al problema indígena. Asocia las sociedades protectoras de la raza indígena con los grupos de alcohólicos anónimos y dice "como en nuestros congresos antialcohólicos entra un diez o veinte por ciento de borrachos profesionales, así en nuestras sociedades protectoras de la raza indígena se introduce igual proporción de sacrificadores de los indios" (*Antología* 134). Creo que Clorinda Matto de Turner es consciente de que la caridad no puede eliminar las diferencias raciales y de clase entre los diferentes grupos sociales aunque usa la caridad para ampliar las fronteras de la subjetividad femenina en el siglo XIX.

diversas clases, la caridad exacerba, según González Prada, las diferencias entre ellas. Dice:

> En las asociaciones femeninas se consagran las desigualdades más odiosas, se observa la más estricta división de clase: respetuosas genuflexiones a collares de perla y sombreros con plumas de avestruz, desconsideración y menosprecio a trajes descoloridos y mantas raídas. El catolicismo, pregonando su amor a humildes y desheredados, inclina la cerviz ante soberbios y poderosos. (*Páginas libres* 264)

En este pasaje, González Prada recurre a la prosopopeya para personificar (y feminizar) a la religión católica que inclina "la cerviz" ante los grupos de poder. La visión del catolicismo como una religión obsoleta que se opone a los avances de la modernidad y la ciencia es recurrente en los ensayos de González Prada. La crítica que hace González Prada a la caridad no depende de un rechazo de los valores humanitarios cristianos que elogia de forma contradictoria en "Nuestros tigres", sino de un anticlericalismo beligerante que lo lleva a proponer la descatolización masiva de indios y mujeres.[14] En "Las esclavas de la iglesia" dice que las damas de caridad son esclavas de los curas (cuando deberían estar sometidas a los maridos) y que la caridad es una forma anacrónica e hipócrita de responder a la pobreza. Añade también que:

> Todas las cofradías y hermandades, ostensiblemente fundadas con fines humanitarios o piadosos, sirven de cuarteles generales al clero para conservar y extender su dominación eterna y temporal. (*Páginas libres/Horas de lucha* 264)

En este ensayo, el retroceso de las naciones es atribuido por González Prada a una alianza imaginada entre mujeres y sacerdotes que los hombres verdaderamente viriles deberían ser capaces de desestabilizar. La relación entre catolicismo feminizado y liberalismo viril es planteada en términos de una antinomia. Del lado del catolicismo se coloca a las damas de caridad que:

> con anuencia de los maridos, y a veces contra la voluntad del esposo mismo [...] se hallan militarmente organizadas en hermandades, congregaciones, o cofradías

---

[14] En este ensayo, González Prada da una definición de la virtud nacional que parece contradecir los llamados a la combatividad viril de los ensayos contra Chile. Dice en este pasaje: "Para medir el valor real de pueblos e individuos, no sólo se les mira funcionar el cerebro, se les oye latir el corazón. San Vicente de Paul cobijando a un niño vale más que Napoleón ganando la batalla de Austerlitz" (*Páginas libres* 297).

bajo la dirección (visible o invisible) de algún eclesiástico. Amazonas del fanatismo, si no cogen una lanza ni montan un caballo, las mujeres rebuscan dinero, ejercen influencias, calumnian al hereje y viven listas para cargar los tizones de la hoguera. (*Páginas libres* 308)

La representación que hace González Prada de las damas de beneficencia como sujetos masculinizados que llevan armas y andan a caballo es una materialización de la ansiedad que generaba en la esfera masculina el acceso de las mujeres a espacios apartados del hogar.[15] La dama de caridad es para González Prada una mujer "sin femenilidad" (*Páginas libres* 309) que usa la ayuda social para circular por espacios públicos, ejercer poder y manejar dinero. La culpa del alejamiento de las mujeres del hogar no la tenían según González Prada las mujeres, sino un sujeto masculino laico que era incapaz de hacer frente al poder de la iglesia. La asociación curas-mujeres que para González Prada representa el oscurantismo de la anti-modernidad queda representada en el "¡Fuera sotanas!" y "¡Fuera Faldas!" del siguiente pasaje de *Páginas libres*.

Al presenciar la ingerencia de una gran señora en la política alemana, Bismark prorrumpió con toda la insolencia de un palurdo atiborrado por una ingestión de cerveza y sauerkraut: ¡Fuera faldas! Con menos grosería pero con más razón, los hombres de estado y los padres de familia deben repetir hoy, al divisar la formidable y arrolladora invasión que se precipita sobre nosotros: ¡Fuera sotanas! (314)

Del lado de las luces de la civilización se coloca, en esta antinomia sarmientina, una subjetividad masculina que está a favor del progreso laico y de la ciencia, y del lado del oscurantismo medieval a los curas y las mujeres fanatizadas por la espiritualidad religiosa.

CARIDAD Y NORMALISMO

En la crítica latinoamericana que se ha ocupado de cuestiones de género en el siglo XIX es ya casi un lugar común hablar del periodismo y del magisterio como

---

[15] Aquí pienso en el humor o la burla no en términos inocentes o carnavalescos sino como un mecanismo segregador que descalifica lo diferente. Cecilia Méndez hace este punto en su análisis de la producción satírica de Felipe Pardo cuando dice que la burla de éste nada tiene de carnavalesco en el sentido que le da Bajtín a la palabra sino que es "una risa que refuerza el sentido de las jerarquías. Escarnece lo que considera inferior, lo que desprecia" (29).

los primeros espacios alejados del hogar en los que las mujeres pudieron desarrollar identidades profesionales. Así, por ejemplo, Beatriz Sarlo afirma que en la segunda mitad del siglo XIX la escuela fue uno de los primeros espacios públicos que las mujeres usaron para ampliar el estrecho radio de acción que se les asignaba en la doctrina de la división de esferas (*Women's Writing in Latin America* 233-234). Si bien la lectura de Sarlo es extremadamente lúcida, sobre todo en su reflexión sobre el espesor ideológico del normalismo que reproduce y cuestiona al mismo tiempo las ideologías dominantes de género, trataré de sugerir que el espacio de la caridad convivió, y en algunos casos precedió, al del normalismo en el proceso de construcción de nuevas formas de subjetividad femenina.

Dado que las sociedades de beneficencia funcionaban a partir de un ímpetu reformista que planteaba la necesidad de purificar la nación por medio del "poder sentimental" (Tompkins 122) de la mujer, defendían de forma implícita los derechos de las mujeres a feminizar los proyectos hegemónicos de nación.[16] La visión de la caridad como un espacio homo-social "peligroso" en el que las mujeres se escapaban del control y la vigilancia de la mirada masculina fue hecha por Juan Agustín García, en un texto sobre la "Sociedad de Beneficencia" en el Río de la Plata. Según este autor la caridad fue una de las primeras profesiones decimonónicas que las mujeres consiguieron conquistar en el ámbito público. Dice:

> [...] ahora, mientras llega el feminismo, algo risueño para nuestras razas latinas, la carrera pública de las señoras está en las sociedades de caridad. A falta de empleos, de prensa, de congresos, de partidos políticos y comités, donde sonaran sus nombres, las ambiciosas se refugiaban en ese mundo curioso mezcla de cosas mundanas y sagradas donde se hacía la beneficencia, se adoraba al Santísimo y se

---

[16] En el ámbito historiográfico norteamericano, el rol de la caridad en la cultura del siglo XIX ha sido estudiado por Nancy Cott en *The Bonds of Womanhood*. Tomando como objeto de estudio las sociedades de reforma moral que surgieron en Nueva Inglaterra durante los años 1800-1835, la historiadora norteamericana estudia la formación de una cultura autónoma femenina en la que las mujeres, aisladas en la esfera doméstica, redefinen su posición subalterna. El paradigma de la sororidad postulado por Cott es problematizado en la década del ochenta por Christine Stansell y Elizabeth Fox-Genovese. En el caso de Elizabeth Fox-Genovese se muestra que, el modelo de Cott, solo es válido para la experiencia de las mujeres de Nueva Inglaterra ya que en el Sur de los Estados Unidos el rol privilegiado de la «Southern Belle» dependía del trabajo de las mujeres esclavas. Es importante, dice esta historiadora de la cultura, tener en cuenta tanto las experiencias que unen a las mujeres como miembros de la cultura femenina como las que las dividen por su pertenencia a comunidades específicas de clase y raza.

era prior o consejero, con derecho a un asiento principal o a ocupar un lugar respetable en las procesiones. (García en Meyer Arana 96)

El experimento de la "Sociedad de beneficencia" en el Río de la Plata fue, como lo destaca Antonio Dellepiane, una tentativa bastante única en América Latina por el hecho de que se puso a la mujer a la cabeza de la asistencia femenina e infantil (44-45). La sociedad, que fue fundada por Rivadavia en 1823, consistía de trece mujeres patricias a las que se les dio la responsabilidad de dirigir los establecimientos de caridad que ayudaban a los miembros de su propio sexo. El éxito del modelo se puede medir por el hecho de que lo que había sido en Argentina una copia de una institución francesa (la *Societé Philantropique*), fue a su vez exportado como paradigma de progreso a otras naciones de América Latina.[17] Cuando en 1908 Clorinda Matto de Turner da una conferencia en España sobre la situación de la mujer en Argentina no tiene más que palabras elogiosas para hablar de la forma en que las mujeres practicaban allí la beneficencia. Dice que las damas de caridad porteñas actuaban como "redentoras de la humanidad en desgracia" y que en Buenos Aires "están en manos de la mujer argentina las sociedades de beneficencia, los asilos y patronatos de la infancia" (*Cuatro conferencias sobre América del Sur* 15). En *Búcaro Americano* vuelve sobre la misma idea cuando afirma que la mujer argentina, emblema de una modernidad por venir "ha creado y sostiene centros de cultura para la mujer, asociaciones de protección para la infancia, refugios para los menesterosos. Su esplendidez no tiene límites: despréndese del dinero sin contarlo".[18]

La caridad en los Andes

En el área cultural andina las sociedades de beneficencia decimonónicas, que se ocupaban de dar apoyo y protección a los desvalidos estaban lideradas por hombres aunque a lo largo del siglo XIX comenzaron a aparecer damas de caridad que, siguiendo el ejemplo de la sociedad de beneficencia en el Río de la Plata, se propusieron feminizar el ámbito de la beneficencia. Es posible que al salir en ayuda de huérfanas, viudas, enfermas y pobres, las damas de caridad que pertenecían a las clases altas hayan tomado conciencia de su propia vulnerabilidad como sujetos dependientes en sociedades que valoraban la autonomía por sobre todas las cosas.

---

[17] Sarmiento comenta que en 1850 se forma una sociedad similar en Chile siguiendo el modelo de la Sociedad Argentina de Beneficencia. Véase "Origen de la Sociedad de beneficencia en Chile" 379.
[18] El artículo apareció en *Búcaro Americano* 8 (s.f.): 704.

En el *Reglamento de Beneficencia para todos los pueblos de la República*, impreso en Lima en 1848 y re-impreso en el Cuzco en 1860, se mencionaba la fundación de establecimientos de misericordia femeninos que tenían como objetivo ayudar a mujeres en peligro. La función político-sentimental de estas sociedades consistía en:

> [o]rganizar para los establecimientos piadosos de mujeres, una sociedad especial de señoras que cuide de ellos, suministrándole los recursos y auxilios necesarios, y formando un proyecto de reglamento que someterá a la aprobación del gobierno. (4)

Se abría la puerta entonces a la participación femenina en el ámbito de la caridad, una participación que debe haber sido bastante masiva considerando que treinta años más tarde, se enmendó el documento citado para regular y limitar el número de miembros mujeres. En una de las cláusulas de este reglamento se especificaba que "[l]as mujeres pueden ser elegidas Socias cuyo número no podrá ser más de un tercio del número total de Socios, las que no podrán desempeñar los cargos de Directora y Vice-directora, sino los de Inspectoras y demás comisiones" (*Reglamento* 10). El intento de regular la práctica caritativa femenina, que según Matto de Turner y las escritoras de su generación era un don "natural" del ángel del hogar, está relacionado con una cuestión económica, ya que el documento especifica que los únicos cargos abiertos a las mujeres eran los honoríficos, voluntarios y gratuitos. Al igual que en el caso de la Sociedad de Beneficencia del Río de la Plata, lo que causaba más malestar en la comunidad masculina era la presencia de las mujeres en los puestos directivos. Según Maritza Villavicencio una de las primeras luchas del feminismo "moderno" en el Perú fue "la campaña por la obtención de cargos públicos en las Sociedades de Beneficencia" (*Del silencio a la palabra* 177).[19]

La generalización que puede hacerse a partir de la lectura de estos textos es que la mujer podía participar en el ámbito de la caridad siempre y cuando lo hiciera en una posición subalterna, y siempre y cuando su trabajo no fuera remunerado económicamente. Pese a que la caridad era una actividad corporativa

---

[19] Maritza Villavicencio se refiere aquí a la comisión "Evolución Femenina" de María Jesús Alvarado de Rivera creada en 1914. Aunque a lo largo del siglo XIX las mujeres ejercen la caridad con igual o más frecuencia que los hombres el estado no reconoce su participación. Cuando en el *Almanaque de la Bolsa de Arequipa* del año 1899 se registran las actividades de la sociedad, los miembros "oficiales" son veinticinco hombres dedicados al "alivio de la humanidad enferma".

en la que las mujeres administraban dinero, el aspecto comercial de esta práctica debía ser encubierto (Ginzberg 42). Como todo lo femenino en el siglo XIX, la caridad debía ser defendida de los valores mercantiles de la sociedad precapitalista. Esto quería decir que tenía que ser conceptualizada como una respuesta espontánea y sentimental al sufrimiento ajeno que se hacía de corazón a corazón.

En un diccionario biográfico titulado *Peruanos del siglo XIX* Jorge Basadre reconoce la participación "no oficial" de las mujeres peruanas en el campo de la beneficencia.[20] Entre las mujeres dedicadas profesionalmente a la caridad, Basadre incluye en su diccionario a Luisa de la Torre (alias "la Beatita de Humay") por su "caridad sin límites" y porque "los ignorados, los enfermos, los viajeros, los hambrientos fueron los amigos, los protegidos, los acompañantes" de esta alma caritativa (19); a Juana Alarco de Dammert por haber organizado una asociación de beneficencia para los heridos de la guerra del Pacífico; y por último a Ermelinda Carrera que organizó la cárcel de mujeres de Guadalupe, a la que se le anexó una iglesia y una capilla. Este último gesto se articula con el lado imperialista de la caridad femenina que buscaba en muchos casos cristianizar o "purificar" moralmente a las mujeres caídas de otras razas y clases para hacerlas ingresar a la categoría de la virtud republicana.[21] Dice Basadre:

> Innumerables fueron las mujeres en peligro a quienes Ermelinda Carrera salvó, las mujeres caídas por ella levantadas, las miserias humanas a las que se acercó para llevarles un lenitivo o una ayuda, los vicios o culpas en cuyo fondo buscó el instinto de la bondad [...]. (*Peruanos del siglo XIX* 49)

Basadre observa en este pasaje que en el siglo XIX los intercambios caritativos ocurrían dentro de la esfera femenina y no cruzaban barreras de género. La recurrencia de la práctica de la caridad en los perfiles de estos sujetos femeninos decimonónicos obliga a Basadre, poco preocupado por cuestiones de género, a aventurar la siguiente hipótesis: "Sobre el fondo de la vida social estática a pesar de

---

[20] Jorge Basadre incluye también a Clorinda Matto de Turner, Trinidad María Enríquez y Mercedes Cabello de Carbonera en esta lista de mujeres republicanas que practican la filantropía.

[21] La función purificadora/imperialista que las mujeres criollas ejercían sobre las «desarregladas» queda metaforizada en un poema de Lastenia Larriva Llona publicado en *Cartas a mi hijo*. Dice el sujeto lírico en una de las estrofas: "[Caridad es] sacar del abismo negro y hondo,/ en cuyo oscuro fondo,/ por culpa ajena o propia, sumergidas/ yacen, aquellas pobres extraviadas/ que, para el bien creadas/ vuelven al Bien del Mal arrepentidas (220)".

las turbulencias políticas, surgía un nuevo sendero para la acción sistemática de la mujer: el servicio social, la ayuda a la colectividad" (*Peruanos del siglo XIX* 11).

FIGURA 3. Dama cuzqueña camino a la iglesia acompañada de un tapetero indígena (litografía de Paul Marcoy, 1875). Según Paul Marcoy en *Travels in South America* las mujeres cuzqueñas nobles tenían un tapetero que las acompañaba a misa y les llevaba las alfombras para que éstas se pudieran arrodillar en la iglesia. La relación desigual entre mujer republicana e indígena queda tematizada iconográficamente a través de un indio animalizado, colocado en la zona de sombra del cuadro, que camina encorvado como una bestia de carga, al lado de su ama.

La señora de Pucuto

En *Bocetos al lápiz de americanos célebres* (1889), una colección de perfiles que Matto de Turner publica con fines didácticos, se propone a "La señora de Pucuto", cuyo verdadero nombre era Ana María Centeno de Romainville, como máximo modelo de virtud republicana. El perfil de esta dama de caridad cuzqueña, a quien Matto de Turner compara por sus virtudes caritativas con Mary Carpenter y San Vicente de Paul ya había aparecido en *Tradiciones cuzqueñas, leyendas, biografías y hojas sueltas* (1884). El hecho de que Matto de Turner decidiera re-editar este perfil en 1889, junto con el de la Mariscala, hace pensar que consideraba a este personaje como una figura-joya dentro de una larga cadena de perfiles emblemáticos.

La señora de Romainville se propone como ejemplo de virtud nacional por su capacidad de sentir compasión por los indígenas de la zona andina. Hilvanada de recuerdos, esta biografía arranca de una escena primigenia en la que el sujeto narrativo es testigo de un intercambio sentimental entre la señora de Pucuto y los indios. "Cuántas veces", dice el sujeto biográfico, "la escuché, niña aún consolar al afligido con palabras llenas de la santa unción caritativa, [y] la vi derramar lágrimas a la contemplación del infortunio ajeno!!" (*Tradiciones* 193).[22] A través de este *collage* narrativo de recuerdos, Clorinda Matto de Turner apela a un lector sentimental que debe conmoverse, como la señora de Pucuto, por la tragedia de los indios. La razón por la que Matto de Turner asocia a esta dama cuzqueña con figuras renombradas de la caridad europea se hace evidente en varios *tableaux* sentimentales del perfil en los que "la señora de Pucuto" aparece como una madre Teresa del siglo XIX, ayudando a los indígenas desamparados y enfermos. Vale la pena citar el siguiente pasaje:

> Cuando en 1855 infestó el Departamento del Cuzco la terrible peste que hasta hoy es recordada con dolor, los pobres indios eran los que formaban la mayor suma de las víctimas, pues se veían, al decir de los que nos cuentan, chozas llenas de cadáveres: familias enteras perecían sin auxilio de ningún género, y es entonces cuando la señora Centeno, como otra hija de San Vicente de Paul, iba de rancho en rancho medicinando a los enfermos, consolando a los moribundos y recogiendo a los pobres huérfanos que quedaban sin más providencia que "la señora de Pucuto". (*Tradiciones* 196)

En esta viñeta, el heroísmo de la señora de Pucuto se recorta contra una masa anónima de cuerpos indígenas cuya humanidad colectiva deriva de su capacidad

---

[22] Todas las citas de este perfil provienen de *Tradiciones cuzqueñas, leyendas, biografías y hojas sueltas*. Cuzco: Perú, 1954.

de sufrir y de experimentar dolor. Al mismo tiempo, la autoridad de la dama de caridad está anclada en la figura de un indio mudo cuya experiencia de marginalidad debe ser traducida a palabras. En el encuentro con la otredad racial, es la mujer criolla la que se convierte en *voyeuse* de los padecimientos de los indios y en testigo sentimental de sus infortunios. La pasividad de los indígenas es inversamente proporcional al activismo de la señora de Pucuto, que *iba, medicinaba y consolaba* a las víctimas de los desajustes causados por la modernidad desigual. La estetización de los suplicios que experimentan los indios sirve para poner en primer plano los defectos colectivos de un proyecto de nación deficiente o distópico, que necesita ser corregido por el lector imaginado. La señora de Pucuto hace un trabajo necesario en la comunidad nacional que las autoridades no quieren hacer, en parte por temor al contagio, y en parte porque las vidas de los indios tienen un valor más económico que humanitario en el proyecto liberal.

Lo que demuestra Matto de Turner en este perfil es que a fines del siglo XIX, cuando el estado todavía se encontraba en estado rudimentario, eran las mujeres las que estaban efectuando un trabajo social que en el siglo XX se va a profesionalizar (léase masculinizar) en forma de ministerios de salud pública o bienestar social. Si la señora de Pucuto deriva su autoridad en la comunidad andina del sufrimiento de un otro colonial en peligro, al que responde con el ejercicio de virtudes humanitarias, la escritura de la semblanza puede ser leída asimismo como un acto filantrópico. Para generar el bien de la nación, Matto debe subrayar la orfandad metafórica del indio y hacer que el lector sienta la necesidad de "adoptarlo" al seno de una nación concebida como familia.

La infantilización del indio

Muchos de los personajes biográficos de Matto de Turner funcionan como dobles de la señora de Pucuto. Así por ejemplo, en "Malccoy", una leyenda tradicional quechua incluida en *Tradiciones cuzqueñas* el sujeto de la enunciación establece una alianza con los indígenas que es definida en términos de madrinazgo.[23] El "nosotras" que vertebra las viñetas de esta tradición remite a la inserción de la *voyeuse* sentimental en una comunidad femenina criolla o misti que incluye a las lectoras del texto y que busca incorporar el legado quechua a la cultura nacional:

---

[23] Al tratar la cuestión del madrinazgo Francesca Denegri señala en *El abanico y la cigarrera* que en la sierra hay una cercanía afectiva entre indios y mujeres que estaba ausente en el contexto urbano (166).

¡Malccoy! Infinitas veces hemos asistido a estas fiestas campesinas, compartiendo la sencilla alegría de nuestros compatriotas, sentadas sobre el surco abierto por el arado en tierra húmeda, apagando la sed, en igual vasija de barro legendario, con la chicha de maíz y cebada elaborada por la feliz madre del malcco, allá en esas poéticas praderas del Cuzco, así se llamen Calca, Urubamba o Tinta. (*Tradiciones cuzqueñas* 232)

En esta tradición, se habla de "la sencilla alegría de los indígenas" y se los sentimentaliza por medio de afirmaciones esencialistas como la siguiente: "Los indios tienen el corazón lleno de ternura y de generosidad" (235). Matto contrapone a las costumbres enfermas y depravadas de las autoridades andinas la sencillez pastoral de un universo indígena "primitivo" al que coloca, no del lado de la cultura, sino de una naturaleza edeniana y paradisíaca.[24] En la elaboración de esta escenografía de corte neo-clásico se recurre a los diminutivos: los indígenas son "indiecitos" que cabalgan sobre "lomillos"; las indígenas son "palomitas"; y en "los maizales verde esmeralda" cantan "las avecillas" (232-234). Es como si la voz narradora se sintiera forzada a empequeñecer la naturaleza para ponerla al nivel infantil y sencillo de los indios. De esta manera, la construcción de los indígenas como sanos y rozagantes en esta leyenda contradice la representación de las masas indígenas que agonizan en grupo en el perfil de la señora de Pucuto.

En la micro-biografía de esta dama de caridad cuzqueña, la comunidad indígena es un telón de fondo para resaltar el activismo y el vigor de la matrona cuzqueña. Pese a estas diferencias, tanto en "Malccoy" como en este perfil se infantiliza al indígena, y se lo hace depender de un otro femenino que ocupa un lugar superior en la jerarquía social. La costumbre serrana de que las clases más altas, y en particular las mujeres, hagan de madrinas en las bodas de los indígenas se describe también en *Índole*, cuando Asunción Cienfuegos hace de madrina en la boda de sus sirvientes mestizos, Ildefonso y Ziska (Denegri, *El abanico y la cigarrera* 177). La relación entre mujeres e indios está dotada de un alto grado de complejidad ya que si por género el ángel de caridad ocupa una posición social subalterna que genera un acercamiento con los indígenas, por su identidad de clase coopera con el sujeto masculino en el control que la sociedad ejerce sobre ellos.

La estrategia que Matto utiliza para hacer que el lector se apiade del indígena es, como en *Aves sin nido*, minimizar a través del sentimentalismo la amenaza que postula su alteridad. El ángel del hogar misti debe acoger al indio huérfano en su

---

[24] Para un estudio de la conversión del indígena rousseauniano en fetiche de la cultura occidental véase Hayden White. Sobre la nostalgia del hombre civilizado por un estado pre-civilizado o arcaico de la modernidad puede consultarse el estudio de Bell.

"nido" pero debe someterlo primero a un proceso de domesticación. Esta propuesta humanitaria y filantrópica ha perdido vigencia en el siglo XX porque la asociamos con un paternalismo feminizado. Sin embargo, tal y como lo planteo en la introducción de este libro, es importante historizar este proceso de infantilización de la diferencia y leerlo como respuesta a una visión bestializante del indígena en la que no se lo pensaba como un ser humano. Mientras que en la propuesta filantrópica se propone incorporar a través de un sentimentalismo aculturador, en el positivismo radical se niega la humanidad del indígena en aras del proyecto civilizatorio.

La deshumanización del indio contra la que Matto de Turner reacciona, aparece en otros textos de la época en los que se coloca toda diferencia étnica del lado de la barbarie. En una tradición de Mercedes Cabello de Carbonera titulada "Una fiesta peligrosa en un pueblo del Perú" (1885), la autora de *Blanca sol* habla de un indio semi-civilizado que se entrega "a toda suerte de excesos" y que "sólo cosecha envilecimiento y degradación" (183). En esta tradición que se ajusta a la idea de la utopía incaica estudiada por Cecilia Méndez en "Incas sí, indios no", Mercedes Cabello de Carbonera contrasta el presente bárbaro de los indios con un pasado glorioso en el que se lo aceptaba "en tanto paisaje y gloria lejana" (Méndez 19). Dice: "A mi pesar presentóse a mi mente aquel imperio de los Incas, y en alas de la imaginación, trasportéme, condolida del presente, hacia un pasado en el que veía un pueblo verdaderamente feliz y moral" (185). El motivo neoclásico del *ubi sunt* le sirve a Mercedes Cabello de Carbonera para subrayar el embrutecimiento del indígena republicano y para proponer una idea criolla de la nación que se articulaba con el deseo de que el Perú fuera una "república sin indios". Es posible que esta idea negativa de la población indígena haya estado influenciada por las crónicas de viaje europeas que también veían con sospecha las diferencias socio-étnicas en el Perú. Así, en *Travels in South America* (1875) Paul Marcoy, escritor y etnógrafo francés que según Matto vivió un tiempo en la finca de la señora de Pucuto, construye a los indígenas como seres malolientes y degradados que sufren de "hidrofobia" o aversión al agua. Añade también que de sus cuerpos llenos de parásitos se desprende un desagradable olor. Cito:

> Indians go from the cradle to the grave without having felt for one moment the need of washing their face and hands. This sufficiently accounts for the parasites which infest them, and for that sickly odor which so unpleasantly counterbalances in the eyes of the artist the picturesque side of their nature. (242)

La ambivalencia de Marcoy ante el sujeto indígena, al que coloca ya del lado de lo asqueroso ya de lo pintoresco, es similar a la de escritores peruanos que pese a que elaboraban por esta misma época proyectos de nación antitéticos coincidían en que el estado actual de los indios era un obstáculo para los avances del progreso. Cuando González Prada dice en 1888 que el indio hace trescientos años que "rastrea en las capas inferiores de la civilización" (*Páginas libres* 46), la palabra "rastrea" claramente remite a un proceso bestializante de la diferencia racial que asocia semánticamente al indio con las criaturas más bajas del reino animal (serpientes, reptiles). Aunque González Prada proponía por esta época educar al indígena para elevarlo al nivel de sus opresores, Alejandro Deustua llegaba al grado de invocar la necesidad de eliminar físicamente la diferencia étnica para consolidar un proyecto "civilizado" de la nacionalidad (Manrique 18). En este sentido, la propuesta sentimental de Matto de Turner de extender a las culturas indígenas los preceptos del amor-ágape tenía un lado contestatario que queda diluido al leer la novela fuera de su contexto de emergencia. Aunque está claro que Matto de Turner no consigue eliminar completamente el etnocentrismo racista contra el que está reaccionando (porque en su idea de nación el indio sigue siendo una víctima desprovista de agencia) consigue por medio del sentimentalismo rousseauniano desenfatizar ciertos rasgos positivistas de las ideologías republicanas.

Escritura y filantropía

El activismo caritativo que Matto de Turner valora en sus heroínas es a su vez lo que los biógrafos contemporáneos proyectan en su propia figura biográfica. Frente a la incomodidad que genera en el siglo XIX el activismo intelectual femenino, se vuelve tentador y reconfortante para los lectores de la época subrayar las virtudes caritativas de la autora. La alegoría sentimental de la autoría es recogida por Joaquín Lemoine en el prólogo a *Leyendas y recortes* cuando construye para el lector la siguiente estampa:

> Yo la veo allí, enlutada, en la llanura silenciosa, rodeada del desierto moral; con los ojos húmedos ante esa perspectiva, y la mano sobre el pecho ahogado de sollozos y preñado de dolor. ¡Pobre prisionera de la desgracia! ¡Pobre víctima del destino brutal! ¡Pobre mujer, herida en la batalla de la vida! (xxxv)

El carácter lacrimógeno de este pasaje en el que Matto aparece como una *mater dolorosa* a la que el lector debe compadecer más que admirar busca borrar las transgresiones de la autora por medio del sentimentalismo. El prestigio moral que tenía el sufrimiento en el siglo XIX se utiliza aquí para conjurar otras imágenes de Clorinda Matto de Turner que por momentos emergen a contraluz del perfil. La enumeración de tragedias familiares entre las que destacan la orfandad materna, la viudez prematura, las deudas y las diferentes formas de exilio se usan para echar sombra sobre el lado intelectual y transgresivo de su yo. El rol prominente que Clorinda Matto de Turner ocupa en la sociedad de su tiempo como autora, organizadora de veladas, empresaria, y directora de periódicos prestigiosos, está en las antípodas de la imagen sentimental a la que tanto busca aferrarse el biógrafo. Pero, ¿cómo compaginar este retrato sentimental de Matto de Turner con el de "Juana de Arco del pensamiento" que también se utiliza en el ensayo? ¿O con la imagen de una Matto de Turner exitosa en el campo de los negocios que emerge en el perfil de Abelardo Gamarra?[25] La forma en que Lemoine resuelve esta contradicción ideológica es postulando que son justamente las desgracias por las que ha pasado la autora las que "le dan el derecho" de aspirar a la gloria. Y al llegar a este punto, las palabras de Lemoine son más que categóricas cuando dice: "[q]ue los triunfos de la gloria la indemnicen por las derrotas de esta batalla!" (xxxv). De esta manera, en consonancia con el carácter prescriptivo y didáctico de mucha de la literatura del siglo XIX se busca alertar a las lectoras sobre la necesidad de que no sigan los pasos de la autora. Paradójicamente en otros pasajes de este perfil, Lemoine presenta a Matto de Turner como una luchadora intelectual que construye la nación desde su escritorio "sin otra lanza que su pluma". En este caso, no se visualiza a Matto de Turner como un sujeto sumiso y dependiente que se autodisminuye para elevar a su interlocutor sino como un sujeto intelectual que dialoga, de igual a igual, con sus colegas en el recientemente profesionalizado campo de las letras.

De esta forma, la estrategia de recurrir a la máscara discursiva de la caridad cuando peligra la respetabilidad de Matto de Turner como mujer es practicada tanto por la autora como por sus críticos, tal vez porque toda la literatura del período se produce bajo la égida del culto al ángel del hogar. Este mismo tipo de domesticación de la intelectualidad femenina aparece en un perfil de Julio Sandoval, hijo de Juana Manuela Gorriti, titulado "La señora Clorinda Matto de Turner. Apuntes para su biografía". En este caso, Matto de Turner es "unas veces virgen del hogar, otras ángel de caridad y no pocas el apóstol inspirado de una doctrina o de un principio sano y moral por excelencia" (xi). A lo largo del perfil se buscan conciliar infructuosamente el auto-sacrificio de la dama de caridad con el

---

[25] Dice Abelardo Gamarra en "Apuntes de viaje": "¿Qué hubieran dicho Madame de Stael, Jorge Sand, Fernán Caballero, Carolina Coronado, María del Pilar Sinués de Marco y todas aquellas sobresalientes escritoras al ver a la tradicionista americana, hermosa y joven ni más ni menos que un banquero, un tenedor de libros o un jefe de casa mercantil personalmente dirigiendo, ordenando, trabajando ella misma y hablando de negocios como en un salón pudiera hablar de literatura? (*Tradiciones cuzqueñas, leyendas, biografías y hojas sueltas* 149-150).

individualismo de la mujer de letras que necesita autonomía y un "cuarto propio" para producir sus obras. Sin embargo, para el autor de esta semblanza la función del sujeto femenino en la modernidad es salir del hogar para sacrificarse por el bien de los demás. Dice Sandoval: "La mujer de hoy crea y fomenta: desprecia su vida, y sin otro sentimiento que el bien de la humanidad se lanza al campo de batalla o se sepulta en los hospitales o donde quiera que oiga un gemido" (xi).

La conversión de la escritora en ángel de caridad se presta a una lectura historiográfica en la que el sentimentalismo es una respuesta a una serie de traumas sociales. También se puede leer como un deseo de exorcizar las ansiedades que causaba a nivel social la emergencia de la mujer profesional o "nueva mujer latinoamericana" en el campo de las letras. Ya lo decía Matto de Turner en "Obreras del pensamiento en América del Sur" cuando afirmaba que las escritoras eran las verdaderas heroínas de la "modernidad periférica" porque tenían que luchar contra todo tipo de obstáculos y porque "si algunos hombres de talento procuran acercarse a la mujer ilustrada, los tontos le tienen miedo" (*Boreales* 266). La hostilidad con la que la cultura republicana recibió este nuevo paradigma de subjetividad femenina se recoge en una letrilla de Mercedes Cabello de Carbonera titulada "Mujer escritora". En este poema humorístico el sujeto lírico femenino vampiriza voces masculinas sobre la incompatibilidad del activismo intelectual con la vida doméstica:

–No quiero por nada/mujer escritora./Yo quiero, decía,/mujer que cocine,/ que planche y que lave,/ que zurza las medias,/ que cuide a los niños, /y crea que el mundo,/ acaba en la puerta / que sale a la calle./ Lo digo y repito/ y juro que nunca/ tendré por esposa/ mujer escritora (60)[26]

Para justificar, entonces, el ingreso de las mujeres a la esfera del pensamiento las escritoras se piensan a sí mismas como esposas de cristo o ángeles de caridad. Para muchos de los biógrafos del siglo XIX, son los gestos de caridad patriótica los que le dan a Matto de Turner el derecho de vivir para la historia. La matriz generadora del texto biográfico de Joaquín Lemoine está determinada por la yuxtaposición de identidades intelectuales, domésticas y filantrópicas. Dice que

---

[26] Este poema apareció por primera vez en *El Almanaque de la broma* en 1878 y fue reproducido por Matto de Turner en su texto didáctico para señoritas titulado *Elementos de literatura para el bello sexo* (Matto de Turner, *Elementos de literatura* 60). Otros poemas de mujeres que Matto de Turner incluye en este libro de textos para ejemplificar principalmente cuestiones de métrica, versificación y rima son los de Santa Teresa, María Josefa Massanés de Gonzalez, la Baronesa de Wilson, Leonor Manrique, Carmen de Ballen, Angela de Vivero, y Agripina Montes del Valle.

durante la guerra del Pacífico, Matto de Turner transforma su hogar en un "hospital de sangre" desde el que atiende a los soldados heridos en el campo de batalla:

> Recibió allí en los brazos a sus hermanos armados heridos por el plomo enemigo y rociados por las perlas que diluviaban sus ojos. Los valientes oficiales y soldados [...] son testigos de la abnegada filantropía de esa hermana de la caridad patriótica. (Lemoine xxxvii)

La imagen que emerge de Clorinda Matto en este perfil-prólogo es curiosamente similar a la de "la señora de Pucuto", ya que los cuerpos de los soldados heridos sobre los que "vertía lágrimas", eran en su mayor parte indios, como es casi de rigor en la mayor parte de las guerras en Latinoamérica, y como lo apunta Jorge Basadre para el caso específico de la guerra del Pacífico.[27] Una vez en el siglo XX, Manuel Cuadros, recurre a la misma figura icónica cuando señala la imposibilidad de separar en el corpus mattiano los campos semánticos de la escritura y la beneficencia. En su estudio biográfico sobre Clorinda Matto elogia la generosidad *post-mortem* de la autora quien dejó estipulado en su testamento que:

> [...] de la venta de su libro, "Viaje de Recreo" se aplique, una parte, para dotar completamente a la criatura mujercita, que ingrese en la Cuna de los huérfanos el día de su fallecimiento, y otra parte sea enviada al Cuzco para aplicarla al Hospital de Mujeres de su ciudad natal. (Cuadros 147)

La literatura como profesión le permite a Matto de Turner financiar proyectos filantrópicos concebidos como actos reformistas; sólo que aquí la preocupación de género prevalece sobre la de raza.[28] Tanto en el caso de Clorinda Matto, como

---

[27] En *Iniciación de la República* dice Jorge Basadre sobre las tropas del ejército peruano en la guerra contra Chile: "Los indios formaban en su mayoría la infantería junto con los vagos que por disposiciones legales y a veces como castigo por parte de las familias, ingresaban en los cuarteles. Ignorante el indio a veces del castellano y de lo que defendía, se convertía en un soldado valiente cuando sus jefes le daban el ejemplo; nunca actuó por sí mismo en la rebelión ni en la batalla" (98-99).

[28] También George de Mello en *A literary Life of Clorinda Matto de Turner* hace referencia a este testamento mencionado por Manuel Cuadros. Según de Mello, "Clorinda's desire to help the downtrodden, her interest in education, her desire for the intellectual advancement of women, her love for Peru and Argentina, and her gratitude to her friends were all apparent in her will" (89). De Mello repite la información que da Cuadros pero añade que la biblioteca de Matto fue donada al Consejo de Educación de Buenos Aires, que sus joyas fueron dejadas a sus amigas entre las que figuraban un

en el de la señora de Pucuto, los esfuerzos caritativos funcionan en casos aislados (el de la huerfanita a la que Matto le cede las ganancias de su libro) pero no son efectivos a nivel colectivo. En este sentido, la reflexión sobre las limitaciones de la praxis caritativa, se pueden extender al caso de la señora de Pucuto que sólo consigue recoger en vida a unos pocos indios en su finca y que no puede impedir que a su muerte éstos vuelvan a su situación desgraciada original. Esto es lo mismo que ocurre en *Aves sin nido*, cuando la intervención caritativa de Lucía es exitosa en el caso de las dos niñas huérfanas adoptadas por los Marín pero tiene efectos desastrosos para la vida de los padres indios de esas mismas niñas (Juan y Marcela Yupanqui) que mueren como consecuencia de su intervención caritativa. Se puede decir entonces que en los textos de Matto de Turner se elogia el discurso de la caridad al mismo tiempo que se demuestran sus limitaciones y deficiencias para hacer reformas radicales desde una perspectiva indigenista.

El discurso de la caridad se articula a su vez con el sentimentalismo ya que lo que despierta los sentimientos benevolentes del sujeto femenino son las lágrimas de los indios. La obsesión que aparece en los textos del siglo XIX con la orfandad indígena y/o la viudez femenina puede ser leída desde una perspectiva sociológica ya que el índice de mortalidad era alto en el siglo XIX debido a las pestes, las guerras y el atraso de la medicina.[29] Sin embargo, esta lectura no explica el hecho de que, como lo indican Kimberly Reynolds y Nicole Humble para el caso norteamericano, la mayoría de los huérfanos en las novelas victorianas sean mujeres (26). La feminización de la orfandad es también trasladada como tópico al corpus latinoamericano del siglo XIX en el que se lo usa para reflexionar sobre ansiedades locales. En el caso de las novelas de Matto de Turner se utiliza la figura victoriana

---

zafiro a la hija de Juana Manuela Gorriti, un rubí a la señora Saenz de Centeno y una esmeralda a Mercedes Cabello. Aunque no están muy claras cuáles son las fuentes de estos datos biográficos, de Mello cita un artículo de Juan Cruz Ocampo en *La prensa* de Lima fechado el 20 de agosto de 1946 y la entrevista personal que tuvo con un pariente cercano de Clorinda Matto de Turner.

[29] En el caso del perfil de la señora de Pucuto es también a partir de la muerte de los padres y del esposo que la matrona del Cuzco entra profesionalmente en el terreno de la caridad. La carencia de familia se vuelve paradójicamente una ventaja que posibilita que el sujeto femenino ejerza posiciones de autoridad: "Desde cuando la señora Centeno quedó viuda, es que la observación del historiador debe seguirla paso a paso. Ahí la vemos sola, en una situación difícil para la vulgaridad de las mujeres, pero en ninguna manera para la inteligente señora que comprende que tiene todavía una misión que llenar. La vemos independiente cual convenía a su carácter, pues debía manifestarse con todos sus rasgos de heroísmo en medio de la libertad de acción" (*Tradiciones cuzqueñas* 196).

de la huérfana para reivindicar los derechos de las mujeres en el ámbito público (la educación, el acceso al mercado de trabajo) que quedaba legitimado por el hecho de carecer de la protección masculina (Reynolds 27). De hecho, éste era el argumento que utilizaban las damas de caridad argentinas para educar a las huérfanas rechazadas por Sarmiento, y ésta también era la motivación de Lucía para educar a las hijas de los Yupanqui en *Aves sin nido*.[30] La orfandad femenina y la viudez legitimaban en este sentido el acceso de las mujeres a ciertos espacios públicos pensados como "masculinos" en la cultura decimonónica.

En el caso del perfil de la señora de Pucuto el énfasis en la situación patética y desesperada de los indios que lloran, sufren, se enferman y mueren es también una herramienta ideológica que le permite al sujeto femenino reflexionar autobiográficamente sobre las dificultades de la vida propia. Tópicos caros al sentimentalismo decimonónico están presentes en este perfil, en el que la narración de vida de la señora de Pucuto se estructura alrededor de una cadena de muertes (la de la madre, la del padre, la del esposo) que van dejando al personaje en una situación progresivamente desesperada y curiosamente similar a la de los indios huérfanos que recoge en su hogar. El sufrimiento común es lo que une a mujeres e indios en una relación sentimental que trata de borrar por medio de las lágrimas las desigualdades de género, raza y clase.

Al mismo tiempo, si por momentos se asegura en este perfil que la caridad de la señora de Pucuto es completamente desinteresada –afirmación que por lo insistente termina resultando sospechosa– se especifica también que la señora cuzqueña recibe una retribución no-material de parte de los indios, que no solamente riegan el féretro con sus lágrimas, sino que movidos por el "cariño agradecido" hacen una colecta para construirle una placa recordatoria en el cementerio. La máxima recompensa a la abnegación y a la filantropía le llega a la señora de Pucuto en el cielo, cuando se describe su ascenso a un paraíso tan real y tangible como la finca de Pucuto. Dice Matto:

---

[30] En sus escritos sobre la beneficencia pública Sarmiento critica a Margarita Sánchez de Thompson por la forma en que la sociedad de beneficencia educaba a las niñas huérfanas. Según Sarmiento educar a las niñas de clase baja era peligroso porque podían acabar siendo "traviatas" o prostitutas y porque: "[l]a educación de la mujer ha de estar en estricta relación con sus medios de subsistencia y la clase social a que pertenece". Añade también que "[...] si su espíritu se eleva más allá de los medios pecuniarios de la familia su virtud estará siempre en peligro[...]La dama de las camelias es la pintura que la sociedad europea nos hace de la elevación femenil sin recursos [...]" (Sarmiento, *Obras completas* XLIV: 82).

Llegó el momento en que la caritativa señora fuese a recibir el galardón de manos del Creador, y, sonriendo tal vez desde la mansión de los que practicaron el bien, presenció el dolor que su partida había causado a todas las clases sociales. (*Tradiciones cuzqueñas, leyendas, biografías y hojas sueltas* 197)

La fascinación necrológica, casi macabra, de los textos de Matto con las escenas de muerte, es una diferencia cultural con nuestro siglo (en el que la muerte es tabú) que no se puede recalcar suficiente. El tipo de nación que Matto visualiza en esta biografía es una nación sentimental en la que las clases superiores se relacionan con las inferiores a través de un intercambio desigual. El acto de la escritura se transforma entonces en una empresa mesiánica asociada con la filantropía en la que se subrayan las carencias sentimentales y económicas de los indígenas para darle al sujeto femenino una identidad política. El espacio del hogar, que en tantas novelas decimonónicas aparece como un recinto sagrado en el que las clases ilustradas se aíslan de una peligrosa exterioridad, se convierte aquí en un un centro de asistencia pública, en este caso un asilo de huérfanos, en el que la nación es representada por sinécdoque a través de los indios expósitos que necesitan ser rehabilitados por el trabajo social de la dama de caridad.

La relación metonímica entre hogar y nación se complejiza porque las virtudes domésticas de la hospitalidad que practica la señora de Pucuto con los indios se extienden también a una serie de viajeros extranjeros (Paul Marcoy, el conde de Castelneau) que llegan a la finca atraídos por una "colección de antigüedades peruanas de valor inestimable" (*Tradiciones cuzqueñas, leyendas, biografías y hojas sueltas* 197).[31] Aquí, aparece en el perfil el entusiasmo que los letrados del XIX experimentan con respecto al pasado, una preocupación que paradójicamente coincidió en el período nacional con la exaltación de la ideología del progreso. La colección de arte indígena que la señora de Pucuto llega a amasar con fervor religioso es, según Matto, la mejor del Perú, opinión que según ella corroboran Paul Marcoy y el conde de Castelneau en dos libros de viaje publicados en este período.[32] El

---

[31] Dice Matto de Turner sobre la relación de estos dos viajeros franceses con la Señora de Pucuto: "Diferentes viajeros científicos se han ocupado de esta colección y entre ellos el Conde de Castelneau y Mr. Paul Marcoy enviado por el gobierno francés para hacer estudios arqueológicos y quienes hablan en sus obras del museo de la señora Centeno, considerándolo como el mejor del Perú" (*Tradiciones cuzqueñas, leyendas, biografías y hojas sueltas* 197).

[32] He buscado referencias a la colección de antigüedades peruanas de la señora de Pucuto en los libros de viaje de Marcoy de Castelneau pero no he encontrado todavía ninguna referencia directa a dicha colección.

profesionalismo de la señora de Pucuto como curadora es elogiado por Matto que lo describe como "una de aquellas pasiones caprichosas que casi rayan en locura" y que llega hasta tal punto que en los últimos días de su vida "manifestó el deseo de que su cadáver fuese depositado en el salón de sus antigüedades, mientras lo trasladaban al Cementerio" (197). La mención de este museo se articula con un impulso indigenista, que no solamente busca mostrar la condición deplorable de los indígenas en el presente, sino que también intenta hacer una recuperación arqueológica de su pasado. Ante la pregunta historiográfica de cuál debía ser el origen de la identidad peruana, Matto responde que había que hacer arrancar el sentimiento de lo nacional del período del Incanato, sin que esa idealización echase sombra sobre el carácter aniquilado, desheredado y pobre del indio en el presente. Esta propuesta puede leerse en contrapunto con la de Ricardo Palma, que fundaba el origen de la peruanidad en el hispanismo de la época colonial y en una oralidad limeña más que cuzqueña.[33]

La finca de Pucuto se convierte entonces, por un lado, en un espacio en el que se buscan conciliar los diferentes elementos que constituyen la nacionalidad, y por otro, en un teatro o plataforma en el que la señora de Pucuto representa papeles múltiples y contradictorios. A través de roles como el de dama de caridad, curadora y empresaria (porque de alguna manera esta señora viuda administraba su dinero para poder efectuar labores de caridad) el discurso de Matto reproduce al mismo tiempo que amplía los discursos normativos de la femineidad republicana. La señora Centeno de Romainville es madre, pero ejerce sobre los indios un tipo de maternidad social; es dama de caridad, pero ese rol le permite justificar actos de desobediencia social; y por último, es educadora, ya que al igual que Clorinda Matto, la señora de Pucuto organiza veladas literarias para convertir su hogar en centro de ilustración a la manera de una "saloniére" francesa.[34]

El rescate que hace Matto de la benevolencia como elemento regenerador y homogeneizador de las sociedades latinoamericanas la acerca más a la concepción feminizada de la virtud que tiene José Martí en sus escritos que a la iconografía viril y masculina que prevalece en el pensamiento de González Prada. Así José

---

[33] Sobre la política de la lengua en Ricardo Palma ha reflexionado Antonio Cornejo Polar en "De Garcilaso a Palma: ¿Una lengua de/para todos?" (*Escribir en el aire* 107-112).

[34] Por otro lado, si la señora cuzqueña preserva en su museo de arte indígena una tradición andina despreciada por el proyecto liberal, Clorinda Matto colecciona en sus *Tradiciones cuzqueñas* anécdotas referentes a los monumentos, campanas, paisajes e iglesias de una región marginada del Perú republicano. El impulso coleccionista atraviesa sus catálogos de perfiles para demostrar que no sólo la vida militar y guerrera regida por un concepto clásico de la virtud merece ser inmortalizada.

Martí en un cuento infantil titulado "La muñeca negra" publicado en *La edad de oro* (1889), representa metonímicamente a la virtud por medio de una niña llamada Piedad, que de entre todas sus muñecas prefiere a la negra porque nadie la quiere. También en "Nuestra América," texto preocupado por la falta de cohesión de los proyectos nacionales, José Martí planteaba la necesidad de unificar a los diversos núcleos etno-sociales por medio del sentimentalismo de la caridad. "El genio hubiera estado en hermanar", dice Martí, "con la *caridad del corazón* y con el atrevimiento de los fundadores, la vincha y la toga; en desestancar al indio; en ir haciendo lado al negro suficiente; en ajustar la libertad al cuerpo de los que se alzaron y vencieron por ella" (124, énfasis mío). En realidad, lo que plantea Martí en este pasaje es que, para construir naciones fuertes que pudieran hacer frente a los avances del vecino del norte, había que recurrir a los dos tipos de virtud, a la clásica del patriotismo marcial y a la cristiana asociada con la caridad.

Las caricaturas y críticas que se hacen en el xix de la dama de caridad se pueden conectar entonces con un deseo por parte de la cultura hegemónica de que la caridad bien entendida empezara (y terminara) por casa. Por otra parte, la sacralización que Matto hace de esta figura puede ser leída como una respuesta a estas críticas, pero también como un intento de crear un proyecto de nación sentimental. La alianza entre expósitos y dama de caridad que se da en este perfil es problemática desde un punto de vista indigenista porque convierte a los indios en objetos de piedad de una benefactora misti que utiliza el sufrimiento de los grupos amenazados por las prácticas modernizadoras para ampliar las fronteras de su propia subjetividad. Desde un punto de vista de género, el *tableau* adquiere resonancias más radicales. En una época en que había pocas poses femeninas que pudieran tener una proyección en la esfera pública, la hibridez del campo de la beneficencia resultó productiva para cuestionar la compartimentalización de espacios que se hacía en la doctrina liberal de las esferas y para darle una identidad política a la figura-fetiche del ángel del hogar. En el perfil de la señora de Pucuto la construcción de un Otro-étnico en peligro le sirve a Matto de Turner para hacer brillar con más fuerza la claridad/caridad del sujeto femenino republicano. Si por medio del amor ágape, se consigue darle autoridad al ángel del hogar, no se logra, sin embargo, modificar la situación del indio que necesita para acceder a un estatus de sujeto cambios radicales a nivel socio-económico más que la compasión de la dama de caridad. El rescate que hace Matto de Turner de la beneficencia plantea un desvío con respecto al pensamiento positivista de Manuel González Prada. La necesidad mattiana de reivindicar el discurso de la beneficencia se articula más con la necesidad de encontrar espacios femeninos donde ejercer una forma de activismo político sin ser anatemizada que con la creencia de que la caridad iba a ser una solución al "problema del indio" en el Perú. Por otro lado, vale la pena mencionar que aunque la caridad es un discurso sumamente conservador en términos de raza y clase postulaba una idea cristiana de amor al otro que tenía un lado contestatario en el contexto extremadamente racista y anti-indigenista del Perú de fines de siglo.

Capítulo V

El cura y el ángel del hogar:
Anticlericalismo y género en *Índole*

El surgimiento de la república del Perú (1821) coincidió con el avance de una corriente ideológica laica y liberal que se asoció con la modernización y el progreso. A lo largo del período nacional los liberales intentaron limitar el excesivo poder cultural, político y económico de la iglesia, provocando la radicalización de los sectores religiosos más conservadores.[1] Dentro de este conflicto entre catolicismo y secularización, fe y ciencia, se colocó al sujeto femenino del lado de la religiosidad en peligro. *Índole* (1891), la segunda novela de Clorinda Matto de Turner, aparece en el marco de estos debates. Menos leída que *Aves sin nido*, en parte porque en ella se diluye considerablemente la cuestión indigenista, esta novela continúa la crítica a la religión organizada que Matto había emprendido en sus obras anteriores. La trama sentimental, que se estructura alrededor de las tensas relaciones entre un cura y su confesada, remite alegóricamente al conflicto entre iglesia y estado en el período de la modernización. Con muy pocas excepciones el anticlericalismo de Matto de Matto de Turner ha sido leído como un eco indiferenciado de las ideas anti-religiosas de Manuel González Prada. En este capítulo, sin embargo, me interesa subrayar la hibridez estético-ideológica de esta novela en la que se acatan al mismo tiempo que se transgreden los valores normativos del pensamiento iconoclasta liberal.

CURAS Y MUJERES EN EL IMAGINARIO REPUBLICANO

El topos del cura sátiro tiene en el Perú una larga genealogía que se remonta a las crónicas de la conquista. Ya en *Nueva Crónica y Buen Gobierno* de Guamán Poma de Ayala se representa la voracidad sexual de los padres de la iglesia que convertían a las mujeres indias en objetos de sus fantasías eróticas (595). En el

---

[1] Según Pilar García Jordán en *Iglesia y poder en el Perú contemporáneo (1821-1919)*, la primera mitad del siglo XIX fue un período de relativa armonía entre iglesia y estado, pero la segunda mitad se caracterizó por la creación de un estado moderno que fue altamente resistido por la institución eclesiástica. Este proceso modernizador por el que el estado buscó quitarle funciones a la iglesia incluyó, según García Jordán, la secularización de los censos y el control demográfico, el registro civil y los cementerios. En 1886 surge como reacción a estas medidas secularizadoras la Unión Católica Nacional que patrocinó la formación del partido conservador. En 1896 tuvo lugar en Lima el Primer congreso Católico que se formó como respuesta al avance de la secularización (13-17).

siglo XIX, Matto de Turner se inserta en una tradición de corte anticlerical que incluye textos como *El padre Horán* (1848) de Narciso Aréstegui, las *Tradiciones peruanas* (1872) de Ricardo Palma e *Importancia de la Educación del Bello Sexo* (1848) de Francisco de Paula González Vigil. Por otra parte, aunque la publicación de los ensayos más anticlericales de González Prada es tardía es posible que Matto de Turner conociera oralmente los epigramas que éste publica en *Presbiterianas* (1909).[2] En estos mini-poemas, que conforman una especie de archivo decimonónico de "chistes verdes" protagonizados por curas se utiliza el arquetipo del cura lujurioso para criticar la práctica del celibato y para alertar a los maridos sobre la necesidad de alejar a sus esposas del confesionario. En la visión que tiene González Prada de la civilización y el progreso, el cura es un enemigo del bienestar doméstico y de la armonía familiar porque se apodera, escudado por vestimentas femeninas y un fingido desinterés sexual, de las almas de las mujeres y de sus cuerpos.[3] El estereotipo del clérigo sexualizado que González Prada recoge a su vez del anticlericalismo francés y de Jules Michelet en particular convierte al cura en un ser peligroso e inmoral del que hay que mantener apartado al ángel del hogar, la otra figura cuasi-religiosa del Perú republicano.[4]

---

[2] Sobre la cuestión del anticlericalismo en el Perú véase *Religión y revolución en el Perú: 1824-1976* de P. Jeffrey Klaiber S.J., especialmente el capítulo titulado "El gran templo de la ley: Los orígenes del anticlericalismo en el siglo XIX" (23-42). La tradición anticlerical del XIX arranca según el autor de este trabajo con *El Plan del Perú* en 1810 de Manuel Lorenzo de Vidaurre. La idea de Clorinda Matto de Turner de que los curas deben poder casarse ya aparece en esta obra de Vidaurre.

[3] Dice González Prada en "Las esclavas de la iglesia": "En el matrimonio de los buenos creyentes, a más de la unión corporal del hombre con la mujer, existe la comunión espiritual de la mujer con el sacerdote. Si en las naciones protestantes el *clergman* se contenta con sólo llamarse el amigo de la familia, en los pueblos católicos, señaladamente en los de origen español, el sacerdote se juzga con derecho a titularse el amo de la casa: donde mira una mujer, ahí cree mirar una sierva, una esclava, un objeto de su exclusiva pertenencia. Él se interpone entre el marido y la mujer para decir al hombre: Si el cuerpo de la hembra te pertenece, el alma de la católica pertenece a Dios, y por consiguiente a mí que soy el representante de la Divinidad. Basándose en razones tan sólidas, el ministro del Señor toma el alma de la mujer...cuando no se apodera también de su cuerpo" (*Páginas libres* 237).

[4] El texto anticlerical de J. Michelet que Manuel Delgado menciona como canónico en el fin de siglo europeo es "Le prêtre, la femme et la famille" publicado en 1845. Según Manuel Delgado fue traducido al español a mediados del siglo XIX y tuvo una amplia circulación en España. La idea de González Prada de que el cura es un enemigo del "espíritu moderno" que quiere dominar a los hijos y esposas de los liberales viene directamente de este texto (Michelet citado por Delgado 38).

El sujeto poético de los epigramas de González Prada se manifiesta en contra del celibato sacerdotal, una cuestión que Matto ya había planteado en *Aves sin nido*. En uno de estos poemas se dice sobre la confesión repetida que "era una llave de la gloria pero también de las alcobas" (*Presbiterianas* 44) y en otro se poetiza la historia de un seglar andaluz que viaja al vaticano para rogarle al papa que suprima el celibato. El argumento revanchista que se utiliza en estos versos en nombre de la filosofía y de "la revelada ciencia" es que "[s]i clérigos y frailes se casaran, / Tendríamos nosotros la deshecha,/ Podríamos hacer con sus mujeres/ lo mismo que hacen ellos con las nuestras" (*Presbiterianas* 42). Curas y mujeres (en este caso confesadas o como se les decía en la época "mujeres arregladas") forman para González Prada una contra cultura erótico-sentimental que obstaculiza desde los márgenes de la ciudad letrada, los logros de la corriente modernizadora del progreso.

Al mismo tiempo, en el anticlericalismo gonzález-pradiano el cuerpo femenino es un objeto de deseo que representa por sinécdoque la vulnerabilidad nacional amenazada por el excesivo poder sexual, pero también político, de una iglesia corrupta que le está usurpando funciones al estado.[5] La solución que proponía González Prada a este conflicto era fortalecer el recientemente profesionalizado campo intelectual haciendo que el sujeto masculino laico liberara a la mujer (y a la nación) de su imaginada sujeción moral con respecto a los sacerdotes. Este rescate no se hacía con el propósito de independizar al sujeto femenino del masculino, sino para someterla aún más a los designios de los maridos. En un ensayo titulado "Las esclavas de la iglesia" (1902) González Prada dice que sólo "virilizando" el concepto de la virtud republicana los hombres adquirirán la fuerza necesaria para secularizar al sujeto femenino alejándolo de la iglesia. Asocia la condición femenina en el siglo XIX con una forma de esclavitud religiosa y dice: "Los esclavos y los siervos deben su dignidad de personas al esfuerzo de los espíritus generosos y abnegados; *la mujer católica se emancipará solamente por la acción enérgica del hombre*" (*Páginas libres* 240, énfasis mío).

González Prada retoma en los epigramas la idea liberal de que la mujer era, por su falta de educación, fácil presa de los sacerdotes. Ya en *Importancia de la educación del bello sexo* (1848) Francisco de Paula González Vigil había hecho un llamado de alerta a los padres de familia para que tomaran conciencia del excesivo poder que los curas tenían sobre sus hijas. Se quejaba de que los directores de

---

[5] A lo largo del siglo XIX se promulgaron una serie de leyes secularizadoras que resultaron en una creciente descatolización de la sociedad peruana. Según Fernando Armas Asin en *Liberales, protestantes y masones: Modernidad y tolerancia religiosa. Perú siglo XIX*, los liberales lucharon porque se impusiera la ley de la tolerancia de cultos (1915) argumentando en parte que sería una buena forma de atraer la inmigración europea.

almas impartieran "enseñanzas secretas" a las niñas de la alta sociedad que se volvían bajo su tutelaje "tristes, devotas, pusilánimes" (88). Por otro lado, acusaba a los sacerdotes de alejar a estas jóvenes criollas de un paraíso doméstico regido por la figura laica del padre. Dice: "El padre no es ya el jefe de la familia; la madre desconoce la obra de su corazón; y las hijas prestan más oído y son más obedientes a la voz de su confesor, que a la dulce, tierna y muy poderosa de sus propios padres" (González Vigil, *Importancia de la educación* 89). Dentro de esta relación competitiva entre una familia pública (la de la Santa Madre iglesia) y una privada (la del hogar) se debate el futuro del ángel del hogar.[6] ¿Consistiría el rol de la mujer republicana en defender a la iglesia del avance secularizador, o en convertir el hogar en un espacio moderno desde el que luchar contra el poder de la iglesia?

En los epigramas de González Prada el humor es una herramienta ideológica con la que se hace frente a la ansiedad que causaba en el sujeto masculino la peligrosa alianza entre curas y ángeles del hogar. El cura era para los liberales "un rival"(Delgado 37) cuya castidad aparente camuflaba un peligroso interés sexual.[7] Así por ejemplo, en un epigrama titulado "Receta eficaz", un matrimonio cristiano acude, después de probar todo tipo de métodos caseros contra la infertilidad ("medicinas, rezos, viajes, agua de yura, masajes y hasta hierbas chinas") a una gran eminencia médica que, a tono con la marcada "francofilia" de Prada, viene de Francia. El discurso del erotismo que contrapone la infertilidad del marido a la potencia sexual del sacerdote encubre una preocupación sobre la masculinidad en la época de la modernización:

---

[6] Para un excelente estudio sobre los cruces semánticos entre el discurso de la iglesia y el de la familia en la época colonial véase "Familiarizando el catolicismo en el Cuzco colonial" de Carolyn S. Dean. Según esta autora el catolicismo se apropia de la terminología familiar a través de vocablos como "hermano", "padre", "hijo" para establecer lazos genealógicos entre los fieles. Dice: "El catolicismo romano (al igual que muchas otras religiones) tomó prestado el léxico familiar, estableciendo relaciones entre fieles, dirigentes, religiosos, santos y deidades no emparentados entre sí. Los practicantes de la fe están integrados a la Iglesia y ligados entre sí y a su panteón a través de la "familiarización" discursiva" (169).

[7] Me han resultado particularmente sugerentes las observaciones de Manuel Delgado en *Las palabras de otro hombre. Anticlericalismo y misoginia*. Según Delgado, el conflicto entre tradición y modernidad en España se articula con una época de crisis en la que cambian las ideas sobre la feminidad y la masculinidad. Particularmente perceptiva es la noción de que en el siglo XIX los ataques a la iglesia como espacio feminizado se entretejen con la misoginia del pensamiento liberal (33-34).

crítica peruana estas dos novelas ocupan un lugar problemático, fuera del canon, en parte porque ambas están plagadas de un *pathos* melodramático-sentimental que rompe con la cuidada y medida prosa del realismo neoclásico. Ventura García Calderón las declara "igualmente malas" y dice:

> El crítico escrupuloso, cuando tiene vocación de explorador, va descubriendo en los anaqueles de la biblioteca de Lima, novelas flojas que una polilla generosa destruye: *El padre Horán* de Narciso Aréstegui, las publicadas en folletín de los periódicos y las de Clorinda Matto de Turner (*Del romanticismo al modernismo* 283).

Por otra parte, Cornejo Polar re-edita por primera vez esta novela a la que considera un documento valioso de la cultura nacional, al mismo tiempo que la utiliza como telón de fondo contra el que subrayar la mayor coherencia ideológica del pensamiento anticlerical de González Prada. Dice:

> En cualquier caso [...] es evidente la consonancia entre los postulados de González Prada y la realización narrativa de Clorinda Matto, pese a que en ésta es visible una menor agresividad y también menor coherencia ideológica. El magisterio de González Prada se extenderá y será incluso más perceptible en *Índole* donde la problemática indígena queda sepultada por el anticlericalismo de clara filiación pradiana. (*La novela indigenista* 39)

Pero Matto de Turner no solamente se apropia de las ideas anticlericales de Aréstegui, González Prada y Palma (y aquí la idea de apropiación la colocaría en un rol más activo que pasivo) sino que las manipula y las corroe por dentro para hacerles decir otra cosa. Al mismo tiempo y en el caso específico de la relación intertextual entre Matto de Turner y González Prada, es importante señalar, como lo hace Efraín Kristal en *The Andes Viewed From the City* que *Índole* (1891) precedió a "Las esclavas de la iglesia" (1902) en el planteamiento combativo con el que se trataba la problemática anticlerical en el Perú y que González Prada publicó una gran parte de sus textos anticlericales usando un seudónimo. De hecho, no es hasta principios del siglo XX que González Prada se atreve a publicar este ensayo sobre sexualidad y secularización, una problemática a la que Matto de Turner ya se

---

de la zona andina. Tal y como lo afirma Cornejo Polar en el prólogo a *Índole*, Matto de Turner omite en esta obra "el lado cruel" de la realidad andina que tan visible era en *Aves sin nido*. En el espacio de Rosalina las relaciones entre amos y sirvientes está completamente idealizada. Los grupos indígenas y mestizos viven bajo la tutela armónica de sus patrones protectores.

había anticipado en sus novelas y en las *Tradiciones cuzqueñas*.[15] Con respecto al clero, Matto de Turner, que no por nada fue excomulgada por la iglesia peruana, fue más beligerante y combativa que el autor de *Páginas libres*.

La visión del cura como una figura hiperbólicamente negativa de la que hay que mantener apartados a indígenas y mujeres aparece por primera vez en las *Tradiciones cuzqueñas* (1884), se desarrolla en *Aves sin nido* (1889) y llega a su *clímax* en *Índole* (1891).[16] Esta última novela se construye alrededor de las ambivalencias de la heroína (Eulalia) frente a los avances del Padre Isidoro Peñas, un cura inmisericordioso que ha sido su confesor desde la infancia. La complejidad ideológica de esta novela reside en la forma en que el sujeto narrativo acata y transgrede al mismo tiempo la perspectiva hegemónica liberal con respecto al conflicto de la secularización. El cura imaginado por Matto de Turner no es muy diferente de los sacerdotes depravados que circulan por los epigramas de González Prada. Se dice que el padre Peñas era "un cuervo de los cementerios vivos, dueño y señor de nuestros hogares, dominador de las esposas" y que "codiciaba" a Eulalia "con toda la fuerza de una corriente lujuriosa en cuyas turbias ondas debía naufragar un alma honrada"(*Índole* 127). Por otro lado, así como Matto de Turner comparte con González Prada, Palma y Aréstegui la necesidad de apelar a un lector liberal que debe reaccionar virilmente ante la amenaza sexual (y política) que plantean los sacerdotes, incorpora a la esfera de la recepción a una lectora criolla preocupada por el rol pasivo que se le asignaba a la mujer en el matrimonio.

La novela de Matto de Turner coloca la estética sentimental del folletín en un contexto andino, mezclándola con *topoi* naturalistas. En una de las escenas más atrevidas de la novela, Clorinda Matto de Turner hace que el cura se excite sexualmente en el confesionario al escuchar la voz de Eulalia: "Y el señor Peñas sintió correr burbujas de fuego entre sus venas al roce de aquella voz angelical que prometía tanto en nombre de la obediencia ejercitada desde sus diecisiete

---

[15] Para un estudio sobre el carácter polémico del pensamiento de Manuel González Prada véase Sobrevilla. Dice que uno de los síntomas de la vitalidad del pensamiento gonzález-pradiano es que pese a que han pasado muchos años desde su muerte su trabajo sigue provocando controversias. Dice: "Despite the years that have passed since his death, his work continues to arouse anger and opposition, as it did when he lived. Prada endures as an autor about whom there is sill much to investigate and who continues to foster debate" (xxiv).

[16] Una de las tradiciones más anticlericales de Clorinda Matto de Turner en la que también se trabaja la compleja relación entre género, anticlericalismo y secularización es "El fraile no pero sí la peluca". En "La cruz de Sacsay-Huamán", por otro lado, se narrativiza el maltrato físico al que un cura somete a una de sus feligresas.

primaveras" (*Índole* 107). El mismo confesionario es la escenografía elegida para textualizar un intercambio sentimental entre cura y feligresa.

> –Pasa la mano por debajo de la tablilla, quiero estrecharla entre las mías como prueba del afecto entre padre e hija. Sí, Eulalia...¿temes?...¿desconfías?...¿crees acaso que te ofrezco un amor mundano...? Y ella, vencida por aquella frase, dominada completamente por la fuerza superior del hombre que la hablaba, [...], buscó instintivamente el claro de la tabla, y por él introdujo una mano diminuta calzada con fino guante de seda. (*Índole* 154)

El objetivo moralizante de *Índole* es hacerle pensar a la lectora que la felicidad matrimonial depende de que se mantenga alejada de la iglesia y del confesionario. Los problemas maritales de Eulalia y Asunción se atribuyen parcialmente a la mala influencia de los confesores que se aprovechan de la vulnerabilidad de sus confesadas. Al mismo tiempo, se sugiere que estos problemas no pertenecen a la esfera privada sino que están ocurriendo a nivel colectivo. Cuando el sujeto literario le da la voz al cura Peñas lo hace para demostrar que su rapacidad sexual ha dejado atrás no una sino muchas víctimas. Dice: "¿De qué ha servido a mi corazón tanta pobrecilla mariposa incauta que llegó a la llama del confesionario para hacer mi voluntad?" (*Índole* 128). Dado que el proyecto modernizador se articula con la necesidad de establecer una distancia mayor entre hogar e iglesia, Antonio le hace repetir a Eulalia desde el día de su casamiento el lema gonzález-pradiano de "nadie entre los dos" (ningún cura entre los dos). El sujeto narrativo reproduce también el sentimiento de impotencia de los maridos con respecto a la atracción que la iglesia ejercía sobre las mujeres mal casadas.[17] En el caso de *Índole*, Valentín Cienfuegos acusa a su mujer de haber abandonado el hogar en favor de la iglesia. Dice:

> Mi mujer es la verdadera hidra que se baña todos los días en agua bendita, y en mi casa no hay orden de ningún género. La iglesia es el lugar donde mora todo el santo día y yo, acaso el último de quien se acuerda. Soy un desgraciado en mi hogar, soy un bárbaro, Antonio, porque un día de desesperación he puesto hasta las manos, podrás creerlo hasta las manos en la mujer a quien me vinculé [...].
> (*Índole* 85)

---

[17] Esta idea de la mujer devota como un sujeto anti-normativo encuentra un punto de cruce con *Blanca Sol* de Mercedes Cabello de Carbonera en la que se acusa a la heroína de la novela de usar a la iglesia para parecer una mujer de mundo y para alejarse de las responsabilidades que tiene como esposa y madre republicana (*Blanca Sol* 30).

Este fragmento es emblemático del mestizaje ideológico que recorre como un arco las ficciones mattianas. En un principio, se reproduce la idea del cura como rival, como un enemigo de los esposos que Matto recoge del imaginario masculino. Más adelante, sin embargo, ocurre una modulación discursiva en la que el cura se convierte en una figura de apoyo para el ángel del hogar que la provee de refugio y consuelo ("un paño de lágrimas" para usar una frase de Maritza Villavicencio) y que la ayuda a sobrellevar las penurias de su matrimonio. En lo que se refiere a Eulalia, la heroína de *Índole*, es la indiferencia de su marido Antonio, que la infantiliza y la trata como un objeto decorativo, lo que la empuja al confesionario; en el caso de Asunción, se le echa la culpa a un marido violento y mujeriego, que era "un rendido devoto de las hembras" (*Índole* 52). Aunque se dice que los celos excesivos de ella son también una causa de la ruina matrimonial éstos quedan justificados por las conductas anti-modélicas del marido. "[S]i no fuese por mi confesor", dice en un momento Eulalia haciendo eco de las quejas de Asunción, "estaría pasando la pena negra" (*Índole* 156).

Matto de Turner alude aquí al lado oscuro de la domesticidad, un tema que era tabú en la literatura canónica masculina. En casos de violencia doméstica o maltratos físicos como los que Matto de Turner hiperboliza en sus novelas a través de la figura de mujeres golpeadas (Petronila-Camila-Asunción), los curas cumplían una función terapéutica de apoyo equivalente a la que cumplen los psicólogos en la época moderna. Se puede decir, entonces, que en la comunidad imaginada por Matto de Turner los malos maridos son tan culpables como los malos curas de que las mujeres se resistan a alejarse de la iglesia. El mensaje que se transmite a los lectores es que si trataran mejor a sus esposas éstas no formarían alianzas sentimentales (o en algunos casos eróticas) con los sacerdotes. En el caso de la lectora femenina se le aconseja que desconfíe de la práctica de la confesión y que tenga una participación más activa en el matrimonio. Ésta es una visión antitética a la de Ricardo Palma que aunque satiriza cruentamente a los sacerdotes culpabiliza a las mujeres de seducirlos y de alejarlos del camino de la santidad. Es también el mensaje ideológico de *El padre Horán* en el que son los personajes femeninos (la madre de Angélica, la beata) los que empujan a la heroína virginal a los brazos del cura asesino. En este sentido, aunque el sujeto masculino laico de *Índole* es un hombre moralmente débil que responde al llamado gonzález-pradiano de virilizar a la masculinidad en crisis, en realidad lo que Matto de Turner propone como solución a los problemas nacionales es que Antonio se someta aún más a la norma feminizante de la esposa (Eulalia) para hacer frente a las malas influencias masculinas (Valentín-Mr. Williams).

A pesar de la diferencia de matices ideológicos, en todos estos casos la secularización del ángel del hogar dependía de que las mujeres abandonaran un ámbito sagrado del que derivaban ciertos beneficios. El alejamiento de la iglesia que proponían los liberales era traumático para el sujeto femenino del siglo XIX porque allí podían emprender actividades caritativas reformistas que les daban la posibilidad de alejarse del hogar. Se podría concluir incluso que en medio de las batallas entre católicos y liberales que ocurrieron a fines de siglo, el rol que se le asignó al sujeto femenino fue el de velar culturalmente por una tradición religiosa, arrinconada por el avance de la secularización.[18] La idea de que la mujer era "naturalmente" más piadosa que los hombres fue defendida tanto por las mujeres como por las facciones liberales que se valieron de la asociación mujer-iglesia, para emprender las tareas secularizadoras. Es decir, en una especie de arreglo cultural tácito que actuó como trasfondo del avance de la modernidad en América Latina, los hombres se daban el lujo de ser liberales y de despotricar contra los curas mientras las mujeres iban a la iglesia y rezaban por ellos (Manuel Delgado 24). Un ejemplo de esta dinámica cultural lo constituye la biografía de Manuel González Prada titulada *Mi Manuel*, escrita por su esposa, Adriana González Prada. En este texto, se cuenta que el anticlericalismo de González Prada se agudizaba a medida que las mujeres de la familia, temerosas de las consecuencias que podía tener su activismo anti-religioso, trataban de frenar su militancia anticlerical. Se dice que la muerte de la hermana de González Prada ocurre por culpa de los cilicios con los que se flagelaba el cuerpo y que en un momento de fanatismo le provocan una infección difícil de frenar. De acuerdo a la esposa de González Prada, la militancia anticlerical de su marido era una reacción contra la exagerada religiosidad de las mujeres de un hogar en el que se "desayunaba frailes, comía frailes, respiraba frailes y sólo la voluntad de ellos dominaba en todo..." (Adriana González Prada, *Mi Manuel* 135).

Estas anécdotas biográficas entran en diálogo con las ideas de Manuel Delgado quien afirma en *Anticlericalismo y misoginia*, que en la España del siglo XIX fueron en

---

[18] En esta novela, Clorinda Matto de Turner comparte con los liberales la idea de que hay que descatolizar a las mujeres para hacerlas ingresar en la modernidad. Sin embargo en un artículo sobre la religión y la mujer Matto de Turner habla de la religión como un sinónimo de virtud femenina que funciona como una coraza protectora para el sujeto femenino. Dice: "Si la religión es necesaria al hombre, porque no hay virtud posible sin convicciones religiosas, a la mujer le es indispensable. ¿Qué sería de la mujer, pobre flor expuesta a los rigores del vendaval, qué sería de ella débil, desgraciada, tímida, indecisa sin ese faro, sin ese sostén y refugio que se llama religión?" (*Tradiciones cuzqueñas, leyendas, biografías y hojas sueltas* 216). Curiosamente en este pasaje, los adjetivos que utiliza para referirse a la mujer "desgraciada, tímida, indecisa" no se corresponden con la fuerza titánica que se le asigna a Eulalia al final de *Índole*.

su mayor parte los hombres los que salieron a quemar iglesias mientras que la presencia de las mujeres en los movimientos anticlericales fue más bien "tibia y minoritaria" (27). La visión que tiene Manuel Delgado del anticlericalismo como un movimiento fundamentalmente masculino se funda en su interpretación de la iglesia como una "zona libre" o espacio liberador para el sujeto femenino en el que las mujeres podían rebelarse contra la supervisión marital. Sin embargo, esta teoría parece perder fuerza en el Perú republicano en el que varias mujeres letradas quiebran la alianza curas-mujeres para denunciar la corrupción eclesial al mismo tiempo que se adjudican el prestigio moral que tenían los sacerdotes.[19] Dentro de este contexto, Mercedes Cabello de Carbonera, Clorinda Matto de Turner y Trinidad María Enríquez defienden la enseñanza femenina laica (por oposición a la educación religiosa), plegándose en el proceso a la corriente anticlerical secularizadora.[20] La famosa frase de José Martí sobre la corrupción de una modernidad en la que "los sacerdotes no merecen ya la alabanza ni la veneración de los poetas, ni los poetas han comenzado todavía a ser sacerdotes" (*Obra literaria* 206) es retomada por Clorinda Matto de Turner en una obra en la que la caída simbólica de los curas determina el ascenso moral del ángel del hogar. El anticlericalismo de Matto de Turner es diferente al de sus colegas masculinos porque se basa en el deseo de feminizar más que virilizar a la nación en crisis. El razonamiento de Matto de Turner es que la feminidad es en sí una forma de sacerdocio que puede purificar a la nación desde el ámbito privado del hogar. Al mismo tiempo, la relación ambivalente del sujeto femenino con la esfera religiosa sirve para explicar el carácter contradictorio del pensamiento anticlerical de Matto de Turner en el que se acatan los principios morales del cristianismo no institucionalizado (auto-sacrificio, piedad por los débiles, humildad) para denunciar la forma en que los violan los representantes oficiales de la iglesia.

---

[19] En un controvertido y polémico texto de los estudios culturales norteamericanos titulado *The Feminization of American Culture*, Ann Douglas reflexiona sobre un fenómeno parecido al español en los Estados Unidos de fines del siglo XIX. Según esta autora, con el avance de la modernización se produjo una alianza entre pastores protestantes y mujeres que se convirtieron en portavoces de la tradición sentimental-religiosa y que fueron hostiles a la modernización cultural. En el caso del Perú, y de Matto de Turner en particular, esta alianza se produce parcialmente ya que en muchos casos la iglesia era un ámbito corrupto en el que peligraba la virtud de la mujer.

[20] La tesis de Manuel Delgado es que la aversión a los curas en el anticlericalismo español de fin de siglo corrió paralela a una desconfianza con respecto al sujeto femenino (asociado culturalmente con la misma tradición religiosa) cuando no con una mal encubierta misoginia.

Literatas, herejes y beatas

En la cultura republicana se fomentaba que las mujeres fueran creyentes y cristianas siempre y cuando no cayeran en el fanatismo de la beata. El perfecto ejemplo de lo que las mujeres no tenían que ser en el siglo XIX es la beata Brígida de *El Padre Horán* que actúa como el doble femenino de un cura corrupto a quien se culpabiliza de la muerte de Angélica. Es ella la que con sus armas discursivas convence a esta niña inocente, que aspira a convertirse en ángel del hogar, de que se aleje de su casa y de que vaya a confesarse con su futuro asesino. Para la madre de Angélica, la beata es una mujer admirable que la deslumbra con su conocimiento teosófico porque "sabe como un teólogo" (*El padre Horán* 68) y porque cita constantemente a Santa Teresa de Jesús, al "Venerable Kempis" y a Santa Catalina de Siena (*El padre Horán* 73). Sin embargo, dado que la madre de Angélica es un personaje negativo en la novela que siempre se está peleando con su marido, el sujeto narrativo se pone del lado del padre de Angélica a la hora de ridiculizar a este personaje femenino que tiene "pretensiones de mística suficiencia" (73) y que desarrolla alianzas "sororales" con las feligresas.[21] En la novela de Aréstegui, la beata es un personaje odiado por el sujeto masculino laico porque posee un exceso de conocimiento teológico y porque contradice los valores femeninos de la humildad y la sumisión que se le asignan al sujeto femenino en el siglo XIX.[22] Se la construye, también, como una enemiga del proyecto secularizador que transgrede la barrera entre lo secular y lo sagrado. Cuando Brígida se postra a los pies del cura para calentarle los zapatos con su aliento queda claro que la beata es una verdadera "esclava de la iglesia" que se somete incondicionalmente a la voluntad de los sacerdotes (*El padre Horán* 224). Dentro de esta alianza imaginada que obstaculiza el avance de la modernidad en el contexto andino la beata actúa como una Celestina que deambula por las calles del Cuzco en busca de presas para los enamoradizos

---

[21] Otra instancia en la que el sujeto narrativo ridiculiza en la novela el conocimiento intelectual de la beata es la siguiente: "Y Brígida concluyó con tan manifiesta vanidad, que dio a conocer lo poco que había aprovechado de la lectura del Ramillete de epístolas y oraciones de Catalina de Siena" (*El padre Horán* 74).

[22] En los *Anales de la inquisición de Lima*, Ricardo Palma se refiere a Ángela Carranza, una beata perseguida por la inquisición de Lima en la época colonial de una forma que prueba que la beata era percibida como un ser amenazante no solamente porque transgredía la frontera entre lo laico y lo religioso sino también porque poseía una forma de conocimiento teológico que estaba reñida con su sexo. Cito: "Ángela Carranza era, en nuestro concepto, una mujer de imaginación, cuyo espíritu se extravió con la lectura de obras teológicas que no alcanzaba a comprender" (57).

sacerdotes. En este sentido, el éxito de la beata en la esfera femenina es directamente proporcional a la desconfianza que genera en el ámbito masculino. Dice en un momento este personaje de Aréstegui:

> Es verdad que casi todos los maridos me miran de reojo cuando entro en sus casas [...] pero algo he de hacer en pro de mi sexo [...] yo las aconsejo para que no se dejen avasallar, pues los maridos son unos reyes chiquitos [...] Sé perfectamente todo esto, porque las pobres tienen conmigo sus confidencias. ¡Cuántas veces no me han hecho llorar refiriéndome sus cuitas! ¡Oh! Es para no creer todo lo que pasa en sus casas... (*El padre Horán* 225)

La beata es bien recibida por las mujeres porque cumple una función social de liderazgo dentro de la esfera femenina. Lo que las mujeres no se atreven a contarles a los maridos se lo cuentan a ellas y éstas a su vez les dan apoyo y consejos. Dentro de este orden de cosas, los padres de Angélica se dividen en la valoración que hacen de este personaje que siempre está del lado de las mujeres y de los curas. Tal vez sea por eso que el sujeto narrativo se ensaña con este personaje militante que no asume una posición neutral en la batalla de los sexos. En un *exposé* grotesco que se anticipa a la mirada médica del naturalismo, la beata es sometida a un proceso deshumanizador bestializante. A contrapelo del sentimentalismo victoriano que predomina en el resto de la novela, se recurre en esta viñeta a la estética del feísmo para narrativizar la muerte de la beata. Se dice que su cuerpo "despide un olor insoportable" y que " [...]habla unas cosas incomprensibles, quiere levantarse, se revuelca en su cama y empieza a manotear como un caballo, [...]parece que los sesos se le están pudriendo...tal es la fetidez que exhala su cabeza al moverle las vendas..." (*El padre Horán* 307). Lo que se demuestra en este pasaje es que en la cultura del siglo XIX la beata fue casi más despreciada que los curas en parte porque practicaba una forma de religiosidad marginal, no institucionalizada. Resultaba también una fuente de irritación el hecho de que usara sus armas discursivas para deslumbrar a las mujeres incultas y para hacerlas caer en las redes de la iglesia.

Pero si para Palma y Aréstegui la beata es un personaje monstruoso que opera en el anillo periférico de la iglesia, para Matto de Turner es justamente esa inestabilidad semántica lo que la convierte en un personaje escurridizo y contradictorio que la fascina y repele al mismo tiempo. En las *Tradiciones cuzqueñas*, que han sido erróneamente leídas como una copia de las de Ricardo Palma, Matto de Turner le rinde homenaje a una beata de la época colonial con la que se alía en los márgenes de la narración en contra del poder inquisitorial. En esta tradición, irónicamente titulada "La mala carranza", se tematiza el lugar conflictivo que ocupaba la beata en la iglesia a través de la narración de vida de una mujer letrada a la que la inquisición le obligó a quemar públicamente sus escritos. Lejos de atacarla como lo hacen los curas que la acusan de "bruja" y "hechicera", Matto de Turner la defiende por la influencia extraordinaria que ejerce en el pueblo bajo el velo de la santidad (*Tradiciones cuzqueñas, leyendas, biografías y hojas sueltas* 42). Este conflicto de voces a favor y en contra de la beata queda tematizado en la ficcionalización de su enfrentamiento con la iglesia. Cito:

> Fueron tomados así mismo los papeles de la madre Ángela y presentados ante el tribunal. Ellos contenían disparatados y aún blasfemos escritos, *más propiamente obra de una persona visionaria que de una mujer hereje* a la que se le atribuyó contacto con Lucifer cual a otra madre Agreda. ¡Ah qué tiempos, qué ideas lejos de las cuales vamos marchando felizmente, a grandes pasos! (*Tradiciones cuzqueñas* 43, énfasis mío)

En este pasaje, el pasado colonial no es utilizado como una utopía remitida hacia atrás o como una Arcadia en la que refugiarse de los problemas del presente sino como un antecedente de la misoginia republicana. El contraste optimista entre antaño y hogaño que enhebra las tradiciones de Ricardo Palma es más imaginado que real en las tradiciones de Clorinda Matto de Turner. Según Fernando Armas Asin, los diarios cuzqueños de 1888 están plagados de referencias a un juicio que presidió el párroco Palacios contra una mujer llamada Hanán, a la que la iglesia acusó de hechicera y quemó públicamente en la plaza del Cuzco para castigarla por sus herejías (155). En este sentido, creo que Matto de Turner comparte la desconfianza de José Martí con respecto a los proyectos republicanos latinoamericanos que nunca consiguieron superar la mentalidad feudal y esclavista de la época colonial.

La beata de *Índole* parece ser en un principio una versión femenina del cura corrupto que actúa como contraparte negativa del ángel del hogar. Se dice que Asunción "poseía una devoción llevada al colmo del fanatismo", que coqueteaba con su confesor y que era extremadamente celosa. Sin embargo, hay un punto en la caracterización negativa de este personaje en el que el lector vislumbra una cierta simpatía o solidaridad de género entre el sujeto literario y su personaje. Aunque Asunción posee un carácter tan "impetuoso" como el del marido en ella está "modificado por la educación , y dominado por esa fuerza de voluntad rara en su sexo" (*Índole* 51). A diferencia de Eulalia que está casada con un hombre débil pero de "buena índole", Asunción "hizo mal matrimonio" y "[s]ólo el orgullo de familia y los miramientos sociales a que rendía estricta obediencia, la hacían desistir de un total rompimiento, cien veces intentado en su pensamiento y evaporado otras tantas" (*Índole* 52). Dentro de este esquema ideológico, aunque Matto de Turner critica veladamente a Asunción por no atreverse a separarse del marido de "mala índole", se da cuenta de que la iglesia funciona como un refugio de mujeres "mal casadas", golpeadas o maltratadas en una época en la que no existía el divorcio.

El escándalo que causó *Índole* en las facciones más conservadoras de la comunidad nacional puede explicarse en parte por la forma en que se peruanizan en ella los *topoi* anticlericales de las novelas naturalistas de Émile Zola. Sin embargo, en esta novela de Matto de Turner se les niega a los curas la posibilidad de violar (sexual y moralmente hablando) a los ángeles del hogar. A diferencia de la novela más anticlerical del autor de *Nana*, titulada *La Faute de l'Abbé Mouret* (1874) que inspiró a su vez a la novela portuguesa de Eça de Queirós, *El crimen del padre Amaro* (1875) la relación entre el cura y la confesada nunca llega a consumarse en *Índole* porque Matto de Turner hace que Eulalia se defienda sola del acoso sexual. Cuando éste se abalanza sobre Eulalia armado de un documento con el que busca chantajearla, el sujeto narrativo recurre a oposiciones antinómicas en las que el cura es "un tigre sangriento" y Eulalia "una paloma sin alas-un corderillo indefenso". Dentro de este sistema bipolar, es "la buena índole" de Eulalia transformada en fuerza física extraordinaria lo que hace que ésta no caiga nunca en las garras del sacerdote.

Clorinda Matto de Turner invoca la doctrina de las esferas y el discurso de la diferencia femenina con respecto a la masculina cuando dice que la buena índole "prevalece con mayor fuerza en la mujer, descuidada en su educación por el egoísmo masculino, y entregada a sus propias fuerzas en esta tramoya de la vida cuyos cuadros dispone el varón" (*Índole* 237). Aunque el concepto de la índole está dotado de una ambigüedad semántica similar al del significante "herencia" en la última novela de Clorinda Matto de Turner, la índole equivale en esta escena a una fuerza moral que funciona como un anillo protector para el ángel del hogar.

Lo que Matto de Turner parecería estar diciendo en esta novela es que para alejar a la mujer católica de la iglesia y el confesionario en el proyecto secularizador se necesita apelar a un concepto feminizado de la virtud nacional asociado con la índole femenina. En la viñeta que cierra *Índole*, Eulalia vence el letargo en el que había estado sumida a lo largo de toda la novela y se transforma en una mujer físicamente fuerte que subvierte la debilidad imaginada del ángel del hogar:

> [...] con la fuerza del milano que coge a la paloma, [el cura] la sujetó en sus brazos y con sus labios candentes como el ascua, envolvió los purpurinos labios de la mártir en un beso que no tuvo fin, llevándosela hacia el canapé rojo. Pero ella sintió acudir en su auxilio una fuerza misteriosa como la impulsión de la índole de la persona nacida para el bien y trocadas sus emociones en ira dio una

sacudida titánica y arrojó al cura lejos de sí, cayendo él de lleno sobre el canapé y rodando por el suelo su negro solideo; en momentos en que la figura simpática y noble de don Antonio López aparecía en el umbral de la alcoba. (*Índole* 194)

Cabe destacar en este pasaje la anti-climática aparición del marido de Eulalia, al que se le niega la posibilidad de ejercer esa forma viril del heroísmo que preconizaba Manuel González Prada. El hecho de que Eulalia se defienda sin ayuda del marido, del acoso sexual del cura, propone una forma alternativa de secularizar al sujeto femenino nacional. Esta resolución narrativa quiebra desde el punto de vista femenino la alianza imaginada entre curas y mujeres republicanas. En el plano sentimental, que remite de forma casi tautológica al político, se plantea la necesidad de rescatar a Eulalia de su posición de objeto de discordia entre una iglesia y un estado corruptos. La visión alegórica de la nación que cristaliza en esta novela, aparentemente sentimental y despreocupada por lo político, no es la de un espacio marcado por la dificultad de resolver conflictos de raza y clase, sino por la debilidad del estado (Antonio) y por la corrupción de la iglesia (el cura Peñas). En este sentido, al mismo tiempo que Matto de Turner le quita al sujeto masculino laico el poder de rescatar a Eulalia de los avances del cura, también le saca al sacerdote el poder metafórico de penetrar al sujeto femenino para fundar una nueva genealogía.[23]

La transformación de Eulalia en una heroína moderna que lucha físicamente contra la iglesia desmiente el rol pasivo y esclavizado que se les daba a las feligresas en el pensamiento gonzález-pradiano. El desenlace de *Índole* se vuelve aún más inesperado si se piensa que Eulalia había ocupado hasta ese momento un lugar bastante deslucido en la novela. Retomando las ideas de Ann Douglas sobre la feminización de la cultura norteamericana en el siglo XIX, Claudia Johnson ha llamado la atención sobre la feminización del héroe masculino decimonónico en el canon sentimental, una idea que para el caso de las novelas fundacionales latinoamericanas ha sido planteada por Doris Sommer.[24] En realidad, dice Johnson, esta sentimentalización del héroe, que ella ve en términos de una vampirización de valores femeninos por parte de los hombres, le deja a la heroína victoriana dos

---

[23] Incluso en *La faute de l'Abbé Mouret*, la amante del cura (Albine) está embarazada al final de la novela y espera un hijo de Serge Mouret. Éste sería el caso también de los curas de *Aves sin nido* que engendran hijos sin saberlo y de la historia de Camila O'Gorman.

[24] Dice Doris Sommer en *Foundation Fictions: The National Romances of Latin America*: "Unlike the militant populist novels that would follow, where heroes measure their manliness against imperialist or dictatorial contestants for their country's love, the early novels celebrated a domestic, sentimental, and almost feminized brand of heroism" (23).

opciones: o se infantiliza y desciende al nivel de los niños, o se convierte en un ser anómalo, "equívoco" y transgresor (*Equivocal Beings* 12). En el caso de *Índole*, Matto opta por la primera opción cuando para diferenciar a Eulalia de un marido pusilánime que se pasa gran parte de la novela considerando la perspectiva del suicidio, recurre en un principio al culto a la fragilidad femenina. Para colocar al marido débil en una posición de poder se exagera hasta el paroxismo la definición patriarcal de la mujer como un sujeto infantilizado carente de autonomía.

Así, desde las primeras páginas de la novela, Eulalia aparece reclinada y semidormida sobre un dorado canapé a la espera de que algo o alguien venga a despertarla. Ya en la viñeta inaugural se la presenta durmiendo "con el apacible sueño de la paloma que ha plegado sus alas en el blando nido de espumas" (*Índole* 38), una imagen estereotipada de la mujer virtuosa que recurre con insistencia a lo largo de la novela. Si la voz literaria se refiere a Eulalia en numerosas ocasiones como "la dormida" esto debe ser entendido no sólo en términos literales (Eulalia está efectivamente dormida durante muchas páginas de la novela) sino también alegóricos. Eulalia no sabe nada de lo que pasa en su hogar, ignora que el marido y ella están al borde de la bancarrota, que Antonio está a punto de suicidarse y que las intenciones de su "padre espiritual" para con ella no son nada santas. En otras instancias de la narración, se recurre a los diminutivos y a una iconografía infantil para subrayar el estado de *naiveté* doméstico-nacional en el que se hallan sumidas las mujeres: "Eulalia dejó la jarra vacía junto al tiesto de violetas, y pegando un brinquito fue con sencillez de niña a besar la mano que le alargaba el recién llegado, posando en ella sus labios con demostraciones de respetuosa idolatría" (*Índole* 64). La conversión final de Eulalia en una amazona anticlerical contradice entonces la supuesta debilidad del personaje y el rol infantilizado que se le asigna en el resto de la novela. El paternalismo del marido queda ilustrado a nivel narrativo cuando éste prefiere contraer deudas y caer en manos de sujetos masculinos de "mala índole" (un norteamericano falsificador de billetes, Valentín Cienfuegos) antes que hablar con su mujer sobre el estado de las finanzas de la pareja. Esta virtud femenina desaprovechada por Antonio se representa en la novela por medio de un tesoro que Eulalia tiene escondido y que eventualmente salva a la familia-nación del fracaso económico. Dice el marido: "Su dote y sus joyas, todo servirá para salvarnos; y si ayer hubiese hecho esto hoy no pesarían en mi corazón dos planchas de plomo candente que consumen mi existencia" (*Índole* 240).

La idea gonzález-pradiana de secularizar a "las esclavas de la iglesia" para subordinarlas aún más al sujeto masculino liberal queda cancelada en la novela cuando se demuestra que ni el poder eclesial ni el estado son alternativas viables para la nación en crisis. Al final de la novela, el gobierno liberal de Castilla le pide al sacerdote la iglesia para alojar las tropas:

—Quieren la iglesia, mi cura, para alojar la tropa. —Partido de Castilla, de mi don Ramón, de ese valeroso soldado que jamás ha atentado contra los intereses de su madre la Iglesia. Yo daré la iglesia, pero con una condición. —Hable, mi cura. —Pero ustedes tomen asiento...por acá, mi comandante...por acá, mi gobernador. —Decía el señor cura una condición... —Sí, una sola; que no entren mujeres, eso si que no consiento. —Es usted algo enemigo de las mujeres, mi cura. —Enemigo no, que son prójimos; pero de lejos, de lejos, señor comandante, —dijo frotándose las manos. —Todo se procurará allanar, señor cura, y le doy las gracias en nombre de mi jefe. Su nombre no será olvidado en la lista de los buenos servidores de la Patria. (*Índole* 221)

En este pasaje se critica tanto la hipocresía de los curas, que seducían a las mujeres amparados en el celibato y luego las acusaban de corromperlos a ellos, como la alianza fraternal entre conservadores y liberales. Después de todo, como bien lo indica Pilar García Jordán en *Iglesia y poder en el Perú contemporáneo (1821-1919)*, el aparato estatal, pese a que buscó limitar el excesivo poder de la iglesia a lo largo del siglo XIX, siempre necesitó de ella como un elemento vertebrador de la identidad nacional (51). En las novelas de Matto de Turner se reproduce por un lado el concepto de que la fe era una experiencia feminizada pero se desmiente la idea de que la iglesia fuera, a diferencia del estado, un espacio de liberación para los grupos marginales. Lo que se percibía como una alianza sentimental y religiosa (curas-mujeres) desde la cúspide de la ciudad letrada se transforma en el corpus textual mattiano en una relación tensa y conflictiva en la que curas y mujeres compiten más que colaboran por el rol de velar por los grupos oprimidos. Dado que los malos curas estaban demasiado implicados en las tareas racionalizadoras del *laissez-faire* liberal no podían ser los encargados de purificar el proyecto de la modernidad. Ese rol sentimental le correspondía según Matto de Turner a un sujeto femenino que estaba recluido en el ámbito privado del hogar y al que se ponía en el pedestal por estar incontaminado por los vaivenes de la política.

La sentimentalización de Cristo

En el desenlace de *Índole*, no es difícil detectar las huellas de un polémico texto de Enrique Coelho Netto, titulado "Magdala", que apareció en *El Perú ilustrado* durante el período en el que Clorinda Matto de Turner fue directora de ese periódico. En este artículo, publicado el 23 de agosto de 1890, se humaniza la figura de Cristo, siguiendo a Renán, haciéndolo tener un encuentro casi erótico con María Magdalena. Este proceso sexualizante de la figura de Jesús ofendió tanto a los sectores católicos peruanos que se llegaron a quemar en el Cuzco ejemplares de la revista que dirigía Matto, al mismo tiempo que se la forzó a renunciar a su puesto como directora de *El Perú ilustrado*. El pasaje que indignó a los lectores fue el siguiente:

> —¡Jesús! dijo Magdalena, con una especie de arrullo, extendiéndole los desnudos brazos en un lánguido gemido. Tomóle ambas manos, atrájole cariñosamente e iba a besarle en la boca, cuando un rugido feroz estalló en silencio. [...] —¡Jerusalén! ¡Jerusalén! Repercutió la voz lejana... has de ser eternamente esclava.... [...] —¡No! y en un movimiento brusco, Jesús se arrancó de los brazos de la concubina y loco, alucinado, presa de un santo delirio se lanzó hacia afuera y desapareció en medio de las sombras de la noche [...][25]

Lo que Jesucristo hace con María Magdalena en este pasaje es lo que Eulalia hace con el cura en *Índole*, en una escena que re-escribe el final de este cuento, sustituyendo la figura de Cristo por la del ángel del hogar. Si por un lado los curas imaginados por Matto de Turner son sujetos sexualmente agresivos (en este caso el padre Peñas), las mujeres son ángeles que imitan las virtudes de Cristo y que abrazan la ideología victoriana de la pureza sexual.

La publicación del cuento de Coelho Netto (un año antes de que se publicara *Índole*) fue el principio de la ruina profesional de Matto de Turner. Aunque ésta se retractó públicamente en el siguiente número de la revista, afirmando que no había tenido nada que ver con la publicación de este cuento, lo cierto es Clorinda Matto de Turner nunca consiguió recuperarse de este golpe. Las facciones religiosas más conservadoras de la comunidad nacional, entre las que figuraban una comisión de damas de la Unión Católica, circularon hojas sueltas en su contra por considerar la historia "ofensiva" e "irrespetuosa" para la moral católica. Clorinda Matto de Turner a su vez trató de defender su puesto como directora de *El Perú ilustrado* cuando publicó una carta que le dirigió al presidente de la Unión Católica el 4 de octubre de 1890. En esta misiva Matto de Turner se autoproclama la directora del semanario "más católico" que existe en el Perú "cuyas páginas están llenas de retratos de Santos, Obispos, clérigos y frailes, vistas de templos y santuarios y descripciones de milagros".[26] Al final de esta misma carta, se defiende de los ataques y les pide a las autoridades "religiosas" que no persigan a los miembros de su familia: "No llevéis eso sí, vuestra impiedad y falta de religión hasta perseguir de

---

[25] Este texto de Coelho Netto apareció en *El Perú ilustrado* 172 (23 de agosto de 1890): 611.
[26] La carta de Matto de Turner dirigida al presidente de la Unión Católica del Cuzco, Fernando Pacheco, circuló en "Hoja Suelta". Fue reproducida en *El Perú ilustrado* 179 (4 de octubre de 1890): 891.

muerte a mis deudos y reducir a ceniza nuestras propiedades, como lo habéis intentado: yo soy la única responsable de mis obras" (891). Aquí Matto de Turner se refiere al allanamiento de su casa y a la quema de su imprenta que unos años más tarde jugarán un papel importante en su decisión de marchar hacia el exilio. El tono contradictorio de la carta en el que se combina la disculpa del "yo no fui" con acusaciones de salvajismo e irreligiosidad para sus detractores remite al lugar conflictivo que Matto de Turner ocupa como mujer en la batalla cultural entre tradición y modernidad. Así por ejemplo Matto de Turner le echa la culpa a un empleado por haber publicado el cuento en su ausencia sin la refutación que debía acompañarlo, al mismo tiempo que se elogia a sí misma por enjuiciar a la institución eclesiástica con el mismo valor de "San Bartolomé de las Casas".[27]

Por otra parte, es interesante puntualizar, como lo hace Alberto Tauro, que este cuento ya había aparecido con anterioridad en un diario de Montevideo sin provocar escándalo alguno, con lo cual se sugiere que la publicación de Magdala fue el pretexto que utilizaron las autoridades eclesiásticas andinas para vengarse por la publicación de *Aves sin nido*. A Matto de Turner no se le escapaba que eran el anticlericalismo y el indigenismo de su novela la verdadera causa de los ataques cuando afirmaba en la Carta a Fernando Pacheco que "[y] si por haber denunciado ante las autoridades eclesiásticas y civiles de la sociedad abusos que no tienen razón de ser en el Perú libre, se me persigue y calumnia y se quema mi busto, no importa señor, la semilla está sembrada [...] *Aves sin nido* dirá ante las generaciones venideras: ¡salvad, redimid la raza indígena del poder del mal cura, del cacique y del alcalde!"[28] La estrategia de Matto de Turner para defenderse de la iglesia fue decir que ella criticaba solamente al "mal" sacerdote y que exaltaba y veneraba al verdadero sacerdote católico. Estos argumentos no fueron convincentes para la iglesia, en parte porque como bien lo señala Cornejo Polar en el prólogo a *Índole*, el buen sacerdote es para Matto de Turner una idea utópica que no se materializa nunca a nivel narrativo.[29] Pese a que se hicieron llegar algunas voces de apoyo como la de Rubén Darío, o la del presidente Avelino Cáceres, Clorinda Matto tuvo que renunciar a la jefatura de su revista el 11 de junio de 1891 con motivo de este

---

[27] Dice Matto de Turner: " Si he tenido el valor suficiente para seguir las huellas del digno obispo de Chiapas Fray Bartolomé de las Casas al levantar el grito de conmiseración para la raza indígena oprimida y explotada, también me acompaña la entereza necesaria para sostener los principios que en mi citada obra desarrollo". Véase *El Perú ilustrado* 179 (4 de octubre de 1890): 891.

[28] Véase *El Perú ilustrado* 179 (4 de octubre de 1890): 891.

[29] La filiación religiosa de Clorinda Matto de Turner es dudosa y contradictoria. La tesis de la eliminación del celibato sacerdotal suena sospechosamente protestante así como

conflicto.[30] Resulta paradójico, sin embargo, que en vez de defender la posición de su periódico, Matto de Turner se haya retractado públicamente declarando que alguien había publicado el escrito a sus espaldas. Para apaciguar a los lectores, Matto de Turner reemplazó el número de la publicación en el que figuraba el artículo de Coelho Netto con otro, escrito por ella misma (firmado con el seudónimo de Carlota Dimmont), en el que se volvía a divinizar a Jesús. Pese a los esfuerzos de Matto de Turner por disociarse de sus ideas liberales que la colocaban en una posición de abierto enfrentamiento con la iglesia tuvo que hacer frente a numerosos ataques por parte de las agrupaciones católicas. Un año después del incidente Magdala, Clorinda Matto publicó a modo de venganza y respuesta la novela *Índole* en la que los delitos sexuales de los curas se representaban con aún más crudeza.[31]

En el corpus mattiano, los conflictos entre razón y fe, positivismo y cristianismo, se agudizan progresivamente hasta resolverse por medio de un sobre-dimensionamiento hiperbólico del segundo término en detrimento del primero. Cuando Clorinda Matto se radica en Buenos Aires, luego de que las autoridades pierolistas le allanan su casa y le saquean la imprenta, la escritora intenta disociarse

---

también la traducción de la biblia al quechua, pagada por la Sociedad Bíblica Americana. Por otro lado, en *Viaje de recreo*, Clorinda Matto visita al papa a quien le rinde respeto besándole el anillo. Este dato no deja de ser desconcertante porque supuestamente Clorinda Matto había sido excomulgada unos años antes.

[30] Lo que desde el siglo XX nos puede resultar una reacción exagerada por parte de las facciones católicas no lo es tanto si se piensa en la controversia que continúan suscitando, en la época contemporánea productos culturales que adoptan posturas heterodoxas con respecto a la liturgia. Pienso aquí por ejemplo en la prohibición que hizo la iglesia en México de la película de Carlos Carrera, *El crimen del Padre Amaro* en la que un cura seduce a una joven de dieciséis años. También pueden mencionarse las bombas que se pusieron en los cines neoyorquinos con motivo del estreno de *La última tentación de Cristo* de Martín Scorsese y la cancelación de la puesta en escena de *Jesucristo Superstar* en muchas ciudades de América Latina.

[31] Para más información sobre los problemas que Matto de Turner tuvo con la iglesia véase Francisco Carrillo y Alberto Tauro. También en *Liberales, protestantes y masones. Modernidad y tolerancia religiosa. Perú, siglo XIX* Fernando Armas Asin describe la reacción de la iglesia a la publicación de *Índole*. Dice que la Unión Católica, creada en 1886 organizó un mitin en Arequipa, donde se quemaron ejemplares de *El Perú ilustrado* y otro en Cuzco donde se destrozó la esfinge de Matto de Turner. El arzobispo Bandini excomulgó en Lima a la escritora y echó una censura eclesiástica sobre la revista que dirigía Matto. Según este historiador, Pedro Bacigalupi, el nuevo director de *El Perú ilustrado* le escribe una carta al arzobispo pidiendo que se elimine la censura eclesiástica de la revista. Éste respondió afirmativamente pero mantuvo que el número 122 en el que aparecía "Magdala" seguiría prohibido para los católicos (162-164).

de un pasado anticlerical que, al mismo tiempo que le había permitido distinguirse, había contribuido también a acelerar el proceso de su caída. En Argentina, Matto ya no escribe novelas aunque se dedica al periodismo, a la enseñanza, y a traducir los evangelios al quechua para la Sociedad Bíblica Americana. Esta relación conflictiva con un pasado transgresor del que busca distanciarse, se pone en evidencia en *Viaje de recreo*, un libro de viajes que Matto publica póstumamente. Aquí Clorinda Matto ficcionaliza un encuentro en Río de Janeiro entre ella y el escritor Coelho Netto, autor del polémico cuento "Magdala". La postura ambivalente de Clorinda Matto con respecto a las ideas liberales de este autor se condensa por un lado en el deseo de efectuar la visita y por otro en la necesidad de establecer un corte con las ideas liberales de un interlocutor al que asocia con su pasado anticlerical. Cuando Netto trata de establecer una alianza con ella en contra del fanatismo religioso, diciéndole: "¡Usted ha sufrido tanto en su patria a causa de la ofuscación de la gente, que ha creído ver una herejía en mi poema Magdala, que no es otra cosa que la tentación de la montaña, asunto tratado en forma más ideal!" (*Viaje de recreo* 12), Clorinda Matto le contesta:

> Verdad, ilustre Netto, pero no crea que en mi patria estuvieron todos ofuscados; allá hay hombres de mucha ilustración y de criterio sano; fue una campaña de frailes que por mercantilismo visten el hábito, como un tendero toma su guardapolvo para despachar detrás del mostrador, y eso ya pasó; hoy, en mi patria, se me juzga con criterio muy diferente, y yo misma recibo los acontecimientos con temperamento distinto; después de esta visita a usted, he de visitar al Papa; en religión pasa lo mismo que en política; hay patriotas y patrioteros; yo respeto solo al verdadero creyente, cualquiera que sea su filiación o credo. (*Viaje de recreo* 12)

Dado que Matto de Turner es consciente de que está violando los arreglos culturales de género, se muestra partidaria de efectuar un proceso de secularización parcial. Es decir, ataca a los malos curas y a la iglesia pero no abandona aquellas virtudes cristianas que en el siglo XIX constituyen una parte integral del discurso de la feminidad. En una época en que el culto a la ciencia reemplaza el vacío espiritual dejado por la secularización, Matto de Turner llena ese hueco con el culto a la domesticidad. Por otro lado, al mismo tiempo que la Unión Católica prohíbe sus novelas y hace quemar su efigie en la Plaza del Cuzco, Matto de Turner pone en circulación una litografía de sí misma, en la que aparece portando una inmensa cruz al cuello sobre un sobrio vestido negro que recuerda a la sotana de sus enemigos, los clérigos (Véase figura 5). Al menos a nivel iconográfico, Matto quiere dejar constancia de que los verdaderos ángeles con faldas son las mujeres.

En este orden de cosas, el máximo modelo de virtud republicana, que para Coelho Netto es Jesús, se transforma en las novelas de Matto de Turner en un ángel de caridad que duplica desde el ámbito doméstico las virtudes Cristo. El padre del cristianismo que Matto usa como modelo para construir sus personajes femeninos es el que renace según Hinterhäuser en las culturas de fin de siglo, como una alternativa al caos provocado por los procesos de urbanización, inmigración y secularización.[32] Es un Cristo sentimental que intenta neutralizar las diferencias de género, raza y clase entre los miembros de la comunidad nacional, no solamente en el más allá de los cielos sino también en la tierra. Cuando Clorinda Matto dice que los ideales de la verdadera república están en el Gólgota y en la Bastilla es porque desde el Gólgota "[…] repercutió por el orbe entero (la voz de Jesús) haciendo temblar a los tiranos sobre sus tronos porque ellos vieron su ruina al oír 'todos sóis hermanos, el esclavo será mayor que su señor'" (*Tradiciones cuzqueñas, leyendas, biografías y hojas sueltas* 212). Matto combina en este pasaje la retórica cristiana y la independentista con el objetivo de corregir los excesos del liberalismo republicano. Este socialismo cristiano en el que la religión no es "el opio de las masas" sino un instrumento liberador que combate la injusticia sobre la tierra encuentra puntos de contacto con el sincretismo ideológico de la teología de la liberación.[33]

En una semblanza biográfica que Matto de Turner escribe sobre Trinidad María Enríquez, defensora de la enseñanza laica que fue como ella excomulgada por la iglesia, la autora de *Aves sin nido* hace un retrato elegíaco de su "ilustrada compatriota" en el que la presenta como una víctima de la iglesia. Dice:

---

[32] En el capítulo titulado "El retorno de Cristo" Hinterhäuser estudia la resurrección de la figura de un Cristo redentor como alternativa al salto brusco de la modernidad en un contexto comparatista europeo. Según el autor de este estudio, el Cristo que resucita en el imaginario moderno es una figura con la que se pueden identificar los grupos marginales porque es un "ser bienaventurado marcado por el dolor y cuyo aspecto irradia piedad; su simple presencia predica el amor, la humildad, el sacrificio de sí mismo, la devolución de bien por mal. Para lograr un efecto mayor se le confronta con la humanidad contemporánea, cuya falta de espíritu, vulgaridad y absoluta inmoralidad, destacan más aún gracias al violento contraste" (16).

[33] Para un excelente estudio sobre la teología de la liberación latinoamericana que piensa este movimiento en términos de un cristianismo revolucionario que visualiza un tipo de comunidad utópica más justa en nombre de los grupos oprimidos puede consultarse el artículo de Samuel Silva Gotay titulado "El pensamiento religioso". En: Leopoldo Zea, ed. *América Latina en sus ideas* (Siglo XXI, 1993): 118-157.

Lágrimas andinas

FIGURA 5. Retrato de Clorinda Matto de Turner que aparece en *Bocetos al lápiz de americanos célebres* (1889) firmado por el conocido litógrafo Evaristo San Cristóbal. A diferencia de las mujeres que aparecen en los figurines de la época con elegantes sombreros, peinetas, joyas y/o sombrillas, Matto de Turner pone en circulación una imagen de sí misma que proyecta sencillez, religiosidad y sobriedad. Esta imagen se corresponde con lo que dice Joaquín Lemoine en *Leyendas y recortes* sobre su vestimenta. "Hasta su traje corresponde a su carácter. Ni un encaje, ni una flor, ni una cinta, que revele a la mujer pueril". Dice también que "su salón es su teatro" y que allí generalmente aparecía "vestida con túnica cerrada hasta el cuello" como un "ángel de bondad" o "una princesa indolente que espera el advenimiento de su reinado" (xvi-xvii).

Alma mártir, sufrió resignada todas las persecuciones del mal clero, cuyo poder se basa única y exclusivamente en la ignorancia de la mujer, en cuya práctica para nada entra la sublimidad de la enseñanza del Divino Mártir de la cruz, regenerador de la mujer, rescatada por Él de su condición de cosa a la dignidad de persona. (*Leyendas y recortes* 220)

Matto hace una interpretación "feminocéntrica" de la historia bíblica cuando ve a Jesús no como un "self-made man" sino como un discípulo de una figura femenina (la virgen) que le inculca en el imperio doméstico del hogar un nuevo concepto de índole (virtud) fundado en el amor al prójimo y a la pobreza. Para Matto de Turner, Cristo es "el filósofo de la dulce mirada" que hubiera estado a favor de que "la mujer fuera la compañera del varón y no su esclava" (*Boreales, miniaturas y porcelanas* 247). Y añade:

> A semejanza de esos fuegos volcánicos que la tierra nutre silenciosamente en su seno para después lanzarlos con estrépito destruyendo cuanto encuentra en su paso, la idea de la regeneración de la mujer, debía nutrirse en el seno de una virgen, nacer en un pesebre humilde, y ser lanzada al mundo treinta años después asolando con su fuerza la esclavitud así como el cielo Olímpico y todos los señoríos de la tierra. (*Tradiciones cuzqueñas, leyendas, biografías y hojas sueltas* 211)

A pesar de que en otro momento de este perfil Matto intenta separarse del anticlericalismo beligerante de Trinidad María Enríquez especificando que disentía "en muchos puntos de sus ideas filosóficas y morales"; es obvio que se alía "sororalmente" con ella y que simpatiza, en este diálogo *post-mortem*, con sus ideas en contra de la iglesia.

Matto de Turner se muestra partidaria entonces de construir un proyecto nacional sentimental-cristiano basado en la ética de la caridad. Sin embargo, la creencia en la teoría de la salvación se mezcla con afirmaciones positivistas (comteanas) sobre la necesidad de mantener un orden social jerárquico asentado en el lema de "orden, amor y progreso". Pese a que Matto no elimina completamente en su propuesta reformista las distinciones entre las clases (en textos bifrontes que plantean por otro lado una igualdad espiritual entre los diferentes grupos étnicos) lo verdaderamente radical de su propuesta es que en ella se plantea la necesidad de que todos los grupos sociales abracen valores cristianos asignados por las culturas hegemónicas de fin de siglo al ámbito femenino (caridad, altruismo, ternura). A la crisis de la iglesia en la región andina se debe responder no con el culto a la ciencia, o con la religión del arte, sino con el culto a los sentimientos. De esta forma, así como en *El Padre Horán* se utiliza el cura corrupto para resaltar las virtudes del cura virtuoso (Fray Lucas), en un marcado claroscuro, en *Aves sin nido* y en *Índole* la figura moralmente oscura del cura corrupto le sirve a Matto para hacer brillar con más fuerza las virtudes morales del ángel del hogar. Cuando Lucía visualiza en *Aves sin nido* las cualidades del cura ideal , la estampa coincide punto por punto con el rol sentimental que cumplen las mujeres en el área andina. Dice Lucía:

> [...] yo he visto en la ciudad seres superiores, llevando la cabeza cubierta de canas, ir en silencio, en medio del misterio, a buscar la pobreza y la orfandad para

socorrerla y consolarla; yo he contemplado al sacerdote católico abnegado en el lecho del moribundo; puro ante el altar del sacrificio; lloroso y humilde en la casa de la viuda y del huérfano; le he visto tomar el único pan de su mesa y alargarlo al pobre, privándose él del alimento y alabando a Dios por la merced que le diera. Y, ¿es ése el cura Pascual?... ¡ah! ¡curas de los villorrios!... (*Aves sin nido* 44)

En el caso de *Aves sin nido*, es Lucía la encargada de disipar las tinieblas de la barbarie en las que están sumidos los indígenas de Killac. En *Índole*, por otra parte, es Eulalia el máximo modelo de virtud que cumple al igual que Lucía una función mariana que feminiza las virtudes de Cristo. En una de las escenas más melodramáticas de *Índole*, que recuerda a la amalgama naturalista-sentimental del victorianismo de Thomas Hardy, se presenta a una indígena pobre que viene a la iglesia a implorar que le entierren a su hijo difunto.

>–Ave María Purísima, tata curay.
>–Sin pecado y....
>–Entierro pide un difunto ¡ay! ¡ay! ¡ay!...*se ha perdido* –repuso entre sollozos una india a la que el señor Peñas habló así:
>–¿Quién se te ha muerto, Juana?
>–Mi hijo, tatay, el Marianito, que era mi padre y mi madre.
>–Cierto que era bueno el mozo; así es que le harás entierro de cruz alta ¿no?
>–¡Ay! –¡ay! señor ¿cómo será entierro de cruz alta si no he podido reunir ni los ochos pesos de última?
>–De modo que lo verás podrirse en tu casa.
>–¡Curay, caridad, por la Virgen! Imploró la desolada madre empalmando las manos.
>–Eso quisieran todos ustedes; pero también el cura sabe comer, y sabe vestir, y sabe recibir visitas y oficiales cuando transitan tropas ... (129-130)

Este intercambio jerárquico entre cura e indígena cumple una función ideológica en la novela al poner en escena una forma inapropiada de responder al sufrimiento ajeno. La lógica mercantil del que está en una posición hegemónica de poder (el cura) se asocia aquí con un capitalismo incipiente que choca con el sentimentalismo de un indígena suplicante. La retórica de las lágrimas con la que la india busca conmover al cura materialista no tiene ningún efecto en este personaje distópico. La insensibilidad del sacerdote de *Índole* se puede leer entonces como la contracara del sentimentalismo piadoso que Lucía ejerce con los desamparados. La respuesta sentimental que Lucía tiene en *Herencia* ante la pobreza demuestra que para Matto de Turner el sentimentalismo consiste en ponerse en el lugar del otro y en tener una actitud compasiva con las víctimas de la modernización (*Herencia*

122). Matto coincide con Aréstegui en que una cosa son los valores cristianos, y otra, muy distinta, la forma en la que los corrompen los sacerdotes católicos. La crítica al mal cura se combina en *Índole* con un discurso elogioso sobre el cristianismo puro que según Matto tiene el poder de contrarrestar el positivismo finisecular:

> La humanidad se regenera por el conocimiento del supremo Bien, que es Dios; por el arrepentimiento de los errores y por la práctica de la virtud. La Religión, Eulalia mía, no es la sierpe que se arrastra gozando de las tinieblas obligándonos a mirar abajo, siempre abajo; es el águila caudal que cruza el espacio azul, que nos hace levantar la frente alta, siempre alta para fijar la mirada en los cielos y escuchar la dulce voz que dice: fe, esperanza, caridad. (*Índole* 274-275)

La "dulce voz" que dice fe, esperanza y caridad es en la nación imaginada por Matto de Turner un sujeto femenino que se transforma alternativamente en ángel, virgen, o paloma. De la misma manera que en *Índole* Eulalia salva a su marido del suicidio y de la bancarrota, Lucía salva a Juan Yupanqui en *Aves sin nido*. La asociación de Lucía con Cristo se materializa a través de la interacción entre Lucía y los indios. "Dios" dice en un momento el sujeto literario "puso en la tierra a Lucía para que Juan volviese a confiar en la Providencia" (*Aves sin nido* 90).

Dado que en las novelas de Matto de Turner conviven el discurso elogioso del cristianismo puro con un ímpetu positivista en favor de la ciencia y la razón, resulta desconcertante constatar que a la hora de leer la novela la crítica se polariza privilegiando uno u otro aspecto de esta amalgama ideológica. Así por ejemplo, Manuel Cuadros y Francisco Carrillo se esfuerzan por cristianizar la figura de Clorinda Matto para las literaturas nacionales mientras que Luis Alberto Sánchez y Alberto Tauro contradicen la visión de una Matto de Turner religiosa afirmando que en realidad era atea y descreída.[34] En marcado contraste con estas lecturas,

---

[34] En *Clorinda Matto de Turner: Otras facetas biográficas* (1997), César Augusto Reinaga, pone en duda la excomunión de Clorinda Matto alegando la falta de documentación. Más que nada el crítico cuzqueño busca desacreditar al resto de la crítica mattiana (a quien por otro lado no cita) afirmando que "la abdicación de su credo católico es sólo imaginaria [y] en algunos autores hasta interesada. Piensan ellos que se trata de una tránsfuga" (78). El autor de este libro busca aplacar los conflictos de Clorinda Matto de Turner con la iglesia invocando la imagen de una Clorinda Matto de Turner creyente y religiosa carente de contradicciones. Dice: "Clorinda Matto vivió sin nubarrones de odio. Vivió sin complejo anticlerical, en lenguaje freudiano. Nos dejó sus novelas-denuncia, sus novelas-protesta, sus novelas-reto. Todas para la reflexión. Lo que hay en ellas es la cólera de una novelista cristiana" (84).

Cornejo Polar subraya la heterogeneidad discursiva de la novela que él interpreta, junto con Salazar Bondy, como un síntoma de la debilidad de todo el positivismo peruano. Ampliando y extendiendo la propuesta de Cornejo Polar sobre la inestabilidad semántica de los textos de Matto de Turner creo que en ellos, las oscilaciones pendulares, el doble discurso y la presencia de antinomias irresueltas se agudizan por la posición fronteriza que Clorinda Matto de Turner ocupa como mujer en los proyectos modernizadores.

Teniendo en cuenta que a fines del siglo XIX se redefine el campo de la fe como más sentimental y afectivo que racional y teológico, Matto de Turner no puede plegarse totalmente a una tradición anticlerical pensada como masculina. Por medio de textos que son claramente políticos y anticlericales Matto transgrede el espacio doméstico que se le propone a nivel cultural. Esta subversión de valores normativos se compensa parcialmente por medio del sobredimensionamiento de valores "cristianos" amenazados por la modernidad. El deseo de no ser lo que los otros le dicen que es (atea, descreída, anticlerical) la lleva a construirse una pose exageradamente sentimental que si bien le asegura el éxito y la difusión cultural de sus textos en el siglo XIX los lleva al olvido a principios del siglo XX. De la misma manera que la heroína de *Índole* desobedece la orden del marido de no pisar un confesionario invocando voces masculinas, porque ella no quiere ser "una literata hereje", porque ella quiere ser "como todas las señoras arregladas" (119), Matto trata de distraer la atención de su profesionalismo letrado en una época en que, como bien lo indica Sylvia Molloy, lo intelectual y lo femenino son ámbitos incompatibles (*Introduction* 108). Los valores religiosos, que en el siglo XIX son casi indistinguibles de la idea canónica de la feminidad republicana le sirven a Matto de Turner para autorizarse como sujeto en un debate sobre la modernización de la nación-estado en el que peligraba su respetabilidad. Si los sacerdotes no cumplían con sus obligaciones religiosas en un caótico fin de siglo, se justificaba que las mujeres transgredieran el espacio doméstico asignado para politizarse y para domesticar a la nación en crisis.

Capítulo VI

De Killac a Lima:
Modelos y anti-modelos de virtud republicana en *Herencia*

> Si los hombres viciosos, acostumbrados a la vida libidinosa y de abusos, no pueden menos que estremecerse de horror al leer esas páginas, ¿qué sentimiento más repugnante no causarán en los hombres de orden, de buenos principios y de moral? ¿qué ideas despertarán en los cerebros jóvenes, ávidos por conocer el mundo y sus placeres? *¿Cuánto no sufrirá el pudor de una doncella?* ¿Acaso el escritor no se debe a toda la sociedad que lee sus obras? ¿O cree que todos tienen la suficiente madurez de buen criterio para conocer el mal que él escudriña y revela y para apartarse de él y seguir el camino del bien? (Arturo Ayllón, "Emilio Zola", énfasis mío)[1]

En el prólogo a *Herencia* (1895) Clorinda Matto de Turner dice que originalmente había pensado titular a su última novela *Cruz de ágata* pero que después quiso alertar al público sobre "la dureza de [su] pluma" (27).[2] Para no causar equívocos con esta novela *risquée* decidió a último momento cambiarle el título, secularizándolo, para que funcionara como una suerte de luz roja para los lectores.[3] El título *Herencia* aludía claramente al conglomerado híbrido de factores (genética, circunstancia histórica, *milieu*) que para los escritores naturalistas eran determinantes en la formación de la identidad nacional. Al mismo tiempo, la palabra herencia denotaba el entusiasmo por la ciencia y el biologismo que en el contexto positivista

---

[1] El artículo de Arturo Ayllón titulado "Emilio Zola" es una refutación a las ideas sobre el naturalismo de Carlos Amézaga. Véase *El Perú ilustrado* 55 (Lima: sábado 22 de mayo de 1888).

[2] A no ser que se especifique lo contrario, todas las citas de este capítulo pertenecen a la edición de *Herencia* preparada por Antonio Cornejo Polar (Lima: Instituto Nacional de Cultura, 1974).

[3] En una sección de *Herencia* titulada "Rebautizo" Matto de Turner hace el siguiente anuncio sobre el cambio de título: "*Cruz de ágata* es nombre demasiado poético, dulce y hasta consolador con los espirituales consuelos cristianos para esta hija mía, que, lejos de reunir la palidez romántica, la flexibilidad de las aéreas formas limeñas que llevan el pensamiento al azul de los cielos, ha salido con todo el realismo de la época en que le cupo ser concebida; con toda la aspereza de epidermis y el olor a carnes mórbidas, llenas, tersas, exhibidas en el seno blanco y lascivo que si bien, y sólo a veces, convida al hombre pensador a reclinar en él la frente, como en nido de plumones de cisne, en cambio, casi siempre parece estar hablando del pecado a los hombres vulgares" (*Herencia* 26).

de fines del siglo XIX se utilizó como armazón ideológica para hacer frente a los incipientes procesos de urbanización y secularización. Para lograr el orden, que llevaría a las naciones al progreso, había que decidir qué razas y clases constituirían la nacionalidad, una selección darwiniana que inevitablemente acarreó la marginalización y eliminación de ciertos grupos sociales.[4]

Herencia (1895) es la continuación de *Aves sin nido* (1889), y pese a que se tiende a leerlas por separado, privilegiando la una en desmedro de la otra, ambas forman parte de un mismo corpus narrativo. No solamente porque en ellas aparecen personajes comunes (Lucía, Fernando, Margarita Marín, Sebastián Pancorbo) a la manera de *La comédie humaine* (1842-1855) de Honoré de Balzac, sino también porque las dos partes reflexionan sobre una serie de conflictos que desgarraron a la sociedad peruana de fines del siglo XIX (naturalismo-romanticismo; centralismo-regionalismo; tradición-modernidad). Es verdad que, como lo apunta Cornejo Polar, las dos novelas se prestan a una lectura autónoma y que en *Herencia* se diluye casi completamente la preocupación indigenista de la primera novela.[5] Sin embargo, también es cierto que la polarización topográfica que se establece entre ambas novelas (la zona andina-Sur en *Aves sin nido* y Lima en *Herencia*) representa por sinécdoque el conflicto entre las dos áreas culturales del Perú que impide la formación de la nacionalidad.

El naturalismo ecléctico y desarticulado de Matto de Turner está atravesado por miradas antagónicas irreconciliables. Por un lado, existe el estrabismo entre lo europeo y lo nacional: la tan debatida dificultad de dar cuenta de las peculiaridades latinoamericanas por medio de herramientas culturales surgidas en otros contextos (la novela naturalista en este caso); por otro, hay un choque de figuras, discursos y tópicos provenientes de diferentes archivos que compiten dentro del texto por la primacía semántica. El conflicto básico que anida en el eje de la novela resulta,

---

[4] El proceso clasificador de las etnias en el que se sustenta el racismo establece una línea de continuidad con el orden colonial. Así, por ejemplo, Antonio de la Calancha (1584-1654) se enorgullecía de no tener nada de indio en parte porque pensaba que éstos estaban poseídos por el demonio (Francisco Carrillo, *Cronistas de convento y cronistas misioneros* 37-47). También, en la obra de Pedro de Peralta, en las primeras décadas del siglo XVIII, se anuncia el racionalismo de la ilustración con un «espíritu enciclopédico desgarrado entre la escolástica y la experimentación científica» (García Bedoya Maguiña 78).

[5] Digo *casi* completamente porque la deplorable situación del pueblo indígena aparece en la novela como un lejano recuerdo de los Marín, cuando Fernando le dice a Lucía: "¿Te acuerdas cómo son, cómo viven los indios, esos parias desheredados? Y son tres millones de hombres, hija, idiotas, esclavos, infelices de quienes se acuerdan, Gobierno y Congresos, cuando hay que formar soldados o sumar contribuciones"(*Herencia* 228).

como lo ha señalado Cornejo Polar, de la oposición naturalismo-romanticismo (*Clorinda Matto* 19) y remite a una tensión entre formas de subjetividad asociadas con la materialidad del cuerpo o la espiritualidad del alma. Al mismo tiempo, estas tensiones se conectan con el desencuentro entre el positivismo cientificista (la idea de que el carácter es definido genéticamente) y la creencia sentimental, más optimista que la anterior, de que la herencia sanguínea puede ser corregida por factores culturales.[6]

En la última novela de Matto de Turner, la mirada especular y científica que el escritor naturalista arroja sobre personajes marginales urbanos (borrachos, costureras, adúlteros, prostitutas) se entreteje con un discurso sentimental sobre el libre albedrío que plantea la posibilidad de que la educación y el medio ambiente puedan tener un efecto corrector sobre el material genético contaminado.[7] Si como dice Philip Fisher la novela naturalista se construye siempre alrededor de un movimiento vertical de vertiginosa caída, en Clorinda Matto este *"plot of decline"* o "narrativa de la degeneración" convive con un culto a la domesticidad de filiación sentimental que plantea la posibilidad de revertir los procesos de degeneración genética por medio de la influencia moral de la madre republicana. El resultado de estas indecisiones narrativas que nunca se resuelven, y que se solapan entre sí generando abismos de sentido, es una novela arborescente, caótica y confusa que subvierte los modelos estéticos metropolitanos a través del *bricolage* y el pastiche.[8]

---

[6] Para un análisis exhaustivo del concepto de la herencia en relación con los proyectos hegemónicos de nación véase Nancy Stepan. Si bien Stepan se concentra sobre todo en el siglo XX, sus opiniones sobre la eugenesia y el darwinismo como mecanismos de control social son relevantes para este trabajo. Para Stepan, el darwinismo social que llegó a América Latina entre los años 1870-1880 fue un antecedente importante de la eugenesia. Al igual que la eugenesia, las teorías científicas sobre la evolución de las especies tuvieron gran difusión entre los intelectuales liberales que las usaron para separarse de las facciones intelectuales más conservadoras. Sin embargo, como bien lo indica Stepan "... evolutionism, like eugenics later, also had its darker side; it lent itself to racist formulations, and these formulations also became part of the intellectual baggage of the new scientific circles" (*The Hour of Eugenics* 41).

[7] En su prólogo a *Herencia* Cornejo Polar puntualiza las contradicciones semánticas del concepto de la herencia. Atribuye "la debilidad" del naturalismo de Matto de Turner (que él ve como la encarnación literaria de la filosofía positivista) a la fuerza que tenía en el Perú la iglesia católica. En mi lectura de la novela privilegio la categoría de género a la hora de explicar la situación problemática de Matto de Turner con respecto a las tendencias estéticas a las que se pliega.

[8] En un artículo sobre *Herencia*, Elzbieta Sklodowska señala cómo la visión de una comunidad imaginada "matrifocal" se construye en la novela alrededor de la ausencia y

Naturalismo y género

Las coordenadas dentro de las cuales transcurrió el debate sobre las implicancias y alcances del naturalismo en América Latina han sido delineadas para el contexto peruano por Antonio Cornejo Polar. A lo largo de los años 1888-1889, románticos y naturalistas sostuvieron una encarnizada polémica desde las páginas de *El Perú ilustrado* en la que algunos intelectuales liberales como Carlos Amézaga se mostraron partidarios de las propuestas cientificistas de Émile Zola, mientras que otros, como Arturo Ayllón, opinaron que el naturalismo encaminaba "a los pueblos a su depravación, a su embrutecimiento y a su completa ruina" (*Historia del Perú* VIII, 59). Una posición teórica intermedia, que trató de conciliar los extremismos de las dos corrientes fue la de Mercedes Cabello de Carbonera en *La novela moderna* (1892). Para la autora de *Blanca Sol* era posible articular una postura estética culturalmente híbrida, en la que se adoptara y seleccionara al contexto cultural peruano lo mejor de cada escuela. Criticaba los excesos, tanto del "romanticismo soñador fantástico y deficiente" como los del "naturalismo lujurioso, obsceno y repugnante" (*La novela moderna* 36). Al mismo tiempo, reservaba los dardos más punzantes para esta última corriente que según ella tenía "algo de amoral y enfermizo" porque llegaba a "la nota pornográfica" y porque ficcionalizaba la problemática de personajes desarreglados, ladrones, adúlteros, incestuosos y alcohólicos (*La novela moderna* 28). La solución ecléctica postulada por Mercedes Cabello de Carbonera presentó coincidencias, en su deseo de combinar corrientes culturales antagónicas, con el "naturalismo católico" de Emilia Pardo Bazán quien pensaba que el naturalismo era "la cuestión palpitante" del siglo XIX. Las teorías sobre el naturalismo de Cabello de Carbonera y de Pardo Bazán interesaron a Matto de Turner porque planteaban la posibilidad de elaborar una versión feminizada del naturalismo canónico que "moralizara" sus excesos "lujuriosos". En el caso de las novelas de Matto de Turner, sólo la presencia de un fin moralizador, justificaba la inclusión de escenas "repugnantes" que estetizaban los aspectos

---

el fracaso de la figura paterna: "[…] el cuestionamiento de la ley del padre a nivel más general es rotundo en varios instantes de la novela. Estos pasajes borran, silencian o debilitan la función paterna. El padre muerto de Casa-Alta, el padre impotente de la familia en bancarrota, el padre olvidado de Margarita, el padre ausente de las hijas de Espíritu-todos ellos representan un significante castrado o hueco" (*Todo ojos, todo oídos* 36-37). Sklodowska apunta también que "en Herencia el rol de las mujeres en el proceso de formación de los hijos y de las hijas queda enfatizado a cada paso". En este sentido se podría pensar que el topos del padre débil o infértil le sirve a Matto de Turner para elevar a la figura materna dentro del marco de la ideología de la domesticidad.

enfermos y degradados de la sociedad y que parecían incompatibles con la ideología doméstica republicana. En la dedicatoria de *Herencia* a Nicanor Bolet Peraza, editor de la revista neoyorquina *Las tres Américas*, Clorinda Matto de Turner plantea la necesidad de "purificar" a la novela naturalista periférica que es "fruto de [sus] observaciones sociológicas y de [su] arrojo para fustigar los males de la sociedad, provocando el bien en la forma en que se ha generalizado" (*Herencia* 23).[9]

La llegada del naturalismo francés a América Latina polarizó a los sectores conservadores de la comunidad intelectual masculina que en su gran mayoría experimentaron ante esta forma de capital cultural ambivalencia y rechazo. Se sabía que en Francia se le había negado un sillón en la academia francesa a Émile Zola por su reputación de pornógrafo y que en la Argentina se acusó a Eugenio Cambaceres, luego de la publicación de *Música sentimental* (1884) de producir novelas "enfermizas" o "afrodisíacas". En un fin de siglo en el que la modernización positivista luchaba contra una atrincherada tradición religiosa, el naturalismo fue uno de esos delitos culturales (para citar a Josefina Ludmer en *El Cuerpo del delito* 13-14) que amenazaba con corromper a las nuevas naciones. En este sentido, no es difícil imaginar lo escandaloso que habrá resultado, en una época regida por el culto a la pureza femenina, que fueran las escritoras las que se mostraran receptivas a las temáticas sexualizadas y secularizadoras de esta nueva corriente. En *América y sus mujeres*, la Baronesa de Wilson hacía eco de las preocupaciones de Cabello de Carbonera sobre naturalismo y género cuando se formulaba la siguiente pregunta: "¿Hay algo más licencioso, más inmundo y atrevido que *Naná*?" (Baronesa de Wilson, *América y sus mujeres* 85). La necesidad de las escritoras de distanciarse del naturalismo respondió de esta forma a un contexto de censura para el sujeto femenino republicano que en caso del Perú era una dama perteneciente a las *élites* que asoció a la novela francesa, y al naturalismo en particular, con temáticas que atentaban contra la moralidad burguesa.

En el contexto de recepción de las novelas de Matto de Turner, la relación que se establece entre naturalismo y escándalo sexual queda tematizada iconográficamente en un chiste que apareció en *El Perú ilustrado* en 1889 (Ver figura 6). En la caricatura, se presenta a una chica-lectora vestida con ropas ligeras y cómodas, que se distancian de los vestidos elaborados y respetables de las mujeres criollas, entrando a una taberna con una revista o periódico en la mano. A su lado

---

[9] En este aspecto, la estrategia narrativa de *Herencia* es similar a la de *Aves sin nido*. En el proemio a esta última novela Matto dice que la novela ha de ser "fotografía que estereotipe los vicios y las virtudes de un pueblo, con la consiguiente moraleja correctiva para aquéllos y el homenaje de admiración para éstas" (*Aves sin nido* 27).

charlan dos hombres sentados en un bar y uno le pregunta al otro de dónde viene su hija "que anda [...]medio desnuda y rota y enlodada?". La respuesta del padre alude inevitablemente a la asociación del naturalismo con la indecencia femenina en lo que parece una versión decimonónica de un chiste verde o pornográfico: viene "de la escuela....", le dice al amigo, de la escuela "de Zolá". El objetivo ideológico del chiste era alertar a los lectores sobre los peligros de las novelas naturalistas que podían tener un efecto degenerante e inmoral en la comunidad nacional, especialmente cuando caían en manos de lectoras jóvenes. De acuerdo a los postulados de la ideología doméstica liberal, la virtud del sujeto femenino era directamente proporcional a su mayor o menor grado de aislamiento con respecto al contaminado mundo de la carne y de la política. En este sentido, tal y como lo puntualiza Susan Kirkpatrick en *Las románticas. Escritoras y subjetividad en España* (1991), el romanticismo fue, en sus orígenes europeos, una corriente mucho más compatible con el discurso decimonónico de la feminidad normativa que el naturalismo. Esto se debió a que en el romanticismo, la autoridad del sujeto literario estaba anclada en formas de subjetividad asociadas con el campo semántico de "lo femenino" (las lágrimas, el corazón, el alma), mientras que en el naturalismo, el escritor-flâneur derivaba su autoridad intelectual de la libre circulación por espacios urbanos "problemáticos" (los bajos fondos, las tabernas, los teatros, los cabarets, los prostíbulos). Esta asociación del naturalismo con lo anti-doméstico permite explicar la casi total ausencia de escritoras en el canon naturalista europeo del siglo XIX.[10]

En el Perú de fin de siglo son paradójicamente dos autoras mujeres las que experimentan con las fórmulas del naturalismo francés. Tanto Mercedes Cabello de Carbonera en *Blanca Sol* (1889) como Clorinda Matto de Turner en *Herencia* (1895) buscan reproducir la mirada científico-especular que el *voyeur* naturalista arroja sobre personajes degradados del paisaje urbano. Ambas importan al contexto peruano la figura de la *femme publique* que aparece en estas novelas inexorablemente acompañada de la humilde costurera. En este orden de cosas, una estrategia que utilizaron estas autoras para incorporar tópicos prohibidos que chocaban con las prescripciones normativas de la feminidad criolla fue distraer la atención de las escenas en las que se teatralizaba "el mal" por medio de la incorporación de un

---

[10] La excepción que confirma la regla es en Europa el caso español anómalo de Emilia Pardo Bazán a la que no por nada Clorinda Matto de Turner le rinde homenaje en varias ocasiones.

FIGURA 6. Caricatura sobre el naturalismo que aparece en una sección titulada "Álbum Humorístico" de *El Perú ilustrado* el 16 de junio de 1889. La asociación de Émile Zola con los bajos fondos (en este caso una taberna) y con vicios masculinizados como el alcoholismo queda representada a nivel visual por medio de botellas y cántaros desparramados en el suelo y la mesa. También el aspecto desgreñado de la lectora a la que se dibuja sin zapatos, despeinada y mal vestida remite a la peligrosidad con la que se asociaba la lectura de las novelas naturalistas.

sustrato lírico sentimental vigente en estas novelas a nivel residual.[11] Así como la prostituta proviene como personaje del archivo naturalista metropolitano, el sufrimiento de la costurera se articula con un sentimentalismo victoriano de corte

---

[11] Osvaldo Voyssest señala que Matto de Turner y Cabello de Carbonera hacen un uso selectivo del naturalismo francés en el sentido de que sólo se apropian de algunas de sus fórmulas entre las que el crítico menciona el cientificismo y la propuesta de la novela como mimesis (195). Voyssest concuerda con Cornejo Polar en que es la fuerza del catolicismo lo que choca en el contexto peruano con el ideario determinista del

anglosajón que tanto en Cabello de Carbonera como en Matto de Turner se mezcla
tensamente con la nueva tendencia naturalista. Se podría pensar entonces que en
manos de estas autoras el naturalismo se convierte en otra cosa, un bien cultural
híbrido y ecléctico que corroe a través del sentimentalismo las ficciones cientificistas
de su antecedente europeo.

Dentro de este orden de cosas, la propuesta de Gabriela Nouzeilles en *Ficciones
somáticas*, de que el naturalismo en su versión cambacereana es la contracara del
romance fundacional propuesto por Doris Sommer no alcanza a dar cuenta de la
complejidad de la última novela de Matto de Turner en la que se recurre al pastiche
para generar un orden narrativo de mezcla en el que se yuxtaponen tanto la
modalidad "fundacional" como la "somática". En el naturalismo-sentimental de
esta novela coexisten estos dos paradigmas teóricos: por un lado el argumento
fundacional del que habla Sommer por el que se busca reconciliar a través del
amor heterosexual los elementos simbólicamente constitutivos de la nacionalidad
y por otro el modelo de la ficción somática desarrollado por Nouzeilles en el que
se "denuncia toda alianza como tentativa e inestable" (*Ficciones somáticas* 15). Para
ilustrar este razonamiento resumo brevemente la trama de *Herencia* que gira
alrededor de la oposición entre dos familias. En primer lugar, la relación sentimental
entre la huérfana serrana de *Aves sin nido*, hija adoptiva de los Marín, con un dandy-
limeño llamado Ernesto Casa-Alta. Este argumento que acaba en un matrimonio
interétnico al final de la novela responde a la modalidad fundacional. A través de
la unión alegórica entre estos dos personajes, que son metonimias de la región
costeña (Casa Alta) y andina (Margarita) respectivamente, se busca resolver el
dualismo quechua-español de la sociedad peruana. La antítesis de este argumento
sentimental que no trata de incorporar lo diferente sino expulsarlo es una "ficción
centrífuga" (Nouzeilles 24) que a través de la violación de Camila por un inmigrante
italiano busca alertar a la clase dirigente sobre los peligros de una inmigración
europea no deseada. La pervivencia del argumento fundacional dentro de un
esquema naturalista se explica en este caso no solamente por la necesidad de las
escritoras de domesticar el controvertido naturalismo para que no se las atacara

---

naturalismo francés. La lectura de Voyssest es correcta. Sin embargo es necesario añadir
que en el siglo XIX el catolicismo forma parte del discurso de la feminidad normativa.
En este sentido es la necesidad de mantener intacta su reputación como mujeres lo que
hace que estas autoras magnifiquen el substrato romántico-sentimental y se plieguen
sólo parcialmente, como dice Voyssest, a esta forma de capital cultural . He tratado el
conflicto entre naturalismo y sentimentalismo para el caso de Mercedes Cabello de
Carbonera en "Las trampas del naturalismo en *Blanca Sol*".

sino también por el hecho de que la peruanidad, en el siglo XIX, es como dice Mariátegui un proceso en formación.

En *Naturalist Fiction: The Entropic Vision* (1990), David Baguley señala el carácter homo-social y endogámico de esta corriente literaria, en la que detecta un espíritu fraternal "de club" entre escritores, personajes, y narradores masculinos que reflexionan obsesivamente sobre los peligros de la sexualidad femenina. En el centro de la iconografía naturalista estaría, según Baguley, el cuerpo de la mujer pública (Nana) que, como una reencarnación decimonónica de Eva o de Circe podía generar la perdición del sujeto masculino burgués, alejándolo del imperio doméstico del hogar. Pese a que en Latinoamérica se adaptaron los principios del naturalismo europeo a un contexto que les era ajeno, la obsesión con la sexualidad femenina, y con la prostitución en particular, cruzó barreras nacionales y fue retomada a nivel trasatlántico. El topos de la sexualidad femenina, que hasta entonces había sido tabú en la novela Latinoamericana, pasó a ocupar un lugar central en el imaginario de las nuevas literaturas nacionales aunque fue utilizado para expresar nuevas ansiedades y conflictos.[12] Así, por ejemplo, las novelas de Eugenio Cambaceres están pobladas de mujeres de reputación dudosa, que construyen su identidad alrededor de una sexualidad desbordante y amenazadora. Tanto la esposa infiel de *Pot-Pourri* (1881) como las divas de *Sin rumbo* (1885) son mujeres vampirescas que derivan su identidad de la peligrosidad del cuerpo subvirtiendo en el proceso el estereotipo burgués de la mujer casta. El ejemplo más tajante de esta visión positivista de la sexualidad femenina lo constituye *Música sentimental* (1884), también de Cambaceres, en la que una prostituta francesa (Loulou) se convierte en objeto de deseo de un dandy argentino exiliado en París (Pablo Larmont). Aquí, la prostituta es un ser genéticamente degradado que, aunque se domestica parcialmente por el amor que siente hacia Pablo, vuelve a caer a la muerte de éste en el mundo "contaminado" y "corrupto" de la prostitución callejera.[13]

---

[12] Algunas de las novelas naturalistas latinoamericanas que se publican a partir de este momento sobre el delito de la prostitución en la época de la modernidad son: *Juana Lucero* de Augusto D'Halmar, *María Luisa* de Mariano Azuela, *Música sentimental* de Eugenio Cambaceres, *Nacha Regules* de Manuel Gálvez y *Santa* de Federico Gamboa. Para más información sobre la problemática del naturalismo en América Latina véase Ara, Avellaneda y Panesi.

[13] Para un estudio sobre la misoginia y la construcción del género en las novelas de Cambaceres puede consultarse el artículo de María Luisa Bastos titulado "Cambaceres o falacias y revelaciones de la ilusión naturalista». Bastos detecta en las novelas de Cambaceres, no solamente una ausencia del equivalente femenino a la figura del *flâneur* sino también "una notoria aversión a las mujeres" (391).

IMÁGENES URBANAS

Herencia se construye como un gran proyecto de observación urbana. Ya desde las primera páginas, Lucía Marín aparece abriéndose paso entre las multitudes, codeándose con las tapadas, los *dandies* y los obreros que conforman el "hormigueo humano" de Lima. A diferencia del flâneur, que según Walter Benjamin deambula por la ciudad, refugiándose en el anonimato de las masas (*Poesía y capitalismo* 64), el sujeto femenino no puede escapar, en el ambiente metropolitano, de su estatus de espectáculo.[14] Si en el caso del paseante masculino, las multitudes le sirven para refugiarse en el anonimato de las masas, en el caso de la flâneuse, las multitudes no sólo no la protegen, sino que hacen resaltar sus transgresiones. Con el avance de las modas europeas, ha desaparecido para el ángel del hogar la posibilidad de circular anónimamente por la ciudad, encubriendo su cuerpo por medio del velo de las tapadas, esa vestimenta colonial que tanto admira Flora Tristán a principios de siglo (*Peregrinaciones* 274-277) pero que ahora sólo utilizan las mujeres de clases más bajas. Frente al desorden citadino surge la siguiente pregunta: ¿Consigue el sujeto femenino decimonónico trascender el rol de objeto o espectáculo que se le asigna en el naturalismo canónico? ¿Puede el ángel del hogar convertirse en flâneur (para seguir usando el término de Walter Benjamin) o en "investigadora social" (para usar una frase de Deborah Epstein Nord en *Walking the Victorian Streets. Women, Representation, and the City*)? ¿Qué tipo de relación textual se establece entre el sujeto literario y los personajes caídos de la iconografía urbana de la novela naturalista (el inmigrante, la costurera, la prostituta)?

En la escena inaugural de *Herencia* se salta a un nuevo territorio. A diferencia de *Aves sin nido* y de *Índole*, situadas en el espacio andino, en esta novela los personajes serranos se convierten en protagonistas de la modernidad de Lima y aparecen circulando por la gran metrópolis. El desorden de lo citadino remite alegóricamente a una situación de caos nacional en la que Lima es al mismo tiempo metonimia de los personajes que la habitan y sinécdoque de la peruanidad por venir. Entre las instantáneas urbanas que Matto de Turner proyecta para el lector, destaco la siguiente:

---

[14] En *Poesía y capitalismo: Iluminaciones II*, Walter Benjamin habla del flâneur como la antítesis del sujeto masculino burgués porque así como éste último vive encerrado entre las cuatro paredes de su casa, el flâneur o paseante urbano vive en los bulevares, deambulando por las calles y haciendo "botánica en el asfalto" (50-51). El flâneur es para Benjamín un personaje protagónico de la modernidad, por momentos un detective o un vagabundo que "legitima su paseo ocioso"(55).

> Lima, la engreída sultana de Sud-América, celebraba ese festín cotidiano del crepúsculo cuando, a la caída del sol de verano el olfato se embriaga con los perfumes del jazmín, de la magnolia y las begonias de hojas aporcelanadas, hora en que, cuando rige el verano, los habitantes que han permanecido en casa durante el día, cubiertos con ropa blanca y ligera, se lanzan a la calle en pos de emociones fuertes o a reforzar el hormigueo humano, ya sea del comercio, ya de las tabernas aristocráticas frecuentadas por los caballeros que saborean los *cocktails* y los *bitters* a expensas del *cachito*, sacudido con igual fe y entusiasmo en los figones democráticos por el jornalero, el hombre mugriento, el mulato de pelo de pasa y ojos blancos que derrocha el cobre del salario en la copa de a dos centavos. (*Herencia* 30, énfasis de la autora)

El caos de lo urbano ejerce una fascinación sobre el sujeto literario, al mismo tiempo que genera deseos de establecer orden y jerarquías. El esquema clasista al que Matto de Turner se refiere no sin un cierto dejo de ironía funciona de la siguiente forma: las tabernas aristocráticas se contrastan con las democráticas y en estas últimas se coloca a las razas y clases inferiores asociadas con la naturaleza ("el pelo de pasa"), la suciedad y el alcoholismo. Mientras los caballeros "saborean" bebidas alcohólicas, los trabajadores "derrochan" su salario en espacios mugrientos asociados con el vicio. La ciudad que en *Aves sin nido* era una fantasmagoría de la civilización con la que se contrarrestaba la lógica del "pueblo chico, infierno grande" se transforma ahora en un espacio anti-utópico asociado con la pérdida del aura y la mercantilización del sujeto.[15] La visión de la nación como un espacio traumatizado por conflictos de raza y clase que se hacía en *Aves sin nido* cede paso en *Herencia* a la representación de una "república sin indios" en la que la caída o el ascenso de los personajes en la pirámide social está determinada por la clase a la que pertenecen. Dentro de este paradigma, la lucha principal es entre tres núcleos sociales: una oligarquía criolla en decadencia obsesionada con el lujo y los deseos de ostentar (los Aguilera); una burguesía en ascenso regida por el ángel serrano del hogar (los Marín); y un tercer grupo racialmente mixto que es el de las clases bajas limeñas formado por inmigrantes, mulatos y mestizos (Adelina, Aquilino, Espíritu).

En el espacio urbano hace su aparición Lucía Marín que en *Aves sin nido* había estado la mayor parte del tiempo recluida en el hogar, localizado a su vez en un

---

[15] Tanto Joan Torres Pou (Clorinda Matto 8) como Francesca Denegri (*El abanico* 180) notan que la visión utópica de la ciudad en *Aves sin nido* comienza a desmoronarse al final de la novela, cuando los personajes inician la migración hacia el espacio urbano y descubren que los problemas causados por el celibato en la sierra (la procreación irresponsable de huérfanos o "aves sin nido") están presentes también en el contexto urbano.

apartado pueblo de la sierra. Paradójicamente, el sujeto femenino es más productivo dentro de las cuatro paredes de su casa que cuando sale, ya que en la ciudad, el ángel del hogar abandona sus preocupaciones indigenistas y se convierte en consumidora de mercancías. Cuando la novela comienza, Lucía y su hija adoptiva (Margarita) descienden del "ferrocarril urbano" para deambular por los grandes almacenes de la ciudad en busca de las novedades de la moda. De la misma manera que los objetos apelan a los deseos de las paseantes desde las vidrieras de las tiendas, el sujeto femenino se convierte en fetiche del sujeto masculino. En el tranvía, Lucía y Margarita se vuelven objetos de la mirada de los *dandies* y *flâneurs* limeños:

> Enrique de la Guardia y Carlos de Pimentel, que desde antes examinaron a los pasajeros del tranvía y distinguieron a las damas que bajaron, diéronse un codazo, señal si no convenida por lo menos conocida entre los catadores de buenas láminas para casos análogos en que se trataba nada menos que de descubrir la procedencia de bellezas nuevas en el mercado del amor. (*Herencia* 34)

El sujeto narrativo aprovecha aquí para hacer una crítica a la ética mercantil de la modernidad que le asigna al sujeto femenino un rol pasivo de consumidora de mercancías en el proyecto urbanizador. En 1901, en una editorial que Matto de Turner escribe para *Búcaro Americano*, Clorinda Matto de Turner le asigna al sujeto femenino un rol productivo en la esfera nacional. Dice:

> Pasando la vista de la memoria en el escenario que comprenda los cincuenta años últimos del siglo fenecido, contemplamos que la acción puramente consumidora encargada a la mujer en su rol social ha variado de rumbo y que la mujer productiva es el nuevo elemento de progreso de que se gloriará el siglo XX. (Matto de Turner citada por Nestor Auza 275)

Al igual que en *Aves sin nido*, en *Herencia* se presta más atención a los vestidos de los personajes, descritos en sus más mínimos detalles, que a su apariencia física. Tanto los personajes femeninos como los masculinos se transforman en maniquíes o figurines que deambulan por la ciudad luciendo las últimas novedades de la moda. Este aspecto de la novela ha sido trabajado por Elzvieta Sklodowska quien argumenta que el discurso de la moda actúa en *Herencia* como un mecanismo de control o disciplinamiento social asociado con el avance del capitalismo global. La obsesión con la vestimenta como estuche de la identidad se articula a su vez con el deseo victoriano de Matto de Turner de encubrir el cuerpo y de borrar la sexualidad de sus personajes femeninos. De esta manera, se recurre a la ideología de la asexualidad burguesa para elevar moralmente al sujeto femenino y para disociarla de la visión cristiana de la mujer como fuente de la tentación y el mal.[16] En estas estampas urbanas, la virtud de las mujeres serranas exiliadas en Lima es directamente proporcional a la cantidad de cuerpo cubierta. Así, Lucía y Margarita circulan por el paisaje urbano sin dejar de ver ni una pizca de su carne o cuerpo:

> Las diminutas manos de la dama del sombrero estaban enguantadas con los ricos cueros de la casa de Guillón, rivalizando con los enanos pies aprisionados en dos botitas de Preville de tacones altos y punta aguda. (*Herencia* 33)

Una versión pobre del gran almacén limeño al que Matto de Turner critica en *Herencia* por "marear" o "narcotizar" a las damas criollas hace su aparición en una tradición cuzqueña titulada "Los siete cajones". En este texto se ficcionaliza la tiranía de la moda cuando se dice que estas "tienduchas" en forma de cajones fueron abiertas por un español que vino al Cuzco a enriquecerse en la época colonial para volver a Madrid con "las arcas llenas" (*Tradiciones cuzqueñas, leyendas, biografías y hojas sueltas* 59). Se dice también que este comerciante precapitalista era "el enemigo malo de las señoras en estado productivo" y que inventaba necesidades frívolas para las cuzqueñas que cedían paso a otras una vez satisfechas: "Qué haber de sedas, cintas, la[n]as, encajes de basquiña, abalorios para zapatitos y encarrujados para corpiños de raso. Los tales siete cajones hicieron dualidad al comercio antiguo, y ninguna niña de las que se llamaban bien paradas se creía en sus cabales si no vestía tela de los siete cajones" (59). La relación con España se vuelve problemática en estas tradiciones en la que se propone un regionalismo andino para independizar culturalmente a las naciones. Este proyecto, sin embargo, desaparece en *Herencia*, una novela en la que la finalidad del sujeto literario no es reivindicar los orígenes andinos de los personajes, sino borrar esta identidad cultural

---

[16] En "Passionlessness: An Interpretation of Victorian Sexual Ideology, 1790-1850", Nancy Cott reflexiona lúcidamente sobre el paradigma de la castidad femenina que predominó en la Nueva Inglaterra del siglo XIX. Frente a una explicación anterior de esta ideología en la que la idea de que las mujeres eran asexuadas y frígidas se usaba para reprimir sexualmente a la mujer, Cott afirma que las mujeres contribuyeron a moldear esta ideología porque obtuvieron ventajas de ella. Por un lado, al definir a la mujer en términos morales y no sexuales, la ideología de la asexualidad contribuyó a darles poder y autoestima a las mujeres; por otro lado, esta ideología contrarrestó la asociación de lo femenino con la sexualidad que se hacía en la tradición cristiana occidental. Un último beneficio, en una época que no existían los anticonceptivos, fue usar esta ideología como un método de control de la natalidad (162-179).

para que puedan convertirse en protagonistas aculturados del proyecto modernizador.

La costurera como ícono cultural

> –¡Mi destino está escrito con tinta negra por la despiadada mano del egoísmo social!...¡No, no y no!...¡él no podrá amarme nunca! ¡Pobre y sola! ¡mi existencia es hermana de las campánulas silvestres, que allá viven ignoradas en la espesura del bosque y allá perfuman y allá mueren! [...] Sí...¡también puedo llorar yo! ¡mis lágrimas serán las perlas de mi corona! (*Herencia* 144-145)

En relación con el discurso de la moda, se halla a su vez en esta novela urbana, la figura melodramática de la costurera que pese a que es un personaje marginal y aparentemente superfluo en la novela, le sirve a Matto para criticar los proyectos hegemónicos de nación que excluyen de sus fronteras imaginadas a la mujer trabajadora. La figura de la hilandera está casi ausente en las novelas canónicas del siglo XIX en las que los elaborados y lujosos vestidos de las heroínas aparecen generalmente desligados de su fuente de producción en una época en que no existían las máquinas de coser.[17] En *La pluma y la aguja* Bonnie Frederick sostiene por un lado que en la narrativa femenina de la generación del ochenta en Argentina la aguja era "[u]na figura repetida que representaba la opresión de la mujer" (15) y por otro que la costura como actividad fue vivida con gran ambivalencia por las escritoras del siglo XIX (16). En este sentido, en un mundo pre-industrial en el que se elaboran los vestidos a mano, la costurera fue una figura ambigua que manipularon las escritoras para reflexionar sobre cuestiones pertinentes a la entrada de la mujer en el mercado de trabajo. La costurera de *Herencia* es un personaje anómalo que debe ganarse el pan desprovista del apoyo económico que le podría brindar un hombre y que carece de un entorno familiar que la pueda apoyar en la gran ciudad.[18]

Desde un principio, la silueta de la costurera aparece recortada en el marco de una ventana que ilustra para los paseantes urbanos su sacrificada cotidianeidad.

---

[17] Otras novelas en las que tiene gran importancia la figura de la costurera son *Blanca sol* de Mercedes Cabello de Carbonera y *El padre Horán* de Narciso Aréstegui en la que también se recurre a esta figura melodramática para hacer una crítica a la economía del *laissez-faire* liberal.

[18] En su lectura de *Aves sin nido*, Antonio Cornejo Polar nota la importancia que los núcleos familiares tienen en la novela "hasta el punto de que casi no hay personajes que se presenten sin ese contorno inmediato" (*Clorinda Matto* 66). El discurso de la familia sirve para subrayar la orfandad de los personajes que carecen de este contexto.

Para construir a este personaje sentimental y lacrimógeno que aparece siempre inclinado sobre la labor de costura, el sujeto literario recurre a un lenguaje estereotipado, recargado de clichés. Así por ejemplo se recurre al símil victoriano de la mujer como flor y se dice que Adelina era una "flor que dobló su tallo y murió de dolor" (*Herencia* 226). Más tarde se dice que era una azucena y que tenía los ojos brillantes "como dos luceros" (*Herencia* 138). Si estas metáforas y símiles florales parecen equiparar a Adelina con Margarita Yupanqui-Marín que también es huérfana y que también tiene nombre de flor, Adelina posee un elemento antidoméstico que remite a su inserción en el mercado de trabajo. A diferencia de Margarita, Adelina no vive en un hogar burgués como el de Lucía y Fernando, sino en un cuartucho de alquiler o "retrete" que era "mitad taller, mitad dormitorio y sala de recibo, con mil curiosidades de paja, de papel plateado, de felpa, prendidas en las paredes; con primorosa variedad de antimacasares de crochet y de punto de cadeneta, que eran las manifestaciones de la velada de su dueño" (*Herencia* 142-143). El hacinamiento de objetos, telas y labores que rodea a la costurera alude a una forma de creatividad desbordada en la que ésta se equipara con otras manifestaciones artísticas del siglo XIX.[19] Sin embargo, como bien lo señala Frederick aunque la costura tenía un prestigio cultural en la época que era indiscutible, "se la consideraba artesanía, no arte, y por eso se la creía destinada a ser consumida y olvidada" (16).

A través del personaje de la costurera que se corresponde con el estereotipo de la "bella pobre" estudiado por Beatriz Sarlo en *El imperio de los sentimientos* (13), el sujeto de la enunciación critica la deplorable situación de la mujer sola en el siglo XIX.[20] La costurera debía ganarse el pan con el fruto de su trabajo, circulando de

---

[19] Sandra M. Gilbert y Susan Gubar señalan que en las novelas victorianas anglosajonas la costurera es frecuentemente una representación alegórica de la escritora que busca controlar "los hilos" de la trama para manipular a los demás personajes (*The Madwoman in the Attic* 521). Siguiendo esta propuesta, creo que es posible leer la figura de Adelina como un doble de la autora. Al igual que ésta, Adelina observa lo que pasa con los demás personajes desde la ventana de "un cuarto propio", aunque a diferencia de la autora no tiene ningún poder sobre los personajes. La pregunta sería, sin embargo, por qué Matto decide matar a la costurera una vez que el hombre de sus sueños la rechaza. Como en el caso de los indígenas en *Aves sin nido* la muerte de Adelina se puede interpretar como un deseo de eliminar la diferencia anómala del personaje a través de la tuberculosis, o contradictoriamente, como una manera de darle poder espiritual en la novela a través de la muerte.

[20] El personaje de Adelina, con todo lo que tiene de lacrimógeno y estereotipado ha sido ignorado o calificado de superfluo por una buena parte de la crítica. George De Mello

casa en casa en busca de clientas de las clases más altas. No tenía un horario fijo y se pasaba las noches en vela inclinada sobre la labor de costura. Matto sin duda usa a este personaje trágico que muere tuberculosa, abandonada por el galán, para reflexionar de forma desviada y oblicua sobre su propia situación como heroína del pensamiento en una sociedad que la marginaba por asumir el rol masculino de *bread-winner*. El paralelismo entre Adelina y las "obreras del pensamiento" queda sugerido a través del significante "minera" (*Herencia* 143) que Matto usa para denotar el trabajo de la costurera y que se ajusta a "la retórica laboral" que Mariselle Meléndez detecta en los ensayos decimonónicos sobre la cuestión femenina.[21] En algún sentido, el trabajo de costurera era, aunque menos problemático, similar al de escritora porque podía efectuarse desde el hogar y porque no parecía violar los postulados de la ideología doméstica. Sin embargo, también es cierto que en la mentalidad victoriana de la época se establecía una asociación tácita en el imaginario popular entre la costurera y la prostituta.[22] La virtud de la costurera residía como lo dirá más tarde el tango en no dar "un mal paso" que la hiciera cruzar la barrera de la reputación doméstica para internarse en el mundo más peligroso y redituable de la prostitución. En este contexto, la prueba máxima para la costurera era mantener intacta su virtud y resistir a la tentación de prostituirse (Rogers 597).

---

en *The Writings of Clorinda Matto de Turner* dice que "Adelina seems completely out of place in the novel" (359).

[21] En su artículo "Obreras del pensamiento y educadoras de la nación" Mariselle Meléndez habla de la combinación de dos retóricas en los ensayos femeninos de las escritoras del siglo XIX. Por un lado "la retórica lidiadora" que se articula con un lenguaje "que denota combate, lucha, y que alude a actos de heroísmo, triunfos, defensa, audacia e invasión" y por otro una "retórica laboral" que tiene que ver con "la utilización de un lenguaje por parte de las escritoras que apunta a la imagen de la mujer y la maternidad como obreras de la sociedad cuyo rol se define por su labor activa e imprescindible en el futuro del progreso de la nación" (575).

[22] Ver a este respecto el artículo de Helen Rogers donde dice que la figura de la costurera fue utilizada en la Inglaterra de los años 1830 y 1840 para redefinir los conceptos de la masculinidad y la feminidad. Lo que Rogers dice sobre el contexto victoriano británico es válido de forma casi anacrónica para el fin de siglo peruano. Dice: "The distressed needlewoman was a commonplace of nineteenth-century fiction and drama, for she embodied the anxieties that different social groups had concerning the position of single women, women's work, and sexuality. By the mid century, the needlewoman had become a cultural icon, although one that was profoundly unstable" (597). La figura de la costurera estaba según Rogers a caballo entre el vicio y la virtud. Añade con respecto a la ambigüedad semántica del personaje: "The power of such representations rested, however, on the seamstress' temptation and resistance to the wages of prostitution" (597).

En la textualización de la ciudad de Lima, el espacio urbano aparece fracturado en varios núcleos sociales, que se tocan tangencialmente pero no se mezclan. En la gran metrópolis, los personajes aspiran a pertenecer a ciertas familias que poseen un aura prestigiosa (los Aguilera, las de Bellota, las Mascaro, las Rueta, las López). La importancia moldeante del *milieu* en la novela se conecta con la visión naturalista del personaje como un producto de la interacción entre factores genéticos y ambientales que operan sobre él y que determinan su ingreso al campo del vicio o de la virtud. El mundo aristocrático de los Aguilera es un espacio en el que abundan los objetos de refinamiento y lujo (abanicos, terciopelos, sedas, joyas) que con el avance de la economía capitalista son siempre mercancías de importación (Sklodowska, *Todo ojos* 17). La contraparte de estos salones donde reina la ostentación y el despilfarro, se halla en las calles de "abajo del puente" y otras zonas marginales de Lima donde habitan el inmigrante, el carpintero Pantoja y la prostituta. Si bien por momentos, el sujeto literario separa a la mujer pública de este conglomerado híbrido de personajes degradados lo que prevalece al final de la novela es la asociación de este mundo culturalmente bajo con la enfermedad y el contagio. Contra el trasfondo de dos grupos moralmente sospechosos representados por una oligarquía criolla en decadencia y por los sectores bajos, se recortan las virtudes de una clase media en ascenso asociada con el ahorro, la humildad, y las costumbres sencillas.[23]

SEXUALIDADES PELIGROSAS

>—Güeno: armo yo la canasta, y en la canasta....va usté...put..la madre, put...la hija, put...la manta que las cobija —agregó riendo la mulata y, cerrando maliciosamente los labios, después de lanzar tamaño refrán, hizo una cruz entre ellos. El italiano se puso rojo como un tomate. (Clorinda Matto de Turner, *Herencia* 137)

---

[23] La familia Aguilera representa los valores de una oligarquía criolla que deriva su fortuna quebrantada de las rentas derivadas de propiedades. Manuel Burga y Alberto Flores Galindo hacen un retrato de esta clase social regida a nivel masculino por el ideal de la caballerosidad. Estos caballeros urbanos eran una versión peruana de los "gentlemen" ingleses: "Hacían vida intensa de club, residían en casas amobladas con lujosos muebles del estilo imperio y abundantes en alfombras y cortinajes; desarrollaban una vida propia de un tiempo en que no se amaba el aire libre y se vestía chaqué negro y pantalones redondos fabricados por los sastres franceses de la capital. Vivían en un mundo feliz integrado por matrimonios entre pequeños grupos familiares [...]" (*Apogeo y crisis* 89).

En *Aves sin nido*, el lector se convierte en *voyeur* sentimental de la tragedia de los indios; en *Herencia* se reemplaza la figura del indígena como objeto de piedad con varios personajes femeninos marginales, que no se amoldan al estereotipo del ángel del hogar y que sufren en un contexto urbano (la costurera, la prostituta). La esfera femenina que en Killac aparecía como un espacio homogéneo en el que reinaba la solidaridad entre mujeres, aparece aquí fracturada por desigualdades étnicas y de clase. Dentro del abanico de identidades femeninas múltiples que el sujeto de la enunciación despliega ante los ojos del lector, es la figura de la mujer caída (Espíritu) la más compleja y contradictoria. El personaje de la *femme publique*, con quien el sujeto literario establece un acercamiento por género y un distanciamiento por clase y raza, se utiliza como un anti-modelo de virtud nacional sobre el que se proyectan atributos expulsados del modelo del ángel del hogar (sexualidad, iniciativa, agresividad).[24] Pero, ¿consigue Matto de Turner reemplazar el sentimiento de fraternidad varonil que detecta Baguley en el naturalismo canónico con una propuesta de "sororidad"? Y si tal fuera el caso, ¿qué tipo de lazos homosociales establecen las mujeres de diferentes clases y razas dentro de la esfera femenina?

En un principio, el lector de *Herencia* piensa que el eje axiológico de la novela va a estar formado por la oposición entre Lucía (mujer serrana) y Nieves (mujer criolla). Sin embargo, el sujeto literario, que en un principio contrasta el carácter frívolo de Nieves al más humilde de Lucía, desplaza el foco de su atención a la antinomia formada por sus hijas (Camila, Margarita). Dado que en la narrativa sentimental el amor físico es el máximo peligro (Beatriz Sarlo, *El imperio de los sentimientos* 14), la meta sentimental del texto es que estas dos heroínas se transformen en ángeles del hogar para que puedan construir un paraíso doméstico desde el que "feminizar" a los futuros ciudadanos. Al mismo tiempo, si la novela busca propagar una cierta noción de virtud femenina, tanto Margarita como Camila son utilizadas como conejillos de indias en un experimento sobre la herencia. Lo que se trata de

---

[24] Linda Manhood, en un libro titulado *The Magdalenes: Prostitution in the Nineteenth Century*, señala que una de las paradojas centrales de la cultura victoriana del siglo XIX fue que al sujeto masculino y al sujeto femenino se les asignaron funciones opuestas. Si en los hombres se fomentaba la libertad sexual, la mujer debía ser espiritual, casta y asexuada. Ante este dilema, y dado que la cultura del siglo XIX se construye alrededor del matrimonio, la prostituta cumplió una función doble. Por un lado, según Manhood, el rol de la prostituta fue el de satisfacer los deseos no satisfechos del sujeto masculino en el matrimonio; y por otro, el de resguardar la pureza y la castidad del ángel del hogar. Dice: "[...] working-class girls and non-virtuous or "fallen" women were sacrificed so that the wives and daughters of the upper classes could remain chaste and pure-minded" (5).

demostrar en la novela es que la virtud y la tendencia a la promiscuidad femeninas se transmiten por línea materna. Demás esta decir que estas pretensiones cientificistas no se sostienen en la época contemporánea siendo una de las barreras ideológicas que los lectores deben vencer para leer la novela. Queda por determinar entonces si esta "herencia moral" a la que Matto había llamado "índole" en su novela anterior se transmite por vía biológica o cultural, una indecisión semántica a la que alude Cornejo Polar en su prólogo a *Herencia*.[25] Aunque a lo largo de la novela se oscila pendularmente entre ambas posibilidades lo que predomina en la mente del lector, luego de muchos titubeos y reservas, es la teoría anti-cambaceriana de que es posible modificar el legado biológico a través del efecto moldeante de un ambiente hogareño regido por la figura de la madre republicana. En el caso de Margarita su virtud no tiene tanto que ver con la información genética que recibe de sus padres biológicos (un cura corrupto y una madre violada) sino de la influencia aculturadora de sus padres adoptivos. Como parte del experimento naturalista se pone a prueba la virtud moral de las heroínas en numerosas oportunidades:

> Ernesto aprovechó más de una ocasión para oprimir entre las suyas la rodilla de Margarita, libertad que ni fue notada por la niña, con ese candor propio de la que todo lo ignora y no tiene los ardides del atrevimiento. –¿Le he sido simpático, y por qué no corresponde?...Otras mujeres han resuelto aquí el problema...aquí en el apiñamiento del carruaje..., con los vapores del sarao, con el hervor de la sangre –pensaba Casa-Alta [...]. (*Herencia* 89)

Recurriendo a una técnica de contrastes, se utiliza la sexualidad desordenada de "las otras mujeres" de los barrios bajos de Lima como telón de fondo contra el que resaltar la virtud moral/asexual de Margarita. A diferencia de los ángeles caídos a los que Ernesto visita en su vida de soltero, la hija adoptiva de Lucía no se deja llevar por la fuerza de la pasión que es en la narrativa sentimental el máximo tabú.

Por otra parte, el personaje de la mujer "caída" sirve en la novela para debatir la ideología del doble estándar. Mientras que en los personajes femeninos ejemplares la pureza sexual es el único modelo de virtud posible, en los masculinos la asexualidad no es un prerrequisito para acceder a la categoría del heroísmo. Ernesto

---

[25] Según Antonio Cornejo Polar, *Herencia* es la novela de Matto de Turner que más se acerca al modelo naturalista. Sobre la heterogeneidad semántica del término "herencia" dice lo siguiente: " El 'cosmos hereditario' se comprende a veces en términos biológicos, como 'herencia fatal de la sangre', que específicamente funciona en el campo sexual (las madres libidinosas dejan a las hijas la 'herencia fatal'), y a veces, más bien en términos morales que pueden confundirse con el poder de la educación en la vida de los individuos" ("Prólogo" a *Herencia* 16).

Casa-Alta es un *flâneur* republicano que frecuenta los barrios de "Abajo del Puente" donde "*esas* infelices sellan con el vino de la orgía, la ignominia de su sexo" (*Herencia* 93, énfasis de la autora). Si aquí el doble estándar sirve para demostrar que hay diferentes normas de conducta sexual para las mujeres y los hombres, más adelante se utiliza este esquema para subrayar las diferencias de raza y clase que fracturan la homogeneidad deseada de la esfera femenina. En palabras de Nieves Aguilera, personaje aristocrático que Matto quiere condenar, la prostitución no existe en las clases altas porque "la plata todo lo tapa, lo disculpa, lo abrillanta, lo rectifica, lo ennoblece" y porque "sólo las pobres son unas perdidas" (*Herencia* 194).

La idea masculina de la prostituta como ninfómana, contraparte de la mujer frígida, está tomada parcialmente de otras novelas naturalistas como *Música sentimental* de Cambaceres. Es importante recalcar, sin embargo, que el tema de la prostitución estaba en total contradicción con el culto a la pureza femenina que se hacía en la ideología liberal. De ahí que Matto jamás mencione directamente la palabra prostituta en la novela y que se refiera al doble corrupto del ángel del hogar por medio de eufemismos. En el caso de Espíritu se alude indirectamente a la prostitución, cuando se dice que frecuentaba "la chingana" (del quechua *chincana* que según Cornejo Polar en una nota al pie de página significa probablemente lugar de perdición [*Herencia* 53]), que "hacía la mañana" (es decir que se quedaba a dormir en estos lugares) y que de esta constancia "encontró Espíritu detrás del mostrador de la pulpería otra muchachilla" (*Herencia* 53). El deseo sexual y la sed de dinero están unidos en este personaje a quien el inmigrante le paga por su función celestinesca convirtiéndola en "el instrumento preciso para llegar al desenlace de la historia de Camila" (*Herencia* 134). Otra forma indirecta que el sujeto literario tiene de referirse a las conductas sexualmente ilícitas de Espíritu es mostrarla en numerosas ocasiones recibiendo dinero del inmigrante (supuestamente por su trabajo de Celestina) que ésta se coloca en el seno, en un gesto de obvia connotación sexual (*Herencia* 156).

El sujeto narrativo oscila entre considerar a la mujer pública como un personaje degradado por raza y clase (visión que toma del naturalismo canónico), o como una víctima de la sociedad y de la lujuria masculina. Ésta sería la explicación, no solamente de la caída moral de Espíritu, seducida y abandonada en su juventud, sino también de aquellas "desgraciadas infelices" que frecuentaba el héroe de la novela en su vida de soltero, y a quienes el sujeto literario se refiere como "[c]riaturas desgraciadas, que tal vez no estén desterradas de la patria de la mujer –Virtud– pero sí encerradas por la sociedad en esa isla de ignominia sin redención –Vicio" (*Herencia* 93). En este pasaje están presentes las dos ideas contradictorias sobre la prostitución que se debaten en el texto: por un lado, una visión determinista en la que la prostituta es un personaje carente de moral, amenazador para la santidad del hogar de clase media (que es finalmente la que predomina en la novela), y por otro, una idea de la prostituta como una víctima social, todavía rescatable para la sociedad porque conserva un mínimo de recato y de virtud (asociados en la novela con su función materna). Pese a que la conversión de la prostituta en una víctima es problemática porque le quita agencia y poder, corrige (o habría que decir invierte) la visión canónica de la mujer pública como un personaje que degrada, pervierte y contamina al sujeto masculino.[26] Este rol de *femme fatale* o "mujer que mata" (Ludmer) es el que se le da a la prostituta en *Música sentimental* de Cambaceres, donde se acusa a Loulou de haber causado tanto la muerte de Pablo como la del conde. La fascinación que siente Pablo por Loulou cede paso antes de morir a una aversión visceral que da pie a argumentos misóginos centrados en la culpabilidad de la prostituta. Dice Cambaceres:

> ¿No era ella la causa de todo, la sola autora de su desgracia? Se había portado como una perversa, como una infame. Y decía, después, que lo quería [...] Lo que había querido era engañarlo, explotarlo, como hacían todas las desorejadas de su especie. (*Obras completas* 136)

A diferencia de Loulou, la Espíritu de *Herencia* no es una prostituta con pretensiones de clase, sino una "ex-sirvienta mimada de casa grande", en la que el acceso a la prostitución ocurre, más por necesidad económica que por predisposición genética. La importancia del personaje en la novela es que actúa como puente entre diversos espacios y clases sociales, fundamentalmente entre la pulpería, metonimia del inmigrante, y los salones lujosos de la casa de los Aguilera. Matto convierte a Espíritu en un personaje parcialmente sentimentalizado y la ve en un principio como una víctima de la lujuria masculina:

> Espíritu comenzó la nueva vida por establecer una lavandería; pero asediada en todas direcciones por los de gusto criollo, que van tras conquistas baratas, sin más preparación para esa lucha que la débil, siempre engañada con promesas, tiene que librar con el fuerte, armado de traición, acabó como todas las de su clase acaban, por caer con el primero que despertó sus sentidos, y la dejó cuando iba a ser madre. (*Herencia* 52)

El discurso sentimental sobre la prostituta que aunque problemático plantea un cierto acercamiento (es un ser humano y como tal es digna de compasión) se

---

[26] Clorinda Matto de Turner asume ante el debate sobre la prostitución una posición ambigua, en el sentido de que no le echa la culpa directamente a los hombres de la caída de Espíritu sino a "la sociedad" en pleno.

combina con otro más conflictivo que la des-individualiza por medio de epítetos racistas como "la mulata" o "la morena", y que la coloca en un espacio cultural inferior, "el callejón del Molino Quebrado," donde vive rodeada de "las de su ralea" (*Herencia* 137). El aspecto saludable y fuerte del personaje, que al principio del texto es "una morena alta, fornida, de caderas anchas y brazo hombruno" (*Herencia* 51) desaparece cuando el personaje inicia una caída moral y económica, provocada por el alcoholismo, que va dejando huellas en su propio cuerpo. A medida que avanza la novela, Espíritu adquiere un aspecto cadavérico, con "los ojos blancos", "la voz ronca" y "el pelo desgreñado" (*Herencia* 134). Si en un principio se justifica la prostitución de Espíritu recurriendo a la ideología de la domesticidad republicana, porque "el amor de madre la impulsaba al bien, la obligaba a buscar el sustento [...] (*Herencia* 55)", cuando el personaje deja de cumplir con sus funciones maternales ya no es redimible para el sujeto literario. El alcohol y la tuberculosis aceleran una caída en picada que se explica en términos sociales más que genéticos. Es por culpa de una serie de circunstancias aleatorias que Espíritu queda "consumida por la escasez de recursos a que llegó después de la muerte de la señora Ortiguera, su madrina y protectora" (*Herencia* 52). A la muerte de Espíritu queda una herencia sentimental en el texto: dos hijas huérfanas ilegítimas que, a diferencia de las "aves sin nido" de la contraparte andina de la novela, carecen en la ciudad de las alas protectoras del ángel del hogar. El artículo necrológico que Aquilino lee en "La opinión nacional" le sirve al sujeto narrativo para criticar la falta de filantropía en las ciudades y la inoperancia de la beneficencia estatal:

> *Infeliz mujer* —Ayer dejó de existir en el hospital de Santa Ana una infeliz mujer, mulata de raza y de nombre Espíritu Cadenas, que deja en el mayor desamparo dos criaturas del sexo femenino contando unos cuatro años escasos y otra seis años aproximadamente. Estos casos de orfandad vienen repitiéndose con dolorosa frecuencia, y sería de desear que la Beneficencia Pública que dispone de medios más que suficientes crease un asilo de abandonados. (*Herencia* 239-240)

Aunque al principio de la novela la prostituta y el inmigrante forman una alianza en las orillas de la gran urbe, ésta se rompe cuando el italiano de "sombrero piamontés" hace una migración de clase hacia arriba, en dirección al vértice de la pirámide social. Por medio del casamiento con Camila, Aquilino se transforma en un *dandy-clubman* que esconde sus "bajos" orígenes detrás de la fachada de niño bien. Cuando Aquilino lee la sección necrológica del periódico se encuentra en el "Casino de los Gallos", un cenáculo que actúa como parodia del "Club del Progreso" cambaceriano, ese lugar de distinción al que nunca consigue acceder el

Genaro Piazza de *En la sangre*. El nombre de este club, en donde se reúne "la flor y nata masculina" limeña ridiculiza el sectarismo masculinizante de estos centros de reunión que operaban a partir de exclusiones.

La tesis pedagógica de *Aves sin nido* basada en el precepto de que había que democratizar el despotismo ilustrado de los proyectos republicanos aparece en *Herencia* solapadamente expresada. En el caso de Espíritu, se podría argüir que es su falta de educación lo que le impide el acceso al modelo burgués de la domesticidad. Después de todo, Espíritu empeña por ignorancia el único objeto de valor que tiene, un cuadro de Velázquez que le ha dejado como "herencia" su ex-ama y protectora. Matto explota esta anécdota para hacer sufrir al lector que sabe junto con el sujeto narrativo que Espíritu podría ser rica en un abrir y cerrar de ojos, y que observa con impotencia cómo ésta desaprovecha la única oportunidad que tiene de salvarse económicamente. En la casa de préstamos, es la falta de cultura de Espíritu lo que la convierte en fácil presa del usurero, un personaje despreciable que tiene "ojos crisol, ojos balanza, ojos tasadores que, con sólo una mirada, sabían clasificar, medir y evaluar, distinguiendo el *dublé* del oro de dieciocho quilates, la seda pura de la tramada" (*Herencia* 67-68).

En el caso de los personajes urbanos de Matto de Turner, las categorías de género y raza son determinantes a la hora de decidir el lugar que ocuparán en la pirámide social. No solamente Espíritu (que es mulata), aparece en la novela como una víctima del republicanismo oligárquico sino también Margarita (que es mestiza) es un ser "incompleto" en palabras de Ernesto, porque "su razón ha visto la luz a medias, por el egoísmo de la sociedad para concederle conocimientos y libertad" (*Herencia* 210). El énfasis en el género como una esencia sentimental que contrarresta el individualismo liberal cede lugar aquí a un argumento sobre la teoría de los derechos que plantea la necesidad de homogeneizar las diferencias por medio del acceso de las mujeres a la educación.

Pero aun cuando Espíritu es un personaje marginal en la novela que tiene un rol sentimental como objeto de piedad, ocupa una posición privilegiada y contradictoria en la axiología del relato. El nombre Espíritu no deja de ser irónico porque pese a que el sujeto literario intenta infructuosamente borrar la sexualidad del personaje por medio de la retórica sentimental, su identidad deriva de la conversión de su cuerpo en mercancía. Sin embargo, todo lo que el personaje tiene de amenazante, en cuanto a su independencia económica y a su agresividad sexual, queda cancelado por medio de metáforas referentes a la orfandad de la prostituta. Cuando la muerte de su ama y protectora la deja en la calle, a Espíritu:

> [l]e pasó lo que ocurre con la avecilla criada entre las doradas rejas de la jaula: cuando recobra la libertad en que nació, no sabe qué hacer de ella ni cómo utilizar sus alas que, por el momento, le niegan fortaleza para llegar siquiera a los alares de su casa, y el enorme espacio azul que en otras circunstancias cruzara alegre y feliz, al ligero batir de sus plumas, se convierte en el desconocido elemento que la acoquina, la acobarda, la entumece y, por fin, la mata. (*Herencia* 52)

El apellido Cadenas en la novela se puede leer de varias formas pero creo que alude principalmente a la falta de opciones del personaje, que se halla encadenado a una situación sin salida por un condicionamiento de género, raza y clase. Otra posible lectura sería relacionar su apellido con su rol de eslabón en una comunidad nacional en la que los personajes hacen migraciones de clase, hacia arriba o hacia abajo, gracias a la intervención de los demás. En uno de esos encuentros secretos entre el inmigrante de ojos azules y la hija de los Aguilera, Aquilino se abalanza bestialmente, como el Genaro de Cambaceres, sobre el inocente cuerpo de Camila. Queda claro entonces que el máximo peligro para la clase dirigente es la figura camaleónica de este inmigrante rubio que conquista con sus "good looks" a las señoritas de la aristocracia criolla. El matrimonio entre Camila y Aquilino se origina como el de Genaro y Máxima (*En la sangre*) en el delito de la violación. Sin embargo, aunque el sujeto narrativo tiene dudas sobre la virtud de Camila que comete el error de encontrarse a solas con el inmigrante, le perdona su falta a través de referencias a un bestiario en el que Camila es el "corderillo" y el inmigrante, un hombre lobo. Dentro de esta relación bipolar, Camila hereda los vicios de una madre criolla (ya sea a través de la educación o de la predisposición genética) mientras que el inmigrante es el verdadero culpable que "sonreía canallescamente con la sonrisa del lobo acostumbrado a engullirse corderillos inocentes" (*Herencia* 181).

Crucifijos, madonas y el delito del incesto

En una lectura superficial del texto se podría pensar que la esfera femenina responde a un esquema maniqueo en el que se contraponen ángeles y "viragos". Sin embargo, los campos semánticos de la virtud y la anti-virtud republicanas son más contradictorios de lo que se podría pensar a primera vista. Así como Espíritu y Camila tienen un lado doméstico que borra parcialmente su costado depravado; también Margarita, la heroína de la novela, es menos casta y pura de lo que aparenta. En el experimento naturalista al que se somete a las hijas de Lucía y Nieves para debatir las leyes de la herencia, es la huérfana mestiza de *Aves sin nido* la que sale triunfante, por la forma en que hace frente a las insinuaciones sexuales de los *dandies* y *flâneurs* limeños. Más tarde, sin embargo, el lector se percata de que Margarita no ha olvidado al "ave sin nido" masculina de la primera parte de la novela (Manuel) y que sigue teniendo "fantasías eróticas" que remiten al incesto.

En un principio, el éxito de Margarita con los hombres reside paradójicamente en la manera que tiene de controlar y de reprimir su sexualidad. Margarita es "recatada", el vestido que usa en el baile de los Aguilera es de un color "rosa espiritual," y está repleto de "encajes blanquísimos" (*Herencia* 58) estableciéndose así un contraste con el vestido más escotado y atrevido de Nieves que era de un color "heliotropo" (*Herencia* 57). La expulsión del terreno de la virtud de la hija de Nieves (Camila) se explica en parte porque, en vez de resistirse a los avances del inmigrante se deja llevar, como la madre, por los peligros de la atracción física. El término herencia, que es completamente "matrifocal" (Sklodowska) en la novela, es en un principio confuso, porque no está claro si el error de Camila ocurre por seguir el mal ejemplo de una madre promiscua o por herencia genética. Más adelante, sin embargo, se opta por una interpretación cultural del término en la que se afirma que los vicios y virtudes femeninos se transmiten de madres a hijas a través de la educación moral. En el párrafo final de la novela se intenta resolver esta contradicción optando por una acepción doméstica y moral del término clave de la novela naturalista: "En el curso de la vida, a través de los sucesos, Margarita y Camila habían entrado en posesión de lo que les legaron sus madres: su educación, su atmósfera social y más que su sangre era pues, la posesión de la HERENCIA" (*Herencia* 247, mayúsculas de la autora). En este pasaje, la herencia tiene que ver con el legado moral materno que consiste en crear para las hijas un *milieu* favorable desde el espacio del hogar. De forma aún más explícita se dice en *Herencia* que la caída de Camila ocurrió porque "cedi[ó] a la herencia de raza sin rechazar ésta con las virtudes de *la educación del hogar*" (243, énfasis mío).

En el caso de Margarita Marín, es la herencia genética lo que la impulsa en *Aves sin nido* a juntarse con su hermano y a caer en el delito del incesto, un error que sus padres adoptivos tratan de corregir en *Herencia*. El título original de la novela (*Cruz de Ágata*) remite al tabú social del incesto que Manuel y Margarita estuvieron a punto de consumar en *Aves sin nido*. La cruz de ágata es el ícono que Manuel, medio-hermano de Margarita, le regala a la huérfana al final de *Aves sin nido* sin saber que comparten el mismo padre. El hecho de que el regalo sea una cruz es significativo porque remite al ámbito de lo sagrado con el que ambos están genealógicamente conectados por ser hijos del mismo sacerdote. En *Herencia*, Lucía y Fernando tratan de erradicar de la mente de la huérfana las huellas de esta forma de sexualidad, asociada con la imposibilidad de formar la nación en la primera parte de la novela, al mismo tiempo que se somete a Margarita a un intenso proceso de aculturación. Se dice que Manuel se ha alejado de la civilización para enlistarse como teniente de un buque y enterrar en el mar "la inmensidad de [su] dolor" (*Herencia* 161). Sin embargo, de la misma manera que debajo del título *Herencia* quedan como en un palimpsesto las ruinas sentimentales del anterior (*Cruz de Ágata*), el fantasma del incesto continúa acechando la castidad de la heroína, obstaculizando su ascenso al terreno de la virtud nacional:

> Margarita se encontraba encerrada en su habitación: de pie junto a una pequeña mesita, donde estaba el ajuar de costura con su canastilla surtida de sedas, cordones y cintas en desorden. Abrió un cofrecillo de sándalo, y de él sacó la caja de terciopelo: un ligero esfuerzo del pulgar sobre el botoncillo de resorte hizo saltar la tapa, tomó su cruz de Ágata en ella guardada, y la besó repetidas veces. (*Herencia* 116)

Me interesa subrayar, en este pasaje, la necesidad de esconder el ícono religioso, que se transforma en fetiche sentimental. Margarita se encierra en la privacidad de su cuarto para adorar la cruz a la que guarda dentro de varias cajas: el estuche de terciopelo está dentro de un cofrecillo de sándalo, y éste a su vez, se halla colocado en un costurero. Más adelante, el lector se da cuenta de que Margarita besa la cruz, no pensando en la figura sagrada de Cristo, sino en su hermano, Manuel, a quien, todavía la liga una incontrolable atracción sexual. Los soliloquios de Margarita no podrían ser más explícitos y deben haber escandalizado a los lectores de la novela.

> —¡Dios mío! ¡Dios mío! mi amor para Manuel, fue sólo confusión de sentimientos; era el hermano, la sangre de mi sangre; por eso sigo amándolo, y su amor no me avergüenza. Ernesto será mi primer amor. Ernesto será el alma de mi alma –dijo, arrojando con cierto ademán, mitad devoción, mitad despecho, *la cruz que adoraba, en sus exaltaciones eróticas*. En aquel momento, las oleadas de sangre comenzaron a invadir el seno de la mujer entrada en la plenitud de su desarrollo. (*Herencia* 117-118, énfasis mío)

La confusión semántica entre los códigos del erotismo y el catolicismo es alimentada por Matto, que para este entonces ya había sido castigada por la iglesia y que en varios pasajes de la novela hace aparecer a su heroína adorando "la cruz de Ágata" en posición suplicante "agarrándose el pecho con ambas manos y levantando los ojos como una Madona" (*Herencia* 118). Es posible que Cabello de Carbonera se refiriera a este pasaje de *Herencia* cuando en una carta a Pedro Figueroa le decía lo siguiente sobre la novela de Matto de Turner:

> Opino lo mismo que usted acerca de *Herencia*, más aún, creo que mejor que este nombre debiera llevar el de Lujuria y la lujuria en el arte, debe de estar muy bien

aderezada con salsas picantes y "franganciosas" para quitarle lo que naturalmente tiene de odioso y repugnante. ¿Ha leído usted lo que dice en las páginas 134-135 y 136? ¿Cree usted que una mujer tiene derecho a dejar de ser mujer aunque escriba novelas naturalistas?....Siempre que se ha ofrecido hablar de Zola, ya sea por escrito o por palabra, lo he atacado abierta y francamente, sin importarme el que sea el coloso de la novela naturalista. No puedo pues aprobar en una mujer lo que repruebo en un hombre. Estas cosas sólo puedo decírselas a usted en la intimidad de nuestra buena amistad. Si Clorinda creyera en [...]mis juicios se lo diría a ella como se lo digo a usted; pero temo que a pesar de nuestra buena amistad ella desconfíe de mis consejos por aquello de que....¿quién es tu enemigo?...... (Mercedes Cabello de Carbonera, "Carta a Pedro Pablo Figueroa", marzo de 1897[?])[27]

Las opiniones hostiles de Mercedes Cabello sobre *Herencia* no dejan de ser irónicas porque la comunidad intelectual la había acusado unos años antes a ella misma de los delitos en los que supuestamente estaba incurriendo su colega. Quedaba por ver entonces si Clorinda Matto de Turner saldría ilesa de una polémica que dividió a la esfera femenina luego de la publicación de *Blanca Sol*. A su vez, Juana Manuela Gorriti en su diario *Lo íntimo* registró desde la Argentina, comentarios altamente negativos sobre las novelas "naturalistas" de Cabello de Carbonera, a la que acusaba, en el contexto de recepción latinoamericana de las novelas naturalistas, de haber copiado del natural los vicios de las clases altas limeñas "con más valor aun que Zola" (*Lo íntimo* 170). Estos desacuerdos ideológicos no tuvieron lugar en el ámbito público de las conferencias o las veladas en parte porque el concepto de la "sororidad" era más frágil que el de la fraternidad y porque muchas veces las escritoras necesitaron formar un frente común en los márgenes de la república de las letras para poder contrarrestar la ideología de la fraternidad. En el marco íntimo de la narrativa epistolar, sin embargo, Cabello de Carbonera, le da la razón al escritor chileno que por lo que se deduce en la carta ya había expresado una opinión negativa sobre *Herencia*. Asentir con su corresponsal extranjero es para Cabello de Carbonera una forma, entonces, de distanciarse de una corriente intelectual que amenaza con comprometer la reputación de las mujeres. Es también una manera de crear una alianza profesional con un interlocutor prestigioso que, según se deduce por otras partes de la carta, está por esta misma época elaborando un diccionario enciclopédico de autores latinoamericanos.

---

[27] Esta carta inédita de Mercedes Cabello de Carbonera está archivada en la colección de la Biblioteca Nacional de Lima.

ÁNGELES, "VIRAGOS", Y LOS MALOS USOS DE LA CARIDAD

Las ficciones sentimentales se construyen siempre alrededor del sufrimiento de un otro en peligro con el que el lector debe identificarse, independientemente de la clase o grupo étnico al que pertenezca. En *Herencia*, las víctimas sentimentales por las que el sujeto narrativo quiere que derramemos lágrimas no son indígenas sino mujeres. Quedan así sugeridas, por medio de las dos partes de esta novela, las complejas interacciones entre racismo y patriarcado, dos sistemas y formas de opresión basados ya sea en el dominio masculino o en la opresión de los grupos indígenas por una minoría blanca. En Killac, Lucía enfatiza el lado sentimental de la caridad para intervenir en un debate finisecular sobre la modernización de la nación al que no tenía acceso por su género. En Lima, la intervención caritativa de Lucía se ejerce también desde el hogar, aunque aquí la madre que viene a implorar la caridad de Lucía, pertenece a una aristocracia criolla empobrecida. Al igual que en el diálogo sentimental entre Lucía y Margarita, en este *tableau* el objeto de caridad extorsiona a Lucía por medio de las lágrimas:

> –¡Ah, digna matrona! mi nombre no le ha de indicar nada a usted: le soy desconocida en absoluto, y básteme decirle que vengo en nombre de la caridad cristiana a solicitar que usted salve a una familia que...perece...¡que perecerá!
> ....
> Las lágrimas anudaban la garganta, pero las manos se cruzaron en ademán de ruego, y pronto fuele preciso taparse la cara con la orla de su raída manta, para ahogar los sollozos que hervían a borbotones en el seno blanco y suave como un raso. (*Herencia* 120)

El exceso sentimental que predomina en esta viñeta contradice la estética naturalista a la que Matto se adscribe en el título de la novela. Aunque esta retórica nos parece de mal gusto cumple en la novela varias funciones ideológicas. Por un lado, la textualización de las lágrimas femeninas le sirve a Matto de Turner para hacer una crítica a la corrupción política del gobierno que al despedir al marido de esta mujer ha dejado a toda una familia en la calle porque aquí "todo se regula por el partidarismo político, los empeños personalísimos, la compadrería; todo eso se sobrepone a la competencia, y la nulidad avanza, sube y sube empujando al mérito hacia el abismo" (121). Al mismo tiempo, se recurre a esta escena para subrayar la frágil situación de las mujeres que en casos de que los maridos perdieran sus trabajos quedaban a merced de la caridad ajena. En un momento de este intercambio, Lucía llama a esta mujer desconocida "hermana mía" (*Herencia* 124), un significante que en *Aves sin nido* denotaba la relación "sororal" que el ángel del hogar quería establecer con los indígenas.

La conflictiva tesis que se plantea, entonces, es que lo que los pobres necesitan en las ciudades no son cambios políticos o económicos, sino la compasión de una dama de beneficencia. La caridad que practica Lucía en la novela tiene, sin embargo, una función "cómplice con el aparato de poder" (Sklodowska) porque sirve para aplacar la hostilidad entre las diversas clases sociales, impidiendo que ocurran cambios más radicales. Sin embargo, como lo he demostrado en el capítulo 4, la caridad fue uno de los primeros espacios del siglo XIX en el que las mujeres tomaron conciencia de sus habilidades políticas y empresariales. En el caso de las novelas de Matto de Turner la feminización de la caridad le sirve para atacar a los curas y para convertir a las mujeres en ángeles civilizadores de la modernidad. La respuesta de Lucía ante el espectáculo del sufrimiento protagonizado por esta madre republicana es más física que intelectual:

> Lucía estaba como abismada con aquella escena, desenmarañando en su mente un tropel de ideas que pugnaban por salir moduladas en palabras.
> —¡Horrible! ¡Horrible! ¿Esta clase de miserias ocurren aquí? —preguntó Lucía por cuyas mejillas acababan de resbalar los diamantes del dolor liquidados en lágrimas. (*Herencia* 124)

A diferencia de las novelas naturalistas de Cambaceres que eran completamente anti-sentimentales, aquí el sujeto literario apela a un lector compasivo para el que llanto y virtud son términos tautológicos. El rol que cumple Lucía en esta escena es el de paño de lágrimas de un ángel caído que se convierte en este *tableau* en objeto sentimental de piedad. Al mismo tiempo, el intercambio le sirve a Lucía para ejercer un poder humanitario en la novela que no está desligado de intereses políticos y económicos. El ángel del hogar aparece aquí manejando dinero, con lo cual se desmiente la visión dominante de la caridad como empresa puramente espiritual que se hacía *ad-honorem*.[28]

---

[28] Sin embargo, al mismo tiempo que se subvierte esta visión de la caridad como un trabajo no remunerado, se usa la escena para criticar la forma frívola en la que las "esclavas de la iglesia" usan la caridad. El comentario de esta madre, que pasa a ser un emblema del sentimentalismo materno amenazado por la corrupción de una incipiente economía capitalista es el siguiente: "Ya todo ha degenerado en las modernas sociedades. La caridad oculta, silenciosa, ignorada que enseñó el salvador, ha desaparecido en los centros donde la mujer rinde culto al fanatismo del clero; donde la forma externa es todo y el fondo nada. Aquí se llama hacer caridad levantar suscripciones en las puertas

> La señora Marín sacó una monísima carterita de cuero de Rusia, en cuya tapa estaban grabadas con oro las iniciales L. de M y al pie 12 de junio. Ajustó el brochecillo, sacó una fina tarjeta y valiéndose del lapicero, escribió: "Calle de la Virreina, número 427, almacén de los señores Mascaro". En seguida sacó un billete de banco de cincuenta soles y otro de diez [...] (*Herencia* 126)

Las virtudes caritativas de Lucía se recortan contra el materialismo y los deseos de aparentar lujo de Nieves Aguilera, una mujer que representa los valores de una aristocracia criolla en decadencia. Personaje anti-sentimental por excelencia, Nieves, es la imagen especular en negativo del ángel del hogar. Si en la ideología doméstica la madre se encuentra unida a los espacios moldeantes de la identidad nacional por una relación metonímica de origen, Nieves transforma su hogar en un espacio contaminado y sacrílego, que tiene un efecto degenerante en los futuros ciudadanos de la república.[29] Las conductas "desarregladas" de las hijas de Nieves se explican por el ambiente corrupto que reina en el hogar de los Aguilera.[30] A nivel arquitectónico, la casa de los Aguilera presenta un agudo contraste con el hogar proto-burgués de los Marín y se caracteriza por "una imitación de la estética burguesa europea, en la cual ni siquiera se admite el pasado prehispánico del país" (Denegri, *El abanico y la cigarrera* 185). Lo que domina en estos salones a nivel de la decoración es el derroche y el lujo, vicios asociados con una clase corrupta contra la que se va a recortar la frugalidad de la emergente burguesía:

> Los corredores y el patio principal, transformados en jardines, despedían un aroma embriagador que, a la luz de los quemadores de gas resguardados con bombas de colores caprichosos formaban como una atmósfera densa de luz y

---

de los templos, dar beneficios en teatro; todo, pura fantasía. Y aquella que cree que su nombre no saldrá en los periódicos, no dará ni un centavo" (*Herencia* 124).

[29] En el prólogo a *En la sangre* de Eugenio Cambaceres, Susana García y José Panesi hacen algunas observaciones sobre la relación metonímica entre personajes y ambientes en las novelas naturalistas que son útiles para pensar en esta novela. Dicen sobre el inmigrante italiano de Cambaceres: "Su persona explica la pensión como la pensión explica su persona" ("Prólogo" 34).

[30] En *Limpias y modernas* María Emma Mannarelli contrasta los hogares de Nieves y Lucía en *Herencia* y dice que el hogar ideal debía ser higiénico para poder desde allí moldear ciudadanos moral y físicamente sanos. Dice: "En la narrativa femenina apareció al lado del salón una arquitectura de la intimidad como parte de la propuesta modernista. Hacia fines del siglo XIX la casa aristocrática y sus costumbres cortesanas coexistían con una arquitectura de la privacidad, que las escritoras de la época propusieron como modelo deseado" (*Limpias y modernas* 302).

> perfumes que, esparcida en los salones, preparaba los sentidos para las impresiones fuertes en aquellos regios salones donde, por mero lujo, se habían preferido las bujías, cuyo número era duplicado y centuplicado por los espejos que cubrían casi las paredes, dejando apenas pequeños claros para distinguir el papel de oro y grana con grandes cenefas, formando contraste con los tapices del techo en que complicados dibujos se destacaban sobre el fondo grana; salones orientales con alfombrados suavísimos donde los piececillos calzados de raso blanco iban a resbalar, como perlas sobre la superficie de un lago. (*Herencia* 43-44)

A través del uso de sinestesias modernistas, en las que se mezclan colores brillantes, perfumes, olores y sensaciones táctiles, se busca reproducir para el lector el efecto que este escenario recargado (43) tiene sobre el cuerpo virginal de Camila. El lujo desmedido encandila y enceguece con su luz a un sujeto femenino que, representado por sinécdoque a través de un zapatito "de raso blanco" puede "resbalar" (léase perder la virtud) en cualquier momento, en las aguas movedizas de este espacio social al que se asocia irónicamente con la tranquilidad de un lago.

Dentro de la esfera femenina, el personaje anti-doméstico de Nieves, que por momentos se acerca a "la nueva mujer latinoamericana", ejerce sobre el sujeto literario una mezcla de visceral rechazo y secreta fascinación.[31] A lo largo de la novela, esta mujer adquiere un poder textual del que carece el etéreo ángel del hogar, que pese a las perfecciones morales que despliega, queda eclipsado por la gigantesca y poderosa figura de su anti-normativo doble. El lector no puede menos que dejar de admirar la forma en que Nieves recurre a la religión y a la caridad para aparentar un status social y económico que está perdiendo:

> A la par de su orgullo ostentaba, tal vez sólo por darla de aristócrata conservadora, un misticismo en grado singular, y de aquí nacía la razón de que ella y sus hijas perteneciesen a todas las sociedades de *Pobres*, de *Adoratrices*, de *Contemplativas*, de *Dadivosas* y de *Arregladas*, sin que ello fuese motivo de menoscabo para las tertulias nocturnas de fin de semana. (*Herencia* 41)

El tema de la máscara y el disfraz que tan importante resulta en la novela naturalista de fin de siglo aparece en esta novela extensamente tratado. Así como el Genaro de *En la sangre* está obsesionado con la idea de "parecer" argentino

---

[31] Cuando pienso en "la nueva mujer latinoamericana" me refiero a las mujeres criollas o serranas que estaban en el fin de siglo luchando por los derechos políticos e intelectuales de las mujeres. Aunque el personaje de Nieves es parodiado y criticado tiene en común con la nueva mujer latinoamericana el deseo de modificar las relaciones de poder entre los géneros y de luchar contra el estereotipo doméstico.

(Nouzeilles) para adentrarse en el exclusivo círculo de la oligarquía porteña, Nieves aspira a seguir teniendo un aura aristocrática, aun cuando ha perdido una buena parte de su fortuna. El personaje de Nieves Aguilera se construye a partir de la acumulación de vicios (la frivolidad, la ostentación, el materialismo, la agresividad) y son justamente esos rasgos anómalos con respecto a la ideología de la domesticidad los que le dan poder y visibilidad en la novela. Las cualidades masculinas normativas de las que carece el marido débil de Nieves son ostentadas por su esposa a la que se construye como ambiciosa y dominante. El señor Aguilera es en este sentido una versión decimonónica del "varón domado" que "recordaba el precepto del Apóstol, que manda ceder a veces los derechos del varón, en obsequio de la tranquilidad doméstica" (*Herencia* 103). El topos del anticlericalismo queda tematizado en la novela cuando Nieves consigue que el arzobispo oficie la boda de su hija con el inmigrante italiano devenido "conde de la coronilla". Cabe destacar el siguiente pasaje:

> —Deseo que el Arzobispo haga el matrimonio porque mi hija no ha de ser casada por un curita cualquiera.
> —Pero el Arzobispo no sale de su Palacio para matrimonio, mi señora Doña Nieves.
> —¿Qué? La plata allana todo, *usté* lo verá con esos sus ojos.
> Este diálogo tuvo lugar dos días antes y, en efecto, a las ocho y media de la noche su señoría Ilustrísima vestido con el más deslumbrante de los ajuares sacerdotales tenía delante la pareja. (*Herencia* 232)

Así como se critica en *Herencia* la ineficiencia de los ministros y políticos porque "en el Perú se buscan los cargos más heterogéneos para los hombres más incompetentes", se introduce también la posibilidad utópica, en boca de personajes masculinos, de que los proyectos nacionales puedan ser encarados políticamente por mujeres. En una de las fiestas, los invitados se entretenían "en organizar ministerios femeninos; pues Pereira aseguraba de buena fe que en el país estaban perdidos y corrompidos los hombres y que quizá le iría mejor a la patria echándose en brazos de las mujeres" (*Herencia* 42). Paradójicamente, Pereira no hace este comentario pensando en el ángel del hogar, el personaje que supuestamente se propone como modelo, sino observando los "ires" y "venires" de Nieves, que cuando el marido le reprocha que no está educando bien a las hijas le contesta lo siguiente:

> —¿Y usted que sabe de sociedad mi amigo? Sabría usted mandar soldados de caballería en su mocedad, y aquí nadie endereza lo que yo hago con mi dinero, con mis hijas, en mi casa. (*Herencia* 42)

....
—Eres un tontonazo, yo sé lo que me hago, y mis hijas son mis hijas. Tengo la llavecita de oro que abre el alcázar más secreto; y sobre todo, ¿qué hay de nuevo? Una niña que se enamora de un hombre por el físico. ¿O dirás que el italianito no es un mozo bien plantado? (*Herencia* 217)

Las conductas anti-sentimentales de Nieves la acercan a Blanca Sol, esa otra mujer dominante del paisaje cultural de fin de siglo que también ama el lujo y a la que Mercedes Cabello de Carbonera castiga con la pérdida de la fortuna. Como en el caso de la cortesana o la prostituta, es tal vez lo que Molloy llama la "ansiedad sororal de la influencia" lo que lleva al sujeto literario a querer distanciarse ideológicamente de las transgresiones de estos personajes femeninos "públicos" con los que ella misma podía ser asociada.[32] Después de todo, el concepto de la mujer pública en el siglo XIX (fuera ésta intelectual, obrera o prostituta) remitía a un proceso de desorden genérico que subvertía la división de géneros que se hacía a nivel dominante en la república oligárquica.

LA BESTIALIZACIÓN DEL INMIGRANTE

Uno de los ejes narrativos de *Herencia* es una "ficción paranoica" que busca generar en el lector miedo y fobia por un inmigrante deshumanizado al que se asocia con la degeneración nacional. La otredad del inmigrante que no habla bien la lengua y que tiene hábitos y costumbres foráneos es difícil de asimilar a un proyecto nacional que somete las diferencias a un intenso proceso aculturador. En la antinomia semántica que se establece entre formas virtuosas y anti-virtuosas de masculinidad republicana, se coloca al inmigrante italiano en el segundo polo, por su falta de racionalidad y control a la hora de dominar las pasiones. Cuando Aquilino concibe la idea de ascender en la escala social dejando embarazada a una chica que no quiere, se convierte para el lector en un doble peruano de Genaro Piazza, el anti-héroe de *En la sangre* de Eugenio Cambaceres que se apropia, por medio de la violación, de la chica-joya de la clase dirigente (Máxima).[33] En ambas novelas se

---

[32] Sylvia Molloy utiliza el término "ansiedad sororal" para describir la rivalidad literaria entre escritoras en *Acto de presencia* 104. En este caso lo utilizo para hablar de la relación entre el sujeto de la enunciación y sus personajes.

[33] La obra de Cambaceres fue conocida muy tempranamente en el Perú. En el prólogo a la segunda edición de *Blanca Sol* (1889), ésta lo menciona junto con Zola para defender al escritor naturalista de aquellos críticos que lo acusaban de haber copiado sus personajes de la vida real, una crítica que también se le hizo a ella misma luego de la publicación de

asocia al inmigrante con un peligro inminente del que hay que alertar a los lectores republicanos. Para responder a esta problemática nueva que estaba ausente del paradigma naturalista europeo, se establece un pacto o alianza entre el lector y el sujeto narrativo en contra de la figura del inmigrante-monstruo.

El lugar narrativo que ocupaba el cura anti-modélico en *Índole* y *Aves sin nido* le pertenece ahora a un italiano bestializado que queda asociado a partir de su apellido (Merlo) con un ave de carroña (de Mello) que se alimenta de la carne de las mujeres a las que viola, golpea y maltrata. El cruce que Gabriela Nouzeilles detecta en las culturas de fin de siglo entre la novela naturalista, la mirada médica y el género policial está focalizado en la figura de este personaje que se abalanza sobre el cuerpo virginal de Camila para apropiarse de su estatus de chica bien. Sin embargo, al componer el perfil cultural del inmigrante Matto de Turner no sigue la tipología cientificista de Cesare Lombroso en *L'Uomo delincuente* (1875) que según Nouzeilles fue el trasfondo ideológico de los naturalistas argentinos. Aquilino Merlo carece de las facciones criminales que cataloga Lombroso en sus estudios taxonómicos del crimen (cejas abundantes, nariz chata o ganchuda, labios gruesos, frente estrecha, ojos chicos, cabeza grande) porque es apuesto, rubio y tiene ojos azules. Esto acrecienta la sensación de peligro que genera en la comunidad ya que su maldad queda camuflada debajo de un cuerpo bello y deseable para las mujeres de la clase dirigente.

La belleza física del inmigrante se articula en la novela con el *topos* de la máscara y las falsas apariencias ya que por debajo del exterior maquillado del *dandy* se ocultan las fuerzas de una animalidad que se resiste a ser civilizada.[34] Al trazar el perfil de Aquilino el sujeto narrativo dice que "su deseo de bestia humana se agitaba con férrea tenacidad pensando en la bella Camila, probablemente virgen, fresca, nueva para el placer; llena, suave, mórbida para los sentidos" (*Herencia* 51). Para transmitirle al lector cómplice el mensaje paranoico de la novela se preparan varios *tableaux* en los que Aquilino aparece armado de objetos punzantes que

---

Blanca Sol. Dice: "Hoy se le pide al novelista cuadros vivos y naturales, y el arte de novelar, ha venido a ser como la ciencia del anatómico: el novelista estudia el espíritu del hombre y el espíritu de las sociedades, el uno puesto al frente del otro, con la misma exactitud que el médico, el cuerpo tendido en el anfiteatro. Y tan vivientes y humanas han resultado las creaciones de la fantasía, que más de una vez Zola y Daudet en Francia, Camilo Lemoinnier en Bélgica y Cambaceres en la Argentina, hanse visto acusados, de haber trazado retratos cuyo parecido el mundo entero reconocía, en tanto que ellos no hicieron más que crear un tipo en el que imprimieron aquellos vicios o defectos que se proponían manifestar" (II).

[34] Para un estudio del tópico de la máscara y "el querer ser" en *En la Sangre* de Cambaceres véase el prólogo de Susana García y José Panesi 1-47.

aluden a su identidad "baja" de pulpero y a su potencial criminalidad. En el pasaje que cito a continuación se lo des-individualiza por medio de un apodo esencialista, "el italiano", de la misma manera que antes se había llamado a la prostituta, "la mulata".

> El italiano encontrábase sentado en la silleta sin espaldar, con la pierna izquierda recogida y la derecha extendida horizontalmente, apoyando el talón en el suelo y levantada la punta del pie como una estaca charolada. Tenía en la mano derecha el cuchillo de fierro con que preparó los tallarines verdes teñidos con zumo de acelga, y con la punta hacía mil rayas sobre el mostrador de madera, ocupación material que en nada afectaba los giros de su imaginación fantástica. (*Herencia* 154)

La mirada del narrador omnisciente se saltea en esta cita la parte superior del cuerpo de Aquilino, sede de una espiritualidad ausente, para deslizarse, de la cintura para abajo, hacia las piernas, las manos, los pies. Al final de la novela, cuando el inmigrante golpea y viola a Camila (símbolo de la identidad nacional en peligro), el lector confirma sus peores sospechas sobre la inmoralidad del personaje. El sexo y la violencia aparecen unidos en la figura de este hombre-monstruo cuya potencia sexual desmedida es una amenaza para la república. Se dice que en su mente había "un archivo animal, donde estaban detalladas una a una las mujeres que había poseído, siempre por accidente, jamás por consentimiento deliberado" (*Herencia* 49).

El empleo que hace Matto de estos *topoi* urbanos (inmigración, pobreza prostitución) se explica no solamente en términos culturales miméticos, como préstamos literarios recogidos de naturalismos hegemónicos (Zola) y periféricos (Cambaceres), sino también como respuesta a una realidad histórica social precisa. Como bien lo destaca María E. Mannarelli en *Limpias y modernas* (1999) en el contexto de crisis de la guerra del Pacífico aumentaron tanto la pobreza urbana como la prostitución debido en parte al alto índice de mortalidad masculina (265). Por otro lado, a fines del siglo XIX llegaron al Perú varias oleadas inmigratorias que, aunque buscaron poner en práctica la teoría de las sangres nuevas propuestas por Sarmiento y Alberdi para el Río de la Plata, nunca consiguieron reproducir en tierras peruanas lo que Juan de Arona llamaba "el milagro argentino".[35] Dentro de este marco

---

[35] Como lo apunta Jorge Basadre, la inmigración italiana que llegó a Lima en el siglo XIX fue relativamente insignificante comparada con la que fue a Buenos Aires durante la misma época, una ausencia que se compensó en el caso peruano con la llegada de una numerosa población china (*Sultanismo, corrupción y dependencia* 154). Giovanni Bonfiglio

coyuntural, Matto de Turner adaptó estrategias naturalistas de otras literaturas para tratar problemáticas locales.

En términos de modelos de la masculinidad republicana, Ernesto Casa-Alta es la contraparte moral del inmigrante que como bien lo demuestra Sklodowska en *Todo ojos, todo oídos* es a su vez un doble del Manuel de *Aves sin nido*. La principal virtud de este personaje, que finalmente termina casándose con Margarita gracias a una coincidencia del azar típica del folletín del siglo XIX (gana el gordo de la lotería), se basa en que pone en el pedestal a una madre virtuosa frente a la que se "subalterniza" en numerosas ocasiones.[36] Para casarse con Margarita, Ernesto debe obtener primero el permiso de su madre y en una escena que recuerda el sentimentalismo materno-filial de las novelas de Cisneros, dice: "Si ella no es digna de llamarse tu hija, yo ahogaré en el pecho la pasión tan grande que siento ¡moriré primero!..." (*Herencia* 170). Los puntos suspensivos y los signos de exclamación remiten a la dificultad del lenguaje de dar expresión a los sentimientos exaltados de este personaje masculino sentimental (Ernesto) que se inclina a los pies de la madre. En este encuentro se eliminan casi completamente las palabras, reemplazándolas por lo que Sarlo llama "los códigos del cuerpo y la mirada" (*El imperio de los sentimientos* 179).

> Él por toda respuesta agarró la marfilada mano de su madre, la llevó a sus labios y la cubrió de besos de idolatría. En silencio, después, retuvo entre las suyas la mano besada con la confianza del amigo, fijó en los apacibles ojos de la adorada madre los suyos, y la contempló por largo rato. (*Herencia* 170)[37]

---

ha dado más recientemente una versión ligeramente diferente a la de Basadre. Según él la inmigración italiana fue la más numerosa de las poblaciones europeas que llegaron al Perú durante la época de auge del guano y del salitre (*La presencia europea en el Perú* 44). Sin embargo, ésta fue disminuyendo progresivamente a partir de fines de siglo, a medida que incrementaba el flujo de inmigración italiana a países como la Argentina (*La presencia europea en el Perú* 45).

[36] En este sentido Matto de Turner se resiste a ridiculizar la figura de la madre del inmigrante tal y como lo hace Cambaceres en *En la sangre*. Si se compara a Aquilino que podría ser huérfano con el Genaro de Cambaceres, surge la duda en el lector de qué habría sucedido si Aquilino, como su contraparte cambaceriana, hubiera tenido una madre virtuosa que lo guiara por el camino de la virtud. Creo que en este caso el experimento naturalista hubiera llegado a otros resultados. La desaparición de la madre del inmigrante como personaje en *Herencia* remite por otro lado a la necesidad de feminizar el experimento sobre la herencia desviando la mirada hacia la relación entre madres e hijas.

[37] Pese a que este personaje masculino encarna una forma de virtud feminizada/domesticada hay un punto de encuentro entre él y el inmigrante. Al igual que Aquilino, Ernesto es un

Matto de Turner feminiza el debate sobre la herencia ya que inclina la balanza genealógica del determinismo genético hacia la influencia de la figura materna en la formación de la identidad nacional. Así, por ejemplo, Camila hereda la tendencia a la promiscuidad por parte de madre,[38] Espíritu repite las líneas de varios refranes que aluden a la herencia femenina,[39] y Adelina, el personaje sentimental por excelencia recibe de su madre "la herencia del dolor". Este "culto a la maternidad republicana" se articula con una forma de imperialismo doméstico que busca irradiar desde el hogar formas feminizadas de virtud nacional en dirección a los espacios más públicos de la comunidad. El acatamiento de esta ideología que confinaba a la mujer a lo doméstico fue parte también de una estrategia política que les permitió a las escritoras reclamar el derecho a la educación invocando el rol sagrado de la maternidad. Lo que se planteaba en éste y otros textos de Matto de Turner era que para poder desempeñar el rol de madres que la sociedad les exigía a las mujeres, debían tener una preparación intelectual. Las virtudes consideradas "femeninas" del ahorro, la modestia y el altruismo eran las anheladas por el sujeto nacional y buscaban contrarrestar el desorden asociado con otras clases y razas. Al mismo tiempo, el concepto cristiano de la virtud pasó a formar parte de la identidad de una clase media en ascenso (representada en la novela por los Marín) que utilizó esta idea para diferenciarse, no solamente de la oligarquía criolla en decadencia sino también de las clases subalternas.[40]

---

mujeriego que abandona a la costurera y que frecuenta los barrios bajos de Lima en busca de prostitutas.

[38] Cuando Camila sucumbe a la seducción de Aquilino se dice que tenía muy presentes en su "imaginación calenturienta", "escenas que la vida íntima de la madre había dejado grabadas en la mente infantil de la hija; citas misteriosas en ausencia del señor Aguilera, más sigilosas presente él; y, un cosmos hereditario, con tendencias irresistibles, actuaba en la naturaleza preparada de Camila" (*Herencia* 102).

[39] Me refiero a refranes como el ya mencionado "put...la madre, put...la hija,...put......la manta que las cobija" (137) y como otro que dice "Hijo de quesera, ¿qué será?" (154).

[40] *Herencia* desmiente a nivel de la temporalidad la teorización que hace Parker sobre la existencia de dos clases sociales en el Perú del siglo XIX. Según el autor de este estudio el concepto de la clase media no existió en el siglo XIX porque la población se dividía en dos grandes grupos: "la gente decente" y "la chusma" (39). En las novelas de Matto de Turner se nota una bifurcación del grupo que Parker cataloga de "gente decente" que ya muestra señales de agudas fracturas. Esto se ve claramente en *Herencia* en la forma en que los Marín buscan diferenciarse como representantes de una burguesía en ascenso de una clase aristocrática en decadencia (los Aguilera).

La preocupación con la problemática de la inmigración europea queda tematizada en la radiografía somática del cuerpo nacional que hace Gutiérrez de Quintanilla en el proemio a *Aves sin nido* (1889). La idea de una nación feminizada y desfalleciente que según el autor tenía "la vitalidad paralizada" y "estancada la poca sangre que le queda[ba]" ("Juicio crítico" 7) hace su aparición en este estudio prólogo en el que se le asigna al inmigrante una deseada virilidad. La utopía inmigratoria se postula como una respuesta a la pérdida de la guerra y a la necesidad de masculinizar a un pueblo indígena pensado en términos femeninos: "¿Es que confiamos en que la sangre del inmigrante nos haga más afortunados en la guerra?..." ("Juicio crítico" 10). La metáfora doméstica de una nación abatida incapaz de defenderse "virilmente" de la "ferocidad araucana" será retomada ese mismo año por González Prada y los escritores del año terrible quienes clamaban que había que "masculinizar" al pueblo indígena para luchar heroicamente contra los chilenos. Sin embargo, aunque Quintanilla se muestra a favor de la utopía inmigratoria "pues recono[ce] la urgente necesidad de que una sangre superior a la nuestra restablezca los honrados sentimientos, inculque de nuevo la noción del deber, funde la vida social y reconstituya el orden político", quiere que los lectores no se olviden de la necesidad de proteger a la población andina. Para él *Aves sin nido* es una novela regionalista-nacionalista que subraya la idea de que "en casa viven dos millones de hombres ociosos e ignorantes, mendigos, casi, que por lo menos tienen tanto derecho como nosotros [...]a ser protegidos por la igualdad republicana" (9).

El debate sobre la inmigración ocurrió a nivel continental en la época de la modernización secularizadora. Sin embargo, vale la pena apuntar que en el caso de Matto de Turner sus teorías anti-inmigratorias tal y como se articulan en *Herencia* cambian radicalmente durante su larga estadía en Buenos Aires. En un artículo que escribe para el *Búcaro Americano* publicado en 1907, después de doce años en el exilio, propone la idea de crear colonias italianas en Lima, no para corregir la debilidad de la raza indígena como lo hacían sus contrapartes civilistas, sino como una manera de frenar el avance de la "raza amarilla".[41] En desacuerdo ahora con las ideas anti-inmigratorias de Cambaceres y de otros miembros de la generación del ochenta (Cané) que proponían "cerrar el círculo" de la masculinidad porteña, Matto de Turner pone en circulación el estereotipo de un inmigrante italiano doméstico, virtuoso y hasta culto, que es un factor positivo del proyecto modernizador. El inmigrante que en *Herencia* era una especie de lobo con piel de

---

[41] El artículo titulado "La inmigración italiana en Lima" apareció en *Búcaro Americano* 59 (25 de junio de 1907): 898.

cordero es en este artículo" hogareño y laborioso" y adonde llega "planta sus árboles, cultiva sus hortalizas y conserva su amor por la música, la pintura, el modelado" ("La inmigración italiana" 898).[42] Se añade también en el mismo artículo que "gracias a la influencia italiana el Perú contará con una nueva generación de hombres sanos, robustos e inteligentes que sustituyan la enclenque progenie del chino, mercancía barata del presente y basofia [sic] del porvenir" (898).[43] La visión idealizada que Matto de Turner tiene de los inmigrantes busca corregir desde el periodismo la utopía positivista y xenófoba que se consolida en *Herencia*. Sin embargo, este humanismo repentino queda empañado por la configuración de una nueva ficción paranoica en la que el chino sustituye al italiano como la nueva lacra que hay que expulsar "centrífugamente" (Nouzeilles 24) de la comunidad nacional.[44]

Matto de Turner critica a los intelectuales latinoamericanos por el excesivo consumo que hacen de bienes culturales europeos y del naturalismo en particular que según ella "se ha adueñado del continente latinoamericano por medio de la invasión de las novelas de Zola, Daudet y otros semejantes autores".[45] De la misma manera que los critica y luego se apropia de algunas de sus fórmulas, Matto de Turner también expresa ideas opuestas sobre la inmigración en el contexto de su propia experiencia como exilada en Argentina. Al mismo tiempo, afirma que hay que abogar por una literatura nacional anclada en tradiciones regionales para frenar la excesiva importación de bienes culturales europeos. En *Leyendas y recortes* dice lo

---

[42] Es posible que estos pasajes en los que Matto de Turner idealiza al inmigrante italiano proponiéndolo como un modelo de masculinidad doméstica se hicieran para criticar la xenofobia de la generación del ochenta con la que ahora compite en la Argentina su proyecto cultural.
[43] Véase "La inmigración italiana en Lima". *Búcaro Americano* 59 (25 de junio de 1907): 898.
[44] Según Peter Klaren, entre 1849 y 1874 entraron al Perú aproximadamente 100.000 inmigrantes del sur de la china o "coolies" para trabajar como esclavos a través del puerto de Macao. Eran tratados como esclavos (encerrados en galpones por la noche y golpeados con látigos) y se los usó como mano de obra barata para construir ferrocarriles y trabajar ilegalmente en las haciendas. Sobre la marginalización de este grupo social en la época de la república, añade Klaren: "Cut off from the dominant culture by language and customs, they tended to congregate in their own ethnic barrios, where they became the targets, during hard times such as the War of the Pacific (1879-83), of discrimination and pogroms" (164).
[45] Clorinda Matto de Turner citada por Efraín Kristal en *The Andes Viewed from the City* 132.

siguiente sobre la necesidad de establecer un desvío con respecto a los paradigmas culturales mencionados:

> En nuestro país hemos dado en el error de tomar las cosas por solo el espíritu de imitación a las naciones europeas, sin resolvernos a pasar la infancia que necesariamente tuvieron aquellas, y tomamos las cosas no por el principio como el hombre cuerdo, sino por el fin como el alienado que fabrica el techo de la casa sin haberle dado paredes que lo sostengan. No podemos resignarnos al trabajo sobre campo preparado, y de ahí nace el ridículo de querer colocar cuadros con marco de oro, en habitaciones sin tapices, y de allí resulta que buscando la belleza tocamos precisamente con elementos contrarios a toda regla estética. (*Leyendas y recortes* 162)

En este pasaje, Matto de Turner sigue las huellas de Andrés Bello que ya a principios de siglo invocaba la necesidad de que las musas abandonaran Europa y se instalaran en América (usando paradójicamente una retórica neoclásica europea). Al mismo tiempo, se muestra preocupada por el hecho de que las novelas peruanas del siglo XIX aspiran a crear una atmósfera "saturada de sales francesas" en la que "no entran para nada las costumbres nacionales" (*Leyendas y recortes* 163). Este deseo confesado y hasta cierto punto fallido, de apartarse de las modas francesas, de no ser como sus colegas, y de contrarrestar la fuerza de lo global con lo local es uno de los elementos que determinan la mirada al sesgo de sus ficciones "cientificistas". El discurso crítico con el que Matto rechaza el avance del naturalismo en América Latina se contradice, sin embargo, con la textualización que hace en sus novelas de problemáticas metropolitanas a las que objeta en sus escritos. De hecho, no solamente Mercedes Cabello de Carbonera acusa a Matto de Turner de seguir a Zola demasiado de cerca en *Herencia* sino también la Baronesa de Wilson. Esta última escritora a quien Matto de Turner homenajeó en una de sus veladas literarias dice en *América y sus mujeres*: "La literata cuzqueña pertenece a la escuela de Zola, al naturalismo, y obedeciendo a sus simpatías, sigue por esas sendas después de haberla invadido con paso firme en su novela *Aves sin nido*" (166).

Las contradicciones y virajes ideológicos que atraviesan el corpus mattiano se explican parcialmente por el contexto cultural ecléctico en el que se implantan. A contrapelo, entonces, de lo que afirma en sus escritos, Matto recoge del naturalismo periférico de Cambaceres la idea de que la inmigración italiana (en este caso la italiana) es un obstáculo para el avance de la civilización. Por otro lado en *Aves sin nido* se opone, no solamente a la inmigración "baja" y "no deseada", como sería el caso del inmigrante italiano en *Herencia*, sino también, a la anglosajona. En uno de los *tableaux* más criticados de la novela (el del accidente ferroviario), el maquinista del tren (símbolo del progreso) que descarrila llevando a la familia Marín a Arequipa es norteamericano, dato que despierta por parte de los pasajeros comentarios anticolonialistas.

> —¡Si estos *gringos* brutos son capaces de llevarnos a los profundos! (*Aves sin nido* 265)
> —Estas cosas sólo en el Perú pasan; en otra parte lo desuellan al gringo —observó el comerciante en cochinilla. (*Aves sin nido* 266)

A su vez, cuando el sujeto literario le da la palabra a Mr. Smith, se confirman, más que se desmienten los miedos de los indígenas sobre la modernidad del ferrocarril, que como bien lo demuestra Francesca Denegri aparece en violento conflicto con el paisaje andino. Dice el maquinista:

> —Calma señora pasajera, el culpa no es mí, ¿entiende? Culpa los vacas, e fácilmente se remedió —dijo el maquinista Smith, *ilustrando* el habla de Castilla con el modismo del hijo de la América del Norte, cuya palabra llevó la confianza a los atribulados espíritus de los pasajeros de primera. (*Aves sin nido* 265-266)

Lo que se ridiculiza en este pasaje no es solamente la oralidad híbrida del americano que habla un castellano mezclado sino también el servilismo de las clases notables (pasajeros de primera) que se entregan a ciegas a la superioridad imaginada del inmigrante. De este accidente que metaforiza el choque entre tradición y modernidad en las culturas andinas (Denegri 183) sale herida Rosalía, única de las dos "aves sin nido" (huérfanas) que es verdaderamente indígena y que a partir de este momento, desaparece sin explicaciones, como señalé en el capítulo 2, de la familia-nación que se configura en *Herencia*. Creo que este episodio se presta a lecturas contradictorias que van desde una crítica a la ideología del progreso hasta una alabanza de este proyecto desde una óptica feminista. Si el tren desestabiliza para los indígenas el equilibrio ecológico de la región, posibilita al mismo tiempo la migración cultural del sujeto femenino hacia espacios urbanos donde podrá desarrollar nuevas formas de identidad. "El encuentro con el libro" o "escena de lectura" que para Sylvia Molloy es el punto de arranque del proyecto autobiográfico latinoamericano ocurre aquí en un vagón de tren convertido en biblioteca ambulante, en donde Lucía lee los poemas de Salaverry y las *Tradiciones peruanas* de Ricardo Palma.[46] El mismo tren frente al que se santiguan los indígenas hace que las mujeres puedan acceder al ámbito de la letra en calidad de lectoras y/o autoras.

---

[46] Sylvia Molloy habla en *Acto de presencia* del carácter fundacional de la escena de lectura en la literatura autobiográfica latinoamericana. La lee como una estrategia de autorización

Dentro del proceso formador de identidades, *Herencia* es una novela más contradictoria y polisémica que los modelos naturalistas con los que trabaja, en parte porque quiere dar cuenta de preocupaciones feministas utilizando una corriente misógina que depende justamente de la sexualización del ángel del hogar. De ahí que el sujeto literario sienta la necesidad de incorporar estrategias sentimentales que valoraban de una forma no sexualizada la experiencia de la feminidad. Me refiero, en este caso al sentimentalismo lacrimógeno de filiación pre-romántica que Matto de Turner recoge de escritores como Jorge Isaacs, Luis Benjamín Cisneros, Narciso Aréstegui y Juana Manuela Gorriti y que está presente, como ficción residual, en esta novela de corte "cientificista".

Frente a la pregunta que me hacía al principio sobre la posibilidad de que en *Herencia* se consiguiera subvertir el paradigma hegemónico naturalista, creo que aunque Matto no consigue trascender completamente el carácter etnocéntrico, sexista y clasista del naturalismo canónico, complejiza algunos de sus postulados a través de la superposición de corrientes estéticas y de la inclusión de nuevas preocupaciones y temáticas. El principal corte o desvío con el naturalismo argentino sería en este caso el deseo de apartarse de la interpretación biológica de la herencia por medio del énfasis en la influencia materna del ángel del hogar. Los personajes que quedan expulsados de la máquina aculturadora de subjetividades (Camila, el inmigrante, Espíritu) son el producto de una combinación de factores en los que ocupa un lugar privilegiado la falta de un buen entorno doméstico. Pese a que Matto de Turner plantea en la novela un cierto acercamiento a los personajes femeninos expulsados del terrreno de la virtud a través de un proceso de sentimentalización parcial (la prostituta) o total (la costurera), lo que prevalece en una última lectura es el mensaje paranoico que busca cerrar el círculo de la familia-nación por medio de una serie de expulsiones. El fracaso comercial de esta novela, que no pudo reproducir el éxito de *Aves sin nido* tuvo que ver no solamente con el eclipse parcial del indigenismo y el anticlericalismo como problemáticas polémicas que le dieron visibilidad a su obra, sino también con la incomodidad que le provocan a esta autora de la zona andina, los códigos de la modernidad cosmopolita. Por último, el eclecticismo ideológico de la novela tiene su origen no solamente en la yuxtaposición de corrientes estéticas antagónicas que hacen corto-circuito entre sí sino también en los desajustes de una modernidad desencajada y "fuera de lugar" que no ofrecía en el Perú de fin de siglo alternativas femeninas a la figura del flâneur.

---

por parte del escritor/a latinoamericano/a y dice: "El encuentro del yo con el libro es crucial: a menudo se dramatiza la lectura, se la evoca en cierta escena de la infancia que de pronto da significado a la vida entera" (28).

Capítulo VII

Límites y alcances de la "sororidad" republicana

> En el rol de los intelectuales de la América me considero la diminuta hormiga; mañana vendrán el águila, el cóndor, príncipes de los espacios azules y señores de las cumbres blancas; pero me toca, apartándome de falsa modestia, la gloria de ser la primera de mi sexo que ha venido cruzando los mares a iniciar la corriente de acercamiento entre las mujeres del Viejo y Nuevo Continente y estrechar en fraternal abrazo a escritores y periodistas.
>
> Clorinda Matto de Turner, *Cuatro conferencias sobre América del Sur*

En "Las obreras del pensamiento en la América del Sur" (1895), un discurso que Matto de Turner leyó al ser incorporada al Ateneo de Buenos Aires, la autora de *Aves sin nido* canibaliza la metáfora del árbol que Martí había utilizado en "Nuestra América" ("Injértese en nuestras Repúblicas el mundo; pero el tronco ha de ser el de nuestras Repúblicas") para reflexionar sobre la heterogeneidad intelectual de una cultura femenina que asocia con la modernidad y el progreso.[1] De una semilla que ha germinado en el nuevo continente ha surgido un árbol, dice, un "cedro bíblico", "bajo cuyas frondas trabajan millares de mujeres productoras que, no sólo dan hijos a la patria, sino, prosperidad y gloria" (*Boreales* 250). Pasando revista a un largo catálogo de mujeres escritoras de proyección continental Clorinda Matto se presenta a sí misma como miembro integrante de una comunidad homo-social que responde a la fraternidad varonil con un proyecto de "sororidad".

La lectura de este discurso, el 14 de diciembre de 1895, ocurre a los ocho meses de la muerte de José Martí en la batalla de Dos Ríos. Al año siguiente, Matto de Turner publica en *Búcaro Americano* un artículo necrológico sobre Martí en el que rescata la función ideologizante de su obra. Matto de Turner sigue a Martí cuando ataca a los intelectuales que copian más que adaptan desde la periferia las corrientes estéticas europeas (una idea que también había planteado Mercedes Cabello de Carbonera en *La novela moderna*), cuando insiste en la necesidad de valorar las culturas indígenas-nativas y cuando propone crear un modelo de nación mestizo basado en la caridad.[2] Los "pobres de la tierra", con los que el sujeto

---

[1] En la introducción a su ensayo "Las tradiciones peruanas y el proceso cultural del siglo XIX latinoamericano" Julio Ortega reflexiona sobre el proceso de las formaciones culturales en el siglo XIX prestando particular atención a esta metáfora matriz del pensamiento martiano (411).

[2] Sobre la cuestión de la caridad en José Martí véase el capítulo 4 en el que analizo desde esta perspectiva "La muñeca negra" y "Nuestra América". También, Javier Lasarte

martiano desarrolla una alianza fraternal en sus escritos se convierten en *Aves sin nido* en sujetos indígenas feminizados cuyo sufrimiento debe ser traducido a palabras por un ángel del hogar.

La radiografía que hace Matto de Turner de las culturas de fin de siglo está planteada en términos de claroscuros semánticos. Dentro de este sistema de oposiciones léxicas, Matto adapta la fórmula-cliché del siglo XIX, civilización y/o barbarie, a la problemática de género: la oposición entre tradición/modernidad transcurre como una batalla entre "la ceguera que amenaza y la luz que es preciso dilatar". Del lado de la luz del progreso se coloca la causa de la ilustración femenina y del lado del "oscurantismo proterbo" las fuerzas del mal que buscan "conservar a la mujer como instrumento del placer y de la obediencia pasiva" (*Boreales* 247). Al igual que en el corpus textual martiano, sin embargo, los campos bipolares están plagados de fracturas y contradicciones internas. Así, por ejemplo, se propone "sentimentalizar" (o Matto diría feminizar) a una nación en crisis que valora lo material por encima de lo afectivo pero se plantea la necesidad de "masculinizar" a la mujer por medio de su ingreso a la república de las letras.

La necesidad de Matto de Turner de conectarse genealógicamente con Martí subvierte el carácter estrictamente "sororal" de una imaginada genealogía. Remite, por otro lado, a una relación intertextual con dos tradiciones paralelas en la que se está pendiente por un lado de lo que producen "las obreras del pensamiento" y por otro de un corpus masculino que incluye las obras de Narciso Aréstegui, Abelardo Gamarra, Manuel González Prada y José Martí, entre otros. Siguiendo y corrigiendo a Martí entonces, la metáfora del árbol no es la representación simbólica de la diferencia latinoamericana con respecto a la norteamericana sino la textualización de una cultura femenina que, habiéndose formado a la sombra de la masculina, ha adquirido una frondosidad propia.[3] El catálogo de mujeres que escriben se inicia con un "homenaje agradecido" a Juana Manuela Gorriti, escritora a la que Matto de Turner designa como su "madre literaria" y sobre la que escribirá en diversas ocasiones:

---

reflexiona sobre la caridad en José Martí en un artículo no publicado titulado "Nación por caridad: El mestizaje en Cirilo Villaverde (Y Martí)" que tuvo la gentileza de compartir conmigo mientras escribía este capítulo.

[3] La admiración que Clorinda Matto de Turner siente por Martí es unidireccional ya que éste nunca hizo ningún comentario sobre la obra de la autora peruana, aunque hace referencias oblicuas en el prólogo a *Ramona* de Helen Hunt Jackson a las múltiples "cabañas" que surgieron en América Latina inspiradas por *La cabaña del tío Tom*. Esta omisión, que puede haberse debido a un problema de circulación no deja de ser curiosa porque a fines de siglo *Aves sin nido* fue leída como "una latinoamericanización" de *La cabaña del tío Tom*.

> La República argentina, que tiene héroes de la guerra magna, porque sus madres supieron amamantarlos con el seno de las espartanas, habrá de enorgullecerse también de ser la patria de Juana Manuela Gorriti, muerta hace tres años, después de haber ilustrado su época con multitud de libros cuyo número me excusa de la enumeración, Juana Manuela, rodeada del respeto y de la admiración, no por haber sido esposa y madre de presidentes de una república sino por haber sido escritora. (*Boreales* 252)

A diferencia de González Prada que planteaba en "Las esclavas de la iglesia" la necesidad de secularizar a las mujeres para hacerlas mejores esposas y madres, Matto de Turner subvierte aquí la ideología dominante de la maternidad republicana. No es la identidad doméstica de Gorriti lo que la convierte en un modelo para las lectoras republicanas sino su profesionalismo intelectual.

Había, sin embargo, algo de ironía en estas palabras elogiosas con las que Matto rendía tributo desde el exilio a su colega argentina. Baste recordar que la autora de *Aves sin nido* leyó "Las obreras del pensamiento en América del Sur" en la misma ciudad adonde Gorriti había muerto, tres años antes, en la más absoluta pobreza.[4] En *Leyendas y recortes*, Matto de Turner dice haber plantado en el Perú un ciprés en homenaje a Gorriti y que "bajo su apacible follaje [...] está escrito [s]u nombre querido, que América leerá perdurablemente (188)". Un dato que no se le debía escapar a Matto de Turner era que su propia carrera literaria estaba siguiendo desde Buenos Aires la misma línea de *zig-zag* que la de las colegas mencionadas en el ensayo. A un período de apogeo en el que se publicaron sus novelas, ocuparon la jefatura de periódicos, organizaron tertulias literarias y dirigieron escuelas, se sucedían el anonimato, el olvido y/o el exilio. El ensayo se puede leer entonces como un intento por parte de Matto de Turner, de rescatarse a sí misma, junto a las escritoras más salientes de su generación, de un ocaso inminente asociado con la invisibilidad.

En la carrera de Matto de Turner los orígenes de este movimiento de espiral descendente se remontan a su afiliación política con el partido de Cáceres y a una voluntad secularizadora que la convirtió en *persona non grata* para la iglesia. La composición de este ensayo para una audiencia mayormente masculina y porteña forma parte entonces de un esfuerzo por reinventarse profesionalmente lejos de su patria. Los deseos de crearse una nueva comunidad intelectual en el exilio se

---

[4] Ver a este respecto el diario personal de Juana Manuela Gorriti titulado *Lo íntimo* en el que recrea con ironía su convalecencia en Buenos Aires y su compleja relación con un gobierno que no reconoce sus contribuciones profesionales a la patria. Para una lúcida colección de ensayos sobre la obra de Gorriti puede consultarse *El ajuar de la patria* de Cristina Iglesia.

entrecruzan también con la necesidad de darle una nueva dirección a una carrera truncada en su país de origen. Una vez en la Argentina, Matto de Turner se dedica desde las páginas de *Búcaro Americano* a fomentar la educación del ángel del hogar y a defender la necesidad de incorporar al sujeto femenino al mercado de trabajo.

Al leer este discurso no es difícil reconstruir la delicada situación de la recientemente expatriada escritora cuzqueña en una Buenos Aires a la que se refiere como "la Nueva York del Sur" (*Boreales* 254). Viuda, pobre, y peregrina son algunos de los adjetivos que Matto de Turner usa para camuflar su autoridad en el terreno de las letras, una estrategia retórica que Flora Tristán ya había utilizado en el título de *Peregrinaciones de una paria* y que Gorriti retoma en *Peregrinaciones de un alma triste*.[5] La caracterización de las autoras como almas errantes o "aves sin nido" se articulaba con la necesidad sentimental de que el público les tuviera más lástima que miedo. Se trataba de que se las admirara por las dificultades que habían padecido en el proceso de construir sus carreras más que por sus obras mismas. El orden en que aparecen los destinatarios del ensayo (Caballeros, señoras) apunta a la configuración de un público mixto que desconfiaba, en más de un sentido, del rol anti-doméstico que se asignaba Matto de Turner como líder de esta nueva generación intelectual.

En "Las obreras del pensamiento en la América del Sur" se coloca del lado del progreso a un hombre erudito y sentimental que no le tiene miedo a la mujer letrada y del lado del atraso a un hombre egoísta y bárbaro que quiere mantener a la mujer en el oscurantismo y la ignorancia. Esta representación de un ámbito masculino polarizado recapitula una bifurcación anterior: la que se hacía en *Aves sin nido* entre un hombre que admiraba e imitaba al ángel del hogar en todo (Fernando, Manuel) y un sujeto masculino materialista y corrupto que sacaba ventaja sexual y económica de los grupos subalternos (el gobernador, el juez, el cura). La estrategia de presentar a la esfera masculina como un espacio dividido ideológicamente le sirve a Matto de Turner como telón de fondo sobre el que resaltar la homogeneidad deseada de la esfera femenina.

Dado que Matto de Turner es consciente de la amenaza que postula la profesionalización de la mujer de letras en la cultura republicana, procede a neutralizar los miedos de su público, empequeñeciendo sus logros profesionales en un gesto que simultáneamente engrandece a su interlocutor. Es gracias a "la bondad", dice, de los miembros de este organismo cultural y no debido a su

---

[5] Para un análisis comparativo entre *Peregrinaciones de un alma triste* y *Peregrinaciones de una paria* véase Denegri en "Desde la ventana". Lo que dice Denegri del texto de Tristán es que en él se seculariza el discurso religioso que se le atribuye a la mujer del siglo XIX para distraer la atención de la transgresión que significaba en esa época el viaje de las mujeres solas (352).

"merecimiento científico o literario" (*Boreales* 245) que ha sido admitida a este cenáculo masculino. A partir de este punto de arranque, se elabora en el ensayo una forma de subjetividad pendular y bifurcada en la que se pasa de la "nulificación" absoluta del yo y el ninguneo personal ("No soy nadie", "nada nuevo traigo") a una conciencia másególatra de que está allí en calidad de representante de una causa grande y noble a la que ha dedicado toda su carrera a impulsar.

> Mujer, e interesada en todo lo que atañe a mi sexo, he de consagrarle el contingente de mis esfuerzos que, seguramente, en el rol de la ilustración que la mujer ha alcanzado en los postrimeros días del siglo admirable, será un grano de incienso depositado en el fuego sacro que impulsa el carro del progreso, y aunque éste no producirá la columna de luz que se levanta en los Estados Unidos del Norte, pretendiendo abarcar la América, él dará, siquiera, la blanca espiral que perfuma el santuario. (*Boreales* 246)

El hecho de que Matto de Turner no hubiera vivido en Estados Unidos como Martí, posibilitaba la idealización desde la periferia de las fantasmagorías de la nación del norte.[6] En este sentido y como bien lo demuestra Graciela Batticuore en *El taller de la escritora*, para las escritoras de la generación de Matto de Turner los centros culturales del siglo XIX no estaban en Francia, como pensaba Walter Benjamin, sino en los Estados Unidos. Allí, dice Matto de Turner se ha levantado "el puente levadizo que cerraba la entrada de la mujer al palacio encantado del saber, del trabajo y de la fortuna" (*Boreales* 250). También en esa nación ser escritora "constituye una profesión honrosa y lucrativa" mientras que "en América del Sur es casi un defecto" (*Boreales* 252-253). El deseo de Matto de Turner de que la mujer ingrese al mercado de trabajo en América Latina queda reivindicado al mencionar profesiones que ya se han democratizado en el país del Norte. Las hipérboles numéricas se suceden en un ideal del progreso que implica la feminización de la esfera pública. Desde el púlpito de la oratoria Matto de Turner establece un contraste entre la falta de oportunidades laborales para la mujer en el Perú de fin de siglo y un país moderno en el que hay "más de cuatro mil empleadas en el servicio civil del gobierno, más de tres mil periodistas, escritoras y traductoras: cerca de cuatro mil empleadas en las notarías, en los bancos y casas comerciales, y todo el cuerpo docente educacionista del estado" (*Boreales* 250).

---

[6] Lo que quiero decir aquí es que la larga estadía de Martí en Nueva York (1880-1895) le hace tener una visión crítica y ambivalente del progreso estadounidense. Por otro lado, Matto de Turner, que nunca visitó ese país se lo imagina como un paraíso donde reina la igualdad de géneros.

En un fin de siglo traumatizado por luchas entre liberales y católicos en el que se vivía con gran ansiedad la secularización de la vida privada, Matto de Turner se pliega a la corriente anticlerical hiperbolizando en el proceso los preceptos de la moralidad religiosa. Para hacer un análisis de "la batalla de los sexos" recurre a los paradigmas del cristianismo puro que "con su antorcha novadora [sic], despidió las tinieblas" y a la figura de un Jesús "feminista" que "no permitiendo que se posternara a sus pies la pecadora de Naim, practica la doctrina que enseña" (*Boreales* 247). Por otro lado, aunque Matto convierte a Jesucristo en "un hombre que patrocina los derechos de la mujer" recurre también a la retórica independentista-iluminista para elaborar un feminismo contradictorio anclado en narrativas maestras antagónicas. Dentro de este esquema interpretativo, los dos momentos fundacionales del feminismo decimonónico son por un lado la historia bíblica y por otro las propuestas secularizadoras de la revolución francesa. Al historizar las propuestas del feminismo metropolitano al que equipara con la causa anti-esclavista, dice: "al golpe de dos martillazos, uno en el Gólgota, otro en la Bastilla, centelló la luz para la causa de la mujer, quedando en la ceniza del oscurantismo las cadenas que sujetaban su cuerpo y embrutecían su alma" (*Boreales* 246).

La peruanización del ángel del hogar

La obra de Matto de Turner se inscribe en un período modernizador en el que se buscó codificar y clasificar las conductas de los géneros de acuerdo a las pautas civilizadoras de la modernidad europea. Fue un período de caos en términos de arreglos sexuales en el que la misma elasticidad de las ideologías de género motivó el deseo por parte de la cultura dominante de precisar y definir los conceptos republicanos de la masculinidad y la feminidad. La emergencia de "la primera generación de mujeres ilustradas en el Perú"(Denegri) transcurrió en un clima de posguerra en el que las bajas masculinas de la guerra del Pacífico obligaron a las mujeres a insertarse en el mercado de bienes culturales (Villavicencio 124). Esta entrada masiva de las "obreras del pensamiento" al campo intelectual generó por un lado un trauma en la esfera masculina y por otro una conciencia por parte de las escritoras de que las herramientas culturales que poseían eran harto más precarias que las de los hombres. El choque o desencuentro entre un sujeto femenino republicano en vías de profesionalizarse intelectualmente y una esfera masculina preocupada por mantener su hegemonía generó una gran tensión en la cultura finisecular. Una forma de resolver este conflicto fue para las escritoras trabajar a partir de los estereotipos y roles normativos que la sociedad republicana les proponía.

La ideología del ángel del hogar viajó a Latinoamérica a lo largo del siglo, superponiéndose a formas más andróginas de subjetividad femenina asociadas con el caos militar de la época independentista.[7] En la ficcionalización de su viaje al Perú, titulada *Peregrinaciones de una paria* (1838), Flora Tristán presenta para el lector francés un catálogo de identidades femeninas "raras" o masculinizadas (rabonas, tapadas, guerreras, políticas) que eran impensables en un contexto europeo. A los *tableaux* protagonizados por rabonas que cruzaban a nado los ríos con un rifle en la boca y un niño en las espaldas, se sumaban otras mujeres que ocupaban cargos militares o políticos.[8] Aunque muchas de estas identidades "anómalas" disgustaron en un principio a Tristán por la forma en que se oponían al civilismo europeo, otras le sirvieron de inspiración al volver a Europa para construirse una identidad político-intelectual.[9] Entre las formas de feminidad peruanas que Tristán rescata como modélicas para sus lectoras europeas figuran la Mariscala, a la que le dedica el último capítulo de *Peregrinaciones de una paria* y las mujeres limeñas. De estas últimas, Flora Tristán admira sobre todo su visibilidad en el campo de la política y dice:

> Son ellas quienes se ocupan de colocar a sus maridos, a sus hijos y a los hombres que les interesan. Para obtener ese propósito no hay obstáculos o disgustos que no sepan dominar. Los hombres no se mezclan en esta clase de asuntos y hacen bien. No se desenredarían con la misma habilidad. (*Peregrinaciones* 403)

Graciela Batticuore y Francesca Denegri señalan que a medida que se implanta la ideología doméstica en el Perú del siglo XIX la política se convierte en uno de los

---

[7] Para un estudio sobre los desplazamientos europeos de esta ideología originada en Inglaterra véase Bridget Aldaraca en "El ángel del hogar: The Cult of Domesticity in Nineteenth-Century Spain".

[8] Las rabonas son en el siglo XIX peruano el equivalente de las "soldaderas" mexicanas. Mario Vargas Llosa en *El paraíso en la otra esquina* (2003) sexualiza a estas mujeres de la época independentista masculinizando en el proceso el retrato que hace de ellas Flora Tristán. Dice: "Concubinas, queridas, esposas o barraganas de los reclutas y soldados, estas indias y zambas con polleras de colores, descalzas, con largas trenzas que asomaban debajo de sus pintorescos sombreros campesinos, hacían funcionar el campamento. Cavaban trincheras, levantaban parapetos, cocinaban para sus hombres, les lavaban las ropas, los espulgaban, hacían de mensajeras y vigías, de enfermeras y curanderas, y servían para el desfogue sexual de los combatientes cuando a éstos se les antojaban" (277).

[9] Lo que le llama la atención a Flora Tristán en la crónica ficcionalizada de su viaje al Perú es el interés que manifiestan las mujeres peruanas por temas canónicamente definidos como "masculinos". Otra cosa que elogia de las mujeres peruanas es su libre circulación por ámbitos urbanos.

mayores tabúes para las escritoras (*El abanico* 29; *El taller de la escritora* 32). A mediados de siglo, tanto Francisco de Paula González Vigil como Domingo F. Sarmiento traducen para el lector de América Latina las ideas europeas sobre el rol doméstico que debían cumplir las mujeres en las culturas nacionales.[10] Sin embargo, es paradójico constatar que así como los escritores latinoamericanos "acriollaron" desde la periferia las ideas de Louis Aimé Martin en *De l'education des mères de famille* (1834), Matto de Turner y Gorriti buscaron mantener viva en el imaginario femenino la memoria ficcionalizada de esas mujeres andróginas que Tristán había descubierto en el mundo andino.[11]

De esta manera, si en el contexto de emergencia de "Las obreras del pensamiento en la América del Sur" el ángel del hogar se ha impuesto como modelo continental, circulan a nivel subterráneo identidades emergentes y/u "oposicionales" (las sufragistas, las abolicionistas, la *femme des lettres*) junto con modelos residuales de la época independentista.[12] Dado que las posiciones de sujeto nuevas o modernas provocan en un principio una reacción de choque, las escritoras las mezclan frecuentemente con atributos de modelos más aceptados como lo eran los de la madre republicana y/o el ángel del hogar en un proceso de transculturación de identidades.[13] La figura de la letrada que derrama la luz de la virtud en cada novela que escribe es un rol que Matto y las escritoras de su generación consiguen negociar con la cultura dominante. Por otro lado, cuando Gorriti o Matto de Turner proponen a mujeres guerreras como modelos de heroísmo nacional se cuidan muy bien de camuflar sus transgresiones por medio de atributos domésticos.[14]

---

[10] Sobre la implantación de la ideología doméstica en el río de la Plata y sobre la forma en que Sarmiento argentiniza el ideario doméstico europeo ver los estudios de Elizabeth Garrels sobre Sarmiento y la cuestión de la mujer.

[11] El perfil de Gorriti sobre Juana Azurduy de Padilla aparece en *Obras Completas III*. 101-102.

[12] Uso aquí la terminología de Raymond Williams sobre ideologías hegemónicas, emergentes, residuales y arcaicas en "Base and Superstructure in Marxist Cultural Theory".

[13] Sonia Mattalía habla de una feminización del discurso de la transculturación en la obra de escritoras latinoamericanas y de Teresa de la Parra en particular en *Máscaras suele vestir*. También Francesca Denegri en *El abanico y la cigarrera* habla del hogar misti en las novelas de Matto de Turner como un centro de transculturación donde se mezclan elementos culturales de la cultura andina y la occidental.

[14] Juana Manuela Gorriti recurre a la mezcla de modelos de identidad en un perfil sobre Juana Azurduy de Padilla, una mujer capitán de las guerras de la independencia que incluye en la colección *Perfiles*. Matto de Turner también mezcla el paradigma de la mujer guerrera con el del ángel del hogar en el perfil de la Mariscala que estudio en el capítulo 3.

"SORORIDAD", IGUALDAD, LIBERTAD

Dentro de la crítica feminista metropolitana, la elaboración de una teoría fundada en la existencia de dos esferas homo-sociales y antinómicas sirvió en las tres últimas décadas del siglo XX para recuperar un corpus literario femenino que había sido borrado hasta entonces de las literaturas nacionales. En el caso del Perú, el proceso de feminización de la fraternidad elaborado sobre la base de una imaginada "cultura femenina", se importó como herramienta crítica de acercamiento a la literatura de toda una generación de escritoras que había sido hasta entonces maltratada o ignorada por la crítica canónica. Así, la obra de Juana Manuela Gorriti, Clorinda Matto de Turner y Mercedes Cabello de Carbonera se releyó en las dos últimas décadas del siglo XX dentro de un marco de discusión generado a partir de la canibalización y problematización del modelo de las esferas.[15]

El paradigma de la "sororidad" fue desarrollado en la década de los setenta por Nancy Cott y Carroll Smith-Rosenberg para teorizar las relaciones homosociales entre mujeres en la Nueva Inglaterra de los siglos XVIII y XIX. En un artículo canónico de la crítica feminista anglo-americana titulado "The Female World of Love and Ritual", Smith-Rosenberg proponía una lectura idealizada de estas comunidades "sororales" en las que detectaba una cohesión ideológica-afectiva. De acuerdo a Smith-Rosenberg la cultura femenina era "un ámbito doméstico en el que reinaban la comprensión y el apoyo mutuo entre mujeres y en el que se reprimían las críticas hostiles, creando en el proceso un *milieu* favorable para el desarrollo de la seguridad y la auto-estima femeninas" (*Disorderly Conduct* 186, traducción mía).[16] Nancy Cott, por otro lado, puntualizaba en *The Bonds of Womanhood*

---

[15] En el caso de Matto de Turner y de Mercedes Cabello de Carbonera las agresiones del establishment intelectual fueron feroces. Juan de Arona ridiculizó a la primera en uno de sus "chispazos" cuando la llamó entre otras cosas "vieja jamona", "calumniante" y "opa" (citado en Francesca Denegri, *El abanico y la cigarrera* 176). A Mercedes Cabello la insultó el mismo autor cuando deformó las sílabas de su nombre para transformarlo en "Mier-cedes Caballo de Cabrón-era". El caso de Juana Manuela Gorriti es distinto en el sentido de que su obra se sumió en el olvido sin pasar por el período de ataques y abierta confrontación con el medio cultural por el que pasaron sus colegas. Sin embargo, lo que dice Francine Masiello en *Entre civilización y barbarie* sobre la recepción de la obra de Gorriti es transferible al corpus de sus colegas. Dice: "Gorriti plantea un enigma a los estudiosos de la literatura: pese a la amplia popularidad que tuvo en su época, hacia mediados del siglo XX su nombre había caído casi en el olvido" (*Civilización y barbarie* 63).

[16] El capítulo "The Female World of Love and Ritual" se publicó como artículo en 1975 en *Signs: Journal of Women in Culture and Society I*. Fue re-editado desde entonces en varias antologías.

(1977) que, en el siglo XIX, la teoría rousseauniana de que las mujeres eran moralmente superiores y más sentimentales que los hombres generó una barrera emocional entre los géneros que dio lugar a la emergencia de un proto-feminismo enraizado en la diferencia genérico-sexual (203-204). Según Nancy Hewitt, en un artículo que trataba de demostrar las limitaciones de la doctrina de las esferas, las teorías de Nancy Cott y Smith-Rosenberg fueron "el marco interpretativo más utilizado del siglo XX" dentro del feminismo ("Beyond the Search for Sisterhood" 2) y exportado a nivel global en el marco de los estudios culturales.

Consecuentemente, en el campo de la crítica feminista anglosajona, el estudio de figuras domésticas politizadas como la madre republicana que entrenaba hijos en las virtudes del civilismo (Kerber), o de ángeles de caridad que velaban por las necesidades de los grupos subalternos (Ginzberg) resultó una forma seductora de racionalizar el separatismo de lo diferente y de dar cuenta del paradójico éxito que tuvo la ideología doméstica dentro de la esfera femenina. Dentro de este modelo teórico, la ideología de la "maternidad republicana" estudiada por Linda Kerber en el caso norteamericano fue sumamente productiva para los estudios de género en América Latina.[17] Lo que planteaba Kerber era que esta ideología no solamente había sido impuesta a las mujeres por la cultura masculina dominante, sino que éstas habían participado en su desarrollo para ampliar y re-definir los conceptos de la ciudadanía en el siglo XIX ("The Republican Mother" 205). Este tipo de lectura entró rápidamente en diálogo con una crítica latinoamericana preocupada por encontrar formas de leer la ficción doméstico-sentimental producida por mujeres. Aquí, sin embargo, me interesa desplazar el foco del debate hacia el concepto de la "sororidad" republicana, es decir, hacia una modalidad relacional homo-social que sería supuestamente más horizontal y menos jerárquica que las alianzas materno-filiales dentro de la esfera femenina. ¿Es factible hablar de la existencia de "sororidades" republicanas en el campo intelectual de Nuestra América? ¿En qué sentido se puede decir que los miembros de esta generación de escritoras republicanas feminizan el primer término de la trilogía clave de la ideología liberal (fraternidad, libertad, igualdad)? Al mismo tiempo, quiero llamar la atención sobre la forma en que este paradigma teórico, desarrollado para la cultura femenina de Nueva Inglaterra está hasta cierto punto fuera de lugar en una sociedad casi feudal como el Perú del siglo XIX, en la que generalmente los lazos de género no consiguen neutralizar las diferencias de raza y clase que separan a los miembros de

---

[17] Francine Masiello en *Entre civilización y barbarie* discute la ideología de "la maternidad republicana" en el contexto cultural de la generación del 37. Batticuore también menciona el uso de esta ideología para configurar nuevas identidades femeninas en el ámbito de las veladas literarias.

la esfera femenina. Es decir, ¿cuáles son los alcances y límites de esta ideología que, como dice Nancy Hewitt fue tanto una fuente de cohesión y de apoyo para las mujeres como de "exclusión, prejuicios y prohibiciones" (1)? Una manera posible de empezar a responder a estas preguntas es detenernos en los espacios culturales "feminotópicos" (Pratt 166) desde los que las mujeres peruanas buscaron irradiar en el siglo XIX sus propuestas modernizadoras.

SALONIÈRES PERUANAS

Clorinda Matto, Mercedes Cabello y Juana Manuela Gorriti tuvieron en común el hecho de transgredir, por medio de exitosas carreras literarias, el rol doméstico que se les asignaba. Esto hizo en un principio que las tres mujeres establecieran lazos de género en una sociedad que asociaba al sujeto femenino intelectual con el caos de la modernidad. La nación, traumatizada por la pérdida de la guerra del Pacífico, necesitaba al sujeto femenino como cuerpo reproductor de ciudadanos más que como productor de cultura. En este contexto, las escritoras de la generación del setenta crearon a través de las veladas literarias un oasis intelectual y afectivo desde el que se prodigaron el apoyo y los estímulos académicos de los que carecían en la cultura masculina.[18] Las tertulias peruanas estaban presididas por una figura femenina y admitían mujeres en una época en la que los clubs, los ateneos, las universidades, los círculos literarios y las escuelas secundarias permitían el acceso solamente a varones. En este sentido, las veladas literarias, en las que también participaban hombres solidarios con la causa femenina, actuaron como espacios de debate intelectual desde los que las mujeres tuvieron la oportunidad de influenciar, educar y guiar intelectualmente a los hombres. Dentro de la cultura de las veladas, Matto de Turner fue la aprendiz de Gorriti en el arte de liderar la conversación de los salones, de la misma forma que en Europa, Madame Geoffrin (1699-1777) aprendió el arte de la *sociabilité* en casa de su mentora, madame Alexandrine de Tencin (Von der Heyden-Rynsch 68).[19] Según Von der Heyden-Rynsch en *Los*

---

[18] Para un estudio exhaustivo de las veladas literarias de Juana Manuela Gorriti, transcurridas en Lima en 1876-1877, puede consultarse *El taller de la escritora* de Graciela Batticuore. En este texto se re-editan y comentan ocho de los ensayos que fueron leídos en las veladas de Gorriti y las reseñas sobre estos eventos culturales que aparecieron en las revistas de la época. La transcripción completa de los textos que se leyeron en las veladas de Gorriti apareció en 1892 bajo el título de *Veladas literarias de Lima, 1876-1877*, en una edición al cuidado de Julio Sandoval, hijo de Gorriti.

[19] En un artículo de *El Perú ilustrado* titulado "Velada literaria", se incluye una reseña de las reuniones culturales de Matto de Turner. Se menciona una en particular en la que se

salones europeos, las tertulias decimonónicas fueron "la cima de una cultura femenina desaparecida" en Europa que en el caso francés tuvo sus orígenes en el salón de la marquesa de Rambouillet fundado en 1610. En la cultura del salón predominaba un tipo de sociabilidad letrada que dependía del dominio del arte de la conversación gentil (Von der Heyden-Rynsch 16). Sin embargo, en la versión peruana de estos encuentros, la *causerie* cede paso a una forma más estructurada de intercambio cultural en la que se hacen lecturas sobre temas específicos que quedan hilvanadas entre sí por las intervenciones orales de la *saloniére*.

Según lo ha demostrado Graciela Batticuore en *El taller de la escritora*, las participantes de las veladas literarias de Juana Manuela Gorriti se habían construido una genealogía mixta (europea/latinoamericana) que entroncaba por el lado peruano con las tertulias de la época colonial (las de Manuela Orrantia, hermana del conde de San Isidro) y por el lado europeo con las del hotel Rambouillet, las reuniones de Julia d'Augenes, y las de la condesa de Lemus (*El taller de la escritora* 28).[20] El objetivo de estas *soirées* criollas, que tenían lugar todos los miércoles en casa de Gorriti, era debatir cuestiones pertinentes a lo que Christine de Pizán llamó la *querelle des femmes* (Lerner 143-146) y tratar temas culturales que contribuyeran a la elaboración de una literatura nacional. Esta tarea postuló un desafío para las letradas que buscaron privilegiar los acuerdos por encima de los desacuerdos. En este sentido, la exclusión de la política como temática no se debió solamente al peso que tenía por entonces el modelo normativo del ángel del hogar sino también al deseo de no traer al seno de las veladas tópicos polémicos que pudieran dividir a los participantes.[21] El arte de la *sociabilité* estaba anclado en un modelo de intercambio intelectual basado en la

---

homenajeó a Lastenia Larriva de Llona, se conversó de literatura, se escuchó música y se expusieron pinturas indigenistas. La autora o autor del artículo se ocupa de señalar que estos espacios de discusión se diferenciaban de los cenáculos masculinos porque eran más armónicos, porque no se jugaba en ellos a los naipes y porque se prohibía hacer en las conversaciones cualquier "comentario político". Se menciona también que en este particular encuentro se leyeron trabajos de Ricardo Palma, Cabello de Carbonera, Teobaldo Corpancho, y Lastenia Larriva de Llona, entre otros. Véase "Velada Literaria" en *El Perú ilustrado* 57 (9 de junio de 1888): 78-79.

[20] Graciela Batticuore señala que las veladas de Matto de Turner y Gorriti no tomaban en cuenta el modelo más político de las tertulias peruanas de la época pos-independentista mencionadas por Flora Tristán en su narración de viaje al Perú. Esto apuntaría, según Batticuore, a la necesidad por parte de las integrantes de las veladas de apartarse de una política que se haya en vías de masculinización en el fin de siglo peruano (*El taller de la escritora* 29).

[21] El tema de la educación femenina era polémico en algunos círculos pero no en las tertulias. Aunque hay diferentes posiciones con respecto al tipo de educación que debían

idea de consenso. Los ataques agresivos que González Prada hace por esta época contra Ricardo Palma son impensables en estas reuniones en las que se persigue el ideal de la armonía. En este sentido, separar la literatura de la política era una de las consignas de las asistentes a las veladas en un pacto que Matto más tarde será consciente de violar cuando afirma en *Boreales, miniaturas y porcelanas* que "[s]i cometimos el pecado de mezclarnos en política, fue por el derecho que existe de pensar y de expresar el pensamiento" (23).

Tanto las veladas de Gorriti como las de Matto de Turner fueron centros culturales desde los que se compensó la carencia de espacios de instrucción para la mujer en la sociedad republicana (Denegri 1996, Batticuore 1999, Villavicencio 1992). Las veladas que Matto de Turner formó en 1887 estuvieron separadas de las de Gorriti por un hecho clave de la historia nacional: la guerra del Pacífico. Según Tamayo Vargas, las tertulias de Matto de Turner se diferenciaron de las de su predecesora por el mayor lugar que ocuparon en ellas las tradiciones culturales indígenas. A diferencia de la decoración azul del hotel de Madame de Rambouillet, la casa de la calle de Calonge, donde transcurrían las veladas de Matto de Turner funcionaba como una galería de arte en la que se exhibían "diversos motivos indígenas recogidos por Clorinda Matto ya en el pueblecito de Tinta, ya en el propio Cuzco" ("Veladas literarias" 218). Aunque las intervenciones orales de las veladas de Matto de Turner no fueron nunca trasladadas a la palabra escrita como ocurrió con las de Gorriti, los invitados que escriben para *El Perú ilustrado* anotan que en ellas se tocaban yaravíes indígenas, se recitaban poemas y se leían tradiciones indigenistas.

Las veladas literarias eran encuentros inter-disciplinarios en los que se tocaba música, se hacían exhibiciones de pintura, se recitaban poesías y se debatían cuestiones sociológicas sobre la educación femenina. En estrecha relación con la prensa desde la que se reseñaron las tertulias, las veladas funcionaron como el corazón de una cultura femenina emergente que compitió desde los márgenes con las propuestas hegemónicas del Ateneo de Lima y del Círculo Literario. Muchas de las escritoras mencionadas por Matto de Turner en "Las obreras del pensamiento en la América del Sur" se formaron como intelectuales en estos espacios. Sin embargo, las reseñas que aparecen en *El Perú ilustrado* sobre las tertulias de Matto de Turner se ocupan de subrayar siempre la diferencia cultural de estos encuentros regidos por figuras femeninas con respecto a los cenáculos masculinos. Este proceso de feminización del espíritu de club de la cultura dominante cristaliza en una reseña

recibir las mujeres, todos los asistentes a estos encuentros estaban de acuerdo en que la ilustración del sujeto femenino debía ser una parte importante de la consigna modernizadora.

sobre las veladas de Matto de Turner en la que el periodista se complace en constatar la moralidad de estos intercambios intelectuales. Dice que en las veladas literarias:

> hay juego, pero no de naipes, sino de ingenio; crítica, pero no de personas, sino de libros; improvisaciones, pero no con campanillazos, sino con consonantes forzados, y donde todos reunidos en esa fraternidad literaria departen ya un consejo, ya una palabra de aliento y en donde el triunfo de uno es triunfo de todos. ¿Habráse visto forma más encantadora que ésta para reunirse desterrando todo comentario político, toda alusión personal que no sea literaria?[22]

Para el autor anónimo de esta reseña, las mujeres tenían otra forma de relacionarse intelectualmente en la que predominaban la colaboración y el apoyo intelectual. La palabra "encantadora" con la que se refiere a la reunión en casa de Matto de Turner nunca hubiera sido usada para referirse a un cenáculo masculino. La cultura de las veladas aparece visualizada en este texto como un "oasis" de paz y armonía en un país atormentado por desacuerdos políticos múltiples. Ésta era una imagen que las mismos participantes de las veladas se esforzaron por promover. Más adelante en el artículo se especifica que la velada estuvo "concurridísima" y que se exhibieron en ella pinturas indigenistas entre las que se destacan "Los funerales de Atahualpa" y "Santa Rosa de Lima" ("Velada literaria" 78). Para inaugurar la parte literaria de la tertulia se cuenta que la señora Matto de Turner leyó una carta de Mercedes Cabello y que le ofreció a la señora de Llona, un gran ramo de flores en nombre de sus colegas peruanas. Gerardo F. Chaves leyó un juicio crítico sobre *Hima-Sumac*, que fue seguido por la lectura de una tradición indígena escrita por Eleazar Boloña titulada "Saiccusca-rumí". Por último, y un poco a la manera de los programas televisivos culturales de los que según Verena von der Heyden-Rynsch la cultura del salón es uno de los antecedentes históricos (212), algunas empresas de comestibles ofrecieron sus productos a los invitados a manera de propaganda. Se dice que en esta reunión tan "amena", que duró hasta las cuatro de la mañana, se sirvieron "los buenos helados de Capella y exquisitos refrescos de Broggi" ("Velada literaria" 79).[23] En ese sentido, la teoría de que se

---

[22] Esta reseña titulada "Velada literaria" aparece sin firma en *El Perú ilustrado* 57 (9 de junio de 1888): 78-79.

[23] Inmediatamente a continuación de esta reseña se incluye un soneto de Lastenia Larriva de Llona titulado "A la Sra. Clorinda Matto de Turner: Soneto improvisado momentos después de conocerla". Transcribo el poema a continuación: "Aún no te conocía, mas la fama,/Esta vez como nunca justiciera,-/Llevó hasta mis oídos, lisonjera,/La voz que Musa décima te aclama:/ Orna tus sienes, la apolínea rama,/De la tierra del Sol hija hechicera,/Y el genio que en tus ojos reverbera,/Gloria del patrio suelo te proclama;/

podía constituir un espacio cultural ajeno a la lógica capitalista de la *belle époque* queda subvertida por estos frecuentes cruces entre literatura y mercado.

El perfil biográfico de Juana Manuela Gorriti por Pastor Obligado que Julio Sandoval incluye como introducción a las *Veladas literarias de Lima*, editadas en 1892, se inicia con un *tableau* sentimental-"sororal" en el que Juana Manuela Gorriti le rinde homenaje agradecido a Juana Manso en su lecho de muerte. Dice Obligado que Gorriti:

> [...] sabedora de que la señora Manso hallábase postrada en el lecho del que ya no había de levantarse, trasladóse a la casa de la que espiraba, y con profunda emoción se inclinó diciéndole: "permítame al pedirle su amistad, besar la mano de mi maestra y mi colega, pues que, aún de muy lejos he seguido sus huellas y estudiado en sus libros. ("Prólogo" a *Veladas literarias de Lima* x)

El encuentro entre estas dos literatas sirve de marco-introductorio a toda una cadena de intercambios "sororales", ficcionalizados desde una óptica masculina en un complicado traspaso de la oralidad a la escritura.[24] Así como Gorriti rinde tributo a Juana Manso, otras escritoras le dedican sus obras a la *salonière* salteña. En uno de esos pequeños *hommages*, Manuela Villarán de Plasencia le dedica un poema "A la eminente escritora Juana Manuela Gorriti" en el que se alude a la estrecha relación entre ésta y sus jóvenes discípulas. Dice el poema de Villarán de Plasencia que aparece reproducido en las *Veladas literarias de Lima* de Juana Manuela Gorriti:

> En torno suyo, en fin, ha procurado
> Reunir a aquéllas que *armonizan*,
> que atraídas por el genio *simpatizan*,
> Y que aman la belleza y la verdad.
> Mis votos son porque el destino nunca
> Aleve intente desatar el lazo
> Que se estrecha hoy, en el feliz regazo
> De tan dulce y tan íntima amistad. (5, énfasis mío)

Mas nada tu talento, tu hermosura,/Ni esa tu gracia, imán de corazones, /Valieran ante mí, si por ventura/De modestia y bondad las dotes raras/Entre otros tantos singulares dones,/Como los más preciosos no albergaras". Véase "Velada literaria" en *El Perú ilustrado* 57 (9 de junio de 1888): 78-79.

[24] Batticuore hace este punto cuando dice que al traducir a la cultura letrada estos encuentros orales, la fluidez natural de la conversación queda eliminada. En este sentido pese a que la edición que hace Julio Sandoval de las veladas de Juana Manuela Gorriti se publica en la época de auge de la *causerie*, las veladas literarias no se ajustan completamente a los parámetros de este género (*El taller de la escritora* 105).

Vale la pena subrayar en este poema los términos "armoniza" y "simpatiza", en parte porque ambos aluden a una consonancia ideológica deseada por parte de las invitadas a las tertulias. El espíritu de camaradería que se fomentaba en estas reuniones mixtas parecía querer corregir y compensar los desacuerdos y fricciones de los cenáculos masculinos. Al mismo tiempo, es interesante que Plasencia tuviera la necesidad de colocar la palabra "escritora" en el epígrafe del poema como una forma de legitimar ella misma su incipiente profesionalización en el campo de las letras. Es como si hubiera un deseo inconsciente por parte de los miembros de esta generación de decir, verbalizar, y normalizar sus identidades intelectuales para hacerlas menos anómalas.

Las redes intelectuales femeninas constituyeron un denso entramado que se puso de manifiesto tanto en el espacio de las tertulias como en las revistas, novelas y publicaciones de la época.[25] Cuando Clorinda Matto de Turner llegó a Lima, Gorriti organizó una tertulia en su homenaje a la que se refiere Abelardo Gamarra en un texto titulado "Apuntes de viaje: Clorinda Matto de Turner". La consagración de Clorinda Matto de Turner en el *Fin-de-Siècle* limeño es narrada por Gamarra de la siguiente forma:

> Allí pues, una noche fue coronada la tradicionista señora de Turner, y por primera vez conocimos a esa joven, cuyo nombre habíamos visto figurar en varios semanarios nacionales y extranjeros con éxito magnífico. [...] Con sus propias manos la señora Gorriti adornó las sienes de la hermosa tradicionista con una corona de rica filigrana, semejando las enlazadas ramas del simbólico laurel, y colocó en sus manos una valiosa pluma y tarjeta de oro, a la par que un magnífico juego de botones de no poco valor, como recuerdo de sus amigas y homenaje de sus *hermanas en las letras*. (En: Clorinda Matto de Turner, *Tradiciones cuzqueñas, leyendas, biografías y hojas sueltas* 147, énfasis mío)[26]

---

[25] Muchas de las revistas latinoamericanas estaban dirigidas por mujeres hacia fines del siglo XIX. Así, Juana Manuela Gorriti ocupa la jefatura editorial de *La Alborada*, la Baronesa de Wilson edita el *Semanario del Pacífico*, Carolina Freyre, *El correo del Perú*, y Clorinda Matto de Turner *El Perú ilustrado*. Para una antología del periodismo femenino en el Perú véase Balta.

[26] También Julio de Sandoval hace referencia a la coronación de Matto de Turner por Gorriti en "Clorinda Matto de Turner. Apuntes para su biografía". Su reconstrucción del evento no difiere mayormente de la de Gamarra. Dice que allí estaban Palma, Rossel, Llona, Gorriti, Cabello, y Eléspuru. (En: Clorinda Matto de Turner, *Tradiciones cuzqueñas, leyendas, biografías y hojas sueltas* xiv)

Así como Juana Manuela Gorriti, acompañada de sus discípulas, le rinde homenaje a Matto de Turner, ésta a su vez encuentra diversas formas de retribuirle el gesto. Cuando se la nombra directora de *El Perú ilustrado*, Clorinda Matto de Turner cambia la configuración de la revista, feminizando la imagen del periódico a partir de las portadas. La figura-fetiche de la mujer de letras, emblema de la modernidad cosmopolita, hace frecuentes apariciones en las tapas de esta publicación periódica. En la cubierta del ejemplar que corresponde al 22 de junio de 1889 aparece el retrato de Juana Manuela Gorriti; en la del 16 de junio de 1888, el de Lastenia Larriva de Llona; y en la del 17 de diciembre de 1887, una litografía-retrato de Mercedes Cabello de Carbonera. En el artículo sobre Juana Manuela Gorriti se citan las palabras de la autora de *Blanca Sol* sobre "La tierra natal":

> "La Tierra natal" no sólo es el libro de la soñadora de lo bueno, de la utopista de lo bello, es además la narración que copia del natural, estudia caracteres y diseña cuadros, con tal viveza, que al concluir la lectura, pensaba yo que bien podría decir como dice ella al terminar su libro: "y al dejar aquella tierra bendita, algo traje conmigo de su beatífica atmósfera".[27]

Mercedes Cabello de Carbonera dice en este pasaje que Juana Manuela Gorriti es una "utopista" y "soñadora de lo bueno" que poetiza y embellece una compleja realidad referencial. En el diario póstumo de Gorriti titulado *Lo íntimo*, se cuenta que ésta tenía junto con Cabello de Carbonera y Matto de Turner el utópico proyecto de escribir una novela en común que se titularía *Los dos senderos* (193). Con una idea grupal de la escritura que cuestiona el concepto individualista de la autoría republicana dice Gorriti que "Mercedes la habría comenzado, Clorinda la hubiera impreso la marcha; yo habría tomado todos sus hilos y reuniéndolos, habría dado fin con un epílogo" (*Lo íntimo* 193). De la misma forma que Gorriti dirige, en las veladas literarias, la conversación de sus discípulas, les asigna en este proyecto utópico de escritura distintas funciones en la composición narrativa. Añade más adelante que esta novela soñada "nada tendría de naturalista, doctrina ya proscripta" y que el argumento sería el siguiente: "la marcha de dos mujeres: la una por el camino del bien, la otra por el del mal. Ambas aman al mismo hombre que, a su vez, camina entre éstos, ya inclinándose hacia el uno, ya hacia el otro, hasta que triunfa el bien. Y ése es el desenlace" (*Lo íntimo* 193). A nivel formal, la novela imaginada por Gorriti seguía el modelo cultural de las veladas: un coro armónico de voces femeninas en el que la *salonière*, convertida en novelista, ordenaría los datos, pondría los puntos finales y decidiría quién escribiría cada cosa. Demás está

---

[27] El artículo aparece en *El Perú ilustrado* (22 de junio de 1889): 211.

decir que esta novela nunca llegó a producirse, tal vez porque la idealización del proyecto sororal encubría desacuerdos ideológicos difíciles de superar.[28]

Las veladas de lectura transcurrían en un espacio sexualmente mixto en el que se excluía a aquellas mujeres de otras clases y razas cuyos dobles ficticios hicieron su aparición en la ficción femenina de la época.[29] En la modernización desigual latinoamericana se podría argüir que, más que a la universalización de la experiencia femenina en la esfera doméstica, el avance de costumbres europeas asociadas con la modernidad contribuyó a hacer más tajantes las diferencias entre mujeres. Este proceso de importación de conductas y poses metropolitanas acarreó la eliminación y erradicación de modelos de feminidad anti-domésticos que fueron gradualmente catalogados de arcaicos o pre-modernos. Para la mujer indígena no era realizable el modelo de ángel del hogar como tampoco lo era para las mujeres de clases sociales más bajas que se ganaban la vida en las grandes metrópolis a través de la aguja (la costurera) o el cuerpo (la prostituta).[30]

En el plano de la ficción, sin embargo, Matto de Turner y Gorriti tratan de promover alianzas entre ángeles del hogar y mujeres de diferentes clases y razas

---

[28] Las diferencias ideológicas entre Matto de Turner y Mercedes Cabello de Carbonera con respecto a la formación de la nación y a la cuestión indígena en particular son notables. La visión sentimental que se da en *Aves sin nido* del indígena como un "alma paria" se contradice con la visión animalizada y bestializante que da Cabello de Carbonera en "Una fiesta peligrosa en un pueblo del Perú". En este texto, publicado en *El Ateneo de Lima*, en 1885, Cabello de Carbonera coloca a los indígenas del lado de la barbarie. Cabe citar el siguiente pasaje: "Al ver reunida esa multitud inmensa, en su mayor parte de la raza indígena, con los ojos empañados y la mirada estúpida, formando infernal algazara, ebrios de aguardiente y abotagados por excesiva y dificultosa digestión, sin una idea religiosa en la mente, sin un principio de moral en el corazón, creeríase estar presenciando, más que fiesta religiosa de pueblo civilizado, una de esas fiestas del Chelambrum, consagradas al dios Siva, en el sur de India en que, envilecido el pueblo, perdida toda idea elevada o moral se muestra poseído del más degradante fanatismo" ("Una fiesta peligrosa en un pueblo del Perú" 186).

[29] En el caso de Gorriti, la relación entre indígenas y mujeres se tematiza en *Si haces mal no esperes bien*, "La quena" y "El pozo de Yocci". Para un estudio detallado de las complejas alianzas inter-raciales que se establecen en la obra de Gorriti puede consultarse Masiello (*Entre civilización y barbarie* 65-66). En el caso de Matto de Turner, he trabajado la relación sentimental entre mujeres de diferentes grupos etno-sociales en los capítulos 1 y 2.

[30] En la introducción a la antología *La pluma y la aguja: las escritoras de la generación del 80*, Bonnie Frederick reflexiona sobre la importancia de la figura de la costurera en la narrativa decimonónica producida por mujeres. Para un estudio sobre el topos de la prostitución en la narrativa del siglo XIX puede consultarse el capítulo "El tráfico de mujeres" de Francine Masiello en *Civilización y barbarie* (151-184).

que no tenían acceso a este modelo de identidad asociado con la proto-burguesía. Ya en *Si haces mal no esperes bien* (1861) de Juana Manuela Gorriti se plantea a nivel narrativo la necesidad de hacer visible desde una perspectiva femenina el sufrimiento de las mujeres indígenas para los lectores urbanos, una propuesta que Matto de Turner retoma en *Aves sin nido* (1889). En las dos novelas se demuestra que la mujer indígena corre más peligro que sus hermanas criollas porque es vulnerable al acoso sexual, a los maltratos físicos, al rapto de niños y al incesto. Sin embargo, el hecho de que en las obras de Matto de Turner, los enemigos de las mujeres (y de los indígenas) sean los sacerdotes, apunta a un enfrentamiento frontal con la iglesia por el que Matto de Turner tuvo que pagar un precio muy alto. En el contexto de la secularización modernizadora, una cosa era que fueran los liberales hombres los que atacaran a la iglesia (ya fueran estos González Prada o Ricardo Palma) y otra muy distinta, que fuera una mujer la que se atreviera a violar el rol que se le atribuía de velar por una acorralada tradición religiosa.

Los ecos semánticos que pueden establecerse entre las novelas de Matto de Turner y las de Juana Manuela Gorriti recurren también a nivel dramático en el prólogo a *Hima-Sumac* de Clorinda Matto de Turner, cuando esta última dice que toma prestado el argumento de la obra de *El tesoro de los incas* de Juana Manuela Gorriti "con venia de su autora". Ambas obras están inspiradas a su vez en el drama quechua *Ollantay*, traducido al castellano en 1868.[31] En un gesto de solidaridad intelectual entre mujeres que visualiza la colaboración "sororal" como un traspaso inter-generacional de tópicos sobre el que se ejercen variaciones, se coloca en primer plano la relación desigual entre un conquistador español y una princesa incaica. Tanto Juana Manuela Gorriti como Matto de Turner usan el glorioso pasado incaico como un telón de fondo sobre el que resaltar la maldad maniquea de los españoles.

En una sección de *Hima-Sumac* titulada "Un momento al lector", Matto de Turner dice haber tomado prestado el argumento de la obra de Juana Manuela Gorriti porque "recuerda una de las épocas gloriosas para el Perú que subyugado por el poder castellano tuvo la inspiración de libertad en el cerebro de Túpac-Amaru" (85). Gerardo Chaves alude a la estrecha relación entre las dos obras en el prólogo-estudio a *Hima Sumac* cuando presenta a Matto de Turner como "hija mimada de Juana Manuela Gorriti y hermana predilecta de Mercedes Cabello" (Crítica a *Hima-Sumac* 5). Menciona en el mismo texto una serie de deficiencias

---

[31] La obra de Clorinda Matto de Turner se representó por primera vez en Arequipa el 16 de octubre de 1884 y más tarde en Lima en 1888. Para más información sobre la puesta en escena de *Hima-Sumac* puede consultarse el artículo de Mary Berg, "Pasión y nación en *Hima-Sumac* de Clorinda Matto de Turner".

formales que él atribuye a la falta de rima de este drama en prosa y a la carencia de antecedentes teatrales en la cultura nacional.[32] En un pasaje que se anticipa a las teorías de Ángel Rama sobre la búsqueda de la emancipación cultural en el siglo XIX dice Chaves que en el Perú republicano no hay escuela teatral porque "faltan los alicientes necesarios para formarla" y porque "sin estímulos, ni ejemplos, es difícil que demos el grito de independencia literaria, más tardío por cierto que el de la emancipación política [...]" ("Crítica a *Hima-Sumac*" 10).

Matto de Turner y Gorriti deciden dramatizar un pasado pre-colonial, anterior al de las tradiciones virreinales de Ricardo Palma.[33] En la versión de Matto de Turner, Hima-Sumac es la prometida de José Gabriel Túpac Amaru y es la heredera de una de las cien llaves del tesoro de los incas.[34] Aunque sabe dónde está el tesoro de Ollanta ha jurado bajo reserva absoluta no revelarle a nadie su paradero. Su vida transcurre idílicamente hasta que un español la conquista sexualmente para extraerle el secreto. Aunque en un primer momento Hima-Sumac coloca la pasión por el español por encima de la lealtad a su cultura corrige su error cuando elige "sufrir y callar" antes que revelar por segunda vez el secreto del tesoro a las autoridades que la torturan. En un contexto post-bélico en que se culpaba al indio de no haber defendido con suficiente virilidad a la nación en peligro, Matto de Turner convierte a una mujer indígena en una heroína nacional que acepta el dolor al que se la somete con gran estoicismo. Sin embargo, no es a través de la fuerza física que Hima-Sumac asciende a la categoría del heroísmo sino a través de una fuerza moral basada en el martirio y el auto-sacrificio. Aunque el carácter pro-indígena de la propuesta se diluye por medio de la identidad noble del personaje que pertenece a la realeza incaica, la fortaleza moral y física de la mujer indígena debe haber tenido resonancias indigenistas en un contexto en el que circulaba la visión de un indio débil carente de patriotismo como chivo expiatorio de la derrota.

Matto de Turner sigue la obra de Gorriti tan de cerca que para los estándares de la época contemporánea su proyecto raya en el plagio. El argumento de ambas obras que Gorriti había tomado a su vez de Garcilaso, del *Ollantay* y de fuentes

---

[32] La idea negativa que Chaves tiene de la obra queda sintetizada en una frase lapidaria que hace eco de las lecturas ambivalentes de *Aves sin nido*: "fondo intachable: forma corregible" ("Crítica" a *Hima-Sumac* 6).

[33] Mary Berg señala que Matto de Turner mezcla en *Hima-Sumac* dos épocas históricas, la de Túpac-Amaru I y la de Túpac-Amaru II.

[34] La leyenda de este tesoro tuvo en el siglo XIX una difusión oral muy amplia. Remitía a la idea de que los españoles no se apoderaron de todas las riquezas incaicas porque cuando se enteraron de la muerte de Atahualpa los indígenas ocultaron los tesoros que traían para pagar el rescate.

orales de la cultura andina, es casi idéntico. Sin embargo, como señala Mary Berg en "Pasión y nación en Hima-Sumac", hay una serie de diferencias fundamentales entre ambas obras que apuntan a la configuración de modelos de nación muy diferentes (4). En el caso de la versión de Matto de Turner se le da más prominencia al quechua ya a partir del título y a la oralidad andina. Los nombres de los personajes que en *El tesoro de los Incas* aparecen en castellano son quechuizados en el drama de Matto de Turner que también incluye la figura de Túpac-Amaru, ausente en la obra de Gorriti. La asociación del conquistador español con vicios nacionales que eran frecuentemente colocados por las escritoras republicanas del lado de la esfera masculina (el juego, el materialismo, el alcoholismo) remite a una idea de nación en la que la mujer indígena es una representación de la virtud americana amenazada por la rapacidad sexual de los conquistadores. En el caso de *Hima-Sumac* es la posibilidad de que Gonzalo de Espinar piense que ella es lo que no es, una mujer pública, lo que hace que Hima-Sumac lo lleve, con los ojos tapados, a la caverna donde está el tesoro. Es decir, cuando Hima-Sumac quiere darle dinero a su amante español sin decirle de dónde lo ha sacado, éste la acusa de haberlo conseguido por medio de la prostitución. Sin embargo, en el momento en que Gonzalo se quita la venda para apropiarse de las riquezas, Kis-Kis, el hermano de Hima-Sumac y teniente de Túpac-Amaru, mata a Gonzalo para impedir el saqueo. La figura del hermano salvador, que es el que finalmente impide que el español se apodere del tesoro, está recogida de la obra de Gorriti pero está más desdibujada en la versión dramática de Matto de Turner.

En un poema titulado "La india" de las *Baladas Peruanas*, escrito entre los años 1871-1879, González Prada metaforiza la misma historia. Sin embargo, el heroísmo de la mujer indígena coincide en la versión de González Prada con una concepción marcial de la virtud ya que "La india" mata al español con sus propias manos cuando ve que éste se arroja al suelo de la caverna para besar el tesoro. La posición activa que asume la mujer indígena de González Prada contradice paradójicamente el rol más pasivo de las heroínas de Matto y Gorriti que necesitan que un hombre las salve de la maldad del conquistador. Trastocados sus sentimientos en ira, la princesa de González Prada mata al español en una escena que hace eco de la "varonil fortaleza" de la María de Esteban Echeverría en *La cautiva* (1837). Dice el sujeto poético: "'¡Oro no, la muerte!'"exclama/La india, ciega de furor,/Y un puñal agudo clava/En el pecho al español" (*Baladas peruanas* 84). En la versión de Matto de Turner, Hima-Sumac es una especie de Malinche peruana que arrepentida de haber traicionado a su pueblo, muere como Cristo en la cruz torturada por las autoridades españolas. A través de esta teatralización del sufrimiento que pone en escena una suerte de heroísmo cristiano anclado en el masoquismo, la heroína de *Hima-Sumac* se une al gran contingente de mujeres muertas o desfallecientes que circulan por la literatura latinoamericana del siglo XIX. El momento de la muerte de la heroína indígena, es como en otras novelas de Matto de Turner el de la "desexualización" total y el del acceso a un paraíso que borra una peligrosa carnalidad.

Matto de Turner trabajó con insistencia este material temático en el que la muchacha indígena es una alegoría de la América incaica a punto de ser penetrada. El tópico del tesoro subterráneo aparece también en "Ccata-Hueqqe", una tradición compuesta en 1884 en la que se busca explicar el nombre de una cueva a la que el sujeto literario va todas las tardes a leer la obra de Garcilaso. En base a documentos históricos que el sujeto narrativo afirma extraer de Quintana, Herrera y Mendiburu, se cuenta una historia de venganza de los indios contra los conquistadores. La tradición surge, entonces, como una necesidad de ficcionalizar un "pacto desleal" entre indígenas y españoles en el que antes de que los primeros pudieran amasar el tesoro que se había puesto como condición al rescate de Atahualpa los españoles asesinaron brutalmente al monarca. El ícono del indígena lloroso y suplicante aparece ya en esta tradición en la que se estetiza la desgracia colectiva de los indios huérfanos recurriendo a la retórica de las lágrimas:

> Jadeantes y resueltos caminaban los hijos de opulenta patria por el camino que, atravesando Tinta, conduce al Cuzco, cuando les salió al encuentro, de Combapata, un indio envuelto en manta roja llevando borlas negras en la frente, bañada en llanto la faz, y anuncióles la traición de Pizarro y el asesinato del Monarca. [...] Aquellos huérfanos, que desde entonces perdieron padre, patria y libertad para entrar en cautiverio, estrecháronse en un solo abrazo, formando un lago de lágrimas y levantando las manos al cielo sin decirse una sola palabra. Los sollozos únicamente, turbaban aquel silencio. Uno de los indios soltando con ira la carga pesada, exclamó: ¡ccata-hueqqe! (*Tradiciones cuzqueñas, leyendas, biografías y hojas sueltas* 132)

La tradición explica también que la expresión "ccata-hueqque" quiere decir lágrima turbia en quechua, que el tesoro fue enterrado bajo la cueva en "mil subterráneos inaccesibles a la planta del europeo", y que ya no se ven en este lugar rastros del tesoro pero sí petrificaciones en forma de lágrimas. La asociación de las lágrimas indígenas con joyas apunta por metáfora a la visión sentimental que Clorinda Matto de Turner tiene de la cultura andina. Al final de la tradición se pone en circulación un sistema de ecos narrativos en el que la naturaleza serrana actúa como caja de resonancia de los personajes indígenas. El dolor de los indígenas no conmueve a los españoles pero tiene el poder de hacer llorar a las piedras: "Acaso las piedras siguen llorando el duelo de Atahuallpa; acaso vierte la roca la lágrima turbia de una raza desheredada!!" (*Tradiciones cuzqueñas* 133).

En las leyendas de Clorinda Matto de Turner, la textualización del choque violento de culturas pone en marcha un mecanismo casi freudiano de duelo que busca compulsivamente repetir a nivel de la ficción el trauma de la conquista para poder superarlo.[35] El desencuentro entre la cultura occidental y la andina se plantea en términos de un desencuentro entre dos miradas: una en la que prima lo afectivo y otra en la que lo indígena es una letra de cambio. El tópico de la sexualidad se mezcla en esta leyenda con el de la época dorada desaparecida (el motivo del *ubi sunt* asociado con la utopía incaica) cuando penetrar el cuerpo de la indígena es una forma de acceder a las riquezas del continente americano. "Ese tesoro será nuestro en el momento en que Himac-Sumac sea mía", le dice Gonzalo a otro personaje de la obra, haciendo una analogía entre sexualidad y nación (*Hima-Sumac* 45). A la hora de narrativizar el trauma de la conquista, el sujeto mattiano le niega siempre al español la posesión del tesoro que finalmente queda enterrado en el continente americano. El plan vengativo de los indígenas corrige a nivel de la ficción el saqueo histórico de las riquezas americanas. En todos estos casos se resemantiza el final trágico de este desencuentro violento entre culturas para que el español fracase en su empresa de conquista. El tesoro escondido que siempre está en manos de los grupos subalternos es una representación simbólica de la riqueza americana, que debe permanecer oculta a los ojos de los rapaces conquistadores.

Hermanas de letras

En la velada literaria del 29 de noviembre de 1876, se leyó una carta que las hermanas de caridad de Lima le enviaron a Gorriti en la que le pedían ayuda a las *saloniéres* criollas para socorrer a los pobres. Se ponía en evidencia así la presencia "espontánea" de las mujeres en el campo de la beneficencia que a nivel institucional tenía un rostro masculino. La carta leída en las veladas es la siguiente:

> Señora: Habiendo las señoritas de la Hermandad de la Caridad propuéstose buscar fondos para atender al cuidado de los enfermos y al alivio de los pobres, han iniciado una lotería de objetos trabajados a mano para lo cual solicitan el concurso de las distinguidas señoritas de la brillante asamblea que con la denominación de "Veladas literarias" está dando tanto brillo al progreso intelectual del Perú. No dudamos que el alma elevada de esas jóvenes literatas y artistas se prestará a esta benéfica obra, y que las lindas manos que saben tan brillantemente

---

[35] Sobre la cuestión del duelo como respuesta a una situación traumática de pérdida véase el artículo de Sigmund Freud "Mourning and Melancholia", en el que se plantea que revivir las experiencias traumáticas una y otra vez es paradójicamente una forma de llegar a superarlas.

manejar la pluma se emplearán con igual habilidad y buen gusto en la confección de algunos trabajos de arte destinados a elevar el consuelo al hogar del menesteroso y al lecho del enfermo. (Anónimo citado en Batticuore, *El taller de la escritora* 210)

A través de esta nota, se establece un intercambio entre dos formas de hermandad, una secular y otra religiosa que hacía de los enfermos, los pobres y los menesterosos el objeto sentimental de una cruzada femenina. Las víctimas de un proyecto de modernización incipiente y desencajado en el contexto andino, irrumpen de esta forma en un espacio cultural feminizado preocupado mayormente por la causa intelectual de la mujer criolla. La sugerencia de las hermanas de caridad era que las discípulas de Gorriti ampliaran el campo de su activismo cultural y que utilizaran los bienes intelectuales que producían en beneficio de los pobres y los indios. El cruce entre estos dos ámbitos socio-culturales (el de las veladas y el de la caridad) es significativo porque ambos ámbitos le sirvieron al sujeto femenino urbano para ampliar las fronteras de la subjetividad. El terreno de la caridad cristiana fue uno de los ejes alrededor de los cuales se resolvieron tensiones entre feminismo, moralidad y política en el siglo XIX, mientras que el de las veladas sirvió para corregir el anti-intelectualismo de los modelos normativos de la feminidad.

Dentro de este orden de cosas, uno de los problemas que surge al tratar de transferir la ideología de las esferas al contexto peruano finisecular es que en el siglo XIX no solamente fueron las mujeres las que abrazaron los valores domésticos que se le asignaron al sujeto femenino (caridad, cuidado de los débiles, honradez, moralidad) sino también los hombres. Los atributos afectivos alrededor de los cuales se construyó una ética sentimental, opuesta a la mentalidad precapitalista del fin de siglo, fueron enarbolados muchas veces por un sujeto masculino sentimental que subvirtió el modelo de la ciudadanía estoica preconizado por los ensayos de González Prada. De hecho, en las veladas de Matto de Turner había participantes hombres receptivos a la causa de la educación femenina y también en el ámbito de la caridad hubo figuras masculinas de gran renombre. Cuando Matto de Turner escribe un perfil biográfico sobre el obispo del Cuzco, Don Antonio de la Raya, lo compara con Bartolomé de las Casas por la lucha que emprendió a favor de la causa indígena y por ser un "propagador de la caridad" (*Tradiciones cuzqueñas* 193-197). Había entonces una zona de cruce entre la esfera femenina y la masculina en la que se superponían preocupaciones y valores asociados metafóricamente con la fraternidad y la "sororidad" republicanas.[36] Incluso en las novelas de Matto de Turner, la relación entre el ángel del hogar y el sujeto masculino

---

[36] Para una discusión muy lúcida del paradigma de las esferas en la cultura victoriana véase "Feminist Criticism in the Wilderness" de Elaine Showalter. En este trabajo se utiliza el

es muchas veces más horizontal que la que se establece entre Lucía y las mujeres indias. Los lazos de clase pueden ser en estos casos más sólidos y determinantes que los de género a la hora de establecer alianzas entre los grupos sociales.[37] Por otro lado, las estrategias lacrimógenas asociadas con el sentimentalismo, fueron invocadas también a lo largo del siglo XIX por escritores hombres que contribuyeron desde sus obras a la configuración de una suerte de culto a la masculinidad sentimental (Cisneros, Aréstegui, Isaacs).

La intelectual y la obrera

En "Las obreras del pensamiento en la América del Sur" las relaciones homosociales entre mujeres se vuelven una forma de crear una base de poder desde la que contrarrestar la marginalidad del sujeto femenino intelectual en la cultura hegemónica. El establecimiento de lazos de género dentro de la esfera femenina fue una estrategia política que les sirvió a las escritoras de la generación de Matto de Turner para ingresar a la esfera pública del pensamiento en compañía de otros sujetos femeninos igualmente "anómalos". Cuando Clorinda Matto de Turner visita el Centro Ibero-Americano de Cultura Popular femenina en España lo primero que hace es establecer contactos profesionales con mujeres educadoras, intelectuales y periodistas. La "ansiedad de la influencia" que Harold Bloom detecta en las comunidades intelectuales masculinas cede paso, en la cultura femenina, a una necesidad intelectual de probar que la rebelión contra el estereotipo de la mujer doméstica es posible.[38] Dentro de la esfera intelectual femenina, más que combatir a los precursores, las escritoras de la generación de Matto de Turner buscan colocarlas en el pedestal para probar que "ser escritora" en el siglo XIX es posible. Dice Matto de Turner sobre sus colegas españolas:

---

término "wild zone" para definir la zona de contacto entre las preocupaciones masculinas y femeninas en el siglo XIX (29).

[37] Pienso aquí por ejemplo en la alianza fraternal que se establece entre Lucía y Fernando Marín en *Aves sin nido* y *Herencia*. Dado que ambos abrazan los mismos valores feminizados conectados con el avance de una proto-clase media en oposición a una clase notable corrupta, se genera entre ellos un acercamiento mucho mayor que entre Lucía y las mujeres indias.

[38] Para una discusión sobre las teorías de la autoría de Harold Bloom y su relación con la crítica feminista véase Rita Felski. Tal y como lo explica Felski en el modelo de Bloom el sujeto de la enunciación está en una posición fuerte y puede darse el lujo de subvertir la obra de sus precursores, cosa que no sucede en las genealogías culturales femeninas (66).

> Este hermoso grupo de mujeres españolas que entregan al público su pensamiento impreso, que educan el espíritu por medio de la poesía y la música es grata promesa al porvenir glorioso de la causa femenina. Con estos sentimientos estrecho la mano a cada una de ellas, enlazando no sólo la acción simultánea sino el afecto de las escritoras españolas y americanas del Sur, cuya nómina he hecho conocer en los centros de cultura visitados. (*Viaje de recreo* 47)

Los lazos homo-sociales que Matto de Turner establece en las veladas literarias se dan en el contexto de un espacio homogéneo en términos de clase. Sin embargo, en un ensayo titulado "La obrera y la mujer" que apareció en *Cuatro conferencias sobre América del Sur*, Matto de Turner dirige su atención a las obreras de las fábricas que no trabajan con el pensamiento sino con el cuerpo. El texto fue leído en el Consejo Nacional de Mujeres, el 8 de diciembre de 1904, un año antes de que Manuel González Prada leyera "El intelectual y el obrero" en la confederación de panaderos de Lima. La energía "sororal" del ensayo cristaliza en el término "nuestras hermanas" que Matto de Turner usa para referirse a las empleadas de las fábricas en los nuevos proyectos de industrialización urbana. A diferencia de "Las obreras del pensamiento en la América del Sur" en el que el encabezamiento es mixto (Caballeros, damas) Matto de Turner se dirige en este ensayo a un destinatario femenino ("Señoras y señoritas"). En un principio, el yo enunciativo busca minimizar las barreras de clase que dividen a los miembros de la esfera femenina para generar un acercamiento afectivo entre la mujer intelectual y la obrera. Dice que "es necesario que nos acerquemos más a ellas" para desplegar "la bandera proteccionista de la mujer" y que "hay una cadena muy fuerte, cuyos eslabones forman el honor, que liga a las mujeres **buenas** de todas las latitudes" (*Cuatro conferencias* 56, énfasis mío). Anticipándose a los argumentos materialistas de Simone de Beauvoir y a una de sus famosas frases ("la independencia de la mujer empieza por el bolsillo"), Matto elogia la independencia económica de las trabajadoras obreras "porque sólo es libre quien a sí mismo se basta" (56). Propone también que haya igualdad de sueldo entre obreros y obreras y que se creen sociedades protectoras de los derechos de la obrera.

La propuesta de Matto de Turner en este ensayo es progresista desde una perspectiva de género porque plantea la necesidad de mejorar las condiciones de las obreras, aumentando salarios, dándoles derechos e higienizando los lugares de trabajo (50). Sin embargo, el ensayo tiene un sesgo conservador y positivista ya que se defiende a la obrera, recurriendo a ideas esencialistas del ideario comteano. En un fin de siglo preocupado por el avance del anarquismo y el socialismo, se propone "feminizar" el mercado de trabajo para evitar una serie de disturbios sociales que según algunos letrados habían sido traídos por los inmigrantes de

Europa (huelgas, paros, protestas). El argumento de Matto de Turner es que los industriales deben emplear más mujeres en sus fábricas porque éstas son más trabajadoras y porque tienen menos tendencia a ir a huelga. En este sentido, "la obrera" es para Matto de Turner una fuerza conservadora dentro de la sociedad que contribuye al orden y al progreso porque puede persuadir al varón de que no se pliegue al activismo político. Dice: "Cuidemos, pues, de la educación y dirección de la mujer obrera como del precioso antídoto que hemos de ofrecer al varón contra el veneno de las perturbaciones sociales, como gloriosa conquista de la civilización dentro de la industria" (*Cuatro conferencias* 57, énfasis mío).

Por otro lado, la visión sentimental que Matto de Turner tiene de la mujer obrera se condensa en un pasaje en el que dice que las mujeres de clase alta desean emular el primitivismo bucólico de sus hermanas proletarias porque "muchas de las mujeres ricas, [...]quisieran tener su sueño reparador, su apetito, sus diversiones sencillas y su salud a toda prueba" (*Cuatro conferencias* 56). En este pasaje el sujeto literario construye un cuadro idealizado sobre la cotidianeidad de la mujer obrera en el que se neutralizan las diferencias sociales entre dos mundos que no tienen nada que ver entre sí. Esta visión "sororal" idealizada de la obrera echa sombra sobre las dificultades económicas por las que pasan las mujeres excluidas del terreno de la virtud doméstica. Otro aspecto ideológicamente problemático de "La obrera y la mujer" es la afirmación implícita, presente ya a partir del título del ensayo, de que la obrera no es una mujer sino otra cosa. Es decir, está por un lado la mujer con mayúscula, y por otro, la obrera. ¿Cómo explicar entonces el hecho de que Matto de Turner separe los campos semánticos de la feminidad y el trabajo? Un título menos totalizante en este sentido hubiera sido el de "La obrera y la intelectual" o "La obrera y el ángel del hogar". De forma paradójica, entonces, se expulsa semánticamente del campo de la respetabilidad femenina a ese mismo sector de la esfera femenina que supuestamente se quería rescatar.

LINAJES TRANSATLÁNTICOS

En *Viaje de Recreo* (1909) y *Cuatro conferencias sobre América del sur* (1909) Matto de Turner tematiza la necesidad del sujeto femenino letrado de establecer lazos de género a nivel global. Le cuenta a Ricardo Palma en una de las cartas que le envió desde la Argentina que el "viaje de recreo" fue patrocinado por varias "comisiones de señoras" que le encargaron que inspeccionara el estado de la educación femenina en Europa.[39] Para Carmen de Burgos y Seguí, una de las escritoras españolas que

---

[39] Para una transcripción de las cartas de Clorinda Matto de Turner a Ricardo Palma desde la Argentina véase de Mello (*The Writings of Clorinda Matto de Turner* 599-602).

reseñó las conferencias que Matto dio en España para *El Heraldo*, lo que predominó en estos encuentros fue un sentimiento de solidaridad intelectual entre mujeres de distintos países. Dice:

> Una de las manifestaciones simpáticas del llamado feminismo es la solidaridad establecida entre las mujeres intelectuales de los diferentes países. Con el mayor desarrollo de su cultura han sentido las mujeres la necesidad de los viajes, del estudio, de borrar las fronteras de las naciones y los prejuicios de raza para hacer una sola y gran familia de la Humanidad toda. (Burgos y Seguí en Matto de Turner, *Cuatro conferencias* 5-6)

Según la escritora española, Matto de Turner era el "prototipo de la mujer moderna" que viajaba sola, daba conferencias para públicos mixtos, trabajaba como periodista y escribía novelas de gran circulación en España. El hecho de que Matto de Turner hubiera sido perseguida por las autoridades eclesiásticas y civiles en el Perú la convertía en una heroína para sus "hermanas de letras" europeas que se identificaban con el lado transgresor de su trayectoria. Al presentarla ante el auditorio, Burgos y Seguí (alias Colombine) se detiene largamente en el rol de "paria" que ocupa la escritora peruana y dice: "Perseguida por sus ideas liberales, la imagen de Clorinda Matto de Turner fue quemada en una plaza pública por el elemento obscurantista del Perú. Si no tuviera otros muchos méritos, ¿no bastaría esta persecución para hacerla simpática y querida?" (Burgos y Seguí en Matto de Turner, *Cuatro conferencias* 6).

En el caso de *Viaje de Recreo*, publicado póstumamente en 1909, el móvil del viaje es para Clorinda Matto de Turner encontrar en otros países almas gemelas que estén como ella teniendo una participación pública en los proyectos de modernización. Al llegar a Francia y luego de recorrer Inglaterra, España e Italia, la empresa narrativa se transforma en una carrera contra-reloj para conocer a mujeres intelectuales, periodistas, científicas y escritoras. La mención ecléctica de figuras importantes de la cultura femenina europea va trazando una genealogía en la que los nombres se eslabonan formando una cadena. El coleccionismo de autoras, convertidas en fetiches del sujeto narrativo, es urgente y cobra mayor importancia que la tarea de conocer ciudades, visitar museos o admirar bellezas arquitectónicas. "Mis horas son preciosas", dice Matto en un momento, "debo aprovecharlas conociendo a las mujeres de mayor reputación literaria" (*Viaje de recreo* 20). En los contados casos en que se mencionan escritores hombres se los usa frecuentemente como informantes de las actividades culturales de las mujeres que son las que verdaderamente le importan. Cabe citar el siguiente pasaje:

> El señor Pando y Valle me pone en relación con escritoras, periodistas, educadoras españolas, cuyo número y preparación me sorprende, pues en América nos hemos familiarizado sólo con doña Emilia Pardo Bazán, la ideal Concepción Jimeno de Flaquer y la audaz y correcta Carmen de Burgos Seguí más conocida por su seudónimo de Colombine, ignorando nombres consagrados por la fama que constituyen gloria para la causa de la mujer emancipada por la ley de la luz, que ilumina y embellece. (Clorinda Matto, *Viaje de recreo* 44)

Clorinda Matto de Turner menciona elogiosamente a Emilia Pardo Bazán en *Viaje de Recreo* cuando se refiere a sus propios esfuerzos de establecer alianzas intelectuales con periodistas mujeres, investigadoras y literatas en sus viajes por España (311). Años antes en Lima, tal y como lo apunto en la introducción, Matto había reproducido las palabras aprobatorias de Pardo Bazán sobre *Aves sin nido* en *El Perú ilustrado*. El interés de Pardo Bazán en la literatura de sus colegas latinoamericanas cristaliza en el prólogo a *Lucecitas* de Teresa González De Fanning, una escritora peruana que también había participado en las veladas de Gorriti. Pardo Bazán afirma haber escrito este prólogo, un poco por obligación, a pedido de su amigo Ricardo Palma que está de visita en España, pero también porque tiene la premonición de que la modernidad de las letras vendrá, en el próximo siglo, de lejos de su patria. Dice: "La escasez de escritores jóvenes y con porvenir que se advierte en España, y que acaso se deba a causas sociales muy complejas, tiene que compensarse en el otro hemisferio, donde se habla nuestra lengua por naciones lozanas y recién venidas al palenque de la historia" (Pardo Bazán, "Prólogo" v). Unas líneas más adelante afirma interesarse por una "brillante pléyade" de escritoras que están produciendo obras en América Latina. Menciona a Gertrudis Gómez de Avellaneda "que por mitad pertenece a España", a Soledad Acosta de Samper, a Juana Manuela Gorriti, a Clorinda Matto, a Mercedes Cabello, a Lastenia Larriva y a Amalia Puga de Losada (vi). Es interesante que, en el caso de la autora de *Lucecitas*, Pardo Bazán elogia un profesionalismo asumido según ella por obligación económica a raíz de la viudez prematura pero le critica su falta de beligerancia con respecto a la causa de la mujer intelectual. La visión sentimental de esta escritora a la que admira por ser mujer no la enceguece con respecto a los desacuerdos sobre la cuestión femenina que, aunque dice respetar, no puede dejar de reprocharle. Cabe citar el siguiente pasaje:

> Fáltale acaso un poco de energía y el atrevido vuelo que caracteriza al pensador; en cambio, hay cierta sumisión y dulzura que delatan la adaptación del espíritu femenino al molde en que lo han vaciado tantos siglos de sujeción moral y material. El fenómeno se ve patente en la timidez y precavidas restricciones con que la señora Fanning defiende a las mujeres que cultivan las letras, reconociendo

que "acaso no conviene que la literatura sea para la mujer una ocupación", y concediendo que "puede y debe ser, á lo menos, una distracción útil y provechosa" (Pardo Bazán, "Prólogo" viii)

El concepto de la solidaridad femenina que guía la lectura de Pardo Bazán no es monolítico ya que, lejos de borrar los desacuerdos y conflictos entre mujeres en aras de una utópica horizontalidad, los subraya y los resalta como una manera de articular en negativo sus propias ideas sobre la escritura femenina. Lo que parecería querer decir Pardo Bazán en este prólogo es que hay diferentes posiciones ideológicas dentro del proceso de la democratización cultural. Pardo Bazán se distancia de aquellas escritoras de la época que se nucleaban alrededor de un concepto homogéneo de la escritura femenina, en parte porque su feminismo es más combativo, y en parte también porque esos desacuerdos le parecen productivos a la hora de debatir la cuestión femenina en el siglo XIX.

Una actitud inversa a la que toma Pardo Bazán con González de Fanning puede detectarse en los comentarios que hace Juana Manuela Gorriti desde su diario íntimo sobre *Blanca Sol* (1889) de Mercedes Cabello de Carbonera. Así como Pardo Bazán quería que González de Fanning fuera menos tímida a la hora de luchar por la feminización de la esfera intelectual, Gorriti le pide a Cabello de Carbonera que sea menos agresiva y más sentimental. Cuando Gorriti lee desde el exilio porteño las novelas que Cabello le envía desde Lima, apunta en su diario consejos y preceptos que le manda por correspondencia y que su discípula, menos sumisa que González de Fanning, ni sigue ni respeta. Según Gorriti, las escritoras debían embellecer sus propuestas transgresoras porque "el mal no debe pintarse con lodos sino con nieblas" (*Lo íntimo* 155). Sabía que la figura de la escritora en el siglo XIX estaba bajo sospecha y la consigna para sus seguidoras era tajante: "no herir susceptibilidades, lisonjear, mentir [...]; derramar miel por todas partes" (*Lo íntimo* 154). En este sentido, los consejos que les da a las discípulas son una forma de neutralizar de antemano la censura y la hostilidad que finalmente se desencadenarían contra ellas. Gorriti quería que sus discípulas escribieran de forma velada y oblicua, respetando a nivel epidérmico las normas de la feminidad, o lo que obviamente hubiera sido más efectivo aún, que practicaran el arte de la autocensura y el silencio: "Cuantas cosas bellas en su magnífico horror, tiene, el que escribe historia o crónica, que callar, por esa consideración de vital importancia" (*Lo íntimo* 154, énfasis mío). A juzgar por otras entradas de *Lo íntimo*, cuando los desacuerdos entre ambas escritoras se agudizaron éstos no pudieron ser conciliados, la comunicación epistolar se interrumpió, y el diálogo, más que a la polémica, cedió paso a un total distanciamiento. "Creo que no le gustó mi advertencia, pues, nada me contestó. Desde entonces me he impuesto silencio" (170).

Tal y como lo planteo en el capítulo 6, el escándalo que suscitó la publicación de *Blanca Sol* (1889) de Mercedes Cabello de Carbonera tuvo que ver por un lado con la apropiación por parte de Cabello de ciertos *topoi* del naturalismo canónico que debían ser tabú para el ángel del hogar. Por otra parte, las sanciones de Gorriti tenían que ver con el hecho de que, al publicar *Blanca Sol*, Cabello de Carbonera parecía haber escrito "mal" la novela que Gorriti planificaba escribir "bien". Es decir, se podría pensar en *Blanca sol* como la versión individual de la novela que Gorriti pensaba componer con Cabello de Carbonera y Matto de Turner, terminándola y editándola ella para "disciplinar" las propuestas narrativas de sus hermanas literarias. Al igual que el proyecto de novela grupal, *Blanca Sol* giraba estructuralmente alrededor de dos figuras femeninas polarizadas, la que iba por la senda del bien (la costurera), y la que iba por la senda del mal (la prostituta). Ambas se disputaban a un inmigrante italiano-*dandy* que abandonaba previsiblemente a la mujer de mundo para construir un hogar con la humilde costurera. El hecho de que la prostituta no muriera en circunstancias horrorosas como la Nana de Zola, sino que organizara una fiesta para inaugurar la apertura de un prostíbulo desde el que se vengaría de la sociedad que la marginaba, no debe haber ayudado a que Gorriti leyera la novela con simpatía. En la novela de Cabello de Carbonera la prostitución se justificaba en términos económico sociales porque las mujeres no tenían otras formas de ganarse la vida y porque "la virtud no es un potaje que puedo poner en la mesa para mis hijos" (*Blanca Sol* 180). Y si la virtud era un valor caduco e inservible para las mujeres había que celebrar el vicio.

Matto de Turner respondió a la ola de censura de la que fue objeto Cabello de Carbonera escribiendo su propia versión de la novela-trío. Retomaba en *Herencia* (1895) el topos de la prostituta pero lo re-semantizaba y purificaba para domesticar desde el sentimentalismo la controvertida temática. Como si hubiera sido un problema que la mujer caída perteneciera a las clases altas, algo que Gorriti apuntaba en su diario cuando decía que Cabello "no se detiene en las bajas esferas", como Zola sino que "se sube a las etéreas y la emprende a palos con los astros" (*Lo íntimo* 170), Matto de Turner devolvía a la prostituta al espacio "degradado" y "envilecido" de los barrios bajos de Lima, donde la castigaba, como a Nana, haciéndola morir como consecuencia de la tuberculosis y el alcoholismo.

Los retrocesos ideológicos de *Herencia* a la hora de construir nuevas identidades de género se pueden leer entonces como respuesta a una novela en la que se planteaba la tesis de que el matrimonio sin amor era una forma de prostitución aceptada por la sociedad republicana. Por otro lado, también es posible leer la casi total desaparición de ciertos tópicos de *Herencia* considerados "anti-femeninos" en el siglo XIX (el anticlericalismo, el indigenismo) como un intento por parte de Matto de Turner de hacer las paces, en el plano anticlerical, con una sociedad conservadora que se había sentido sumamente ofendida luego de la de la publicación de sus primeras novelas. Los esfuerzos de Matto de Turner por ser aceptada, por encubrir los lodos del naturalismo con las nieblas del sentimentalismo fueron completamente pueriles. Era demasiado tarde para cambiar la imagen anticlerical que había construido a lo largo de su trayectoria intelectual y para distanciarse de una autora que, incluso en el imaginario femenino, había pasado a ser una "oveja descarriada".[40] En este sentido, el exilio de Matto de Turner en Buenos Aires estuvo causado no solamente por los ataques de las autoridades pierolistas y de la iglesia que le destruyeron la imprenta y le quitaron la jefatura de su periódico, sino también, por las respetables madres de familia pertenecientes a la Unión Católica que quemaron públicamente la efigie de la autora en las calles de Cuzco y Arequipa luego de la publicación de *Índole* (Armas Asin 161-163; Tauro 24). Este gesto inquisitorial problematiza, en más de un sentido, nuestros deseos de idealizar el concepto de la solidaridad femenina anclado en la ideología de la división de esferas.

El carácter cohesivo de las comunidades intelectuales femeninas de la clase dirigente podía generar un clima falso de armonía que encubría muchas cosas. No solamente el rechazo y la ambivalencia a mujeres de otras razas y clases, sino también, en el caso de las mujeres de la misma clase social, la competencia y la rivalidad. Cuando Juana Manuela Gorriti apunta en su diario que Emilia Pardo Bazán está a punto de copiarle la idea de su *Cocina Ecléctica* se apura a publicar el libro para que "la galleguita" no le quite la primicia editorial (*Lo íntimo* 163). Al mismo tiempo, se horroriza, en otra entrada de *Lo íntimo* de que Eduarda Mansilla no quiera ser amiga de ella, frustrando en el proceso su deseo de establecer lazos de género con ella: "Tengo verdadero deseo de ser amiga de Eduarda Mansilla. Pero ella no quiere mi amistad: a unos les dice que no puede acercarse a mí porque he escrito contra Rosas; a otros, les dice que la amistad de una vieja sólo conviene a una joven, porque a una mujer de años la envejece" (132). No me parece casual, en ese sentido, que cuando Gorriti fantasea en Buenos Aires con crear un centro cultural que argentinice el modelo de las veladas de Lima lo piense en términos de una *sociabilité* edénica cuya meta principal es neutralizar, más que subrayar, los desacuerdos y tensiones entre los letrados. Dice Gorriti:

---

[40] En *El comercio* del 18 de enero de 1898, Lastenia Larriva de Llona atacó a Mercedes Cabello de Carbonera por sus propuestas secularizadoras con respecto a la educación femenina y dice: "sé que no tengo ni el talento ni la ilustración de la señora de Carbonera; y, sin embargo, me creo más competente que ella para fallar en la cuestión de la educación de las niñas. La razón es muy obvia: La señora de Carbonera ha tenido la gran desgracia de no tener hijos. Yo tengo la hermosa dicha de ser madre". Larriva de Llona citada por Augusto Ruiz Zevallos 81.

Cuando me haya restablecido algo de mis dolencias, organizaré unas veladas literarias para reunir a la gente de letras, que anda asaz desunida y querellada por causa, quizá, de egoísmo o vanidad. Yo, que gracias a Dios no conozco esas dos feas pasiones, seré la clavija que los entornille y temple al diapasón de la concordia y de la paz, que en literatura, como en todo, tan bellos frutos producen. (*Lo íntimo* 136)

La configuración de genealogías intelectuales femeninas en el siglo XIX fue determinante a la hora de contrarrestar la exclusión de la mujer letrada de los cenáculos masculinos. A partir de esta estrategia política que coincidió con una feminización del lema fraternal de "los hermanos sean unidos porque ésa es la ley primera" (José Hernández) se logró que eventualmente las escritoras ganaran acceso como grupo a la esfera intelectual. El espacio cultural de las veladas fue entonces el escenario en el que las mujeres ensayaron nuevas formas de identidad alejadas de las prescripciones hogareñas y del entorno doméstico. Sin embargo, la idealización de estos espacios como centros de reunión y debate es una proyección utópica más deseada que real que echa sombra sobre las tensiones, desencuentros y exclusiones que ocurrieron en la esfera femenina.[41] La pluralidad ideológica de proyectos nacionales y estéticos dentro de este mundo homo-social demuestra que en estas comunidades "sororales", hubieron fracturas ideológicas, desacuerdos y batallas de egos, análogas a las que se dieron en la esfera masculina. Es en este contexto de múltiples tensiones que la obra de Clorinda Matto de Turner adquiere nuevas proyecciones y sentidos.

---

[41] Esta disyuntiva del feminismo sigue vigente en la época contemporánea y es planteada por Nelly Richard quien afirma al respecto: "El desafío de tener que saber combinar la referencia concreta a las mujeres como sujeto real de un trabajo de emancipación social por un lado: con, por otro lado, la crítica postmetafísica a toda unidad categorial (por ejemplo, la mujer) que reproduzca la cohesión semántica que ya sabemos desintegrada por la crisis del sentido, condujo el feminismo a afinar su estrategia de pensamiento e intervención en la dirección cruzada de un doble juego: un juego que debe combinar la necesidad del sujeto de afirmarse (políticamente) como identidad con la necesidad del lenguaje de cuestionarse (metadiscursivamente) como representación-de-identidad. Sólo este doble juego le permite al feminismo responder al desafío de no tener que renunciar a las luchas colectivas movilizadas por una política de identidad que requiere de una comunidad de referente sin dejar a la vez de ejercer una constante vigilancia teórica y crítica sobre el peso homogeneizador de la refundamentación de un "nosotras" absoluto que podría volver a cerrar la diferencia sobre sí misma mediante una nueva totalización identitaria" ("Intersectando Latinoamérica con el Latinoamericanismo" 356).

Bibliografía

Abramson, Pierre-Luc. *Las utopías sociales en América Latina en el siglo XIX*. México: Fondo de Cultura Económica, 1999.

Achugar, Hugo. "Historias paralelas/vidas ejemplares: La historia y la voz del Otro". *Estudios* 3/5 (1995): 199-224.

Adams, Jerome R. "Francisca Zubiaga de Gamarra". *Notable Latin American Women: Twenty-Nine Leaders, Rebels, Poets, Battlers and Spies. 1500-1900*. London: McFarland & Company, 1995. 109-115.

Aldaraca, Bridget. "El ángel del hogar: The Cult of Domesticity in Nineteenth-Century Spain". *Theory and Practice of Feminist Literary Criticism*. Gabriela Mora y Karne S. Van Hooft, eds. Michigan: Bilingual Press, 1982. 62-87.

Alegría, Fernando. *Historia de la novela hispanoamericana*. México: Ediciones de Andrea Edison, 1974.

Almanaque de la Bolsa de Arequipa. Arequipa: La Bolsa, 1899.

Altamirano, Carlos, ed. *Términos críticos de sociología de la cultura*. Buenos Aires: Paidós, 2002.

Anderson, Benedict. *Imagined Communities. Reflections on the Origins and Spread of Nationalism*. London: Verso, 1983.

Aponte Ramos, Lola. "*Aves sin nido* o la novela como fotografía de estereotipo". *Letras Femeninas* 20/1-2 (1994): 45-57.

Ara, Guillermo. *La novela naturalista latinoamericana*. Buenos Aires: Editorial Universitaria, 1965.

Area, Lelia y Mabel Moraña, eds. *La imaginación histórica en el siglo XIX*. Rosario: Cromo Gráfica, 1994.

Aréstegui, Narciso. *El Padre Horán, escenas de la vida del Cuzco*. Lima: Editorial Universo, 1948 [?].

Arízaga, Manuel Nicolás. "Carta literaria". *El Perú Ilustrado* 191 (24 de enero de 1891): 1385-1386.

Armas Asin, Fernando. *Liberales, protestantes y masones. Modernidad y tolerancia religiosa. Perú, siglo XIX*. Cuzco/Lima: Bartolomé de las Casas/Universidad Católica del Perú, 1998.

Arona, Juan de. "La equitativa". *El Chispazo* 22 (12 de marzo de 1892): 3.

Arribas García, Fernando. "*Aves sin nido*: ¿Novela indigenista?". *Revista de Crítica Literaria Latinoamericana* 34 (1991): 63-79.

Auza, Nestor Tomás. *Feminismo y periodismo en la Argentina, 1830-1930*. Buenos Aires: Emecé Editores, 1988.

Avellaneda, Andrés. "El naturalismo y el ciclo de la bolsa". *Capítulo. La historia de la literatura argentina 22*. Buenos Aires: Centro editor de América Latina, 1968.

Baguley, David. *Naturalist Fiction: The Entropic Vision*. Cambridge: Cambridge University Press, 1990.

Baires, Carlos. "Clorinda Matto de Turner". *Búcaro americano* 3 (15 de septiembre de 1898): 420-423.

Balta, Aída. *Presencia de la mujer en el periodismo escrito peruano (1821-1960)*. Lima: San Martín de Porres, 1998.

Barnes, Elizabeth. *States of Sympathy. Seduction and Democracy in the American Novel*. New York: Columbia University Press, 1997.

Basadre, Jorge. *Historia del Perú*. Tomos VII-VIII. Lima: Editorial Juan Mejía Baca, 1980.

_____ Introducción. *Peregrinaciones de una paria*. Por Flora Tristán. Emilia Romero, trad. Lima: Cultura Antártica, 1946. i-xxiii.

_____ *La iniciación de la República: contribución al estudio de la evolución política y social del Perú*. Tomo I. Lima: Rosay, 1929.

_____ *Peruanos del siglo XIX*. Lima: Rikchay, 1981.

_____ *Sultanismo, corrupción y dependencia en el Perú Republicano*. Lima: Editorial Milla Batres, 1979.

Bastos, María Luisa. "Cambaceres o falacias y revelaciones de la ilusión naturalista". *Lectura crítica de la literatura latinoamericana: La formación de las culturas nacionales*. Saul Sosnowski, ed. Caracas: Biblioteca Ayacucho, 1996. 380-392.

Batticuore, Graciela. *El taller de la escritora. Veladas literarias de Juana Manuela Gorriti: Lima-Buenos Aires (1876/7-1892)*. Buenos Aires: Beatriz Viterbo, 1999.

Bazin, Robert. *Historia de la literatura americana en lengua española*. Buenos Aires: Novea, 1958.

Bell, Michael. *Primitivism*. London: Methuen, 1972.

Bendezú Albar, Edmundo. *La novela peruana. De Olavide a Bryce*. Lima: Lumen, 1992.

Benjamin, Walter. *Charles Baudelaire: A Lyric Poet in the Era of High Capitalism*. London: NLB, 1973.

_____ *Poesía y capitalismo. Iluminaciones II*. Madrid: Taurus, 1998.

Berg, Barbara. *The Remembered Gate: Origins of American Feminism*. New York: Oxford University Press, 1978.

Berg, Mary. "Clorinda Matto de Turner: periodista y crítica (Perú, 1852-1909)". *Las desobedientes: mujeres de nuestra América*. Betty Osorio y María Mercedes Jaramillo, eds. Bogotá: Panamericana Editorial, 1997. 147-159.

____ "Pasión y nación en Hima-Sumac de Clorinda Matto de Turner". *Perú hoy. Primer Congreso Internacional de Peruanistas en el Extranjero.* Harvard University, 29 abril-1 mayo 1999 (26 de octubre de 2003) <http://www.fas.harvard.edu/~icop/maryberg.html>

____ "Writing for Her Life: The Essays of Clorinda Matto de Turner". *Reinterpreting the Spanish American Essay. Women Writers of the 19th and 20th Centuries.* Dorins Meyer, ed. Austin: University of Texas Press, 1995. 80-89.

____ "Clorinda Matto de Turner (1852-1909)". *Escritoras de Hispanoamérica.* Diane E. Marting, ed. Bogotá: Siglo Veintiuno, 1992. 309-322.

Bernheimer, Charles. *Figures of Ill Repute. Representing Prostitution in Nineteenth-Century France.* Cambridge: Harvard University Press, 1989.

Bhabha, Homi, ed. *Nation and Narration.* New York: Routledge, 1990.

Bloch, Ruth H. "The Gendered Meanings of Virtue in Revolutionary America". *Signs: Journal of Women in Culture and Society* 13 (1987): 37-58.

Bloom, Harold. *The Anxiety of Influence: A Theory of Poetry.* London/New York: Oxford University Press, 1975.

Bonfiglio, Giovanni. *La presencia europea en el Perú.* Lima: Congreso de la República, 2001.

____ "Los italianos en Lima". *Mundos interiores: Lima 1850-1950.* Aldo Panfichi y Felipe Portocarrero S., eds. Lima: Universidad del Pacífico, 1995. 43-73.

Bonilla, Heraclio. *Guano y burguesía en el Perú.* Lima: Instituto de Estudios Peruanos, 1984.

Bourdieu, Pierre. *Las reglas del arte. Génesis y estructura del campo literario.* Barcelona: Anagrama, 1995.

Bowlby, Rachel. *Just Looking. Consumer Culture in Dreiser, Gissing and Zola.* New York: Methuen, 1985.

Boydston, Jeanne, Mary Kelley y Anne Margolis. *The Limits of Sisterhood: The Beecher Sisters on Women's Rights and Woman's Sphere.* Chapel Hill: University of North Carolina Press, 1988.

Brissenden, R.F. *Virtue in Distress: Studies in the Novel of Sentiment from Richardson to Sade.* New York: Harper & Row Publishers, 1974.

Brooks, Peter. *The Melodramatic Imagination. Balzac, Henry James, Melodrama and the Mode of Excess.* New Haven/London: Yale University Press 1976.

Bronfen, Elizabeth. *Over Her Dead Body. Death, Femininity and the Aesthetic.* New York: Routledge, 1992.

Brown, Gillian. *Domestic Individualism. Imagining Self in Nineteenth-Century America.* Berkeley: University of California Press, 1992.

Brushwood, John. *Genteel Barbarism: Experiments in Analysis of Nineteenth Century Spanish American Novels.* Lincoln: University of Nebraska Press, 1981.

Burga, Manuel y Alberto Flores Galindo. *Apogeo y crisis de la república aristocrática*. Lima: Ediciones Richay, 1981.

Burns, Bradford E. y Thomas E. Skidmore. *Elites, Masses, and Modernization in Latin America, 1850-1930*. Austin: University of Texas Press, 1979.

Burns, Kathryn J. "Beatas, 'decencia' y poder: la formación de una elite indígena en el Cuzco colonial". *Incas e indios cristianos. Elites indígenas e identidades cristianas en los Andes coloniales*. Jean-Jacques Decoster, ed. Cusco: Bartolomé de las Casas, 2002. 121-134.

Caballero, Milagros. "Clorinda Matto de Turner". *Historia de la literatura latinoamericana. Tomo II. Del neoclasicisismo al modernismo*. Iñigo-Madrigal, ed. Madrid: Cátedra, 1987. 219-225.

Cabello de Carbonera, Mercedes. "Una fiesta peligrosa en un pueblo del Perú". *El ateneo de Lima* III/27 (25 de junio de 1885): 182-187.

____ *Blanca sol*. Lima: Carlos Prince, 1889.

____ *El conde Tolstoy*. Lima: El Judicial, [1896?].

____ *La novela moderna. Estudio filosófico*. [1892]. Prólogo de Augusto Tamayo Vargas. Lima: El Condor, 1948.

____ *La religión de la humanidad; carta al señor D. Juan Enrique Lagarrigue*. Lima: Imprenta de Torres Aguirre, 1893.

____ *Las consecuencias*. Lima: Imprenta de Torres Aguirre, 1889.

Cáceres, Andrés. "Carta al Perú ilustrado". *El Perú Ilustrado* (3 de mayo de 1890): 156.

Cáceres, Zoila Aurora. *La princesa Suma Tica*. Madrid: Mundo Latino, 1929.

____ *Mujeres de ayer y de hoy*. Paris: Garnier Hermanos, s.f.

Cadena, Marisol de la. "La decencia y el respeto. Raza y etnicidad entre los intelectuales y las mestizas cusqueñas". *Márgenes* 16 (1998): 53-84.

____ *Indigenous Mestizos. The Politics of Race and Culture in Cuzco, Peru, 1919-1991*. Durham/London: Duke University Press, 2000.

Camayd-Freixas, Erik y José Eduardo González, eds. *Primitivism and Identity in Latin America: Essays on Art, Literature and Culture*. Tucson: University of Arizona Press, 2000.

Cambaceres, Eugenio. *Obras completas*. Buenos Aires: Editorial Castellví, 1956.

____ *En la sangre*. Edición y notas de Noemí Susana García y Jorge Panesi. Buenos Aires: Colihue, 1988.

Campbell, Margaret V. "The Tradiciones cuzqueñas of Clorinda Matto de Turner". *Hispania* 42 (1959): 492-497.

Carrillo, Francisco. *Clorinda Matto de Turner y su indigenismo literario*. Lima: Ediciones de la biblioteca universitaria, 1967.

____ *Cronistas de convento y cronistas misioneros*. Lima: Editorial Horizonte 1999.

_____ *Cronistas indios y mestizos I*. Lima: Editorial Horizonte, 1991.
Castelnau, Francis, comte de. *Histoire du Voyage. Expédition dans les parties centrales de l'Amerique du Sud, de Rio de Janeiro à Lima, et de Lima au Para*. Paris: P. Bertrand, 1850-1859.
Castro, Augusto. "Las ideas en el Perú de la república aristocrática". *Entre la república aristocrática y la patria nueva*. Ricardo Portocarrero y Augusto Castro, eds. Lima: Derrama magisterial, 1996. 29-52.
Castro-Arenas, Mario. "Clorinda Matto de Turner y la novela indigenista". *La novela peruana y la evolución social*. Lima: Cultura y libertad, 1965. 105-112.
Castro-Klarén, Sarah, Sylvia Molloy y Beatriz Sarlo. *Women's Writing in Latin America. An Anthology*. Boulder: Westview Press: 1991.
Certeau, Michel de. *The Practice of Everyday Life*. Berkeley: University of California Press, 1984.
Cisneros, Luis Benjamín. *Julia o escenas de la vida en Lima*. Lima: Editorial Universo, 1977.
Club literario de Lima. *Anales de la sección de literatura*. Lima: Imprenta del Universo de Carlos Prince, 1875-77.
Cometta Manzoni, Aída. *El indio en la novela de América*. Buenos Aires: Editorial Futuro, 1960.
Cook, Blanche Wiesen. "Biographer and Subject: A Critical Connection". *Between Women: Biographers, Novelists, Critics, Teachers, and Artists Write About Their Work on Women*. Carol Ascher, Louise De Salvo y Sarah Ruddick, eds. Boston: Beacon Press, 1984. 397-411.
Cornejo Polar, Antonio. *Escribir en el aire. Ensayo sobre la heterogeneidad socio-cultural en las literaturas andinas*. Lima: Horizonte, 1994.
_____ "La literatura hispanoamericana del siglo XIX: continuidad y ruptura (Hipótesis a partir del caso andino)". *La imaginación histórica en el siglo XIX*. Mabel Moraña y Lelia Area, eds. Rosario: UNR, 1994.
_____ *Clorinda Matto de Turner novelista. Estudios sobre* Aves sin nido, Indole *y* Herencia. Lima: Lluvia editores, 1992.
_____ *Historia del Perú*. Tomo VIII. Lima: Editorial Juan Mejía Baca, 1980.
_____ *La formación de la tradición literaria en el Perú*. Lima: Cep, 1989.
_____ *La novela peruana: siete estudios*. Lima: Horizonte, 1977.
_____ *Literatura peruana. Siglo XVI al siglo XX*. Lima: Latinoamericana editores, 2000.
_____ *Literatura y sociedad en el Perú: La novela indigenista*. Lima: Lasontay, 1980.
_____ "Aves sin nido. Indios, 'notables' y forasteros". *Clorinda Matto de Turner novelista. Estudios sobre* Aves sin nido, Índole y Herencia. Lima: Lluvia editores, 1992. 29-54.

____ Prólogo. *Herencia*. Por Clorinda Matto de Turner. Lima: Instituto Nacional de Cultura, 1974. 7-27.

____ Prólogo. *Índole*. Por Clorinda Matto de Turner. Lima: Instituto Nacional de Cultura, 1974. 7-32.

____ "Clorinda Matto de Turner. Para una imagen de la novela peruana del siglo XIX". *Escritura: Teoría y crítica literarias* 3 (enero-junio 1977): 91-107.

____ "Mestizaje e hibridez: Los riesgos de las metáforas. Apuntes". *Revista Iberoamericana* LXIII/180 (1997): 341-34.

Correa Luna, Carlos. *Historia de la sociedad de beneficencia, 1823-1852*. Buenos Aires: Talleres Gráficos del Asilo de Huérfanos, 1923.

Cott, Nancy F. *The Bonds of Womanhood: Woman's Sphere in New England, 1780-1835*. New Haven: Yale University Press, 1977.

____ "Passionlessness: An Interpretation of Victorian Sexual Ideology, 1790-1850". *A Heritage of Her Own. Toward a New Social History of American Women*. Nancy F. Cott y Elizabeth H. Pleck, eds. New York: Simon and Schuster, 1979. 162-181.

____ y Elizabeth H. Pleck. *A Heritage of her Own. Toward a New Social History of American Women*. New York: Simon and Schuster, 1979.

Cross, Maire y Tim Gray. *The Feminism of Flora Tristán*. Oxford: Berg, 1992.

Cruz Leal, Petra-Iraides. "El diluido indigenismo de *Aves sin nido*". *Past, Present, and Future. Selected Papers on Latin American Indian Literatures*. Mary H. Preuss. ed. Culver City: Labyrinthos, 1991. 177-181.

Cuadros Escobedo, Manuel E. *Paisaje i obra... Mujer e historia: Clorinda Matto de Turner, estudio crítico-biográfico*. Cuzco: H. G. Rozas Sucesores, 1949.

Chang-Rodríguez, Eugenio. "El indigenismo peruano y Mariátegui". *Revista Iberoamericana* L/127 (1984): 367-393.

Chang-Rodríguez, Raquel y Malva E. Filer. *Voces de Hispanoamérica. Antología literaria*. Canada: Thompson Heinle, 2004.

Chaves, Gerardo. "Crítica a *Hima-Sumac*". Clorinda Matto de Turner. *Hima-Sumac*. Lima: Imprenta "La Equitativa", 1892. 5-18.

Dean, Carolyn S. "Familiarizando el catolicismo en el Cuzco colonial". *Incas e indios cristianos. Elites indígenas e identidades cristianas en los Andes coloniales*. Jean-Jacques Decoster, ed. Cusco: Bartolomé de las Casas, 2002. 169-187

Delgado, Manuel. *Las palabras de otro hombre: Anticlericalismo y misoginia*. Barcelona: Muchnik Editores, 1993.

Delgado, Washington. *Historia de la literatura republicana*. Lima: Rikchay Perú, 1980.

Dellepiane, Antonio. *Dos patricias ilustres*. Buenos Aires: Imprenta "Coni", 1923.

Denegri, Francesca. "Desde la ventana: Women 'Pilgrims' in Nineteenth-Century Latin-American Travel Literature". *The Modern Language Review* 92 (1997): 348-362.

____ *El abanico y la cigarrera. La primera generación de mujeres ilustradas en el Perú*. Lima: Flora Tristán, 1996.

____ "Clorinda Matto de Turner". *Encyclopedia of Latin American Literature*. Verity Smith, ed. Chicago: Fitzroy Dearborn Publishers, 1997. 532-533.

____ "La burguesa imperfecta". *La experiencia burguesa en el Perú (1840-1940)*. Carmen Mc Evoy, ed. Frankfurt/Madrid: Vervuert, 2004. 421-436.

Dijkstra, Bram. *Idols of Perversity*. New York: Oxford University Press, 1986.

Douglas, Ann. *The Feminization of American Culture*. New York: A. Knopf, 1977.

Dubois, Ellen, Mari Jo Buhle, Temma Kaplan, Gerda Lerner y Carroll Smith-Rosenberg. "Politics and Culture in Women's History: a Symposium". *Feminist Studies* 6/1 (1980): 26-84.

Echeverría, Esteban. *Obras completas*. Buenos Aires: Zamora, 1972.

Epple, Juan Armando. "Mercedes Cabello de Carbonera y el problema de la 'novela moderna' en el Perú". *Doctores y proscritos. La nueva generación de latinoamericanistas chilenos en USA*. Silverio Muñoz, ed. Minneapolis: Institute for the Study of Ideologies and Literature, 1987. 23-48.

Epstein Nord, Deborah. *Walking the Victorian Streets. Women, Representation, and the City*. Ithaca/London: Cornell University Press, 1995.

Escajadillo, Tomás G. *La narrativa indigenista peruana*. Lima: Amarú editores, 1994.

Escobar, Alberto, José Matos Mar y Giorgio Alberti. *Perú ¿país bilingüe?* Lima: IEP, 1975.

Favre, Henry. *El indigenismo*. México: Fondo de Cultura Económica, 1998.

Felski, Rita. *Literature After Feminism*. Chicago: University of Chicago Press, 2003.

Ferguson, Moira. *Subject to Others: British Women Writers and Colonial Slavery, 1670-1834*. New York: Routledge, 1992.

Ferrater Mora, José. *Diccionario de filosofía*. Madrid: Alianza editorial, 1980.

Fisher, Philip. *Hard Facts. Setting and Form in the American Novel*. New York: Oxford University Press, 1985.

____ *The Vehement Passions*. Princeton: Princeton University Press, 2002.

Fletcher, Lea, ed. *Mujeres y cultura en la Argentina del siglo XIX*. Buenos Aires: Feminaria, 1994.

Flores Galindo, Alberto. *La tradición autoritaria. Violencia y democracia en el Perú*. Lima: Sur, 1999.

____ *Dos ensayos sobre José María Arguedas*. Lima: Casa de estudios del socialismo Sur, 1992.

Fox-Genovese, Elizabeth. *Within the Plantation Household: Black and White Women of the Old South*. North Carolina: The University of North Carolina Press, Chapel Hill, 1988.

Fox-Lockert, Lucía. "Clorinda Matto de Turner: *Aves sin nido* (1889)". *Women Novelists of Spain and Spanish America*. Metuchen: Scarecrow Press, 1979. 25-32.

____ "Contexto político, situación del indio y crítica a la iglesia de Clorinda Matto de Turner". *Texto/Contexto en la literatura iberoamericana: memoria del XIX Congreso* (Pittsburgh, 27 de mayo -1 de junio de 1979). Keith McDuffie y Alfredo Roggiano, eds. Madrid: IILI, 1981. 89-93.

Franco, Carlos. *La otra modernidad. Imágenes de la sociedad peruana*. Lima: CEDEP, 1991.

Franco, Severo. "Carta a El Perú Ilustrado". *El Perú Ilustrado* (17 de mayo de 1890): 71.

Frederick, Bonnie. *La pluma y la aguja: las escritoras de la generación del 80*. Buenos Aires: Feminaria, 1993.

Freud, Sigmund. "Mourning and Melancholia". *The Standard Edition of the Complete Psychological Works*. [1917]. James Strachey, ed. Vol. 14. London: Hogarth, 1953-1974. 237-258.

Freyre de Jaimes, Carolina. "Flora Tristán: Apuntes sobre su vida y su obra". *El correo del Perú*. Año V, Núm. XXX (Lima: 1875): 242 a 251. También aparece en *Anales del Club Literario de Lima*. Lima: Carlos Prince, 1876. 12-46.

Gamarra, Abelardo. "Los cholitos". *En la ciudad de pelagatos*. Lima: Peisa, 1973. 129-130.

Gammel, Irene. *Sexualizing Power in Naturalism: Theodore Dreiser and Frederick Philip Grove*. Calgary, Canada: University of Calgary Press, 1994.

Garber, Marjorie. *Vested Interests. Cross-Dressing and Cultural Anxiety*. New York: Routledge, 1992.

García Bedoya Maguiña, Carlos. *Para una periodización de la literatura peruana*. Lima: Latinoamericana editores, 1990.

García Calderón, Ventura. *Del romanticismo al modernismo. Prosistas y poetas peruanos*. París: Librería Paul Ollendorff, 1905.

García Canclini, Nestor. *Culturas Híbridas. Estrategias para entrar y salir de la modernidad*. Buenos Aires: Paidós, 2001.

García Jordán. Pilar. *Iglesia y poder en el perú contemporáneo 1821-1919*. Cuzco: Bartolomé de las Casas, 1992.

García Salvatecci, Hugo. *El pensamiento de González Prada*. Lima: Arica, 1983.

____ *Visión de un Apóstol: Pensamiento del Maestro González Prada*. Lima: Emisa, 1990.

García y García, Elvira. "Clorinda Matto de Turner". *La mujer peruana a través de los siglos*. Tomo II. Lima: Americana, 1925. 38-41.

García, Susana y José Panesi. Introducción. *En la sangre*. Por Eugenio Cambaceres. Buenos Aires: Colihue, 1996. 9-47.

Garrels, Elizabeth. "La nueva Heloísa en América o el ideal de la mujer de la Generación de 1837". *Nuevo texto crítico* 2/4 (1989): 27-38.

____ "Sarmiento and the Woman Question: From 1839 to the Facundo". *Sarmiento Author of a Nation*. Tulio Halperín Donghi, Iván Jaksic, Gwen Kirkpatrick, Francine Masiello, eds. Berkeley: University of California Press, 1994. 272-293.

Gelpi, Juan. *Literatura y paternalismo en Puerto Rico*. San Juan, PR: Editorial de la Universidad de Puerto Rico, 1993.

Genette, Gérard. *Seuils*. Paris: Editions du Seuil, 1987.

Gilbert, Sandra y Susan Gubar. *The Madwoman in the Attic: The Woman Writer and the Nineteenthy-Century Literary Imagination*. New Haven: Yale University Press, 1979.

Ginzberg, Lori D. *Women and the Work of Benevolence: Morality, Politics and Class in the Nineteenth-Century United States*. New Haven: Yale University Press, 1990.

Glave, Luis Miguel. *Periódicos Cuzqueños del siglo XIX. Estudio y Catálogo del Fondo del Archivo Departamental del Cuzco*. Cuzco: Tavera, 1999.

Gómez de Avellaneda, Gertrudis. "La mujer". *Obras literarias*. Tomo V. Madrid: Espasa Calpe, 1871. 275-284.

____ *Sab*. Madrid, Cátedra: 1997.

González Prada, Adriana. *Mi Manuel*. Lima: Editorial Cultura Antártica, 1947.

González Prada, Manuel. *Antología. Páginas libertarias*. Lima: Peisa, 1975.

____ *Figuras y figurones*. Lima: Distribuidora Bendezú, [1899?]

____ *Páginas libres/Horas de lucha*. Caracas: Biblioteca Ayacucho, 1976.

____ *Presbiterianas*. Lima: Librería Imprenta el Inca, 1928.

____ *Textos. Una antología general*. México: UNAM, 1982.

____ *Baladas peruanas*. Lima: Benedezú, 1969.

González-Stephan, Beatriz. *La historiografía literaria del liberalismo Hispano-Americano del siglo XIX*. Cuba: Ediciones Casa de las Américas, 1987.

____, Javier Lasarte, Graciela Montaldo y María Julia Daroqui, eds. *Esplendores y miserias del siglo XIX. Cultura y sociedad en América Latina*. Caracas: Monte Ávila Editores / Universidad Simón Bolívar, 1994.

____ "Modernización y disciplinamiento. La formación del ciudadano: del espacio público y privado". Beatriz González-Stephan, Javier Lasarte, Graciela Montaldo y María Julia Daroqui, eds. *Esplendores y miserias del siglo XIX. Cultura y sociedad en América Latina*. Caracas: Monte Ávila Editores/Universidad Simón Bolivar, 1994. 431-451.

González Vigil, Francisco de Paula. *Importancia de la educación del bello sexo*. Lima: Instituto Nacional de la Cultura, 1976.

Gorriti, Juana Manuela. *Cocina ecléctica*. Buenos Aires: Felix Lajouane, 1889.

____ *El tesoro de los incas (leyenda histórica)*. Buenos Aires: Universidad de Buenos Aires, Instituto de Literatura Argentina, Sección de Documentos, 1929.

____ "Juana Azurduy de Padilla". *Rereading the Spanish American Essay: Translations of 19th and 20th Century Women's Essays*. Mary Berg, trad., Doris Meyer, ed. Austin: University of Texas Press, 1995. 50-54.

____ et al. *Las escritoras, 1840-1940. Antología*. Elida Ruiz, ed. Buenos Aires: Centro Editor de América Latina, 1980.

____ *Lo íntimo*. Alicia Martorell, ed. Salta: Banco del Noreste, 1991.

____ "Perfiles divinos: Camila O'Gorman". *Panoramas de la vida; colección de novelas, fantasías, leyendas y descripciones americanas*. Tomo II. Buenos Aires: Librerías Mayo, 1876. 369-386.

____ "Si haces mal no esperes bien". *Sueños y realidades*. Vol. 2. Buenos Aires: Biblioteca de la Nación, 1907. 155-183.

____ *La hija del mashorquero*. La Paz, Bolivia: ISLA, 1983.

____ *Sueños y realidades*. Vol. 1. Buenos Aires: Biblioteca de la Nación, 1907.

____ *Veladas literarias de Lima 1876-1877*. Tomo I. Veladas I a X. Julio Sandoval, ed. Buenos Aires: Imprenta Moreno, 1892.

Gotay, Samuel Silva. "El pensamiento religioso". *América Latina en sus ideas*. Leopoldo Zea, ed. Siglo XXI, 1993. 118-157.

Grogan, Susan. *Flora Tristan. Life Stories*. New York: Routledge, 1998.

Guerra Cunningham, Lucía. "Mercedes Cabello de Carbonera: estética de la moral y los desvíos no-disyuntivos de la virtud". *Revista de Crítica Literaria Latinoamericana* 26 (1987): 25-41.

Gutiérrez de Quintanilla, Emilio. "Juicio Crítico". *Aves sin nido*. Por Clorinda Matto de Turner. Valencia: Sampere, s.f. 1-26.

Hapke, Laura. *Girls Who Went Wrong: Prostitutes in American Fiction, 1885-1917*. Ohio: Bowling Green State University Popular Press, 1989.

Heilbrun, Carolyn G. *Writing a Woman's Life*. New York: Ballantine Books, 1988.

Herlinghaus, Hermann, ed. *Narraciones anacrónicas de la modernidad. Melodrama e intermedialidad en América Latina*. Chile: Cuarto Propio, 2002.

____ "La imaginación melodramática. Rasgos intermediales y heterogéneos de una categoría precaria". *Narraciones anacrónicas de la modernidad. Melodrama e intermedialidad en América Latina*. Hermann Herlinghaus, ed. Chile: Cuatro Propio, 2002. 21-59.

Hewitt, Nancy A. "Beyond the Search for Sisterhood: American Women's History in the 1980's". *Unequal Sisters. A Multi-Cultural Reader in U.S. Women's History*. Carol DuBois y Vicki L. Ruiz, eds. New York: Routledge, 1990. 1-14.

Higgins, James. *A History of Peruvian Literature*. New Hampshire: Francis Cairns, 1987.

Hinterhäuser, Hans. *Fin de siglo: Figuras y mitos*. Madrid: Taurus, 1997.

Howard, June. *Form and History in American Literary Naturalism*. Chapel Hill: The University of North Carolina Press, 1985.

Hurtado, Enrique G. "*Aves sin nido*. Novela peruana por la señora Clorinda Matto de Turner". *El Perú Ilustrado* 160 (31 de mayo de 1890): 133-135.

Hutcheson, Francis. *On Human Nature*. Thomas Mautner, ed. New York: Cambridge University Press, 1993.

____ "An Essay on the Nature and Conduct of the Passions and Affections". *Collected Works* II. Bernhard Fabian, ed. Darmstadt, Germany: Georg Olms Verlagsbuchhandlung Hildesheim, 1971. 204-361.

Hutchinson, Thomas Joseph. *Two Years in Peru*. 2 vols. Londres: Sampson Low, Marston, Low and Searle, 1873.

Iglesia, Cristina, ed. *El ajuar de la patria. Ensayos críticos sobre Juana Manuela Gorriti*. Buenos Aires: Feminaria, 1993.

Iñigo-Madrigal, Luis, coord. *Historia de la literatura hispanoamericana. Del neoclasicismo al modernismo*. Madrid: Cátedra, 1988.

Isaacs, Jorge. *María*. México: Editorial Porrúa, 1992.

Itolarrares, José T. *La trinidad del indio*. Lima: Bolognesi, 1885.

Jameson, Frederic. "Third World literature in the Era of Multinational Capitalism". *Social Texts* 15 (1986): 65-88.

Johnson, Claudia. *Equivocal Beings: Politics, Gender, and Sentimentality in the 1790s: Wollstonecraft, Radcliffe, Burney, Austen*. Chicago: Chicago University Press, 1995.

Kaplan, Fred. *Sacred Tears: Sentimentality in Victorian Literature*. Princeton: Princeton University Press, 1987.

Kapsoli, Wilfredo. *El pensamiento de la asociación pro-indígena*. Cuzco: Bartolomé de las Casas, 1980.

Kelley, Mary. *Private Woman, Public Stage: Literary Domesticity in Nineteenth-Century America*. New York: Oxford University Press, 1984.

Kendall, Paul Murray. *The Art of Biography*. New York: Norton, 1985.

Kerber, Linda. "The Republican Mother: Women and the Enlightenment-An American Perspective". *American Quarterly* 28 (1976): 187-205.

Kerber, Linda. *Women of the Republic*. New York/London: W. W. Norton and Company, 1986.

Kete, Mary Louise. *Sentimental Collaborations. Mourning and Middle-class Identity in Nineteenth-century America*. Durham: Duke University Press, 2000.

Kirkpatrick, Susan. *Las románticas, escritoras y subjetividad en España, 1835-1850*. Madrid: Ediciones Cátedra, 1991.

Klaiber, S.J. Jeffrey. *Religión y revolución en el Perú, 1824-1976*. Lima: Universidad del Pacífico, 1977.

Klarén, Peter Flindell. *Peru. Society and Nationhood in the Andes*. New York: Oxford University Press, 2000.

Kramer, Lloyd. "Victor Jacquemont and Flora Tristan: Travel, Identity and The French Generation of 1820". *History of European Ideas* 14 (1992): 789-816.

Kristal, Efraín. Rev. of *Torn From the Nest*. Por Clorinda Matto de Turner. John H.R. Polt, trad. *Review: Latin American Literature and Arts* 60 (2000): 88-90.

____ *The Andes Viewed From the City. Literary and Political Discourse on the Indian in Peru 1848-1930*. New York: Peter Lang, 1987.

Laera, Alejandra. "Sin 'olor a pueblo': la polémica sobre el naturalismo en la literatura argentina". *Revista Iberoamericana* LXVI/190 (2000): 139-146.

Lagarrigue, Juan Enrique. *La religión de la humanidad*. [1884]. Santiago de Chile: Imprenta Universitaria, 1947.

Langland, Elizabeth. *Nobody's Angels: Middle-Class Women and Domestic Ideology in Victorian Literature and Culture*. Ithaca: Cornell University Press, 1995.

Larriva Llona, Lastenia. *Fe, patria y hogar*. Lima: Imprenta Gil, 1902.

Lasarte, Javier. "Nación por caridad: El mestizaje en Cirilo Villaverde (Y Martí)". Ensayo sin publicar.

Laso de Eléspuru, Juana M. "La hermana de caridad. Reminiscencias". *Presencia de la mujer en el periodismo escrito peruano (1821-1960)*. [1874]. Aída Balta, ed. Lima: Universidad de San Martín de Porres, 1998. 49-51.

Lastres, Juan B. *Una neurosis célebre: El extraño caso de "La Mariscala", Francisca Zubiaga Bernales de Gamarra*. Lima: Empresa Periodística, 1945.

Lauer, Mirko. *Andes imaginarios. Discursos del indigenismo 2*. Lima: Sur, 1997.

Lemoine, Joaquín. "Clorinda Matto de Turner". *Leyendas y recortes*. Por Clorinda Matto de Turner. Lima: La equitativa, 1887. ii-xxxix.

Lerner, Gerda. *The Creation of Feminist Consciousness. From the Middle Ages to Eighteen-seventy*. New York: Oxford University Press, 1993.

Lindstrom, Naomi. Foreword. *Birds Without a Nest: A Story of Indian Life and Priestly Oppression in Peru*. [1904]. By Clorinda Matto de Turner. J.G. H., trad. Emended by Naomi Lindstrom. Austin: University of Texas Press, 1996. 7-21.

Little, Cynthia. "Education, Philantropy, and Feminism: Components of Argentine Womanhood, 1860-1926". *Latin American Women: Historical Perspectives*. Asuncion Lavrin, ed. Westport: Greenwood Press, 1978.

Ludmer, Josefina. *El cuerpo del delito. Un manual*. Buenos Aires: Libros Perfil, 1999.

____ "Tretas del débil". *La sartén por el mango: Encuentro de escritoras latinoamericanas*. Patricia Elena González y Eliana Ortega, eds. Río Piedras: Huracán, 1984. 47-54.

Lugo-Ortiz, Agnes. *Identidades imaginadas. Biografía y nacionalidad en el horizonte de la Guerra (Cuba 1860-1898)*. San Juan: Universidad de Puerto Rico, 1999.

Manhood, Linda. *The Magdalenes. Prostitution in the Nineteenth-Century*. New York: Routledge, 1990.

Mannarelli, María Emma. *Hechiceras, beatas y expósitas. Mujeres y poder inquisitorial en Lima*. Lima: Ediciones del Congreso del Perú, 1998.

____ *Limpias y modernas. Género, higiene y cultura en la Lima del novecientos*. Lima: Flora Tristán, 1999.

Manrique, Nelson. *La piel y la pluma. Escritos sobre literatura, etnicidad y racismo*. Lima: Sur, 1999.

Mansilla, Lucio. *Una excursión a los indios ranqueles*. Caracas: Biblioteca Ayacucho, 1984.

Manzoni, Aída Cometta. *El indio en la novela de América*. Buenos Aires: Futuro, 1960.

Marcoy, Paul. *Travels in South America from the Pacific Ocean to the Atlantic Ocean*. Vol 1. New York: Scribner, Armstrong & Co., 1875.

Mariátegui, José Carlos. *Cartas de Italia*. Lima: Amauta, 1969.

____ *Siete ensayos de interpretación de la realidad peruana*. [1928]. Lima: Amauta, 1963.

Mármol, José. *Amalia. Novela histórica americana*. Buenos Aires: Editorial Sopena, 1965.

____ *Manuela Rosas*. Buenos Aires: Casa Pardo, 1972.

Martí, José. "Nuestra América". *Obras completas*. Vol. 6. La Habana: Editorial Nacional de Cuba, 1963. 1-23.

____ *La edad de oro*. México: Fondo de Cultura Económica, 1995.

____ *El presidio político en Cuba*. La Habana: Ediciones Asociación protectora del Preso, 1938.

____ *Lucía Jerez. Obra Literaria*. Caracas: Biblioteca Ayacucho, 1978.

____ *Obra literaria*. Prólogo y cronología Cintio Vitier. Caracas: Biblioteca Ayacucho, 1978.

Martín-Barbero, Jesús. *Al sur de la modernidad: Comunicación, globalización y multiculturalidad*. Pittsburgh-IILI, Serie Nuevo Siglo, 2001.

____ "La telenovela desde el reconocimiento y la anacronía". *Narraciones anacrónicas de la modernidad. Melodrama e intermedialidad en América Latina*. Hermann Herlinghaus, ed. Chile: Cuatro Propio, 2002. 61-77.

Martínez San Miguel, Yolanda. "Sujetos femeninos en *Amistad Funesta* y *Blanca Sol*: el lugar de la mujer en dos novelas Latinoamericanas de Fin de Siglo XIX". *Revista Iberoamericana* LXII/174 (1996): 27-45.

Marting, Diane E., ed. *Spanish American Women Writers. A Bio-Bibliographical Source Book*. New York: Greenwood Press, 1990.

Masiello, Francine. *Between Civilization and Barbarism: Women, Nature and Literary Culture in Modern Argentina*. Lincoln/London: University of Nebraska Press, 1992.

Masiello, Francine. *Entre civilización y barbarie: mujeres, nación y cultura literaria en la Argentina moderna*. Buenos Aires: Beatriz Viterbo Editora, 1992.

____ ed. *La mujer y el espacio público. El periodismo femenino en la Argentina del siglo XIX*. Buenos Aires: Feminaria Editora, 1994.

____ "Introduction". Juana Manuela Gorriti. *Dreams and Realities. Selected Fiction of Juana Manuela Gorriti*. New York: Oxford University Press, 2003. xv-lx.

Mattalía, Sonia. "La representación del 'otro': *Aves sin nido* de Clorinda Matto de Turner". *Ficciones y silencios fundacionales. Literaturas y culturas poscoloniales en América Latina (siglo XIX)*. Friedhelm Schmidt-Welle, ed. Madrid/Frankfurt: Iberoamericana, 2003. 225-237.

____ *Máscaras suele vestir. Pasión revuelta: escritura de mujeres en América Latina*. Madrid: Vervuert, 2003.

Matto de Turner, Clorinda. *Analogía. Segundo año de gramática castellana en las escuelas normales según el programa oficial*. Buenos Aires: Imprenta de Juan A. Alsina, 1897.

____ *Aves sin nido, novela peruana*. Valencia: F. Sempere y Compañía, [s.f.].

____ *Birds without a Nest: A Story of Indian Life and Priestly Oppression in Peru*. J. G. H., trad. Emended by Naomi Lindstrom. Texas: University of Texas Press, 1996.

____ *Bocetos al lápiz de americanos célebres*. Lima: Peter Bacigalupi y Cía. Editores, 1889.

____ *Boreales, miniaturas y porcelanas*. Buenos Aires: Imprenta de Juan A. Alsina, 1902.

____ *Cuatro conferencias sobre América del Sur*. Buenos Aires: Imprenta de Juan A. Alsina, 1909.

____ "Estudios históricos". *El Perú ilustrado* 71 (1 de septiembre de 1888): 330-331.

____ *Elementos de literatura según el Reglamento de la Instrucción Pública, para uso del bello sexo*. Arequipa: Imprenta de "La Bolsa", 1884.

____ *Herencia*. Lima: Instituto Nacional de Cultura, 1974.

____ *Hima-Sumac*. Lima: Imprenta "La Equitativa", 1892.

____ *Índole*. Lima: Instituto Nacional de Cultura, 1974.

____ "Juicio". *Lágrimas*. Por Ernestina Méndez Reissig (Pasifila). Montevideo: Dornaleche y Reyes, 1900. xii-xvi.

____ *Leyendas y recortes*. Lima: Imprenta "La Equitativa", 1893.

____ *Torn from the Nest*. John H. R. Polt, trad. New York: Oxford University Press, 1998.

____ *Tradiciones cuzqueñas completas*. Lima: Peisa, 1976.

____ *Tradiciones cuzqueñas, leyendas, biografías y hojas sueltas*. Cuzco: Rozas, 1954.

____ *Tradiciones cuzqueñas: leyendas, biografías y hojas sueltas*. Cusco: Municipalidad del Cusco, 1997.

____ *Viaje de recreo. España, Francia, Inglaterra, Italia, Suiza, Alemania*. Valencia: F. Sempere y Compañía, 1909.

Mc Evoy, Carmen. *La utopía republicana*. Lima: Pontificia Universidad Católica del Perú, Fondo editorial 1997.

____ ed. *La experiencia burguesa en el Perú (1840-1940)*. Frankfurt/Madrid: Vervuert, 2004.

Meléndez, Concha. *La novela indianista en Hispanoamérica*. [1934] Madrid: Casa Editorial Hernando, 1934.

Meléndez, Mariselle. "Obreras del pensamiento y educadoras de la nación: el sujeto femenino en la ensayística femenina decimonónica de transición". *Revista Iberoamericana* LXIV/184-185 (1998): 573-86.

Melgar, Mariano. *El poeta de los yaravíes*. Lima: Mercurio, 1975.

Mello, George de. "A Literary Life of Clorinda Matto de Turner". Tesis de maestría, University of Massachusetts, 1954.

____ "The Writings of Clorinda Matto de Turner". Tesis de doctorado, University of Colorado, 1968.

Melon, Alfred. "Structure et structures dans *Aves sin nido* de Clorinda Matto de Turner". *Le roman romantique latino-americaine et ses prolongements*. Paris: L'Harnattan, 1984. 277-301.

Méndez, Cecilia. "Incas sí, indios no. Apuntes para el estudio del nacionalismo criollo en el Perú". Lima: IEP, Documento de Trabajo 56, 1993.

Mendiburu, Manuel de. *Diccionario histórico-biográfico del Perú*. Lima: Imprenta E. Palacios, 1874-90.

Meyer Arana, Alberto. *Las primeras trece*. Buenos Aires: Imprenta de Gerónimo Pesce, 1923.

Meyer, Doris, ed. *Reinterpreting the Spanish American Essay. Women Writers of the 19th and 20th Centuries*. Austin: University of Texas Press, 1995.

____ ed. *Re-reading the Spanish American Essay: Translations of 19th and 20th Century Women's Essays*. Austin: University of Texas Press, 1995.

Milne, Andrew W. Preface. "*Birds Without a Nest*. A story of Indian Life and Priestly Oppression in Peru". *Birds Without a Nest*. By Clorinda Matto de Turner. J.G. H., trad. London: Charles J. Thynne, 1904. i-ix.

Miller, Martin C. "Clorinda Matto de Turner and Mercedes Cabello de Carbonera: Societal Criticism and Morality". *Latin American Women Writers: Yesterday and Today*. Yvette E. Miller y Charles M. Tatum, eds. Pittsburgh: Latin American Literary Review, 1975. 25-32.

Mistral, Gabriela. "Silueta de Sor Juana Inés de la Cruz (Fragmento de un estudio)". *Lecturas para mujeres*. México: Consejo Nacional de fomento educativo, 1989. 176-180.

Molina Martínez, José Luis. *Anticlericalismo y literatura en el siglo XIX*. Murcia: Universidad de Murcia, 1998.

Molloy, Sylvia. *Acto de presencia: la escritura autobiográfica en Hispanoamérica*. México: El Colegio de México, Fondo de Cultura Económica, 1996.

____ Introduction. *Women's Writing in Latin America. An Anthology*. Sarah Castro-Klarén, Sylvia Molloy y Beatriz Sarlo, eds. Boulder: Westview Press, 1991. 107-124.

____ "The Politics of Posing". *Hispanisms and Homosexualities*. Sylvia Molloy y Robert McKee Irwin, eds. Durham: Duke University Press, 1998. 141-160.

Monsiváis, Carlos. "El melodrama: No te vayas, mi amor, que es inmoral llorar a solas". *Narraciones anacrónicas de la modernidad. Melodrama e intermedialidad en América Latina*. Hermann Herlinghaus, ed. Chile: Cuatro Propio, 2002. 105-123.

Montaldo, Graciela. *La sensibilidad amenazada: fin de siglo y modernismo*. Rosario: Viterbo, 1994.

Montalvo, Artemio. "Aves sin nido". *El Perú Ilustrado* 131 (16 de noviembre de 1889): 962.

Montoya de Zayas, Ondina. "La Avellaneda en su tiempo". *Homenaje a Gertrudis Gómez de Avellaneda. Memorias del simposio en el centenario de su muerte*. Gladys Zaldivar y Rosa Martínez Cabrera, eds. Miami: Universal, 1973. 111-131.

Moraña, Mabel, ed. *Indigenismo hacia el fin del milenio. Homenaje a Antonio Cornejo Polar*. Pittsburgh: IILI-Biblioteca de América, 1998.

____ ed. *Ángel Rama y los estudios latinoamericanos*. Pittsburgh: IILI-Críticas, 1997.

Neuhaus Rizzo Patrón, Carlos. *Pancha Gamarra, la Mariscala*. Lima: Francisco Moncloa Editores, 1967.

____ *Las mariscalas*. Lima: Walkiria, 1997.

Nouzeilles, Gabriela. *Ficciones somáticas: naturalismo, nacionalismo y políticas médicas del cuerpo (Argentina 1880-1910)*. Rosario: Beatriz Viterbo, 2000.

Nuñez, Estuardo. *Autores ingleses y norteamericanos en el Perú*. Lima: Editorial Cultura, 1956.
____ "Estudio preliminar". Pablo de Olavide. *Obras narrativas desconocidas*. Lima: Biblioteca Nacional del Perú, 1971. ix-xxxii.
Obligado, Pastor. Prólogo. "Rasgos biográficos de la Señora Juana Manuela Gorriti". *Veladas literarias de Lima 1876-1877*. Tomo I. Por Juana Manuela Gorriti. Buenos Aires: Imprenta Moreno, 1892. ix-xli.
Offen, Karen. "Defining Feminism: A Comparative Historical Approach". *Signs* 14 (1988): 60-82.
Olavide, Pablo de. *Obras narrativas desconocidas*. Lima: Biblioteca Nacional del Perú, 1971.
Ortega, Julio. "Las tradiciones peruanas y el proceso cultural del XIX hispanoamericano". *Tradiciones peruanas*. Por Ricardo Palma. Julio Ortega, ed. Madrid: Archivos, 1993. 409-438.
Ortiz, Carolina. "Clorinda Matto de Turner. La censura y la fe –modernidad, etnicidad y género". Tesis. Universidad Nacional de San Marcos, Lima: 1993.
____ *La letra y los cuerpos subyugados: heterogeneidad, colonialidad y subalternidad en cuatro novelas latinoamericanas*. Quito: Magíster, 1999.
Ortiz, Fernando. *Contrapunteo cubano del tabaco y el azúcar*. Caracas: Ayacucho, 1978.
Palma, Ricardo. *Anales de la inquisición de Lima*. [1897]. Lima: Ediciones del Congreso, 1997.
____ *Corona patriótica: colección de apuntes biográficos*. Lima: Tipografía del Mensagero, 1853.
____ *Tradiciones peruanas. Colección completa*. Madrid: Editorial Aguilar, 1964.
Panfichi, Aldo H. y Felipe Portocarrero S., eds. *Mundos interiores: Lima 1850-1950*. Lima: Universidad del Pacífico, 1998.
Pardo Bazán, Emilia. Prólogo. *Lucecitas*. Por Teresa González de Fanning. Madrid: Ricardo Fe, 1893. i-ix.
Parker, D. S. *The Idea of the Middle Class: White Collar Workers and Peruvian Society, 1900-1950*. University Park: Pennsylvania University Press, 1998.
Peluffo, Ana. "El indigenismo como máscara: Antonio Cornejo Polar ante la obra de Matto de Turner". *Antonio Cornejo Polar y los estudios latinoamericanos*. Friedhelm Schmidt-Welle, ed. Berlin: Ibero-Amerikanisches Institut PK, 2000. 213-233.
____ "El poder de las lágrimas: Sentimentalismo, género y nación en *Aves sin nido*". *Indigenismo hacia el fin del milenio*. Mabel Moraña, ed. Pittsburgh: IILI-Biblioteca de América, 1998. 119-138.
____ "Las trampas del naturalismo en *Blanca Sol*: prostitutas y costureras en el paisaje urbano de Mercedes Cabello de Carbonera". *Revista de Crítica Literaria Latinoamericana* 55 (2002): 37-52.

___ "Why Can't an Indian be More Like a Man? Sentimental Bonds in Manuel González Prada and Clorinda Matto de Turner". *Revista de Estudios Hispánicos* 38 (2004): 3-21.

___ Rev. of *Torn from the Nest*. Por Clorinda Matto de Turner. John H.R., trad. *Cultural Critique* 49 (2001): 188-190.

___ "El ennui y la invención de la barbarie en Flora Tristán y Etiènne de Sartiges". *Nuevas perspectivas sobre cultura y literatura latinoamericanas*. Ignacio Miguel Sánchez Prado, ed. México: Colibrí, (en prensa).

___ "Biografía, autobiografía y género: "La Mariscala" vista por Clorinda Matto de Turner. *Nómada* (septiembre 2000): 38-45.

___ "Bajo las alas del ángel de caridad: indigenismo y beneficencia en el Perú republicano". Lelia Area, ed. *Políticas familiares: género y espacio doméstico en América Latina Revista Iberoamericana* LXX/206 (Enero-Marzo 2004): 103-115.

___ "Latin American Ophelias: The Aesthetization of Female Death in Nineteenth-Century Poetry". *Latin American Literary Review*, (en prensa).

Perón, Eva. *La razón de mi vida*. Buenos Aires: Ediciones Peuser, 1951.

Piglia, Ricardo. "Sarmiento the Writer". *Sarmiento. Author of a Nation*. Tulio Halperín Donghi, Iván Jaksic, Gwen Kirkpatrick, Francine Masiello, eds. Berkeley: University of California Press, 1994. 127-144.

Podestá, Bruno. *Pensamiento político de González Prada*. Lima: Instituto Nacional de Cultura, 1975.

Poma de Ayala, Guamán. *Nueva crónica y buen gobierno* (Tomo B). Edición de John V. Murra, Rolena Adorno y Jorge L. Urioste. México/Madrid: Siglo XXI, 1987.

Poole, Deborah. *Vision, Race and Modernity: A Visual Economy of the Andean Image World*. Princeton: Princeton University Press, 1997.

Porras Barrenechea, Raúl. Prólogo. *Dos viajeros franceses en el Perú republicano*. Por Etienne Sartiges y A. de Bomiliau. Lima: Cultura Antártica, 1947. vii-xxv

Portocarrero, Gonzalo M. "El fundamento invisible: función y lugar de las ideas racistas en la república aristocrática". *Mundos interiores: Lima 1850-1950*. Aldo Panfichi H. y Felipe Portocarrero S., eds. Lima: Universidad del Pacífico, 1998. 219-57.

___ *Entre la república aristocrática y la patria nueva*. Lima: Sur, Derrama Magisterial, 1996.

Pratt, Mary Louise. "'Don't Interrupt Me': The Gender Essay as Conversation and Countercanon". *Reinterpreting the Spanish American Essay. Women Writers of the 19th and 20th Centuries*. Doris Meyer, ed. Austin: University of Texas Press, 1995. 10-26.

___ "Género y ciudadanía: Las mujeres en diálogo con la nación". *Esplendores y miserias del siglo XIX. Cultura y sociedad en América Latina*. Beatriz González-

Stephan, Javier Lasarte, Graciela Montaldo y María Julia Daroqui, eds. Caracas: Monte Ávila/Universidad Simón Bolivar, 1994. 120-137.

____ "Las mujeres y el imaginario nacional en el siglo XIX". *Revista de Crítica Literaria Latinoamericana* 38 (1993): 51-62.

____ *Imperial Eyes. Travel Writing and Transculturation*. London/New York: Routledge, 1992.

Prochaska. F. K. *Women and Philantropy in Nineteenth-Century England*. Oxford: Clarendon Press, 1980.

Pruvonena, Segundo. *Los hombres de bien*. Paris: Denne Schmitz, 1874.

Quijada, Mónica. "¿Qué nación? Dinámicas y dicotomías de la nación en el imaginario hispanoamericano del siglo XIX". *Imaginar la nación*. Mónica Quijada y François-Xavier Guerra, eds. Hamburgo: Cuadernos de Historia Latinoamericana, 1994.

Rama, Ángel. *La novela en América Latina*. México: Universidad Veracruzana, 1986.

____ *Las máscaras democráticas del modernismo*. Montevideo: Arca editorial, 1985.

____ *La ciudad letrada*. Hanover: Ediciones del Norte, 1984.

____ *Transculturación narrativa en América Latina*. México: Siglo XXI, 1982.

Rama, Carlos. *Utopismo socialista, 1830-1893*. Caracas: Biblioteca Ayacucho, 1987.

Ramos, Julio. "Genealogías de la moral latinoamericanista; el cuerpo y la deuda de Flora Tristán". *Nuevas perspectivas desde/sobre América Latina: el desafío de los estudios culturales*. Mabel Moraña, ed. Santiago de Chile: Cuarto Propio, 2000. 185-207.

____ *Desencuentros de la modernidad en América Latina. Literatura y política en el siglo XIX*. México: Fondo de Cultura Económica, 1989.

Reglamento de beneficencia para todos los pueblos de la República, al cual corre agregado el especial de la Sociedad de Lima. Lima/Cuzco: Imprenta Eusebio Aranda, 1860.

Reglamento interior de la sociedad de beneficencia pública del Cuzco. Cuzco: Tip. Americana, 1917.

Reinaga, César Augusto. *Clorinda Matto de Turner: Otras facetas biográficas*. Cusco: Municipalidad del Cusco, 1997.

Reisz, Susana. "When Women Speak of Indians and Other Minor Themes ... Clorinda Matto de Turner's *Aves sin nido*: An Early Peruvian Feminist Voice". *Rennaissance and Modern Studies* 35 (1992): 75-93.

Reynolds, Kimberley y Nicola Humble. *Victorian Heroines, Representations of Femininity in Nineteenth-Century Literature and Art*. New York: Harvester Wheatsheaf, 1993.

Richard, Nelly. "Género". *Términos críticos de sociología de la cultura*. Carlos Altamirano, ed. Buenos Aires: Paidós, 2002. 95-105.

____ "Intersectando Latinoamérica con el Latinoamericanismo". *Revista Iberoamericana* LXIII/180 (Julio-Septiembre 1997): 345-361.

Riva-Agüero, José de la. *Obras completas I*. Lima: Centro de Investigación Universidad del Pacífico, 1989.

____ *Estudios de literatura peruana: Carácter de la literatura del Perú independiente*. [1905]. Lima: Pontificia Universidad Católica del Perú, 1962.

Rodríguez-Luis, Julio. *Hermenéutica y praxis del indigenismo. La novela indigenista de Clorinda Matto a José María Arguedas*. México: Fondo de Cultura Económica, 1980.

Rogers, Helen. "'The Good Are Not Always Powerful, Nor The Powerful Always Good': The Politics of Women's Needlework in Mid-Victorian London". *Victorian Studies* 40 (1997): 589-623.

Ross Brown, Herber. *The Sentimental Novel in America. 1789-1860*. Durham: Duke University Press, 1940.

Rotker, Susana. "Estudio Preliminar". *Ensayistas de nuestra América*. Tomo I. Buenos Aires: Editorial Losada, 1994. 7-41.

Rowe, William y Vivian Schelling. *Memory and Modernity. Popular Culture in Latin America*. London: Verso, 1991.

Ruiz Zevallos, Augusto. *Psiquiatras y locos. Entre la modernización contra los Andes y el nuevo proyecto nacional de modernidad: Perú 1850-1930*. Lima: Instituto Pasado y Presente, 1994.

Ryan, Mary. *Cradle of the Middle Class: The Family in Oneida County, New York, 1790-1865*. New York: Cambridge University Press, 1981.

Salazar-Bondy. *Historia de las ideas en el Perú contemporáneo*. Tomo I. Lima: Francisco Moncloa Editores, 1967.

Salinas y Córdova, Fray Buenaventura de. *Memorial de las historias del nvevo mvndo Pirv*. Lima: Universidad Mayor de San Marcos, 1957.

Samuels, Shirley, ed. *The Culture of Sentiment: Race, Gender, and Sentimentality in Nineteenth-Century America*. New York: Oxford University Press, 1992.

____ *Romances of the Republic. Women, the Family, and Violence in the Literature of the Early American Nation*. New York: Oxford University Press, 1996.

Sánchez-Dextre, Nello Marco. *Aréstegui y la novela peruana*. Cusco: Sicuani, s.f.

Sánchez, Luis Alberto. *Flora Tristán: una mujer sola contra el mundo*. Buenos Aires: Club del Libro, 1940.

____ *Indianismo e indigenismo en la literatura peruana*. Lima: Mosca Azul Editores, 1981.

____ *La literatura peruana: derrotero para una historia cultural del Perú*. 5 vols. Lima: Ediciones de Ediventas, S.A., 1965.

____ *Mito y realidad de González Prada*. Lima: Villanueva, 1976.

Sánchez, Mariquita. *Cartas de Mariquita Sánchez: Biografía de una época*. Clara Vilaseca, comp. Buenos Aires: Peuser, 1952.

Sánchez-Eppler, Karen. *Touching Liberty. Abolition, Feminism and the Politics of the Body*. Berkeley: University of California Press, 1993.

Sandoval, Julio. "La señora Clorinda Matto de Turner. Apuntes para su biografía". *Tradiciones cuzqueñas. Leyendas, biografías y hojas sueltas*. Por Clorinda Matto de Turner. Cuzco: Rozas, 1954. xi-xvi.

Sarlo, Beatriz. "Decir y no decir: erotismo y represión". *Una modernidad periférica: Buenos Aires 1920 y 1930*. 3era ed. Buenos Aires: Nueva Visión, 1999. 69-93.

____ *El imperio de los sentimientos. Narraciones de circulación periódica en la Argentina (1917-1927)*. Buenos Aires: Catálogos Editora, 1985.

____ *Una modernidad periférica: Buenos Aires 1920 y 1930*. 3era ed. Buenos Aires: Nueva Visión, 1999.

Sarmiento, Domingo F. de. "Asilos de huérfanas". *Obras completas*. [1856]. Tomo XXIV. Buenos Aires: Mariano Moreno, 1899. 383-386.

____ "De la educación de la mujer". *Obras completas*. [1841]. Tomo IV. Buenos Aires: Mariano Moreno, 1896. 230-245.

____ "De la educación de las mujeres". *Obras completas*. [1851]. Tomo XI. Buenos Aires: Mariano Moreno, 1896. 121-153.

____ "La caridad". *Obras completas*. Tomo XXI. Buenos Aires: Mariano Moreno, 1899. 352-355.

____ "Origen de la Sociedad de Beneficencia en Chile". *Obras completas*. [1856]. Tomo XXIV. Buenos Aires: Mariano Moreno, 1899. 379.

____ "Segundo informe del departamento de escuelas". *Obras completas*. Tomo XLIV. Buenos Aires: Mariano Moreno, 1899. 36-95.

____ *Facundo. Civilización y barbarie. Vida de Juan Facundo Quiroga*. México: Porrúa, 1998.

Sartiges, Étienne Gilbert Eugène, comte de. "Viaje a las repúblicas de América del Sur". *Dos viajeros franceses en el Perú Republicano*. [1851]. Sartiges y Botmiliau, eds. Emilia Romero, trad. Prólogo y notas de Raul Porras Barrenechea. Lima: Editorial Cultura Antártica, 1947. 1-128.

Satake, Kenichi. "El mundo privado de Clorinda Matto de Turner en *Herencia*". *Revista de Estudios Hispánicos* 20 (1986): 21-37.

Saver, Laura Judith. "Un análisis de la influencia filosófica de Manuel González Prada en Clorinda Matto de Turner y Mercedes Cabello". Diss. University of Colorado, 1984.

Saz, Sara M. Reseña de *Torn from the Nest*. Por Clorinda Matto de Turner. John H.R. Polt, trad. *Bulletin of Hispanic Studies* 78 (2001): 93-94.

Scorza, Manuel, ed. *Satíricos y costumbristas: autores de la colonia, emancipación y república*. Lima: Patronato del Libro Peruano, [1957?].

Schiller, Friedrich. *On the Aesthetic Education of Man*. Reginald Snell, trad. New Haven: Yale Univ. Press, 1954.

____ *Poesía ingenua y poesía sentimental*. Buenos Aires: Nova, 1963.

Schivelbusch, Wolfgang. *The Railway Journey: Trains and Travel in the 19th Century*. New York: Urizen Books, 1979.

Schmidt-Welle, Friedhelm. "Harriet Beecher Stowe y Clorinda Matto de Turner: escritura pedagógica, modernización y nación". *Iberoamericana. América Latina-España-Portugal. Ensayos sobre letras, historia y sociedad* 1/4 (diciembre de 2001): 133-146.

Schneider, Luis Mario. Prólogo. *Aves sin nido*. Por Clorinda Matto de Turner. México: Colofón, 1968. 7-46.

Schwarz, Roberto. *Misplaced Ideas. Essays on Brazilian Culture*. London: Verso, 1992.

Serrano de Wilson, Baronesa de. *América y sus mujeres*. Lima: s.e., 1890.

Shaftesbury, Anthony. *Characteristics of Men, Manners, Opinions, Times...* Lawrence E. Klein, ed. Cambridge: Cambridge University Press, 1999.

Showalter, Elaine. "Feminist Criticism in the Wilderness". *Writing and Sexual Difference*. Elizabeth Abel, ed. Chicago: University of Chicago Press, 1982. 9-35.

Shultz de Mantovani, Fryda. "*Aves sin nido*, estudio preliminar". *Aves sin nido*. Por Clorinda Matto de Turner. Buenos Aires: Solar Hachette, 1968. 7-14.

Sklodowska, Elzbieta. "'Ya me verás también salir de mis hábitos...': el afán disciplinario en *Herencia* de Clorinda Matto de Turner". *Todo ojos, todo oídos. Control e insubordinación en la novela hispanoamericana (1895-1935)*. Amsterdam: Rodopi, 1997. 11-39.

Smith, Anthony. "History and liberty: Dilemmas of loyalty in Western Democracies". *Ethnic and Racial Studies* 9. London: Routledge, 1986. 43-65.

____ "The Myth of the Modern Nation and the myths of nations". *Ethnic and Racial Studies* 11. London: Routledge, 1988. 1-26.

Smith-Rosenberg, Carroll. *Disorderly Conduct: Visions of Gender in Victorian America*. New York: Oxford University Press, 1985.

____ "The Female World of Love and Ritual: Relations Between Women in Nineteenth Century America". *Signs* 1 (1975): 1-29.

Sobrevilla, Davis. "Introduction". *Free Pages and Other Essays. Anarchist Musings*. By Manuel González Prada. Frederick H. Fornoff, trad. New York: Oxford University Press, 2003. xxiii-lvii.

Sommer, Doris. *Foundational Fictions. The National Romances of Latin America*. Berkeley: University of California Press, 1991.

Sosnowski, Saul, ed. *Lectura crítica de la literatura Latinoamericana: La formación de las culturas nacionales*. Caracas: Biblioteca Ayacucho, 1996.

Spitta, Silvia. *Between Two Waters. Narratives of Transculturation in Latin America.* Houston: Rice University Press, 1995.

Stansell, Christine. *City of Women. Sex and Class in New York. 1789-1868.* Urbana: University of Illinois Press, 1987.

Stepan, Nancy L. *"The Hour of Eugenics": Race, Gender and Nation in Latin America.* Ithaca: Cornell University Press, 1991.

Stewart, Susan. *On Longing. Narratives of the Miniature, the Gigantic, the Souvenir, the Collection.* Baltimore/London: John Hopkins, 1984.

Stowe, Harriet Beecher. *Uncle Tom's Cabin or, Life Among the Lowly.* Ann Douglas, ed. New York: Penguin Books, 1981.

Tamayo Herrera, José. *Historia social del Cuzco republicano.* Lima: s.e., 1978.

Tamayo Vargas, Augusto. "Veladas literarias". *Apuntes para un estudio de la literatura peruana.* Lima: s.e., 1947. 212-219.

____ *Literatura peruana.* Tomo II. Lima: San Marcos, 1965.

____ *Perú en trance de novela.* Lima: Baluarte, 1940.

Tanner, Roy. "La presencia de Ricardo Palma en *Aves sin nido*". *Hispanic Journal* 8 (1986): 97-107.

Tauro, Alberto. *Clorinda Matto de Turner y la novela indigenista.* Lima: Universidad Mayor Nacional de San Marcos, 1976.

____ *Elementos de literatura peruana.* Lima: Imprenta Colegio Leoncio Prado, 1969.

Thomson, Patricia. *The Victorian Heroine: A Changing Ideal, 1837-1873.* New York: Oxford University Press, 1956.

Thurner, Mark. *From Two Republics to One Divided. Contradictions of Postcolonial Nationmaking in Andean Peru.* Durham: Duke University Press, 1997.

Todd, Janet. *Sensibility: An Introduction.* London: Methuen, 1986.

Tompkins, Jane. *Sensational Designs: The Cultural Work of American Fiction 1790-1860.* New York: Oxford University Press, 1985.

Torres Lara, José. *La trinidad del indio o costumbres del interior.* Lima: Imprenta Bolognesi, 1885.

Torres-Pou, Joan. *Aproximaciones a la narrativa femenina del diecinueve en Latinoamérica.* New York/Ontario: Edwin Mellen Press, 2002.

____ "Clorinda Matto de Turner y el angel del hogar". *Revista Hispánica Moderna* 43/1 (1990): 3-15.

____ *El e[x]terno femenino. Aspectos de la representación de la mujer en la literatura latinoamericana del siglo XIX.* Barcelona: PPU, 1998.

Tristán y Moscozo, Flora. *Peregrinaciones de una paria.* Emilia Romero, trad. Lima: Antártica, 1946.

____ *Promenades dans Londres ou l'aristocratie et les proletaires anglais.* Francois Bedarida, ed. Paris: Francois Maspero, 1978.

____ *Union ouvrière*. 3era ed. Paris: Éditions d'Histoire sociale, 1967.

Unamuno, Miguel de. *La tía Tula*. Madrid: Austral, 2001.

Unzueta, Fernando. *La imaginación histórica y el romance nacional en hispanoamérica*. Lima/Berkeley: Latinoamericana editores, 1996.

Urbano, Henrique, ed. *Tradición y modernidad en los Andes*. Cusco: Bartolomé de las Casas, 1992.

____ *Modernidad en los Andes*. Cusco: Bartolomé de las Casas, 1991.

Urbistondo, V. *El naturalismo en la novela chilena*. Santiago de Chile: Editorial Andrés Bello, 1966.

Valdelomar, Abraham. *La Mariscala: Doña Francisca Zubiaga y Bernales de Gamarra, cuya vida refiere y comenta Abraham Valdelomar, en la ciudad de los reyes del Perú-MCMXIV*. Lima: Imprenta de la Penitenciaría, 1914.

Valenzuela Landa, Alejandro César. *Guía hemerográfica de "El Perú Ilustrado"*. Lima: Instituto Raúl Porras Barrenechea, 1974 (mímeo).

Vargas Llosa, Mario. *El paraíso en la otra esquina*. Buenos Aires: Alfaguara, 2003.

Vegas Seminario, Francisco. *Bajo el signo de la Mariscala: novela histórica*. Lima: Ediciones Tawantisuyu, 1960.

Villavicencio, Maritza. *Del silencio a la palabra. Mujeres peruanas en los siglos XIX y XX*. Lima: Flora Tristán, 1992.

Viñas, David. *Indios, ejército y frontera*. México: Siglo XXI, 1982.

____ "Mármol y los dos ojos del romanticismo". *Literatura argentina y política: De los jacobinos porteños a la boemia anarquista*. Buenos Aires: Editorial Sudamericana, 1995.

Von der Heyden-Rynsch, Verena. *Los salones europeos: Las cimas de una cultura femenina desaparecida*. Barcelona: Península, 1998.

Voyssest, Osvaldo. *Tesis doctoral*. University of California, Berkeley, 1997.

Walkley, Christina. *The Ghost in the Looking Glass. The Victorian Seamstress*. London: Peter Owen, 1981.

Walkowitz, Judith R. *La ciudad de las pasiones terribles. Naraciones sobre peligro sexual en el Londres victoriano*. Madrid: Cátedra, 1992.

White, Hayden. "The Noble Savage Theme as Fetish". *Tropics of Discourse*. Hayden White, ed. Baltimore/London: The Johns Hopkins Univ. Press, 1978. 183-196.

Williams, Raymond. "Base and Superstructure in Marxist Cultural Theory". *The Raymond Williams Reader*. John Higgins, ed. Oxford: Blackwell Publishers, 2001. 158-178.

____ *Marxismo y literatura*. Traducción Pablo di Masso. Barcelona: Ediciones Península, 1997.

____ "Structures of Feeling". *Marxism and Literature*. London: Oxford University Press, 1978. 128-135.

Wood, Gordon. *The Radicalism of the American Revolution*. New York: Alfred Knopf, 1992.

Woolf, Virginia. *Women and Writing*. Michele Barrett, ed. New York/London: Harcourt Brace Jovanovich, 1979.

Worrall, Janet Evelyn. *La inmigración italiana en el Perú, 1860-1914*. Lima: Instituto Italiano de Cultura, 1990.

Yépez Miranda, Alfredo. "Clorinda Matto de Turner: En el 90 aniversario de su nacimiento". *Revista Universitaria* 33/86 (Universidad Nacional del Cuzco, 1994): 156-173.

____ *Signos del Cuzco*. Cuzco: Miranda, 1946.

Zanetti, Susana. *La dorada garra de la lectura. Lectoras y lectores de la novela en América Latina*. Rosario: Viterbo, 2002.

____ "Búcaro Americano: Clorinda Matto de Turner en la escena femenina porteña". *Mujeres y cultura en la Argentina del siglo XIX*. Lea Fletcher, ed. Buenos Aires: Feminaria editora, 1994. 264-275.

Zea, Leopoldo, ed. *América Latina en sus ideas*. México: Siglo XXI, 1993.

Zeballos, Estanislao S. *Viaje al país de los araucanos*. Buenos Aires: Ediciones Anaconda, [1923?].

Zola, Émile. *El naturalismo*. Selección, notas y prólogo de Laureano Bonet. Barcelona: Península, 1972.

____ *Nana*. Colette Becker, ed. Paris: Dunod; Classiques Garnier, 1994.

____ *La faute de l'abbé Mouret*. Paris: Garnier-Flammarion, 1972.

www.ingramcontent.com/pod-product-compliance
Lightning Source LLC
Chambersburg PA
CBHW071402300426
44114CB00016B/2157